U0141692

近代思想圖書館系列
011

神話學：生食和熟食

原著／李維斯陀
譯者／周昌忠

ISBN 957-13-0521-9

目　錄

圖版目錄

（照片由作者攝製）

挿圖目錄

　　除非另有說明，所有插圖皆在高等研究（經濟和社會科學）實習學校(l'Ecole Pratique des Hautes Etudes)的製圖實驗室繪製，由雅克·貝爾坦(Jacques Bertin)先生任指導。

出版的構想

郝明義

　　二十世紀，人類思想從亙古以來的激盪中，在各個領域都迸裂出空前的壯觀與絢爛。其影響所及，不論是強權、戰爭及均勢的交替，抑或經濟、科技與藝術之推陳，水深浪濶，無以復加。思想，把我們帶上了瀕臨毀滅的邊緣，思想，讓我們擁抱了最光明的希望。

　　回顧這一切，中國人的感慨，應該尤其特別。長期以來，由於客觀條件之貧弱，由於主觀禁忌之設定，我們從沒有機會能夠敞開胸懷，眞正呼應這些思想的激動。

　　《近代思想圖書館》，是爲了消除這些喟嘆而出現的。

　　我們的信念是：思想，不論它帶給我們對進化過程必然性的肯定，還是平添對未來不可測的驚懼；不論它呈現的外貌如何狂野，多麼審愼，其本質都是最深沉與執著的靈魂。我們必須開放心胸，來接納。靈魂中沒有這些深沉與執著，人類的歷史無從勾畫。

　　我們的目的是：以不同的思想領域爲架構，將十九世紀中葉以來，對人類歷史與文明發生關鍵性影響的思想著作，不分禁忌與派別，以圖書館的幅度與深度予以呈現。

　　我們希望：對過去一百五十年間這些深沉思想與經典著作的認識，不但可以幫助我們澄清過去的混沌，也更能掌握未來的悸動。

　　在即將進入二十一世紀的前夕，前所未有的開放環境，讓我們珍惜這個機會的終於到來，也警惕這個機會的必須把持。

《神話學》導讀

黃道琳（中研院民族學研究所助理研究員）

　　有一回，我和一位人類學研究者到山區旅遊。我們站在台地上，眺望一座岩石紋理依稀可辨的高山。霎時間，這座山及其岩層使我想起李維斯陀；緊接著，海跟它的浪潮則令我想到馬凌諾斯基。我的反應立刻得到遊伴的同意。何其巧妙，山與海兩個對立的意象，竟適切地勾勒出兩個重要人類學家的風貌；或可再說，山岩象徵的是李維斯陀所探索的條理清晰的人類心靈的底層結構，海潮則推引出馬凌諾斯基要瞭解的人類心理的變幻莫測的起伏調適。

　　李維斯陀自己也說過，他年輕時候有三位知識上的情婦，其中之一就是地質學，另外是心理分析和十九世紀社會主義。很顯然，這三者之間有一個共同的特色：雖然它們所涉及的分別是物質、心理、社會三個不同的領域，它們卻都同樣強調潛藏在可觀察的現象背後的結構因素。在地質現象方面，李維斯陀曾經從一塊嵌有古生物化石的岩石得到這樣的啟示：「我們所窺見的乃是幾千年時間所造成的差異。在這一刹那，時間和空間突然混融在一起，這一瞬間所呈現的生動差異卽是把一個時代和另一個時代並列在一起，且使之永存不朽。」就在最近，李維斯陀還告訴我們：他一生志業所追求的，便是要在現在之中找尋過去。李維斯陀也常說，在「我們」與「無」之間並沒有什麼距離；他認爲很可能有一天人類及其文化會從宇宙之中完全消逝，而且這樣的命運並不值得惋惜。

　　李維斯陀的結構人類學，是要探掘人類心靈的思考模式；對他來說，表面上看來毫無規則的資料，可藉結構分析發現其秩序。在早期的《親屬關係的基本結構》一書裡，李維斯陀在看似偶然而紛歧的種種婚姻規制背後，發現了幾條簡單而準確的原則。但是，李維斯陀對他在親屬制度裡所發現的法則，尚無法認定它們是由體系本身的運作所造成的；在此，李維斯陀的看法並未遠離馬凌諾斯基的功能論，仍然認為親屬及婚姻法則只是某些社會需求投射於人類心理所產生的反映罷了。

　　後來，李維斯陀在神話分析上，則企圖更準確地呈現心靈思考的自主性及結構性。神話並無明顯的實用功能。因此，如果說人類心靈的運作是任意的，那麼這特性更應該在神話的領域裡表露無遺。李維斯陀發現事實並非如此。透過神話的結構分析，他正是想證明看來非常任意的表象之下，存在著人類心靈非常固定的運作法則。他說：「如果在神話的領域裡，人類心靈也受著法則的支配，那麼我們就更加有理由相信：在所有其他領域裡，人類心靈也受著法則的支配。」

　　李維斯陀的結構分析並不限於單一神話體系的研究。就基本精神而言，他是個堅決的泛文化比較研究者；這種取向在他的神話分析裡尤其重要。跟他早先所探討的親屬制度不同的是，神話更能超越時空及族群的界線，而做極廣被的比較分析。基於這個理由，雖然《神話學》①前後四卷所分析的 813 則神話分別屬於許多「神話體系」（即屬於某一特定社會或少數幾個相鄰社會之文化的故事及其變型），但它們卻相互關聯在一起，因此應將之視為一個「全集」(corpus)。而且，這

①這部中譯本的書名採用比較習用的《神話學》，但必須指出，這部書的英譯本書名雖然是 *Introduction to a Science of Mythology*，原來的法文標題卻是 *Mythologiques*，而不是 *Mythologie*，因此嚴謹的中譯應是《神話邏輯》。

個「全集」並非封閉的，如果其他神話與這 813 則神話之間可發現結構上的關聯，那麼《神話學》所涉及的族群區域，實無理由不能加以擴大。

　　《神話學》的目的既不在闡釋個別的神話故事，也不在探索某一族群之神話體系與文化背景的關係。這部神話研究以一則博羅羅(Bororo)印第安人的神話爲起點。李維斯陀先記錄下他所選的這則「關鍵神話」(key myth)的整個內容，並描述它的民族誌背景。他指出這則神話裡某些無法用歷史及社會事實加以解釋的因素，由此轉向神話內在結構的檢視。到了這部書的結尾，李維斯陀終於把採自南北美洲各地的八百多則神話納入一個複雜的結構變換體系之內。在每一則神話之內，他斷定了各個節段之間所具有變換關係；在不同的神話之間，他則找出它們在結構上的種種對應關係。

　　李維斯陀提出三個分析概念，來做爲說明他所分析的 813 則神話之關聯的工具：(1)「骨架」(armature)是指在數則神話裡同時出現而保持不變的元素之結合關係；在李維斯陀所分析的神話裡，最常見的「骨架」是家庭或氏族成員的關係之破壞。(2)「代碼」(code)是指神話藉以傳達消息的「語言」，例如嗅覺、觸覺、聽覺、食物、天文等體系都可做爲神話的「代碼」。(3)「消息」(message)指的是一則神話所要傳達的主題或內容。

　　李維斯陀在說明神話的關聯時，卽分別從上述三個層次來剖析它們的變換關係，把這些複雜的關係清理出系統來——卽它們分別在上述三個層次上所呈現的同構(isomorphic)、對稱(symmetrical)、反轉(inverse)或對等(equivalent)等種種關係。

　　李維斯陀在《神話學》第一卷《生食和熟食》裡，試圖以生的與煮熟的、新鮮的與腐敗的、濕的與乾的等對立的烹飪及感官特質建立一套嚴謹的邏輯架構。「生／熟」這個對立組是一再出現的主題；前者

是屬於自然的範疇，後者是屬於文化的範疇。這兩個範疇的差異及變換以火的發現爲指涉的焦點。他並且發現下列各層次上各對立組的對應關係：在食物層次上是「生的／熟的」、在社會層次上是「自然／文化」、在宗教層次上是「世俗／神聖」、在聲音層次上是「靜默、音響」等等。

第二卷《從蜂蜜到煙灰》仍以烹飪範疇爲神話的基本意象，但更進一步建構了一套「形態的邏輯」(logic of forms)。這一邏輯在神話中表達爲下列各範疇的對立：「開／閉」、「滿／空」、「內／外」、「被容物／裝容器」。再者，這套「形態的邏輯」在神話傳述者的思考架構裡是比較潛伏的，它支持了下述這一比較容易覺察的物之性質的邏輯關係：蜂蜜直接取之於自然，它是食物的一部分；煙草則屬於文化，它並非主食的一部分。李維斯陀認爲蜂蜜象徵著向自然回歸；煙草則由於其迷幻作用，使得人們能夠與超自然溝通。生的與熟的這兩個範疇只有靜態的意義，蜂蜜和煙草這兩個範疇則在邏輯體系裡引入了動態的不均衡(前者造成向自然的下降，後者造成向超自然的上昇)。李維斯陀由此轉而檢視神話中有關不均衡、週期性、上下及天地之對立的意象。

第三卷《餐桌禮儀的起源》分析有關禮儀的神話，探究印第安人表達時間之連續性及不連續性的方式。李維斯陀在此聲稱：一個文化用以表達思考的各種體系或代碼具有邏輯的一致性。

第四卷《裸人》比較南美和北美的神話，並探討各變型之間的對稱關係。李維斯陀特別注意衣飾在人與自然的關係上所扮演的角色。最後，他演證了南美和北美兩區域之神話整體所具有的封閉性質。

李維斯陀可以從相離數千哩、沒有歷史牽連的區域採取神話來進行比較分析，這是非常違反一般人類學的原則的。但他認爲神話邏輯乃是人類普同而無意識之思考結構的表徵，因而他的神話研究幾乎只

限於針對其邏輯結構的分析。李維斯陀這樣說:「我不是要指出人如何在神話之中思考,而是要指出神話如何在人們心靈中運作,而人卻不知道這回事。」換句話說,李維斯陀認為神話有自主性,而且這表示他可以忽略特定變異型態的文化系絡。

當然,李維斯陀並未宣稱他的神話分析方法是唯一可行的途徑;畢竟,他所注重的也只是神話的一個重要的面相。無論怎麼說,最重要的問題是:《神話學》到底要告訴我們什麼訊息?我們也可以把《神話學》看做一則神話,那麼,這則神話的意義又何在?

事實上,《神話學》四卷的標題已經暗示我們:李維斯陀的終極關懷是人存在於自然與文化這兩個範疇之間到底是什麼樣的處境。這四個書名的第一個字(cru [生])和最後一字(nu [裸])無論在發音上或在意義上都是互相呼應的。那麼多神話所要說的,李維斯陀所要講的,不外是如此:人藉著文化而脫離自然,但人類用以建構文化的工具不但來自自然,而且僅是自然裡渺小的一部分。人類不必驕恃;在宇宙之中,人類何其微不足道。但是,我們也不必沮喪,反而應該珍惜人類心靈的產物,因為有一天「我們」與「無」之間是一跨即過的。

符號表

{ △	男人
○	女人

△＝○　　婚配（離異：　≠≠ ）

兄弟和姊妹（他們的分離：　⌐≠⌐ ）

父親和兒子，母親和女兒，等等

T　　　　轉換(transformation)

→　　　　被轉換成

{ ：　　　對……
:: 　　作爲……

╱　　　　對當(opposition)

{ ≡　　　全等, 同系, 對應(congruence, homologie, correspondance)
≢　　　非全等，非同系，非對應

$$\begin{cases} = \\ \neq \end{cases}$$ 　等同（(identité)
　　　差異

$\approx$ 　同構(isomorphisme)

$$\begin{cases} \cup \\ /\!/ \end{cases}$$ 　併，複合，合取(union, réunion, conjonction)
　　　分離，析取(désunion, disjonction)

$$\begin{cases} \longrightarrow \\ \longrightarrow\!\!\!/ \end{cases}$$ 　和……相聯合
　　　和……相分離

f 　函數

$x^{(-1)}$ 　反 x

$+,-$ 　這兩個記號使用時帶各種不同涵義，視語境而定：加、減；
　　　存在、不存在；一對相反量的第一、第二項。

致音樂

（你是記憶的母親、夢的乳娘，今天我們在這屋檐下欣然祈求你！）

《致音樂》（*A la Musique*），帶領唱的女聲合唱曲（爲一個朋友的新屋落成宴而作），埃德蒙·羅斯唐(Edmond Rostand)詞，埃馬紐埃爾·夏布里埃(Emmanuel Chabrier)曲。

譯者序

　　李維斯陀(Claude Lévi-Strauss, 1908～　)在西方現代哲學上占有「結構主義之父」的重要地位。哲學結構主義的興起公認肇始於李維斯陀的《野性的思維》(*La pensée sauvage*)的問世(1962年)。如果說，就他個人的學術生涯而言，這個思潮的形成相應於他從文化人類學家向哲學家過渡的過程，那麼，《野性的思維》只是這個過程的開端，而其完成則是四卷本的《神話學》(*Mythologiques*)(1964～1971年)。

　　本書是它的第一卷《生食和熟食》(*Le cru et le cuit*)。誠如他在本書〈緒言〉中所強調的，這四卷是各自獨立的，「它們並不構成連續的系列，而只是對同一些問題作不同的處理，對同一些問題作不同的解決，以期訴諸新的觀照。」實際上，本書標誌著哲學結構主義的真正確立。

　　在李維斯陀那裡，哲學結構主義是他把瑞士語言學家索緒爾(F. de Saussure, 1857～1913)的結構語言學和他的文化人類學相結合的產物。他的文化人類學工作也就是採取田野考察方式的種族志(ethnography, 亦譯為「民族志」、「人種志」)研究，通過實地觀察記錄和採集原始社區的神話來研究原始社會的文化、制度和風俗等。這就是說，他的任務是研究神話。這正是他創立結構主義的著作所以名為《神話學》的緣由。

　　他反對把神話解釋為道德教化。他在本書中運用結構語言學的符號學(semiotics)方法分析神話。神話被看做為語言。神話分析是語言

分析。這種分析研究揭示了，不僅個別神話，而且巴西內地原始社區的全部神話所構成的整體都有一定的形式結構。這些神話相互結成轉換關係，並且彼此表現出同構性(isomorphisme)，即具有相同的形式結構。各個神話運用各種不同的代碼：感覺的、社會的、美學的和天文的，傳遞不同的消息，但展示了同樣的骨架(armature)。這個形式結構是意義的載體。神話作為語言，其意指的終極東西是人類心智。這就是說，神話的邏輯結構反映了原始人類的心智結構。然而，神話的結構是脫離心智的「本文」(texte)的結構。所以，神話是原始人集體無意識的作品，以其結構展示了從自然到文化的過程。

　　他進而由此提出一般的哲學結構主義。為此，他像英美分析傳統的語言哲學一樣，也引入「語言—心智—世界」這個三元構架。他表明，語言系統意指心智，心智借助世界創造語言系統，而語言系統建立已「銘刻」在心智結構中的世界形象。一句話，這裡，心智的結構是第一位或第一性的。心智的認識活動是以這結構去重構和復現世界的經驗對象。同時，這種心智結構又有著本體論的地位，因為它「銘刻」著「世界的形象」。這裡不妨可以比較一下邏輯經驗主義。在它那裡，心智、語言和世界三者在邏輯結構上「同構」。然而，這裡世界或經驗的結構是第一位的。心智從片段經驗（而不是像結構主義那樣從整體）去認識和把握這個結構，進而以語言的結構去表現它。意味深長的是，整個西方文化的理性主義精神的一個基本點在於：心智致力於認識經驗現象背後的結構。如果我們設想從這一點去超越結構主義和邏輯經驗主義，讓它們沉澱結晶，那麼，可以由之生化出什麼新的「主義」呢？

　　本書譯自 Claude Lévi-Strauss: *Mythologiques‧Le cru et le cuit* (Librairie Plon, 1964)。譯時參考了 John and Doreen Weightman 的英文譯本：*The Raw and the Cooked, Introduction to a Science of*

*Mythology:*1（Penguin Books, 1986）。英譯本的讀者須小心，其中譯文
謬誤所在多有。

緒　言

I

　　本書旨在表明，一些經驗範疇，諸如生和熟、新鮮和腐敗、濕和乾等等，雖然只能憑藉種族志(ethnographie)觀察，且每每得採取一種特定文化的觀點，方才可精確地加以定義，却仍可用作概念工具，藉以澄清一些抽象觀念，把它們結合成命題。

　　因此，這初始假說要求我應當從一開始就置身於最具體水平之上，也即居於一個群體或者一批在群居地、歷史和文化等方面充分相似的群體之中。然而，雖然這無疑是必不可少的方法上的預防措施，但我的意圖不能因此而被掩蓋或者受到限制。我想利用少許採自原始社區的神話，把這些社區當做實驗室，進行一項實驗。如果這實驗證明是成功的，則它具有普遍意義，因爲我期望它將證明存在一種可感知性質的邏輯，並演示這種邏輯的運作，揭示其規律。

　　我將把源自一個社區的一個神話作爲出發點，首先參照種族志背景，繼而參照屬於同一社區的其他一些神話，以分析這個神話。隨著探究範圍的漸次拓展，我接著轉向源自鄰近社區的神話，這時也預先把它們置於特定的種族志背景之中。我就這樣一步一步向較遠的社區進行下去，不過始終堅持這樣的條件：業已確證這些社區之間有著歷史性的或地理性的實在聯繫，或者可以有理由地假定有這種聯繫存在。

本著作將只論述對美洲大陸原始神話進行的這種漫長考察的若干初始階段。這遊歷以熱帶美洲的中心出發。我曾預計一直可通達北美洲最僻遠的地區。貫穿始終的一條線索是巴西中部的博羅羅（Bororo）印第安人的一個神話。這不是因爲這個特定神話比以後要考察的其他神話更古老，也不是因爲我認爲它比較簡單或比較完備。我所以首先注意起它，很大程度上事出偶然。如果說我希望我的綜合解釋盡可能地符合分析程序，那麼，這是因爲我感到，如果首先用例子來說明我採取的方法，那麼，反而可以更好地呈現我在這些材料中看到的經驗方面和系統方面之間所存在的緊密聯繫。

事實上，如我將試圖表明的，這個博羅羅人神話〔我從現在起稱它爲**參照**（référence）**神話**〕在一定程度上只不過是源自同一社區或者鄰近或僻遠社區的其他一些神話的一種轉換（transformation）而已。因此，我可以心安理得地拿這組神話中任何一個有代表性的神話作爲出發點。從這個觀點看來，這參照神話所以令人感興趣，不是因爲它是這組神話的典型，而是因爲它在這組神話中占有特殊的位置。這個神話提出的那些解釋問題特別能教人反思。

儘管我已如此明確地闡明了我的目標，但是，我的工作仍有可能遭到熱帶美洲的神話作者和專家詰難之虞。實際上，它未囿於一定的地域界限，也沒有納入某個分類系統的構架之中。不管人們如何看待我的工作，反正它像星雲般地展開，決沒有以一成不變的或一以貫之的方式把漫無頭緒地從各個材料中引出的要素加以彙總，因爲它相信，實在（réel）才是指導，才能表明一條比任何人爲發明的道路都更爲可靠的途徑。首先，我選擇了一個神話。這種選擇不是憑對豐富性和有價值性的直覺作出的，而是任意作出的。然後，我按照以往著作〔Lévi-Strauss（以下縮寫爲 L.-S.）：5，6，7，9〕中制定的規則分析它，進而給每

個序列都建立起一組轉換，而這採取兩種方式：或者在這種神話本身
內部，或者闡明從源於同一群體的許多神話取出的各個序列之間的同
構關係。這使我超越對特定神話的研究，進到考察沿同一根軸分布的
某些指導圖式。在這軸上由一個圖式標示的每個點上，我們似乎都可
以畫一條垂直線，它代表通過同樣運作建立起來的另一根軸，不過這
次不是借助於一個群體的若干明顯各個迥異的神話，而是借助源自鄰
近群體但同最初的神話有某些類似的神話。結果，各個指導圖式被簡
化，變得豐富起來或被轉換。每一個圖式都成為新軸之源，而這些新
軸在各不相同的平面上垂直於前面的軸，並且馬上又有一些序列通過
前瞻和回溯的雙向運動同這些新軸相聯結，而這些序列或者從源於較
遙遠群體的神話取得，或者從起先因看來沒有用處或無法解釋而予忽
略的神話（雖然它們仍屬於已經考察過的民族所有）取得。由此可見，
隨著這星雲播散開來，它的內核凝聚起來，形成組織。散亂的線索彼
此串聯起來，空隙彌合，聯繫形成，混沌中顯露出秩序般的東西。排
列成一組組轉換的各個序列彷彿圍繞一個胚種分子似地同初始組相聯
結，複製其結構和各個規定。於是，產生了一個多維體，它的中央部
分呈現了組織化，而沿其周邊仍是捉摸不定和含混不清。

　　但是，我不希望達到這樣的階段：神話學的題材在被分析離解之
後重又結晶成一個整體，呈現穩定且又非常確定的結構的面貌。事實
上，神話科學目前尚處於幼童時期，能夠獲得哪怕少許嘗試性的、初
步的成果，也已屬幸事。除此之外，我還可以斷定，決不會達到終極
的階段，所以即使理論上認為有可能，但事實仍然是，不存在也永遠
不會存在這樣的群體或群體集團：它們的神話和種族志（沒有後者，
神話的研究便歸於無效）可以成為知無不盡的對象。奢望達致這種包
羅無遺的認識，是毫無意義的，因為我們與之打交道的是變動不居的
實在，它永不停息地遭受著過去和將來的打擊，過去使它受損害，將

來使它變化。對於文獻記敍的每一個實例，我們顯然還是不甚了了，但却沾沾自喜於能支配一些樣本和片段。我們已經看到，分析的出發點不可避免地是任意選擇的，因爲支配神話學題材的組織原理就包含在這分析之中，只是隨著分析的進行而顯現出來的。同樣不可避免的是，終點將是自然而然地、不期然地出現的，它將出現在這樣的時候：工作進行到某個階段時，它的理想目標就它的某些潛在性質而言已充分成形且已達致充分的一致性，尤其它作爲對象的存在已無可置疑地明擺在人們面前。光學顯微鏡不可能給觀測者顯示物質的終極結構。同樣，我們也只能在各種不同的放大程度之間作出抉擇，每一種程度都只顯示僅帶相對眞理性的組織水平，並排斥對其他組織水平的感知。

上述考慮在一定程度上說明了一本書的特徵，而不然的話，人們可能以爲這本書是自相矛盾的。這是一部完整的著作，它得出了一些結論，希望讀者把它們看做對開始時提出的那些問題的回答。然而，常常還要提到第二卷，而第三卷的輪廓或許也已浮現在第二卷的後面。不過，如果這幾卷著作問世的話，那麼，它們並不構成連續的系列，而只是對同一些問題作不同的處理，對同一些問題作不同的解決，以期訴諸新的觀照，以及通過給組織切片另行塗色來揭示迄此尙屬模糊不清、未爲人們注意到的種種特性。因此，如果這探究依我們所希望的方式進行，則它將不是沿一根直線的軸，而是沿螺旋的軸展開；它將定期地回到先前的成果上來，將只引入那些新的對象：對它們的認識能加深原先已達致的僅屬初步的知識。

此外，如果這本聲稱專門關於神話學的書並不排斥援引民間故事、傳說和擬歷史傳統，且常常訴諸典禮和儀式，那麼，切莫爲此感到驚奇。實際上，我反對匆促地就神話是什麼，不是什麼發表意見，我倒主張利用被研究群體的一切心理或社會活動表現，而這表現在分析過程中顯示出來，使人得以把神話弄得完整或者得以解釋之，即使它並

不構成音樂家所說的「必要」伴奏（關於這一點，參見 L.-S.：5，第12章）。按另一條思路，儘管本研究集中於熱帶美洲的神話，它們提供了大部分例子，但是隨著分析的展開，分析本身要求利用源於較遠地區的神話。這猶如原始有機體，它雖然已被膜封包，但仍能夠讓其在這包封內的原生質運動，使這包封大大膨脹而伸出僞足。當我們確知，它的目標在於俘獲並同化外物，就不會感到這種行爲很奇怪。最後，我避免訴諸預想的分類，即分成宇宙學神話、季節神話、神祇神話、英雄神話、工藝神話等等。這裡又該是神話本身在經受分析的經驗之後才顯示其本性，表明其所屬的類型；如果神話學家以外在的、任意孤立的特徵爲基礎，那就不可能通達這個目標。

　　簡言之，本書的獨特之點是沒有主題；它首先停留於研究一個神話，而爲了由此達致部分的成功，它必須同化二百個題材。儘管它竭力圍於一個明確界定的地理和文化的區域，但這並不妨碍它不時呈現一般神話學論著的面貌。它沒有起點，因爲如果它換一個出發點，則也會按類似方式展開；而且它還沒有終點，許多問題只是加以扼要敍述，而其他問題全都只是提一下，俟諸異日再來詳細研討。爲了繪製我的圖，我不得不由中心向外地展開工作：首先圍繞一個神話，借助種族志和其他神話建構這神話的語義場（champ sémantique），然後對這些神話的每一個都重複進行這種運作；這樣，這個任意選擇的中心區可能被許多線再分割，但隨著向外進展，重疊的頻度不斷降低，因此爲了使掃描密度到處相等，必須通過以位於外圍的點出發，畫新的圓來多次重複這個過程。但這同時使原始領域也擴大。所以，神話分析看來是個永無止境的任務。每一個進步都給人以一種新的希望，而這希望的實現取決於一個新困難的解決。記錄永遠是敞開的。

　　然而，我得承認，本書的古怪想法一點沒有讓我感到惶恐，反倒讓我預感到，由於採取了一種計畫和一種方法，而它們與其說是我選

擇的，還不如說是強加給我的，我因而也許已成功地把握到了對象的某些基本性質。涂爾幹(Durkheim)(第142頁)說過：「一個困難的問題要求就其本身、為其本身並按照專門適合於其的方法來加以處理。」他後來(第190頁)在提到圖騰神話時還說明了這種事態的理由：「這無疑一點也沒有說明什麼，只是置換了困難，但在這樣做時至少看來洗刷了邏輯的恥辱。」我認為，這是個深刻的定義，只要賦予它比其作者所約定的更為完整的意義，就可以把它推廣到整個神話思維領域。

實際上，神話研究提出了一個方法論的問題，因為這種研究不可能按照笛卡爾(Descarte)原理進行，這原理在於把一個困難劃分成許多部分，以便能解決它。神話分析不存在真正的結局，就是在這種分解工作結束時也不可能把握到隱蔽的統一性。主題可以不斷地一分為二，以至無窮。當人們以為已把它們相互分解開來，分別去把握時，其實只是去證明，它們正為著適應出乎預想的親合性的要求而重又被結合起來。因此，神話的統一性只是傾向性的、推測性的東西，決不反映神話的狀況或階段。致力於作解釋而引起想象這種現象，其作用在於賦予神話以綜合的形式，防止它分解成為各個對立面的混雜體。所以，神話學可以稱為「**屈折光學**」(anaclastique)，這裡取這個古老術語的較廣的詞源學意義，其定義中兼容對反射光線和斷折光線的研究。但是，跟聲稱追溯到源頭的哲學反思不同，這裡與之打交道的反射關涉絕非真實的光源所發出的光線。序列和主題的發散是神話思維的基本特徵。神話思維表現為一種輻照，只要量度其光線的方向和射角，就可以去假設它們的共同源頭：如果神話結構所偏轉的光線正是發源於這源頭，並在行程中始終保持平行的話，那麼，它們就會聚於這個理想點上。如我們將在本書結論中所表明的，這種多樣性是本質的東西。因為它同神話思維的二重性相聯繫，神話思維通過給對象形成同源的像來同其吻合，但決不同其融合，因為思維在另一個層面上

展開。主題的重複表達了這種無能和韌性的混合。神話思想不關心明
確的開端和結束，因此，不走完整的行程：它總是留下一點未完成的
東西。像儀式一樣，神話也是「**不可終止的**」。本工作想模擬神話思維
的自然運動，因此既太簡短又太冗長，能符合它的要求，尊重它的節
律。這樣，這本關於神話的書本身就是一個神話。如果說它有統一性
的話，則這種統一性僅僅出現在本文的後面或外面。最恰當地說，這
統一性在讀者的心中。

　　不過，無疑我會在種族志批判方面遭到最嚴厲的指責。我的資料
很詳備，但還是忽略了有些資料，儘管它們看來還是可以蒐羅到的①。
我已利用過的資料也並不全都採納在最後定稿之中。為了不使行文冗
長，不得不對神話作了篩選，選擇一定的版本，對它們的各種異文的
要點加以修整。有人會指責我削足適履，使探究的材料迎合我的計畫。
因為，如果我從相當多的神話中只選擇那些最有利於論證的神話，那
麼，論證的力量就大大減小。因此，難道不可以說：為了敢於進行比
較，我們必須真正全部吃透已知的熱帶美洲神話？
　　從那些推遲了本書問世的環境因素來考慮，這個詰問顯得特別說
明問題。當《博羅羅人百科全書》(*Encyclopédie Bororo*)第一卷宣告出

────────────

①例如，有些著作如希西恩克(Hissink)和哈恩(Hahn)的《塔卡納》(*Die Tacana*)
　(斯圖加特，1961 年)，由於是新近出版的，所以只是瀏覽了一下；另一些則在
　本書完成之後才到法國，因而也就根本沒有讀過，例如 J. 維爾貝爾(Wilbert)：
　《奧里諾科-文圖亞里地區的印第安人》(*Indios de la región Orinoco-Ventuari*)
　(加拉加斯，1963 年)、《瓦勞人的口頭文學》(*Warao Oral Literature*)(同上，
　1964 年) 以及 N.福克(Fock)：《韋韋人，一個亞馬遜部落的宗教和社會》
　(*Waiwai, Religion and Society of an Amazonian Tribe*)(哥本哈根，1963 年)。
　不過，我在這最後一本書中已注意到一個關於負子袋鼠的神話，它證實了我們
　第三和四篇中的分析。我在另一卷裏將利用這些新材料。

版時，本書已差不多完成。我一直等待這部著作到達了法國，我在研讀了它之後，又對文稿作了最後的修飾。不過，依同理，我難道不應該再等待二、三年內的第二卷出版嗎？這一卷研討神話，還有一部份論述專名。實際上，儘管已到手的這一卷提供了豐富的材料，但對它的研究給人以另一種提示。這兩個撒肋爵會神父(Salésien)在不想僅僅簡單提及自己的意見變化時，非常溫和地記載這些變化。但是，如果有作者發表一則資料，同他們自己的最新發現不相一致時，就可能採取苛刻批判的態度。在這兩種情形裡，他們都犯了同樣的方法錯誤。一則資料同另一則資料相悖，這事實提出了一個問題，但沒有去解決它。我一直比較尊重這些提供資料的人，不管是我們自己還是往昔傳教士雇用的人，他們的證據特別有價值。這兩個撒肋爵會神父的功績無可置疑。正因爲這樣，如果不忘他們的恩情，則我們可以提出一個小小的批評：他們不幸傾向於相信，最新一則資料抹殺了一切其他資料。

　　我始終認爲，已經提供的或者尙未發表的進一步資料將會影響我的解釋。有些只不過屬於嘗試的解釋可能會得到確證；另一些則將被拋棄或修正。這都沒有什麼關係。對於這樣一門學科，科學知識是姗姗前進的，要由論爭和質疑來激勵。跟形而上學不一樣，它不會堅持「不全則無」的信條。我認爲，爲使本書具有價值，不一定非得認爲，它在未來年月裡哪怕在最細微的細節上都包含著眞理。如果本書被認爲已取得了使一個困難問題的狀況比以往更令人滿意這個適度成就，則我也就感到滿足了。我們切莫忘記，科學上是無終極眞理可言的。科學與其說提供正確的回答，還不如說提出正確的問題。

　　我們可以再進一步。如果批評家指責我還沒有給南美洲神話編製包羅無遺的清單就去分布它們，那麼，他們極大地誤解了文獻的本質和作用。一個群體的神話總體屬於論述(discours)的層面。除非這個群

體在本質上或倫理上走向喪亡，否則，這個總體永遠是開放的。你還可能批評一個語言學家，說他編寫了一種語言的語法，却又不記載這語言存在以來所已說過的全部話語，也不知道它存在的未來時期裡將會說的東西。經驗證明，一個語言學家根據同他在理論上可能收集到的全部語句（且不說他不可能親聞的那些語句，它們是他開始其工作之前，或者在他未參與的場合，或者在某個後來的日子由人們說的）相比爲相當少的語句，就能夠制定一種特定語言的語法。當我們同不懂的語言打交道時，甚至一部局部的語法或者一部概略的語法也彌足珍貴。只有在記錄並考察了一系列（理論上的無限多個）事件之後，句法才顯現出來，因爲句法是支配事件產生之規則的集合。我試圖給出的正是南美洲神話的句法的概略。如果又有新的本文(text)豐富神話論述，那麼，它們就將被用於檢驗或修改某些語法規律的表述，從而抛棄其中的一些，用新的規律取代它們。不過，在任何情況下我都不會接受對總的神話的無理要求，因爲如剛才所已表明的，這樣的要求毫無意義。

　　另一個詰難需要比較認眞地對待。有人可能質問，我有什麼權利從各處挑選神話，用一個圭亞那人(Guyane)異本解釋一個查科人(Chaco)神話，或者用哥倫比亞的一個類似神話解釋一個熱依人(Gê)神話。但是，結構分析不管如何尊重歷史學，如何力求利用一切歷史學結論，總是拒絕局限於歷史學研究所已確立的疆域。相反，結構分析通過證明來源各個迥異的神話客觀地構成一個組，由此給歷史學提出一個問題，敦促它著手去尋找一個解決。我建構了這樣一個組，我希望我已給它之爲一個組提供了證明。種族志研究者、歷史學家和考古學家的任務正在於解釋它如何存在，爲什麼存在。

　　他們可以放心。就解釋這裡彙集的（並且僅僅爲了我的研究而收集起來的）這些神話的集團性質而言，我並不期望，歷史的批判終將

能夠把一個由邏輯關係結成的體系還原爲對衆多假借的枚舉，這些假借是當代或古代群體相互前後相繼地或同時地作出的，它們跨越的時空往往其大無比，以致任何這類解釋都是不可信的，也總是不可能加以證實。因此，我從一開始就要求歷史學家看到印第安人的美洲有一種缺乏其羅馬的中世紀。這是一個混雜的集團，產生於一種歷史久遠的、組織上無疑十分鬆散的混合體，在許多世紀一直兼容並蓄地包含著先進的文明和野蠻的民族、凝聚的傾向和破壞的力量。儘管破壞的力量通過內因的作用並由於歐洲征服者的到來而最終占居上風，但可以肯定，作爲我們研究對象的這樣一個集體因下述事實而形成其特性：從某種意義上說，它是在一個既定的語義環境中形成的，而這環境的各個要素被按形形色色的組合加以利用，這種利用與其說本著模仿的精神進行，倒不如說在於允許諸多小群體通過在共同世界觀構架中運用對立和相關的辯證體系的資源來表達它們各自的創造性。

　　這種解釋（我將讓它採取嘗試性的形式）顯然建基於歷史的猜想。它推測，熱帶美洲很早就有人居住；許多部落頻繁地向四面八方遷移；人口的流動和群體的融合爲非常古老的混合體創造了適宜的條件，而這些條件導致各集團之間產生可觀察差異；這些差異絲毫沒有或者幾乎絲毫沒有反映那些古代條件，而在絕大多數情形裡都是次要的或者說派生的。因此，儘管結構分析屬於形式方法，但它還是確立了我在二十多年前提出的那些種族志的和歷史的解釋的有效性；當時這些解釋被認爲失諸輕率(參見 L.-S.：5，第 118 及以後各頁和整個第 6 頁)，但它們現在還是站住了腳。如果說從本著作可以引出什麼種族志的結論，那麼，這就是：熱依人根本不是 1942 年《南美洲印第安人手冊》(*The Handbook of South American Indians*)第 1 卷問世時人們所認爲的「邊際」民族(我當時就反對這個假設)，而是南美洲的一個中樞要素，其作用可同弗雷塞河和哥倫比亞河沿岸的古老文明及其遺存在北美洲

所起的作用相比擬。當我把探究推廣到北美洲的北部地區時，這個供作比較的基礎就顯得更爲清楚了。

　　爲了讓讀者提防形式主義、甚至唯心主義的指責（我不時受到過這種指責），有必要至少提一下結構分析已達致的一些具體成果(某些僅同熱帶美洲文化有關的其他成果將在書中予以解釋)。可以說，本書甚至比我以前的著作更進一步地把種族志研究引上心理學、邏輯學和哲學的道路，而迄今爲止它一直被禁止走這道路。種族志的任務應是研究具體的社區，從社會的、政治的和經濟的三重觀點考察個人和集團間關係所提出的問題。那麼，我不是在促使種族志偏離其這個眞正的任務嗎？我覺得，人們常常流露的這種擔憂似乎起因於完全誤解我所試圖做的工作。我認爲，更爲嚴的是，他們懷疑自從我寫作《親屬關係的基本結構》（*Les Structures élémentaires de la parenté*）以來我所奉行方法論綱領的連續性，因爲至少對這部著作是沒有理由提出這種詰難的。

　　然而，如果說《野性的思維》（*La Pensée sauvage*）標誌著我嘗試上的一種停頓，那麼這只是我感到在兩次努力之間需要有間歇。無疑，我要利用這個機會來審時度勢，估價一下所走過的地域，描繪未來的旅程，大致設想我大概必須穿越的陌生土地，即使我決心一刻也不偏離我原定的路徑，並且決不侵占哲學的嚴加防範的領地——除了小小的偷獵——也罷。……然而，這個被人誤解爲標誌著一個終結的停頓只不過是《結構》所代表的第一階段和本書旨在開闢的第二階段之間的一個休止。

　　我的目標始終沒有改變過。我始終旨在根據種族志的經驗，編製心理區劃(enceinte)的目錄，由此把似乎任意的數據歸結爲某種秩序，達致昭示某種必然性的層面，而這種必然性乃是自由這種幻覺的深層

基礎。我在《結構》中從那些支配婚姻的規律在表面上的隨機性和雜亂多樣性的背後，辨識出了少數幾條簡單原理，借助它們可以把乍一看來純屬荒謬（一般都這樣認為）的龐雜風俗習慣還原成一個有意義的體系。然而，沒有什麼東西確保這些約束由內因引起。也許它們僅僅是某些已客觀化為制度的社會生活需求在人心中的反映。如果真是這樣，那麼，它們對心理層面的影響便是一些機制的效果，而關於這些機制，剩下來要做的唯有去發現它們的運作模式。

　　因此，我現在要著手做的神話學實驗將更帶判定性。神話學沒有明顯的實際功能；跟以前所研究的那些現象不同，它並不直接同另一種實在相連接，而這種實在有著比它自己更高程度的客觀性，並且它可能把這種實在的秩序傳達給似乎恣意沉迷於創造性自發行為的心智。所以，如果在這裡也能證明，心智表面上的任意性、它的據認為的自發的靈感湧流以及似乎不受控制的發明能力意味著存在在深層起作用的規律，那麼，我們便勢所難免地不得不下這樣的結論：當讓心智自我沉思，不再非得同對象打交道不可時，心智在某種意義上就被還原為以自己為對象進行模仿；既然支配心智運作的規律跟心智在其他功能中顯示的規律沒有根本的不同，所以，它顯現出作為事物之中的一種事物的本性。論證不必進行到這一步，因為只要建立下述信念就足夠了：如果人類心智甚至在神話領域裡也表現為決定性的，那麼就更不用說，它在其一切活動領域裡也都是決定性的②。

　　我在以探索心理的約束（contraint）為導向時，按照康德（Kant）主義行事，儘管採取導致不同結論的不同路線。跟這個哲學家不同，一個種族志研究者並不感到必須把他自己思維運作的條件或他的社會和

---

②「如果規律存在於某處，那麼它就無所不在。」這是泰勒（Tylor）得出的結論。我已在十七年前把他作出此結論的那段話用作為《親族關係的基本結構》的題詞。

時代所特有的科學作爲反思的原理，以便把這些局域的發現推廣成一種理解，而這種理解的普遍性充其量只是假設和潛在的。儘管關心的問題相同，但他還是採取一種雙重對立的探究方法。他不是假設普遍的理解，卻寧可經驗地考察集體的理解，而這種理解的性質可以說凝結在無數具體表示系統之中而昭示於他。旣然在他作爲屬於一種社會環境、文化、宗教和歷史時期的人看來，這些系統代表一個特定類型的一切可能變型，所以，他選擇那些差異最顯著的變型，以期他爲了用他自己的術語翻譯這些系統（或者反過來）而不得不提出的那些方法論規則將揭示基本的和共同的約束之網絡：這是最高級的心理體操，在這種體操中，達到其客觀極限（因爲種族志研究首先發現並記錄這些極限）的反思鍛鍊顯示了每一塊肌肉和骨骼的每個關節，從而揭示了解剖結構的一般輪廓。

　　我完全明白，當利科爾(Ricoeur)正確地說我的著作是「沒有先驗主體的康德主義」③時，他指的正是這個方面。不過，我決不認爲這個限制條件是在指出什麼缺陷，我認爲這是我所選擇的種族志方法必然要在哲學層面上帶來的後果；因爲我志在發現使眞理系統變得可以相互轉換因而可同時被許多主體所接受的條件，而這些條件的總體帶上獨立於任何主體的實在客體的特徵。

---

③ P. 利科爾(Ricoeur)：〈符號和歷時性〉(Symbole et temporalité)載《哲學文叢》(*Archivio di Filosofia*)，第 1～2 期（羅馬，1963 年），第 24 頁，亦見第 9 頁：「一種康德的而非佛洛依德(Freud)的無意識，一種結合的、範範化的無意識……」；和第 10 頁：「一種同一個思維主體無涉的……跟自然同源的範疇化系統；它或許就是自然。……」

　　羅歇·巴斯蒂德(Bastide)（第 65～79 頁）以其慣有的細心和洞察力先我作出了全部上述論證。我們觀點的吻合最雄辯不過地表明了他的明智，因爲我在忙過了校讀本書清樣之後才讀他的著作（承他惠寄給我）。

　　我認爲，神話學最好不過地使我們得以闡明這種客觀化的思維，提供證明其實在性的經驗證據。儘管不能排除這樣的可能性：創造和傳達神話的說話者可能會明白這些神話的結構和運作模式，但這不可能作爲一種正常的事情發生，而只是局部地、間歇地發生。神話的情形和語言相同。在論述中有意識地應用音位和語法規律的個人（假定他具備必要的知識和這樣做的技巧）卻會幾乎立即就失去思想的頭緒。同樣，神話思維的實踐和應用要求它的性質保持隱藏；否則，主體便處於神話學家的地位，而他的任務是支解神話，所以就不可能相信它們。神話分析沒有也不可能以表明人如何思維作爲自己的目標。在我們這裡討論的具體例子中，至少令人懷疑，巴西中部的土著除了迷戀於神話故事之外，究竟有沒有理解我們給這些故事還原的關係系統。當我們訴諸這些神話來證明我們自己的普通言語中有理由存在某些古老的或形象的用語時，也可以作此評論，因爲我們的意識是回溯性的，是受外面操縱的，並在一種外來神話學的約束之下受操縱。因此，我主張不是去表明人如何用神話進行思維，而是去表明神話如何用人進行思維卻不爲人所知。

　　並且，如我已指出的，也許最好更推進一步，乾脆完全抽去思維主體，神話以某種方式**在神話之間**進行思維④。因爲我想闡明的不是**在神話之中**（更不是在人的意識之中）有什麼，而是定義最佳可能代碼的公理和公設的系統，這系統能授予一種共同的意義給無意識的精製作品，而後者是關係最遠的、精選的心智、社會和文化的作品。因爲這些神話乃基於二級代碼（一級代碼是構成語言的代碼），所以本書

---

④奧吉布瓦(Ojibwa)印第安人認爲神話是「具有思維和行動能力的意識存在物。」
　〔W. Jones：〈奧吉布瓦人經文〉(Ojibwa Texts)，載《美國種族志學會會刊》
　(*Publications of the American Ethnolcgical Society*)，第 3 卷，第 2 部分，紐約
　1919 年，第 574 頁，注 1。〕

作爲一種三級代碼的概略提出，旨在確保多個神話間的可互譯性。正因爲這樣，我們可以正確地把本書本身看做爲一個神話：可以說它是關於神話學的神話。

然而，像其他代碼一樣，這代碼也旣不是發明的，又不是從外面引入的。它是神話本身所固有的，我們只是在那裡發現了它的存在。一個在南美洲工作的種族志硏究者對神話所由傳達給他的方式感到驚訝：「給我講這些故事的人，說法幾乎全不相同。重要細節上變異達到極大程度。」然而，土著對這種事態似乎並不介意：「一個卡拉雅人（caraja）偕我行過一村又一村，聽到形形色色這類異本，都幾乎一視同仁地全相信它們。不是他沒有看到這些差異，而是他對它們無所謂……」（Lipkind：1，第251頁）。來自另一個星球的一個土著觀察者可能更有理由（因爲他硏究的是歷史而不是神話）感到驚奇；在關於法國大革命的大量著作中，怎麼會並非總是援引或者忽視同一些事件，又怎麼樣各個不同作者用不同眼光介紹同一些事件。然而，這些異文關涉同一個國家、同一個時期和同一些事件，而它們的實在性遍布於一個複合結構的各個不同層面。因此，有效性的判據並不依附於歷史的要素。這些要素分別加以探究，可以證明每一個都是捉摸不定的。但是，它們中至少有一些由於整合成一個系列而獲得某種一致性，而由於總體的連貫性，因而可以給予這系列的各個項以一定程度可信性。

明察秋毫的歷史試圖導致另一種狀況，而這種努力是值得的，也不可或缺。然而，儘管如此，像精明的實踐者所不得不承認的，歷史還是不可能完全脫去神話的性質。因此，對歷史成立的東西，不用說對神話本身更其成立。神話圖式在極大程度上帶有絕對對象的特性，而這種對象如果未受到外界因素的影響，便旣不會失去其舊的組分，也不會獲得新的組分。結果，當這圖式經受某種轉換時，它的一切方面便同時都受到影響。這樣，如果一個特定神話的一個方面看來是不

可理解的。那麼，有理由把它作爲另一個神話的同系方面的一種轉換，以假設的和初步的方式加以探討，而這個同系方面也爲了論證的需要而和同一個神話組相聯結，從而更好加以解釋。我已在不止一個場合這樣做過：例如，用 M_{55} 中花豹的敞開顎部作爲反插段來解釋 M_7 中的封閉顎部的插段；或者，用 M_{65} 中的兀鷹的虛僞樂善解釋 M_1 中的兀鷹表現出的眞誠樂善好施。可以預期，這種方法並不造成惡性循環。它只是意味著，每個神話單獨來看都作爲對一種圖式的有限應用而存在，而這圖式由所辨識到的各個神話間的相互可理解性關係逐漸地展示出來。

　　無疑，我將被指責在應用這種方法時解釋過度和簡化過度。讓我重申，所提出的這一切解決並不被認爲爲價値相等，因爲我自己就想強調，其中有些是靠不住的；然而，說不會把我的思想貫徹到底，那是虛僞的。因此，我預先就要對可能的批評者說：這有什麼要緊？因爲，如果說人類學的終極目標是貢獻對客觀化思維及其機制的更好認識，則終究說來，在本書中究竟是南美洲印第安人的思維過程以我的思維爲媒介進行，還是我的思維過程以他們爲媒介進行，無關宏旨。要緊的是，人類心智不管其偶然的信使的身分如何，總是顯示出越來越可以理解的結構，而這是兩個相互作用的思維過程的雙重反省的前進運動所使然，這兩個思維過程各能提供火花或導火線，後者的結合則對這兩個過程作出共同的說明。如果這種說明恰巧發掘出了一份寶藏，那麼，並不需要一個仲裁人來分配這寶藏，因爲如我最初(L.-S.：9)就已申明的，這遺產是不可轉讓的，也是不可分割的。

II

　　在本導論的開端，我已解釋過，我試圖通過從一開始就在符號水

平上運作來超越可感知東西和可理解東西之間的對立。符號的功能正在於用其中一者表達另一者，甚至當符號數目非常有限時，符號也可組成具有嚴格組織的結合，而這些結合甚至能譯出全部感覺經驗的比較微妙的隱祕部分。因此，我們可以指望達到這樣的層面，在那裡，邏輯性質作為事物的屬性將像氣味或香味那樣直接地表現出來；香味是我們能夠正確無誤地加以證認的，然而我們知道，它們產生於元素的結合，而這結合如果另加選擇和組織，則就會讓人聞到別一種香味。所以，我們的任務是利用符號的概念，達到從可理解的而不僅僅可感知的層面上把這些第二性的性質引入眞實的交流之中。

　　自然，對於這種介於美感和邏輯思維運演之間的中間途徑的研究，應當到音樂中去找尋靈感，音樂始終在走這條途徑。僅僅從一般觀點出發，不可能發現這種對比。在很早的階段，幾乎從開始寫作時起，我就認識到，本書的題材不可能按照基於傳統原理的層面加以組織。劃分成章節，不僅侵害思維的運動，而且還削弱和傷害思維本身，並減少論證的力量。論證為要令人信服，似乎需要較大的靈活性和自由度，而這頗令人感到自相矛盾。我還看到，文獻資料不能按單一直線的方式加以呈示，各個不同的評論階段不是單純按照順序相聯繫的。必須動用某些寫作技巧，以便時時提供給讀者以同時感；這種印象無疑是虛幻的，因為必須尊重闡釋的次序，不過還是可以做到讓人產生接近於此的印象。為此，可以交替使用推論和鋪敍的體裁，改變快慢節奏，時而堆砌例子，時而分別枚舉。我認為，這種分析過程應沿許多軸線進行。當然，應當有逐次相繼的軸，但也要有相當緻密的軸，這包括訴諸可同音樂上的獨奏和合奏相比擬的形式；還要有表現性緊張的軸和置換代碼的軸，在寫作過程中，這些軸造成的對比類似於歌唱和宣敍調(récitatif)間的或者器樂合奏和咏嘆調(aria)間的對比。

　　這樣，我自由地從幾個維度展開我的主題。因此，劃分成等量章

節的做法必須讓位於包括篇幅、數目較少但容量較大也較複雜的若干篇幅的格局，其中每一篇都內在地按照某種意旨統一性加以組織，因此都構成一個整體。由於同樣理由，各篇不可能全用同樣的模子塑造；相反，就格調、體裁和風格而言，每一篇都必須服從所採用的材料的性質和在這個特定場合所採取的技術手段所支配的規則。因此，這裡也是音樂形式提供了業已由經驗標記的多樣性，因為同奏鳴曲(sonate)、交響曲、康塔塔(cantate)、前奏曲、賦格曲(fugue)等的比較，使得能夠很容易地證實：事實上，同神話分析提出的問題相類似的構造問題在音樂中早已產生，並已找到了解決。

但與此同時我不能回避另一個問題：音樂和神話之間最初令人驚訝的相似關係的基本原因是什麼？(神話的結構分析強調神話的性質，把這些性質轉移到另一個層面考察。)當我認識到，我自己個人歷史中有一個不變的東西，無疑朝著發現一個回答的方向前進了一大步。這個不變的東西歷經風風雨雨而一如既往，甚至在青年時期抵擋住了聆聽《佩萊阿斯》(Pelléas)和《婚禮》(Noces)時所感到的震慄。我指的是我從孩提時代起就懷有的對「里夏德·華格納(Wagner)上帝」的崇敬。如果認為華格納是神話〔甚至民間故事，如《老爺》(Les Maître)〕的結構分析的不可否認的創始人，那麼，一個意義深刻的事實是：這種分析總是**在音樂中**作的⑤。因此，當我提出，神話的分析可以同總樂譜的分析相比擬時(L.-S.：5，第234頁)，我只是在從華格納的發現引

---

⑤在承認這種影響時，如果我不同時承認還受惠於其他人，則我就要犯忘恩負義之罪。首先是馬塞爾·格拉內(Granet)的著作，它們極富天才的洞見；其次——**最後但不是最少**——是喬治·迪梅齊爾(Dumézil)先生的著作；以及亨利·格雷戈瓦(Grégoire)先生的〈阿斯克勒皮奧、阿波隆·斯曼特和呂達〉(Asklêpios, Appollon Smintheus et Ruda)〔《比利時皇家學術院報告》(Mémoires de l'-Académie Royal de Belgique)文學類第 XLV 卷第 1 期，1949 年。〕

出邏輯結論: 神話的結構可以通過樂譜來揭示。

　　然而，這個預備性的獻詞只是確認了問題的存在，並沒有去解決它。我認為，真正的回答應當到神話和音樂都作為語言所共有的特徵中去尋找。神話和音樂以不同的方式超越發音詞句的層面。而同時——和分解的語言(langage articulé)相似，但不同於繪畫——又需要一個時間維度來展開。不過，這種對時間的關係相當特別: 音樂和神話所以需要時間，似乎只是為了換算它。其實，兩者都是消滅時間的工具。在聲音和節奏之下，音樂作用於一片原始領域，而這就是聽眾的生理學時間，這時間是不可逆的，因此是無可補償地歷時的，然而音樂把奉獻於聽眾的片段嬗變為共時的總體，它自我封閉。由於音樂作品的內部組織，所以，聆聽音樂這種行為使流逝的時間凝固下來;像對風中拍動的布一樣地捕捉它，摺疊它。由此可見，通過聽音樂，在我們聽音樂的期間，我們進入了某種永生不朽的狀態。

　　現在可以明白，音樂所以同神話相像，是因為神話也克服了歷史的、周轉性的時間和永久的恆常之間的二律背反(amtimonie)。但是要充分說明這種比較的合理性，這必須大大推進我以前做的研究(L.-S.: 5，第230～233頁)。像音樂作品一樣，神話也從一個雙重連續區出發進行運作。這連續區的一個方面是外部的，有時由歷史的或者據認為是歷史的事件組成，這些事件構成一個理論上無限的系列，而每個社會都從中抽取有限個相關事件來創造其神話;有時是同樣無限多生理上可以產生的聲音的系列，而每個音樂系統都從中選取其音階(gamme)。這連續區的第二個方面是內部的，位於聽眾的心理-生理時間之中，而其要素非常複雜:包括腦波和有機體節奏的頻率、記憶的強度和注意力。因為神話敍述冗長，某些主題重複出現以及其他種種回溯和比較，而這些回溯和比較只有當聽眾的心智可以說隨著故事的展開而審察其全部時才能正確地領會，所以，神話主要對神經心理的

方面提出要求。這一切適合於音樂，不過，音樂不僅訴諸心理的時間，而且也訴諸生理的時間，甚至內臟性的時間；神話就不訴諸這些，因爲一個故事的講述可能「讓人透不過氣來」。但是，這種講述在音樂中就不那麼重要了：任何樂音對位(contrepoint)都包含一個對於心肺節律運動的無聲部分。

爲了簡化論證，讓我們暫且局限於討論內臟性時間。我們可以說，音樂按照兩種柵格運作。一個是生理的即自然的。它因下述事實而存在：音樂利用有機體的節律，從而賦予不連續性現象以現實性，否則不連續性仍可以說潛伏和埋沒在時間之中。另一種柵格是文化的；它由樂音的階構成，樂音的數目和音程因文化而異。音程系統提供給音樂以初級表現(articulation)水平，這個水平不是依從於樂音的相對高度(這是每個聲音的可感覺性質產生的)，而是依從於樂音在音階上的等級關係：基音(fondamentale)、主音(tonique)、導音(sensible)和屬音(dorminante)的劃分表達了因多調(polytonal)和無調(atonal)系統而變得複雜但並不因之遭到破壞的關係。

作曲家的使命在於修整這種不連續性而又不取消其原則；他那創造旋律的能力創造著這柵格中的時間缺失，或者從時間上去除或縮減空位。有時它打上孔眼，有時則填補空隙。對於旋律成立的東西對於節奏也成立，因爲生理柵格的理論上恆定的拍(temps)借助節奏而被跳過或擴充，被先現或延遲後又被趕上。

音樂情緒正是產生於這樣的事實：作曲家時時刻刻都在克制或者發揮，其程度超過或低於聽衆根據自以爲能猜測到的、但因他受下述雙重頻率影響而不可能完全預測準的一種圖式而作的預期：他的呼吸系統的頻率（由他的個人天性決定）和音階的頻率（由他受的訓練決定）。當作曲家的克制超過我們的預期時，我們體驗到一種美妙的墜落感覺；我們感到被猛地拋離音樂階梯上的一個穩定點,跌入虛空之中,

而這僅僅因為給予我們的支持不在預期位置的緣故。當作曲家的克制程度低於我們的預期時，出現相反的情形：他迫使我們進行技巧超過我們水平的體操。有時他推動我們，有時迫使我們自己運動，但動作總是很難，我們完成不了。美的快感就在於興奮和休止、受挫的和意外滿足的期望這種多樣性，這種多樣性產生於作品提出的挑戰，產生於作品所喚起的矛盾情感：一方面作品讓我們面對不可克服的考驗，另一方面它又準備提供給我們根本預想不到的戰勝這些考驗的手段。作曲家自訴：

「……加冕禮光彩奪目
卻被墨水本身淹没在女巫的啜泣之中，」

他的意旨含混不清，但仍包含在總譜(partition)之中。像神話一樣，這意旨通過聽眾並由聽眾使之變為現實。在這兩種情形裡可以看到發送者和接收者關係發生同樣逆轉，因為歸根結柢是接收者通過發送者發出的消息發現這消息本身的意義：音樂存在於我，我通過音樂聆聽我自己。可見，神話和音樂作品都像是管弦樂隊的指揮，聽眾則成為沉默的演奏者。

如果有人要問作品的真正中心在哪裡，那麼回答是，它無法確定。音樂和神話使人面對只有其影子可以實現的潛在對象，使人面對向必然無意識的真理的有意識逼近（樂譜和神話只能是這種東西），而無意識真理是有意識逼近的產物。我們可以就神話的情形來揣測這種悖論性情境出現的原因。它是神話創造的境況（它們是集體的）和個人體驗神話的特定方式之間的非理性關係的結果。神話是沒有作者的：從神話被看做為神話的時刻起，不管它們的真正起源如何，它們都僅僅作為一種傳統的體現而存在。當神話被復述時，個別聽眾就接受到一個消息，而這消息正確說來不知是從哪裡來的；正因為這個原故，它

被認爲出自超自然的起源！因此，可以理解，神話的統一性應當投影到一個虛焦點上：離開神話只是再次經過他的那個聽衆的有意識知覺，直到一個地方，在那裡神話輻射的能量消耗於它本身以往激起的無意識重組織工作。音樂則提出了遠爲困難的任務，因爲我們對音樂創造的心理狀況一無所知。換言之，我們並不明白，秘藏音樂的極少數人和沒有產生這種現象的芸芸衆生之間差別究竟何在，儘管他們通常都對音樂敏感。然而，這差異是那麼明顯，而且很早的時候就爲人們所注意到。因此，我們毫不懷疑，這意味著存在著一些非常特殊而又極爲深刻的性質。不過，既然音樂是一種至少對人類的絕大多數來說帶有某種意義的語言，儘管能夠表述其中某個意義的人實屬鳳毛麟角，既然音樂是唯一具有矛盾屬性的語言即既是可以理解的又是不可翻譯的，所以，音樂創造者可同神相比擬，音樂本身是人類科學的最高奧秘，各門科學全都倚重這個奧秘，它掌握著這些科學進步的關鍵。

實際上，無可爭辯的是，詩歌也提出了同樣的問題。並非人人都是詩人，但是詩歌的媒體是分解的語言。而那是公共的財富。詩歌只是規定，它對語言的特定應用將受到某些限制。相反，音樂有其不允許作任何一般的、超音樂的應用的獨特媒體。不說實際上，至少理論上可以說，任何人，只要受過充分的教育，好歹都能寫詩；然而，音樂的發明倚仗特殊的稟賦，只有天生就有這種稟賦的人才能施展這種才智。

繪畫愛好者無疑會抗議我給予音樂這種特優地位，或者至少提出，書畫刻印藝術和造型藝術也應占有這種地位。然而，我認爲，從形式的觀點來看，兩者應用的材料即聲音和顏色並不處於同一層面。爲了替這種差異辯護，有時人們說，音樂通常不模仿，或者更準確地說，除了它自己，它不模仿任何東西；然而，一個人在看一幅畫時，頭腦

裡第一個跳出來的問題是：它表示什麼？不過，如果現在也這樣地來
提這個問題，那麼，我們便面對非表現繪畫這種反常。在爲其工作辯
護時，抽象畫家難道不可以訴諸音樂的先例作論據嗎？他力主有權絕
對自由地，至少可以按照獨立於感覺經驗的代碼來組織形狀和顏色，
就像音樂對待其聲音和節奏那樣。

　　凡是想作此類比的人，莫不成爲一種嚴重幻覺的犧牲品。顏色是
自然界裡「自然地」存在的東西，而自然界裡並不存在樂音，除了純
屬偶然和飄忽不定者而外；只有噪音存在⑥。聲音和顏色不是同樣身
分的實體；唯有對顏色和噪音即同屬自然界的視覺模式和聲學模式才
可合法地加以比較。然而，偏偏人們對它們採取同樣的態度，因爲他
們不容許擺脫依傍。人們堅認，混雜的噪音就是播散的顏色。但是，
一旦能夠分辨它們，賦予它們一種形式，人們立即就試圖通過把它們
跟一個原因相關聯而把它們等同起來。色斑被看做爲草叢中的花朵，
噼啪的噪音必定由悄然的步履或林間的風引起，如此等等。

　　所以，繪畫和音樂並不是眞正等同的。前者到自然界尋覓材料：
顏色在被應用之前就已經有的，語言同以描述各種極其微妙的色調的
詞彙就証明了顏色的派生性：午夜藍、孔雀藍、石油藍；海綠、玉綠；

---

⑥如果第奧多魯(Diodorus)提到的風吹過尼羅河蘆葦叢發出的嘯聲因無法仿眞而
　可予忽略，那麼，除了鳥鳴——盧克萊修(Lucretius)稱之爲 liquidas avium
　voces (淸脆的鳥叫)——之外，自然界就沒剩下多少東西可以讓音樂做模型。
　鳥類學家和聲學家公認鳥的叫聲具有音樂性，但是，認爲鳥鳴和音樂之間存在
　發生上的關係的假說既毫無道理又不可証實，不值得討論。無疑，倘若人和鳥
　類共有這種特優地位，那麼人就不是樂音的唯一生產者。不過，這個事實並不
　影響我的論點，因爲和作爲自然現象的顏色不同，就鳥類和人而言，樂音都是
　社會現象。所謂的鳥鳴屬於語言的新領域；它們用手表達和溝通。因此，更其
　眞確的是，音樂的聲音屬於文化的組成部分。然而，如通常所認爲的那樣，文
　化和自然的分界線不同於人性和獸性的任何界線。

稻草黃、檸檬黃；櫻桃紅，等等。換句話說，顏色所以在繪畫中存在，僅僅是因爲先前就有有色物體和生物存在；只是通過一個抽象的過程，顏色才同它們的自然基質相分離，被作爲一個獨立系統中的元素看待。

有人可能反對說，適合於顏色的意見對形狀並不成立。幾何形狀和一切其他導源於它們的形狀在爲藝術家所知曉前就已由文化創造了出來；它們跟音樂的聲音一樣無非也是經驗的產物。不過，一門藝術的局限於利用這些形狀，則不可避免地帶上裝飾性。在它尙未完全有權利存在時，它便可以說患貧血症，除非作爲裝飾品依附於物體，而從物體獲取其基質。因此，繪畫似乎只得通過把存在物和事物相結合來意指（signifier）它們或者通過同存在物和事物相結合而共有它們的意義。

我以爲，各門造型藝術的這種對於物體的先天隸從性乃下述事實所使然：就這些藝術而言，形狀和顏色之在感覺經驗（當然，後者本身是心智無意識活動的一種功能）內組織起來，其作用是從初級水平上表現實在。只是靠了這種組織，這些藝術才能夠引入第二級表現水平，即選擇和安排各個單元，並按照一種特定技巧、風格或手法的指令解釋它們，也即用一個藝術家或一個社會所特有的代碼法則來變換它們。如果繪畫稱得上一種語言，則像任何語言一樣，這是因爲它是一種特殊的代碼，其詞項通過少數目單元組合而產生，同時其本身又依從於一種更一般的代碼。然而，繪畫和分解的語言是有差異的，因此，繪畫的消息（message）首先通過美感，其次通過理智知覺被領會，而語言的情形正好相反。就分解的語言而言，二級代碼之起作用抹殺了一級代碼的獨創性。這導致了語言符號所具有的公認的「任意性」。當語言學家說，「作爲有意義要素的詞素（morphème）分解成爲無意義的發音要素即音位（phonème）」（Benveniste, 第 7 頁），他們正是強調這些

方面。因此，在分解的語言中，非能指(signifiant)的一級代碼成爲二級代碼的意義手段和條件：這樣，意義本身就局限於一個層面。把一級代碼的潛在的能指價值納入到二級代碼之中的二元性在詩歌中得到恢復。詩歌同時地利用語詞和句法構造的理智意義以及美學性質，而這些都是受另一個系統支配的詞項，這個系統加強，修改或否定這意義。繪畫的情形也一樣，在那裡，形狀和顏色的對比被認爲是同時地依從於下述兩個系統的示差特徵：一個是理智意義的系統，它是公共經驗的遺產，是感覺經驗之再分和組織成物體的產物；另一個是造型價值的系統，它僅僅通過合併另一個系統變得有意義。兩個表現機制糅合而形成第三個機制，它把兩者的性質相結合。

　　這樣就可以理解，爲什麼抽象繪畫乃至更一般地一切標榜非表現的繪畫流派皆喪失了意指力量；它們拋棄了初級表現水平，聲稱只想僅僅在二級水平上生存下去。有人企圖把這種當代試驗同中國書法相類比。這種嘗試特別富有啓示。但在這些試驗中，藝術家所應用的形狀並沒有預先存在於它們在其上占有系統組織的另一個水平上。因此，不可以把它們看做爲基本形狀：它們可以更準確地說成是忽發奇想的創造物，而人們借助它們恣意仿製，虛構單元的組合。相反，書法藝術完全建基於這樣的事實：它所選擇的、使之處於恰當位置的、借助字體、感情、動勢和風格等約定加以表現的那些單元有著作爲符號的獨立存在地位，並在某個書法系統之內履行其他一些功能。只是在這些條件下，繪畫作品才能成爲一種語言，因爲這樣它才是兩個表現水平的對位調節的產物。

　　還可以明白，爲什麼繪畫和音樂的比較僅當局限於書法時才可以嚴格地接受。像後者一樣──但因爲它是一種二級繪畫──音樂也回復到由文化創造的初級表現水平：一個是表意文字(idéogramme)系統，另一個是音樂聲音系統。不過，僅憑人們創造這種系統的事實，

這種狀況就昭示了某些自然性質。例如，書畫符號，尤其中國書法的符號顯示了獨立於它們打算傳達的理智意義的美學性質，而書法藝術正是利用這些性質。

這一點攸關重要，因爲當代音樂思想或明或暗地拒斥存在某種自然基礎的假說，而這種基礎客觀地證明所規定的音階律音間的關係的系統是合理的。按照荀伯格(Schönberg)的重要公式，這些律音應唯一地由「整個聲音相互關係系統」來定義。然而，結構語言學家的教導當使我們得以克服拉莫(Rameau)的客觀主義和現代理論家的約定主義之間的虛假對立。由於每種類型音階所在聲音連續區中所作的截取，結果在律音之中出現了等級關係。這些關係並非由自然支配，因爲任何音階的物理性質都在數目和複雜性上大大超過每個系統爲構成其恰當特徵而選擇的那些性質。然而，確鑿無疑的是，像任何音位系統一樣，一切調式或調性（甚或多調性或無調性）系統也都依從於物理和生理性質，從可以獲得的無限多個這種性質中選取某一些，利用它們所能構成的對立和組合，以便制定一種用於分辨不同意義的代碼。因此，音樂像繪畫一樣地假設了感覺經驗的自然組織，但是，這並不是說，音樂遵從這種組織。

然而，我們切莫忘記，繪畫和音樂在同自然的關係上是相對立的。自然自發地提供給人一切顏色模型，有時甚至提供純粹狀態的顏料。爲了繪畫，他只要利用它們就夠了。但是，如我已強調的那樣，自然界產生噪音却不產生樂音；後者僅僅是文化的一種產物，文化發明了樂器和唱歌。這個差別在語言中得到反映：我們不是以同樣方式描述色調和音調。對於前者，我們幾乎是借助隱含的換喻，似乎一種特定的黃色同稻草或檸檬的視覺不可分離，或者一種特定的黑色同引起它的燒焦象牙，或一種特定的棕色同搗碎的土不可分離。另一方面，在聲音世界裡則廣泛應用隱喻：例如，「秋天的小提琴纏綿的啜泣」、「單

簧管像心上的倩女」等等。無疑，文化有時也發現一些顏色，它們被認爲並非來源於自然界；更準確地應當說，文化重新發現了它們，因爲自然界在這方面眞正是無窮豐富的。但是，除了上面已提到過的鳥鳴這個例子而外，對於人來說並不存在什麼樂音，如果他不去發明的話。

因此，只是在事後，可以說採用了回溯已往的方式，音樂才認識到聲音中的物理性質，從中選取一些用來建構音樂的等級結構。能不能說，在這樣做時，音樂有如繪畫呢？繪畫也在事後認識到，有一門關於顏色的物理科學，而它現在相當公開地以這們科學爲基礎。但是，在這樣做時，繪畫借助文化而賦予已被它了解爲一種感覺組織的自然以理智組織。音樂恰恰走相反的道路：甚至在音樂借助自然理智地組織自然之前，文化就已經存在於音樂之中了，不過呈感覺經驗的形式。正因爲音樂運作的領域是文化的，所以音樂的產生才完全獨立於那些表示聯環，它們使繪畫依從於感覺世界及其物體組織。

音樂的初級表現水平正是處於音階的等級結構之中。所以，被用反話稱爲具體的音樂的志向和被恰當地稱爲抽象的繪畫的志向之間有著鮮明的相似之處。通過拒斥樂音，專限於噪音，具體音樂就處於從形式觀點看來可同任何種類繪畫相比擬的情境：它直接同特定的自然現象相溝通。並且，像抽象繪畫一樣，它首先關心的事情是去瓦解以這些現象作爲其要素的現實或潛在意義系統。具體音樂在利用它已收集到的噪音之前，設法使它們變得不可識別，這樣，聽衆就不會服從自然傾向而去把它們同種種感覺形象關聯起來：瓷器破碎，列車呼嘯，一陣咳嗽或者樹枝啪地折斷。於是，它取消了初級表現水平。這個表現水平的效用總是非常有限的，因爲人拙於感知和分辨噪音，而這是由於對於他來說，一類特優的噪音即清晰發音的言語具有壓倒一切的重要性。

　　因此，具體音樂的存在包藏著一個奇異的悖論。如果這種音樂利用噪音而同時又保留其表示的價值，那麼，它就可以支配初級表現，而後者容許它通過啓動二級表現來建立起一個符號系統。但是，對於這系統，幾乎沒有什麼可說的。爲了相信這一點，只要想像，有哪種故事可以用噪音來講述，而可以合理地保證，這些故事既聽得懂又動人。因此，採取了一種解決辦法，即改變噪音，把它們變成僞聲音；但這樣就不可能給這些僞聲音規定簡單關係，以便在另一個水平上形成一個已經有意義的系統，能夠爲二級表現提供基礎。具體音樂可能陶醉於這樣的幻想：它在訴說著什麼；事實上，它只是在讓人不知所云地胡言亂語。我決不會犯把這現象同序列音樂(musique sérielle)相混淆這種不可原諒的錯誤。序列音樂堅決採用樂音，占有精妙的語法和句法。它當然處在音樂本身的範圍之中，甚至可能有助於補救音樂。不過，它所面臨的那些問題屬於另一類，在另一種層面上產生，但它們同前面討論的那些問題還是相似的。

　　序列思維從採用經調律(tempérée)的音階出發，最終導致樂音的個性特徵遭到侵害。因此，序列思維似乎只允許樂音有極小程度的組織化。它的問題似乎在於找到允許保留傳統留下來的音列的最低水平組織化，或者更確切地說，破壞部分地由外界強加的一種簡單組織(因爲它產生於對各個預先存在的可能性的抉擇)，使這領域向一種遠爲靈活複雜、但已傳播開來的代碼開放：「利用一種確定方法論的作曲家思維每當有機會表現自己時，總要創造它所需要的對象和爲組織這些對象所必需的形式。古典調性的思維建基於由引力和吸引規定的世界，序列思維建基於永恆膨脹的世界。」〔布萊茲(Boulez)〕按照這個作者的意見，在序列音樂中，「不復存在任何預先構想的音階和形式，即特定思維可以嵌入其中的一般結構。」應當指出，這裡應用的形容詞「預先構想的」是歧義的。理論家所想像的結構和形式已證明每每是人爲的，

有時是錯誤的。但是，這個事實並不意味著：不存在一般的結構；對音樂作更有效的分析，即考慮到其一切地理的和時代的表現，有朝一日就有可能揭示這種結構。如果語言學曾根據對各不同時代語文學家就一種語言提出的若干語法所作的批判就得出結論：這語言沒有固有的語法，那麼語言學本來到何處去存身呢？或者，如果各個特定語言在語法結構上的差異使語言學喪失信心，不敢去進行對一般語法的困難的但必不可少的研究，那麼，語言學本來又到何處存身呢？人們首先必須捫心自問：按照這樣的觀念，在音樂語言中像在任何別的語言中一樣不可或缺的、恰恰由一般結構（其普遍性使得能夠對特定消息編碼和解碼）構成的初級表現水平，其情形怎樣呢？不管具體音樂和序列音樂之間就理解而言鴻溝有多大，問題總是存在，即要弄明白：當一個專注於實質，另一個專注於形式時，兩者是否都在受當代烏托邦即構造單一表現水平上的符號系統愚弄呢？

　　序列學說的倡導者無疑會回答說，他們已拋棄初級水平，用二級水平取代之，但他們又發明第三個水平來彌補這損失，他們指望這第三水平完成以前由第二水平履行的功能。他們堅認，這樣，他們仍有兩個水平。我們以往已有過單聲部歌曲(monody)和複調音樂的時代；序列音樂應被理解爲一種「複調之複調音樂」的開端；它把以往的水平和垂直演奏法結合成一種「傾斜」演奏法。但是，這種論證儘管邏輯上一以貫之，却失足於關鍵之點：事實上，對任何語言來說，初級表現都是堅定不移的，除了在非常有限的界限內。尤其是，它是不可取代的。實際上，這兩種表現各自的功能不可能抽象地、相互關聯地加以定義。被二級表現提高到新等級能指功能的那些要素必定獲致所需要的性質，即它們必定已經被意義打上標記，也是爲了意義而被打上標記。這所以可能，僅僅是因爲這些要素不僅僅取自自然界，而且已在初級表現水平上被組織成系統：這假說是有缺陷的，除非承認，

這系統考慮到一個自然系統的某些性質，而這自然系統爲本質上相似的存在物創造先天的溝通條件。換句話說，一級水平由眞實的但無意識的關係構成，而這些關係憑藉這兩個屬性能夠在未被認識或未得到正確解釋的情況下起作用。

　　然而，就序列音樂而言，這種對自然的停泊是不確實的，也許根本就不存在。僅僅作爲思想體系來說，這系統才可同一種語言相比擬，因爲跟分解的語言不同，一旦切斷繫繩，它就漂移無定，而發音清晰的言語是同其生理的甚或物理的基礎不可分離的。它像一艘無帆的船，被船長駛入大海。船長厭倦於僅僅把這船當做駁船使用，自個兒相信，在船上生命已託付給一種周密議定書的規章。他不讓船員們懷鄕似地思念出發港或者目的港。……

　　我不否認，這種選擇是時勢艱難所決定的。繪畫和音樂所進行的冒險航行甚或有可能把它們帶到新的大陸，比它們世代棲止的、收成愈趨貧乏的土地更可取。不過，如果說結局就是這樣的話，則它並未爲導航者所知，也未得到他們同意。因爲，如我們已看到的那樣，至少序列音樂的倡導者們憤慨地否定這種可能性。這不是駛向其他陸地的問題。究竟駛向哪裡，很可能是不知所終，這下落的存在本身就是假說性的。人們提出的反對意見遠爲激進：唯有航行本身才是實在的，靠岸的陸地並不實在，而且航海路線可以由航海規程取代。

　　不管怎樣，我還是想強調一點：甚至當繪畫和音樂似乎並駕齊驅時，兩者仍被明顯的差異隔開。不認識到這一點，抽象繪畫就會在社會生活中日益接管以往由裝飾繪畫所履行的功能。因此，它同被認爲是一種意義系統的語言相脫離；而序列音樂則依附於論述：繼承並誇大浪漫曲（Lied）傳統——這種類型音樂忘記自己本身就是一種獨立自主的、不可還原的語言，因而讓自己去服務於語詞。這種對別種言語的依從不是暴露出一種憂慮的心情，擔心在缺乏恰當分配的代碼的情

況下，複雜的消息能否被那些終究是接受對象的人所正確領會？一旦一種語言被攪亂，它就不可避免地走向崩解，以前一直是自然和文化相互表現之手段的那些片段於是就飄忽不定。聽衆以自己的方式注意到這一點，因爲作曲家對一種異常精妙的句法（它允許更多的組合，因爲十二個半音可在由音高、時值、力度和音色規定的四維空間中隨意安排它們的格局）的應用在自然水平上或者在文化水平上，但很少同時在這兩個水平上影響聽衆。有時，他從器樂部得到的只是音色的情趣，它的作作用像一種對感覺性情感的自然刺激；有時，扼殺對旋律的哪怕最微弱的欲求的寬廣音程的應用則賦予聲樂部無疑虛假的表象，似乎是對分解的語言的純屬表現性的強化。

按照上述考慮，我從序列學派最卓越思想家之一的著作中援引的關於膨脹宇宙的那段話具有令人矚目的重要意義。它表明，這個學派冒險地用它的命運和音樂的命運來打賭。要麽，它成功地彌合聽衆和作曲家之間的傳統隔閡，並且——通過使聽衆失去無知識地參照一個一般系統的可能性——同時迫使他們靠自己複製個別創造行動，如果他們理解所聽到的音樂的話。憑藉一種嶄新的內在邏輯的力量，每部作品都將把聽衆從其被動狀態喚起，使他們共享作品的衝動，以致發明音樂和聆聽音樂之間不再有性質的差異，而只有程度的差異。要麽，因爲我們沒有保證膨脹宇宙中的物體全都以相同速度或者沿相同方向運動，所以，情形恰好相反。我訴諸的天文學類比倒是提示了這相反的情形。因此，現在可以明白，序列音樂所屬的一個宇宙中，聽衆不可能同音樂的刺激並駕齊驅，而將落在後面。他們試圖趕上去，但枉費心機；並顯得越來越遠，不可企及。一旦它離得過分遙遠，就無法影響他們的情感；唯有它的觀念在消隱於黑暗的沉寂穹窿之前一直是可以通達的，而在那穹窿裡，人將僅僅以轉瞬即逝的、興之所至的閃光的方式認識它。

　　讀者有被這裡對序列音樂的討論弄得窘困不堪之虞。在一部關於南美洲印第安人的神話的專著中，一開頭却來作此討論，似乎很不合適。這種討論的合理性在於我想從相互關係著眼，把每個神話的各個相繼片段以及各個神話本身當作一部音樂作品的各個器樂部來探討，並且像研究交響樂那樣地研究它們。這種研究方法的合法性取決於語言層面的神話系統和音樂系統之間表現出來的同構性，而如我們所知，音樂系統因為我們理解它而構成一種語言，但其區別於分解的語言的絕對獨特性在於它的不可翻譯性。波德萊爾（Baudelaire）（第 1213 頁）深刻地指出：雖然每個聽眾都以其特定的方式對一部作品作出反應，但可以注意到，「音樂在不同人的頭腦裡喚起相似的觀念。」換句話說，音樂和神話訴諸不同聽眾的共同心理結構。因此，我所採取的觀點涉及訴諸序列學說所拒斥、甚至否定其存在的一般結構。另一方面，只有當認識到這些結構在意識和思維這方面的客觀基礎時，它們才能被稱為是一般的，而序列音樂則作為心智的一種自覺產物和對心智自由的一種肯定出現。這個論爭中發生了一些哲學性質的問題。序列學派因其強烈的理論志向、非常嚴格的方法論和輝煌的技術性成就，所以比非造形繪畫更好地說明了當代一種思潮。這裡必須非常小心地把這種思潮同結構主義區分開來，因為兩者有許多共同之處：堅決的理智態度、偏愛系統排列以及不相信機械論的和經驗論的解決。然而，序列學派因其理論前提而處於同結構主義相對立的一極，它同後者的關係可比諸通常存在於自由思想和宗教之間的那種關係，不過這裡有一個差別，即結構思維今天在為唯物主義事業辯護。

　　因此，我所作的和序列思想的比較遠沒有離題，而是再次討論並發展了我在本緒言第一部分裡提出的那些問題。這樣，我也就成功地表明：如果說公眾心目中常常混淆結構主義、唯心主義（cidéalisme）

和形式主義，那麼只要把結構主義同眞正的唯心主義和形式主義加以
對比就夠了，以便把結構主義所本的眞正啓示即決定論 (détermini-
sme) 和實在論 (réalisme) 清楚顯現出來。

　　我覺得，我就任何語言所提出的意見都比考察音樂這種語言時更
眞確。如果說在我看來，一切人類產品中，音樂最適宜於表明神話的
本質，那麼，其理由在於音樂的完美性。神話占居著兩種正相對立的
符號系統類型即音樂語言和分解的語言之間的中間地位；要理解神
話，就必須從這兩個角度去研究它。然而，如果像我在本書中所做的
那樣決定從神話看音樂，而不是像我在以前幾部著作 (L.-S.: 5, 6, 8,
9) 中試圖做的那樣從神話看語言，那麼，音樂所占居的特殊地位就會
更清楚地顯露出來。在做這種比較時，我一開始就提到神話和音樂作
品所共有的一個屬性：它們都通過調節兩種柵格——一個是內部的，
另一個是外部的——而進行運作。不過，在音樂的情形裡，這兩種本
來就不簡單的柵格變得加倍地複雜起來。由音程的階 (échelle　des
intervalles) 和音符間等級關係所構成的外部的即文化的柵格可回溯
到一種內在的不連續性即樂音的不連續性，而樂音因爲同噪音相對立
而已經成爲實質上完全屬於文化的客體，噪音則只是 **自然亞種** (sub
specie naturae)。作爲大腦之功能的內部的即自然的柵格對稱地由第
二個可以說更完全地屬於自然的內部柵格即內臟節奏構成的柵格予以
加強。因此，在音樂中，自然和文化之間的那種在每一種語言內部都
會出現的中介成爲一種超中介：停泊從兩個方面都加強了。因爲音樂
處於兩個領域的接合部，所以它的定律越過其他藝術謹防逾越的界限。
在自然和文化這兩個相反方向上，它都能走得比其他藝術遠得多。這
說明了，音樂的原理（但不是起源和運作，如我已說過的，這兩者現
在仍是人文科學的重大奧秘）具有同時作用於心智和感官的非凡能力，
這作用同時刺激觀念和情緒，把它們糅合成一個流，以致它們不再併

存，除非就它們相互響應和印證而言。

　　無疑，對於這種強大的力量，神話只是提供了一種較弱的模仿。然而，正是這種語言同音樂語言有著最大的共同之處。這不僅是因為，從形式觀點看來，它們的非常高度的內部組織化造成了它們間有一種密切的關係，而且，還由於一些更深刻的原因。正如音樂使個人意識到他的生理學根源，神話也使他知曉其社會的根源。前者從內臟把握我們；後者則可以說「從群體」把握我們。為了做到這一點，它們利用那些異常微妙的文化機制：樂器和神話圖式。在音樂中，這些機制分成樂器的和聲音的兩部分，它們通過兩相結合而複現自然和文化的結合，因為歌唱之區別於口說的語言，在於要求全身參與，但又要遵照一種特定發聲風格的嚴格規則。因此，這裡又是音樂堅持主張一種比較連貫的、系統的和總體的方式。然而，除了神話往往被歌咏而外，甚至在吟誦時，通常也要服從一定的形體紀律：吟誦者或聽者禁止瞌睡，保持坐姿，等等。

　　在本書中(第一篇，I，4)，我將證明，兩組對立即自然與文化和連續量與離散量之間存在同構性。因此，我的命題得到下述事實支持：過去和現在有無數社會設想過口說語言和歌咏間的關係類似於連續和不連續之間的關係。這等於說，在文化內部，歌咏之區別於口說語言一如文化之區別於自然；不論歌咏與否，神話的神聖論述總是以同樣方式和世俗的論述相對立的。再者，歌咏和樂器常被人們同假面具相比較：它們是造型層面上的假面具在聲學層面上的等價物（由於這個原因，尤其在南美洲，它們被在心理上和身體上同假面具相聯結）。也是由於這種特徵，由假面具加以說明的音樂和神話在象徵上也相趨近。

　　這一切比較所以發生，全因為音樂和神話在同一條軸上緊密接近。不過，既然音樂沿此軸同分解的語言相對立，那麼可以推知，音樂作為一種完全的、不可還原為分解語言的語言，應當能夠獨自完成這些

功能。總體上看，從同其他符號系統的關係來看，音樂密切接近於神話。但是，就神話功能本身是語言的一個方面而言，應當可以在音樂論述中發現某種同神話有特定親緣關係的特殊功能，而我們可以說，這種親緣關係可用來說明我已指出過的神話和音樂這兩個範疇之間當從整體上加以考察時所存在的那種一般親緣關係。

顯而易見，就功能的多樣性而言，音樂和語言之間存在一種對應關係。在這兩種情形裡都有必要就功能究竟主要同發送者還是接受者相關聯作出初步的區分。馬利諾夫斯基(Malinowski)引進的術語「情感交流功能」(fonction phatique)嚴格說來不適用於音樂。然而，很顯然，幾乎一切通俗音樂，例如合唱或者舞蹈伴唱以及大部分室內樂都首先為使演出者即發送者快樂。可以說，這是一種主觀化的情感交流功能。聚在一起搞四重奏的業餘音樂家並不在乎有沒有聽眾；也許他們根本就不喜歡有聽眾。對此必須作這樣的解釋：甚至在這種情形裡，情感交流功能也伴有意動功能(fonction conative)，集體演奏因而創造了作為其追求目標之一的手勢和表情的和諧。這種意動功能在軍樂和舞蹈音樂的情形裡超過了情感交流功能，它們的主要目標是調節他人的行為。情感交流功能和意動功能在音樂中甚至比在語言中更加不可分離。它們處於一種對立的同一邊，而這對立的另一極為意動功能。意動功能在戲劇或音樂會的音樂中占主導地位，這種音樂的主要目標——儘管也不是唯一目標——是發送載荷信息的消息給作為接受者的聽眾。

意動功能本身又可分析為若干形式，每一種都對應於一種特定的消息。這些形式近似於語言學家所區分的後設語言功能、指稱(référ-entielle)功能和詩歌功能(Jakobson: 2，第 11 章和第 220 頁)。只有認識到存在多種音樂，我們才能解釋似乎自相矛盾的事實：我們喜歡各個迥異的作曲家。一旦我們認識到，沒有必要試圖按一種優先秩序來排列

他們（例如試圖確立它們的相對「偉大」程度），便一切都昭然若揭。實際上，他們按所傳達信息的性質分爲不同的類型。就此而言，作曲家大致分成三類，而它們之間又有各種各樣過渡和組合。按照這種分類，巴哈(Bach)和斯特拉文斯基(Stravinsky)表現爲「代碼」音樂家，貝多芬(Beethoven)，還有拉威爾(Ravel)爲「消息」音樂家，華格納和德布西(Debussy)則爲「神話」音樂家。第一類利用他們的消息解釋和評論一種音樂論述的規則；第二類講述故事；第三類藉助已具有記敍性質的元素給他們的消息編碼。當然，這些作曲家的作品沒有一部可以完全歸結爲這些程式的某一種。這些程式不是音樂家作品的完整定義，而是用來強調賦予各種功能的相對重要性。也是爲了簡單起見，我只引了三對音樂家，每一對都包括一個較古的和一個較近的音樂家⑦。不過，甚至在十二音體系音樂(musique dodécaphonique)的情形裡，這個區分也仍然具有啓發意義，因爲它使我們得以看到韋伯恩(Webern)、荀伯格和貝爾格(Berg)三人的相對地位：第一個屬於代碼類，第二個屬於消息類，第三個屬於神話類。

　　至於情緒功能，它在音樂中也存在；凡在它作爲一個構成元素存在的場合，音樂家都用行話即德語 Schmalz 提到它。然而，由於已提到過的原因，很顯然，它的作用甚至比在分解的語言的情形裡更難精確地確定。因爲，我們已經明白，情緒功能和音樂語言如果實際上並

⑦無需贅述我怎麼想起前面這六個名字。不過，這也許不完全是心血來潮，因爲現在可以明白，當按年代順序排列這些作曲家時，他們各自關涉的這些功能構成一個閉合循環，而這似乎表明，在兩個世紀裏，調性音樂已耗盡了其內在的更新可能性。較古的作曲家給出這樣的順序：代碼→消息→神話；較近的則給出相反順序：神話→消息→代碼；然而，這裏始終要有這樣一個條件：人們準備承認，較近作曲家的誕生日期相當接近(Debusy：1862 年，Ravel：1875 年，Stravinsky：1882 年) 這個事實包含着重要涵義。

不始終是外延共同的，那麼從道理上說也應當如此。

　　我再簡述一下本書的另一特點：偶爾運用表面上屬於邏輯—數學的符號，而對它們不應過於認眞看待。我的公式和數學家的方程只有表面上的相似，因爲前者並不是對算法的應用，而算法嚴格運用起來，允許連結或者凝聚各個證明。這裡是另一回事。某些神話分析非常長而且非常細緻，因此，如果不運用某種縮略的書寫形式——使人得以便捷指明所探究的理智歷程的某種速度記法，那麼，就不可能把這些分析進行到底；如果這種理智歷程只能用直覺概略地把握，則就不可能一直追踪它而又保證不迷失，除非起先已一段一段地踏勘過。我藉助從數學假借來的符號（主要因爲這些符號已經用於印刷）寫下的那些公式並不用來證明什麼東西；它們充當討論性闡釋（強調其概要），甚或通過一下子把握關係和轉換的複雜總體來扼述這種闡釋，面對這些複雜總體的詳細描述可能嚴重損害讀者的耐心。這些公式的作用決不是取代這種描述，而僅僅以簡化形式說明它。我認爲，這種做法是有益的，但有人無疑認爲，這是多餘的，甚至可能因增添不確定性而掩蓋主要闡釋。

　　我意識到我像常人一樣非常隨便地使用「對稱」、「反轉」、「等價」、「同系」、「同構」等等名詞。我用它們來指示我們模糊地知覺到有著某種共同之點的大群關係。不過，如果說神話的結構分析有什麼特點的話，那麼，它在初始階段選擇和運用其概念的方式必須加以嚴厲批判。每個術語都必須重新定義，限制於某個特定用途。尤其是，我作爲碰運氣工具應用的那些粗疏範疇，應當再細分成更精緻的範疇，並有條理地加以應用。只有這時才可能對神話作眞正的邏輯—數學分析。憑著這謙恭的表白，人們也許可以原諒我如此天眞地試圖勾勒這種分析的輪廓。畢竟人們對從事神話的科學研究，已經遲疑不決了那麼長

久，所以說，這種研究必定有著種種極難對付的困難。不管本書篇幅多麼浩繁，也只能說它僅僅掀開了面紗的一角。

　　因此，我們的緒言在消沉的心境中結束。不過，現在我還得先向長期共事的同仁誌謝如儀。雅克・貝爾坦（Bertin）先生，地圖和圖表是在他的實驗室裡繪製的；讓・普翁（Pouillon）先生，本書有一部分成爲一門課程的題材，他作了聽講筆記；尼科爾・貝爾馬爾（Belmart）小姐，她幫助我編製了文獻目錄和索引；埃德娜・H.勒梅（Lemay）夫人，她承擔了打字工作；以及我的妻子和伊薩克・希瓦（Chiva）先生，他們校讀了清樣。現在我該按上述方式來下結語了。當我回過頭來重讀這些含混不清、難以理解的書頁時，我開始心生疑慮，公衆是否會像本書的計畫和章節標題所提示的那樣產生聆聽一部音樂作品的興味。讀者打算做的，更可能是回味書中那些對音樂的評論。而寫這些評論時我大量運用了冗長乏味的釋義和誤導人的抽象，似乎音樂可能成爲言說的對象，其優越性在於表達別無他途所能言說的東西。因此，在這兩種情形裡都不存在音樂。在作了這個令人沮喪的說明之餘，我至少還可以聊以自慰地希望：當讀者克服焦躁和厭煩，走出這本書之後，他達到了這樣的音樂：它處於神話之中，神話以其全部本文不僅保存了和聲（harmoie）和節奏，而且還保存了隱蔽含義，而爲了揭示這種含義，我絞盡了腦汁，甘冒使音樂失去力量和厭惡的危險！而當音樂處於原始狀態，即隱蔽在意象和符號叢林的深處，並以迷人的魅力更形生氣勃勃時，這力量和莊嚴會引起極其強烈的情緒反應，因爲這種音樂沒有人理解。

【第一篇】
主題和變奏

I　博羅羅人歌曲

1 盜鳥巢者的咏嘆調

下述神話是巴西中部博羅羅印第安人講述的許多神話之一，他們的領土歷來從巴拉圭河上游延伸到阿拉瓜亞河流域以外：

M₁.（參照神話）·博羅羅人：o xibae e iari,「金剛鸚鵡和它們的巢」

　　遠古時代，婦女常常深入樹林之中採集製做 bá 用的椰子，bá 是舉行入會儀式時奉獻給少男的陰莖包衣。一個青年盯上他的母親，出其不意攔住她強姦。

　　這女人從森林返回後，她丈夫注意到她的樹皮衣帶上沾有羽毛，它們和年輕人佩的羽飾相似。他疑心發生了不幸的事，於是下令舉行舞會，以便發現佩戴類似羽飾的青年。可是，他吃驚地發現，他的兒子是唯一這樣的人。這人再下令舉行一次舞會，結果還是一樣。

　　這時他相信已經被禍，急切渴望雪恥。他打發兒子去靈魂之「巢」，指令帶回他想望得到的大型伴舞刮響器(bapo)。這青年請教了外祖母，她指出，這事有生命危險，勸他取得蜂鳥幫助。

　　這英雄在蜂鳥陪伴下抵達水中的靈魂之地。他在岸邊等著，蜂鳥飛去弄斷了懸吊刮響器的短繩：這東西跌入水中，「jo!」聲大作。靈魂驚聞響聲，用弓射出飛箭。無奈蜂鳥飛得更快。安全到達岸邊，帶著這偷來的刮響器。

　　這父親接著又命令兒子去取來屬於靈魂的小刮響器。重複相同的揷段，細節也相同，只是這次提供幫助的動物是飛行迅速的juriti(種名 *Leptoptila*，一種鴿)。在第三次探險中，這年輕人偷盜了 buttoré：用玉頸西猯(*Dicotyles torquatus*) 的蹄製的鈴鐺，用一根繩子串起來，作爲腳鐲佩戴。這次他由大蚱蜢(*Acridium cristatum*,《博羅羅人百科全書》，第 1 卷，第 780 頁)相助，這種動物比鳥飛得慢，多次被箭射中，但沒有死。

　　父親爲他的計畫失敗而震怒，遂邀兒子一同去捕捉在峭壁上築巢的金剛鸚鵡。外祖母不知道如何防止這新的危險，但給外孫一根魔杖，他跌倒時可以扶住它。

　　兩人來到岩石腳下；父親樹起一根長杆，命令兒子攀登。當這孩子快到達鳥巢時，父親把長杆弄倒；兒子僅來得及把魔杖插入一個石隙。他懸在空中，高喊救命，可是父親走了。

　　我們的英雄發現近處有一根藤蔓，用手可以抓到；他抓牢了它，艱難地慢慢爬到岩石頂上。他休息了一會兒後就去尋覓食物，用樹枝做了弓箭，獵獲了頂面上大量存在的蜥蜴。他殺死了許多，剩下的用鉤子拴在衣帶和圍繞腿與踝的布帶上。可是，死蜥蜴腐敗了，散發出令英雄昏眩的難聞氣味。兀鷹(*Cathartes urubu*, Coragyps atratus foetens)落到他身上，吞下第一個蜥蜴，然後攻擊這不幸青年的身體，從臀部開始。疼痛使他恢復意識，英雄驅趕這些兀鷹，但它們已啃掉了他的後背。在吃飽了之後，這些鳥準備挽救他的生命；它們用喙咬住他的衣帶和圍住他手臂與腳的布

帶，把他帶上天空，輕輕地安放在山腳下。

　　這英雄重又獲得知覺，「好像他正從夢中醒來。」他感到飢餓，吃了些野果，但他發覺已沒有直腸，因此不能留住食物，食物甚至未經過消化就通過他的身體。這青年起先感到迷惑，繼而想起外祖母給他講過一個故事，說是英雄用搗碎的塊莖做的麵團為自己模造一個人造屁股，從而解決了問題。

　　他用這種方法使身體恢復完整，又吃了個飽。然後，他回到村裡，卻看到，村子已被遺棄。他遊蕩了好長時間，尋找自己的家。一天，他發現了一些腳印和手杖印，他認出來是祖母留下的。他沿著踪印追尋，但是不想暴露他的存在，遂採取蜥蜴的外形，而其古怪行為引起了這老嫗及其另一個孫子即這英雄的弟弟的注意。最後，經過了很長時間，他決定向他們顯身。〔為了重建同祖母的聯繫，這英雄經過了一系列轉換，把自己變成四隻鳥和一隻蝴蝶，全都是辨認不出的。〔Colbacchini（以下縮寫為 Colb.）：2，第235～236頁〕

　　那天夜晚，狂風大作，電閃雷鳴，暴雨如注，把全村的爐火統統弄熄，只有外祖母的還倖存。翌晨，人人來向她討熱灰，想殺死兒子的那個父親的第二個妻子尤其起勁。她認出了原以為已死去的繼子，跑去報告丈夫。這父親只當沒有發生過什麼事！拿起禮儀刮響器，用向榮歸的遊子致敬的歌聲歡迎兒子。

　　然而，這英雄充滿報復思想。一天，他帶小弟弟漫步林間，折斷一根 api 樹的樹枝，形狀如同鹿角。然後，這小孩照哥哥的意思設法讓父親答允下令舉行一次集體狩獵活動；他偽裝成一隻小的嚙齒動物刺鼠，偷偷注視著，尋找父親等待狩獵開始的匍伏地。然後，這英雄戴上假鹿角，變成一頭鹿，向父親猛衝過去，用角把他刺死。他旋又未作停頓便奔向一個湖，把死者拋入湖中，立

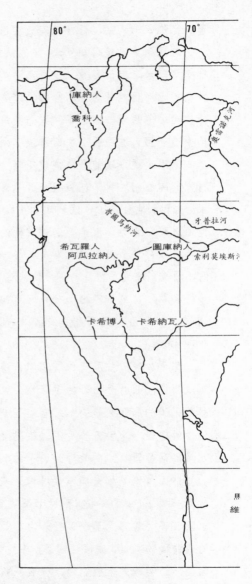

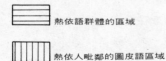

圖 1　所提到的各主要部落的地理分布

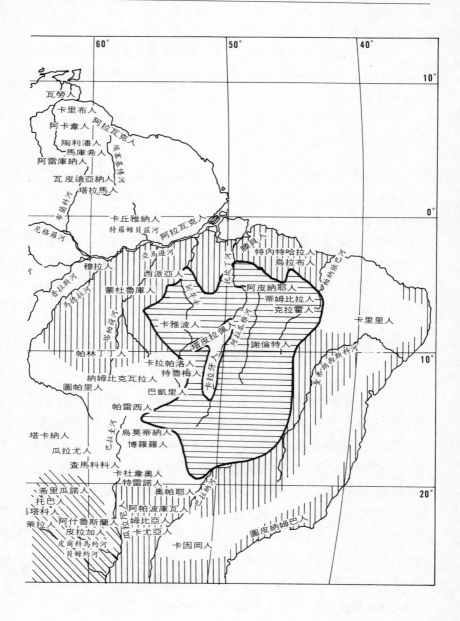

即被食肉魚 Buiogoe 精吞噬。經過可怖的撕食之後，只剩下沉在湖
底的赤條條的骨頭和漂浮在水面的肺，後者狀如據說葉子像肺的
水生植物。

　　當這英雄返回村子時，又向父親的妻子（其中有一個是他自
己的母親）報復。

這神話提供了屬於派威〔Paiwoé（吼猴）〕氏族(clan)的的一首叫
做 xobogeu 的歌曲的主題，這英雄是這氏族的一個成員 (Colb.：3，第
224～229，343～347 頁)。

　　一種老的說法這樣結束：這英雄宣稱：「我不再想同虐待我的奧拉
里穆古人(Orarimugu)一起住，而為了向他們和我父親報仇，我將給他
們風、冷和雨。」於是，他把祖母帶到一個美麗的遠方，然後回來像預
言的那樣懲罰那些印第安人 (Colb.：2，第 236 頁)。

2 宣敍調

　　1.衆所周知，典型的博羅羅人村由八個集體茅舍組成，每個茅舍
住著幾戶家庭。茅舍全都圍繞一個開濶空地分布，中央是男人的住房。
一條東西走向的線把村子分成兩半。北邊是塞拉(Cera)人，有四個茅
舍（從東到西），分別屬於下列氏族：badegaba cobugiwu「上族長」；
bokodori「大犰狳」；ki「貘」；badegeba cebegiwu「下族長」。南邊是
圖加雷人(Tugare)，包括下列氏族的四個茅舍(從西到東)：iwaguddu
「藍樫鳥」（一種鳥：*Uroleuca cristatella*）；arore「幼蟲」；apibore
「acuri 棕櫚樹」（*Attalea speciosa*）；paiwe 或 paiwoe「吼猴」（種名
Alouatta）。在兩個方向上，這東—西軸都被認爲延伸到文化英雄巴科
羅羅(Bakororo)（在西方）和伊圖博雷(Itubore)（在東方）君臨的「靈

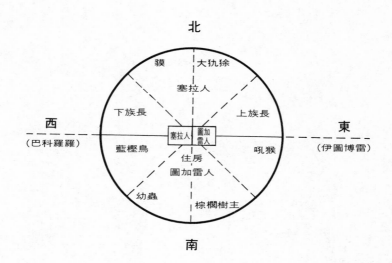

北

獏　　大犰狳

塞拉人

下族長　　　　　上族長

西　　　　　　塞拉人 圖加雷人　　　　　　東
（巴科羅羅）　　　　　　　　　　　　　　（伊圖博雷）

藍樫鳥　　　　　吼猴

住房
圖加雷人

幼蟲　　　　棕櫚樹主

南

圖 2　博羅羅人村的理論圖式〔據 C‧阿爾比塞蒂 (Albisetti)〕

魂村」，巴科羅羅的標誌是橫的木喇叭 (ika)，伊圖博雷的標誌是用幾個鑽孔的空心葫蘆藉蠟粘在一起而製成的共鳴器 (panna)。

在所有觀察過的情形裡，各氏族絕大部分又都分成子氏族和世系 (lignée)；其餘的則歸於消失，而總的圖式更形複雜。因此，爲了說明博羅羅人的社會結構，我們必須在三種可能性中作出選擇：或者，如我們在這裡所做的那樣，建構一個理論性的簡化模型；或者，繪製一個特定村子的平面圖，這村子是純局域性的歷史的和人口統計的進化的產物 (L.-S.：0)；最後，或者，如《博羅羅人百科全書》（第 1 卷，第 434～444 頁）中所做的那樣（不過那裡沒有這樣明說），建立一個混合的模型，它把獲自各種當地資料的信息混合成單一圖式。至於氏族名稱的譯名，我遵從《博羅羅人百科全書》（同上書，第 438 頁），它澄清了長

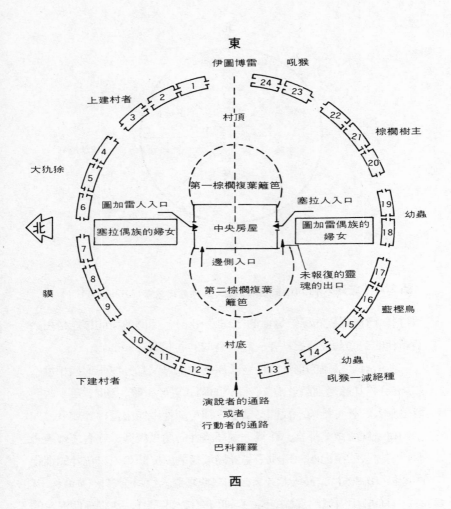

圖 3   博羅羅人村的理論圖式 (據《博羅羅人百科全書》第 1 卷，第 436 頁)

期讓人捉摸不透的意義。

　偶族(moitié)和氏族是外婚制(exogamigue)的、母系制(matrilinéaire)的和從母居(matrilocaux)的。因此，每個男人在結婚時都要穿越分隔兩個偶族的界線，去到屬於他妻子氏族的茅舍居住。但是，在婦女不得入內的男人房屋裡，他仍然享有他在分派給他的氏族和偶族的那個區域裡占有的地位。在克牙拉人(Kejara)村（我於 1935 年在那裡待過）裡，男人的房屋沿一條北─南軸線坐落(L.-S.： 0，第 273 頁和 3，第 229 頁上的平面圖)。《博羅羅人百科全書》(第 436, 445 頁)的說法與此相同，但未加任何解釋或評述。然而，科爾巴齊尼(Colbacchini)和阿爾比塞蒂(Albisetti)從 1919 年到 1948 年共同地或者分別地一直堅持認為，男人的房屋沿一條東─西軸坐落。這個遲到的意見改變確認了我的觀察資料，但同這兩個撒肋爵會神父四十多年來就這個問題所寫的全部著述相悖。人們對這個意見改變，盡可以無休止地進行揣測。然而，事情是否可能如下所述？ 在這些年月裡，他們一直把論點建基於純粹獲自里奧巴雷羅人(Rio Barreiro)村的資料（照片攝於 1910 年，載 Colb.： 2，第 7，9 頁)，而這個村是在教父的鼓動下建造在傳教站附近的，有好些反常的地方(平面圖是方形的而不是圓形的，因為「印第安人分辨不清圓形和方形」(原文如此)；男人的房舍有相應於東南西北四個基本方位的四個入口和十三條通往它們的路徑)。不過，即使如此，較近的證據未必就推翻很久之前做的觀察。在研讀《博羅羅人百科全書》時，常常得到這樣的印象：作者及其前驅一心追求單一的絕對真理，而就博羅羅人而言，這種真理也許決不存在。儘管這兩個撒肋爵會神父尊重神話提供者所提供的證據，但他們可能不大情願接受這些人的歧見。他們溫文但又堅定地邀集土著成立一個委員會，就公認論斷達成某種一致意見。這說明了，從科爾巴齊尼 1 而科爾巴齊尼 2 而科爾巴齊尼 3，最後經由阿爾比塞蒂到《博羅羅人百科全書》

（參見《參考文獻》），這中間可以察覺到一個豐富和貧乏化的雙重過程：詳細資料集積起來，最後達到可望成爲《博羅羅人百科全書》的巨大資料庫；然而，與此同時，提綱變得僵硬了，古老的徵象和提示消失了，而又並非總是能夠知道，這究竟是因爲錯誤已及時得到糾正，還是因爲未能接受下述觀點而導致拋棄眞理：博羅羅人的生活實際上可能是方式多樣的。然而，如果如這兩個撒助爵會神父自己所已發現的，在伊蒂基拉河上游和科連特斯河上游之間，屍骨埋在岩面的洞穴之中，而不是像一般風俗那樣浸在水中，如果像已經發現的遺骸保存狀況所表明的（《博羅羅人百科全書》第 1 卷，第 537～541 頁），這種做法一直延續到相當晚近的時候，那麼，是否應當設想在其他方面也有著極其多樣的風俗，而印第安人無疑認爲這些方面並不比葬禮問題更要緊呢?《博羅羅人百科全書》多處表達了這樣的見解：博羅羅人是最初來自玻利維亞的一個部落(tribu)的後裔，因此在文化上比現在的部落先進，尤其知曉應用貴金屬。設想在這遷移過程中，土著能保持著他們以往組織的全部特徵，這種組織不因地域和自然環境而發生許多各種各樣的變化，那是荒謬的(博羅羅人今天仍分爲東西兩群，東群又分爲兩支，一支居住在沙土高原，一支居住在沼澤峽谷)；最後，它必定還要受東南西北四鄰群體的影響，而這些群體本身又以很大的文化差異爲表徵。

　　2.各氏族以它們在社會等級體系中所占居的地位、它們的標誌、同所製造的器物的技術和形制有關的特許和禁忌，最後還有儀式、歌曲和特有的專名等相區別。在這方面，參照神話中的各主要人物的名字提供了寶貴的提示，我提議在據了解將研討專名的《博羅羅人百科全書》第 2 卷出版之前，先應急地把這些名字彙集起來。

　　這個英雄名叫熱里圭圭亞土戈(Geriguiguiatugo)。《博羅羅人百科全書》(第 1 卷，第 689 頁)提到過的這個名字並未列入科爾巴齊尼 3（專名注釋詞表，第 441～446 頁)中給出的派威氏族人名表之中。它可以分割

成兩部分：atugo，「色彩鮮明的」、「盛飾的」，這個形容詞用作名詞，指示花豹；和 geriguigui，「陸龜」(djerighighe,「kágado」, B. de Magalhães)，第 33 頁；jerigigi，「一種 cágado 的名字」，《博羅羅人百科全書》第 1 卷，第 689 頁）或「烏鴉座」(Colb.：1，第 33～34 頁；2，第 220 頁；3，第 219，420 頁）。這最後一種意義（《博羅羅人百科全書》第一卷第 612～613 頁）未予採納，因主張它指示另一星座；下面還將詳加討論（參見第四篇 II）。這英雄又名托里布戈(Toribugo)，無疑源自 tori，「石頭」；試比較科爾巴齊尼 3，專門詞彙（第 446 頁）：tori bugu，陽性和陰性，「像石頭」。《博羅羅人百科全書》(第 1 卷第 981 頁)透露：在這種神秘的語言中，龜 jerigigi 稱爲 tori tabowu，「(其殼)像石頭的動物」，這個細節建立起了這兩個名字間的聯繫。龜是我們知道這英雄所屬的派威氏族的名祖(éponyme)之一(Colb.：3，第 32 頁)。由於是母系制親嗣關係(filiation)法則，所以，他母親的氏族（名爲 Korogo）必定也是如此。據《博羅羅人百科全書》(第 1 卷，第 746 頁)，korogê 這詞事實上指示一個敵對部落，它被征服，後來同化爲一個派威子氏族。

母子是圖加雷人，所以父親屬於另一個偶族，因爲偶族是外婚制的：所以他是塞拉人。按照科爾巴齊尼 3(第 441 頁)中給出的專名注釋詞表，他的名字博克瓦多里雷留(Bokwadorireu)（有時拼作 Bokuaddorireu）（源自 bokwaddo，「jatoba 樹」?）屬於 badegeba cebegiwu 氏族，「下族長」，而後者正處於塞拉偶族之中。

這父親的第二個妻子名叫基亞雷瓦雷(Kiareware)。這名字在《博羅羅人百科全書》(第 1 卷第 716 頁)中只是一提而過。

3a. 這神話從引入入會儀式開始。按照科爾巴齊尼 3，這些儀式持續一整年；按照《博羅羅人百科全書》(第 1 卷，第 624～642 頁)，則持續數月，直到村裡有人死去，以使入會式的最後階段可同葬禮相重合。儘管有此歧異(這也許並不造成什麼不可克服的問題)，但這兩則資料

一致提到，新入會者在長者指導下進行長達幾百公里（「dezenas et dezenas de léguas」，同上書，第641頁）的旅行，感到極度疲勞。他們最後返回時，毛髮蓬亂，形容憔悴，渾身披滿樹葉。他們各自的母親必須在他們洗身，剃頭，理髮之前就辨認出他們。新入會者還要進行跳過一堆火的儀式。這返回儀式以人人在河中沐浴告終（Colb.：3，第239～240頁）。母親為向兒子致意，「慟哭，狂叫，哀號，彷彿死去了一個親愛的人。她們所以哭泣，是因為從今以後這男孩解放了，離開這些婦女去同男人們一起生活。同時，從這時起直到生命終止，這男青年要一直戴上 bá 即陰莖包衣。……」（Colb.：3，第171～172頁,《博羅羅人百科全書》第1卷，第628，642頁）。

3b. 陰莖包衣最初見於神話。土著將它的發明歸功於英雄貝托戈戈（Baitogogo），我們不久就要認識他（第66頁上的 M₂）。早先，「他們沒有穿刺下唇，也不戴陰莖包衣；他們沒有使用今天佩戴的所有飾品，也未用 urucu 塗飾身體。……」（《博羅羅人百科全書》第1卷，第61頁）。bá 這個詞也意指「卵」或「睪丸」（Magalhães，第19頁）；但是，《博羅羅人百科全書》（第1卷，第189頁）認為，這涉及兩個不同的詞。

3c. 按照這神話的最早版本，「這些婦女在入會儀式的前一天去到樹林裡採集巴西棕櫚（種名 Orbignia）的枝條，以便為男孩製作 bá。婦女們製作 bá，男人們則給它固定位置。……」（Colb.：3，第172頁）。《博羅羅人百科全書》（第1卷，第641頁）極力否定這異文，它認為，棕櫚枝條的採集也由「外祖母和舅舅進行，或者更確切地說，由新入會者的母親的至親進行。」

這歧異教人刨根問柢。事實上，這神話的原始本文和並列的義大利譯文不容任何混淆：

ba-gi maerege e　maragoddu-re.　Korogo
Il ba gli antenati essi lavorarono. Korogo　(母名)

ǧameddo aremme e-bo ① u-ttu-re
anche donne　　　colle　　essa ando

科爾巴齊尼和阿爾比塞蒂這兩個撒肋爵會神父合作撰寫的下述著作(葡萄牙文)（Colb.：3）堅認，這個版本全對。然而，如果我們參閱第二篇中還要援引的博羅羅人本文，則我們便發現，這神話的開頭已經變動：

Koddoro gire maregue e maragoddure.　　　Korogue utture
Esteira　　ela　antepassadss eles trabalhavam. Korogue foi

aremebo jamedddo
mulheres com tambem　（Colb.：3，第343頁。）

換句話說，即使自由的葡萄牙文版本或者種族志評注沒有什麼變動，博羅羅人版本及其並列譯文也已不再完全相同：仍是婦女進入樹林，但這遠征的目標不再是採集棕櫚葉製作陰莖包衣，而是採集稻草編織草蓆「esteira」。我們是否認爲，這是這神話後來獲自另一個講述

---

① 「Sott'a cercare foglie di palma per costruire i bá。」（Colb.：2，第92頁和
　脚注④。）後來（第107～108頁）作者評論說：「Per fare questi bá in oc-
　casione d'un'iniziazione, le donne vanno alla foresta a cercare foglie
　della palma uaguassù, come appare anche dalla leggenda di Geri-
　gigiatugo」（同上書，第107～108頁）。

者的又一種版本呢？不。除了所指出的這一點之外，這兩個版本
——1925 年版本和 1942 年版本——是相同的。而且，這兩個版本都不
完整，都恰恰在同一處缺失。因此，1942 年措詞上的變更應歸因於一
個土著文書（這兩個撒肋爵會神父相繼得到二、三個有學問的神話提
供者的幫助）。他在轉抄一個神話時可能發現，某個細節不符合他自己
觀察到的或他看到的記載所表明的風俗，於是就擅自修改了本文，使
之符合於他所認爲的種族志實際。這種創制在 1942 年被人忽略而未引
起注意，但後來必是被人發現。這就解釋了《博羅羅人百科全書》中
的見解變化，確證了我以上對另一個這種變更的解釋。所以，我們可
以預言，這個參照神話將在《博羅羅人百科全書》第 2 卷中出現的那
種本文和評注，明白無誤地排除任何關於婦女參與製作陰莖包衣的說
法。

　　對神話的本文擅自作這種改變，是令人遺憾的。如我在別處所已
表明的 (L.-S.：6)，一個神話很可能同它聲稱關涉的種族志實際相悖，
並且這種歪曲構成了這神話結構的組成部分。甚或，這神話保存著對
業已消失的或者仍存在於部落另一部分領土的風俗的記憶。在這裡的
特定情形中，原始本文特別值得注意，因爲《博羅羅人百科全書》中
的新材料和新解釋進一步支持這神話實際地或象徵地所證明的、存在
於下述兩者之間的聯繫：陰莖包衣的強加和博羅羅人社會特有的兩性
關係規則。男青年只有在被強加了 bá 之後，才可以結婚（第 628 頁）。
負責製作和放置包衣的「教父」不僅必須屬於跟新入會者的偶族相對
當的偶族：「這男青年可從中選擇配偶的那些子氏族也總是予以考慮；
而且這教父還必須來自這些子氏族」（第 639 頁）。實際上，在博羅羅人
中間，偶族間的外婚制因子氏族和世系間聯姻的優先規則而變得複雜
化（第 450 頁）。在儀式結束時，「新入會者向他的教父提供食品，所遵
從的禮儀一如妻子之對待其丈夫」（第 629 頁）。

　　這後一點帶有根本的重要性，因為科爾巴齊尼2假定新入會者和教父間的關係是倒逆的。作者評注了博羅羅語的入會儀式說明：

emma-re-u　　　　　　ak' oredduǧe-re-u
esso proprio（*ecco qui*）*la tua moglie costui*

由此下結論說：「在這些印第安人的心目中，似乎 jorubbadare（教父）代表未來的妻子」（第 105 頁和腳注 4）。科爾巴齊尼 3（第 172 頁）也持這種解釋。

　　《博羅羅人百科全書》利用一個有學問的神話提供者撰寫的一則新說明作為證據，力陳這是一種誤解，bá 的性象徵意義要複雜得多。按照這種新的解說，新入會者的祖父和兄長首先從巴西棕櫚摘取一個蓓蕾（即一顆幼芽，葡萄牙語為 brôto），把它交給被他們選定當教父的那個男人，對他說：「這（蓓蕾）實際上將是你的新娘。」在他的兄長和兄弟（新入會者未來的「姻兄弟」）的幫助下，這教父隨即用棕櫚葉製成一些陰莖包衣，它們被用繩子繫在一起而成冠狀，新入會者就整夜把它戴在頭上。翌晨，教父回到仍戴著這冠的新入會者那裡，重複說上述套語。然後挑出一個陰莖包衣，新入會者先用牙齒咬住它；當裝戴它時，他必須往上看，以便一點也看不到這運作，後者分成兩個階段：先是暫時裝戴，繼之是永久裝戴。

　　如果「巴西棕櫚幼芽和陰莖包衣……代表女性性器官，因為它們被稱為教父的新娘」（《博羅羅人百科全書》第 1 卷，第 640 頁）這個論點得到確證，那麼，這將完全改變我們關於南美洲和別處陰莖包衣的象徵意義的觀念。我不敢說發展這觀念，但想強調它的一個涵義：這儀式似乎不是把陰莖包衣和製作用的物質等同於一般女性，而是把它們等同於新入會者所屬的教父的子氏族優先與之通婚的偶族甚至氏族和子

氏族的婦女。換言之，等同於那些可能成爲教父「新娘」的、按照這神話的那個有爭議版本的說法在採集棕櫚中起積極作用的婦女，後一情節形象地暗示了這種等同。

　　然而，就我們的知識的現狀而言，《博羅羅人百科全書》所給出的解釋還不能看做最後定論。儀式套語 emmareu ak-oreduje「這將是你的新娘」意指一個其身份尚不怎麼明確的主體。科爾巴齊尼起先認爲這句話是對新入會者說的，而教父是這句子的主語。但是，即使教父不是這主語，後者也可能是新入會者、幼芽或者包衣；已引自第 629 頁的那個評注看來贊成第一種解決。

　　不管怎樣，這個問題的回答對我的證明來說無關宏旨。我只要求證明，故事開頭講述的到森林裡遠征是由特定的女性進行的。現在，這在改動過的版本和原始版本中都仍還成立，因爲兩者都力陳，英雄的母親「同其他婦女一起」進入樹林。改動本子中提到爲了編製草蓆而採集稻草，而如果這是必要的話，那也確證了這個改變的特徵，因爲在博羅羅人那裡，編草是女性的工作，而紡織才由男人來幹 (Colb.: 1，第 31～32 頁)。

　　4. 博羅羅人喜歡捕捉幼小的金剛鸚鵡，他們把它們帶回村裡飼養，定期拔取羽毛。這些鳥築巢的岩壁高出低窪的沼澤地二、三百米。這些岩壁構成中部高原的南沿和西沿，這高原逐漸向北傾斜，直至亞馬遜河流域。

　　5. 金剛鸚鵡由於兩個原因在土著的思想中占居重要地位。它們的羽毛同其他鳥類（鵐鵶、白鷺、角鷹等等）的羽毛一起珍藏在小木匣之中，用來製作冠冕，裝飾弓和其他東西。另一方面，博羅羅人相信一種複雜的靈魂輪迴循環；而這循環被認爲目前在金剛鸚鵡那裡得到體現。

　　6. 父親僅僅看到妻子被強姦後緊身褡上沾有羽毛就起疑心，這可

圖版 1　　查帕達山(chapada)的層岩的一個側面，博羅羅人在那裡摸
　　　　　金剛鸚鵡的巢。

圖版 2　　羽毛新豐的金剛鸚鵡

以用博羅羅人男女裝束的不同來解釋。除了陰莖包衣，男人一絲不掛；不過，在日常生活中以及每逢節日，他們喜歡佩戴用毛皮、多色羽毛或塗上各種圖案的樹皮做的考究裝飾品。婦女的衣服是白樹皮做的套裙(行經期間穿黑色的：B. de Magalhães：第29, 30 頁；《博羅羅人百科全書》第 1 卷, 89 頁)加高腰的緊身褡，後者差不多相當於胸衣，也用樹皮做，但是黑色的。女性的裝飾品絕大部分包括用 urucu（*Bixa orellana*）染色（很容易褪色）的棉條、用豹牙或猴牙做的耳環和項圈，只在節日佩戴。項圈的奶白色悉心用來反襯婦女服裝的黃色、褐色和暗紅色。婦女服色簡樸暗淡，同男人色彩光鮮造成強烈對比。

　　7a. 參照神話中出現好幾種動物：蜂鳥、鴿子、蚱蜢、蜥蜴、禿鷲和鹿。我們後面還會再討論它們。刺鼠，「Cotia」(Colb.：3，第 430 頁)（*Dasyprocta aguti*）這種嚙齒動物被列為派威氏族的名祖(同上書，第 32 頁)。

　　7b.現有資料還不足以能夠準確地斷定，pogodóri（bobotóri, Colb.：2，第 135 頁）就是「一種馬鈴薯」（英雄用它製做備用的屁股）。按照《博羅羅人百科全書》(第 1 卷，第 882 頁)的說話，它是一種可食用的塊莖，類似 cara，其葉子可代替煙草吸食；第 787 頁上，它更具體地被說成是一種「林地薯蕷屬植物」。我在下一卷著作中還要進一步討論這一點，在那裡我要研討美國神話作者稱之為 anus stopper（肛門塞子）的題材。它是在從新墨西哥到加拿大的北美洲發現的，尤其在俄勒岡和華盛頓的各部落〔庫斯(Coos)、卡拉普亞(Kalapuya)、卡思拉梅特(Kathlamet)，等等〕的神話中屢屢提到，自那時以來，又傳遍了整個新大陸。

　　7c. 我們同樣拿不準英雄用來製做假鹿角的是哪種樹，它在博羅羅語中稱為 api。科爾巴齊尼 3（第 410 頁）中的注釋詞表給出 app'i，「sucupira」，這意義為《博羅羅人百科全書》所確認(第 1 卷，第 77 頁)：

appi,「sucupira」(種名 *Ormosia*)；但又見第 862 頁：paro i,「sucupi-
ra」(一種荳科植物)。事實上，這個源自圖皮人(Tupi)的名詞涵蓋好幾
種植物——尤其 *Bowdichia virgilioides*，它的堅硬和多叉形態符合神
話中描述的用法，以及 Pterodon pubescens (Hoehne, 第 284 頁)。

7d. 另一方面，食人妖(buioguē ,buiogo 的複數)的身份則毫無疑
問：「比拉魚」(屬名 *Serrasalmus*，《博羅羅人百科全書》第 1 卷，第 520 頁)，
它們出沒於巴西中部和南部的湖泊和江河，它們的貪婪暴食是出名的。

8. 神話結束處提到的那首歌由阿爾比塞蒂(第 16～18 頁)發表，歌
詞使用據說是「古老的」語言，因此甚至那兩個撒肋爵會神父也翻譯
不了。這支歌似乎是在召喚白人和印第安人之間的一場戰爭；召喚他
的弟弟 japuira 鳥(黃鸝) 殺死紅頭的烏拉布人(Urubu)；召喚盜鳥巢
者向岩壁進發；召喚他變成一頭鹿，可以殺他的父親；召喚他父親跳
入湖水之中，「好像他曾是一隻白鷺」。

3 第一變奏曲

參照神話的初始主題是英雄對其母親所犯的亂倫。然而，他是「有
罪的」這個觀念似乎主要存在於他父親的頭腦裡，後者希望兒子死去，
並策劃謀殺。不過，這神話本身並不作出判決，因為英雄請求他外祖
母幫助並如願以償，多虧了她，他才歷經磨難而倖存下來。從長遠來
看，這父親看來倒是有罪的，因為他想復仇，結果自己被殺害。

這種對亂倫的奇怪的漠不關心也出現在其他神話之中；例如，在
下述神話中，受辱的丈夫也遭到懲罰：

M₂. 博羅羅人：水、裝飾和葬禮的起源

　　遠古時代，有兩個村長屬於圖加雷偶族（不像今天那樣屬於
塞拉偶族），分別是「幼蟲」氏族和「棕櫚樹主」氏族的成員，其
中一個是主村長，名叫比里莫多（Birimoddo），「俊男」（Cruz：1；
Colb.：3，第 29 頁），綽號貝托戈戈（這詞的意義下面要討論）。

　　一天，貝托戈戈——「大犰狳」氏族（屬塞拉偶族）的成員
——的妻子動身去樹林找野果，她的小兒子要跟她同去；她不肯，
他就偷偷地跟著她。

　　他看到母親被「貘」氏族的一個印第安人強姦了，這人和她
屬同一偶族（按照土著的術語，因而也和她的「弟兄」屬同一偶
族）。這孩子把事情告訴了父親，貝托戈戈聞訊後首先向對手泄怒，
用箭射他，箭穿進他的肩、手臂、臀部、腿和面部，最後以重創
他的脅部而致他於死命；此後，貝托戈戈在夜間用弓弦把妻子勒
死。在四種不同犰狳的幫助下：tatu-bokodori（大犰狳，*Priodontes
giganteus*）；gerego（tatu-liso，《博羅羅人百科全書》第 1 卷，第 687 頁，
tatu-bola，三絆毛犰狳，*Dasypus*, *tricinctus*, B. de Magalhães，第 33 頁）；
enokuri（tatu-bola do campo，《博羅羅人百科全書》第 1 卷，第 566 頁）；
okwaru（tatu-peba 的變種，同上書，第 840 頁），他在妻子床底下挖了
條壕溝，把屍體埋入，仔細地填平，再用一條蓆子蓋上，免得讓
人發現他的罪行。

　　但是，小孩在尋找母親。他不顧心身憔悴，抹著眼淚，跟踪
殺人者提示的假足迹，弄得筋疲力竭。最後，有一天，貝托戈戈
偕第二個妻子外出散步。這孩子變成一隻鳥，想更有效地尋找他
母親。他故意把糞滴在貝托戈戈肩上，糞便就在那裡發芽，長成
一棵大樹（jatoba，*Hymenea Courbaril*）。

　　這重負使英雄行動不便，蒙受羞辱。於是，他離開村子，到
灌木叢地過流浪生活。但是，每當他停下來休息時，就引起湖泊

和江河出現，因爲那時候地球上還沒有水。每當新出現一次水，
這樹就縮小一點，最後消失。

　　然而，貝托戈戈陶醉於他所創造的青綠風光，決定不再返回
村子，把村長職位讓給他父親。他不在時治理著村子的副村長也
這樣做，並追隨他。於是，這雙份村長職位都落入塞拉偶族。這
兩個前村長現在成了兩個文化英雄巴科羅羅和伊圖博雷（參見以上
第50，51頁），其後再也沒有回去拜訪過部落同胞，只是把他們在
自願流亡期間發明和製成的服飾裝飾品和工具捎回去。②

　　當他們裝束華美地首次重新出現在村子裡時，他們的繼任村
長職位的父親始則疑懼，繼而用禮儀歌曲歡迎他們。貝托戈戈的
同伴阿卡魯伊奧·博羅戈(Akaruio Borogo)的父親阿卡里奧·博科
多里(Akario Bokodori)要求，英雄們（這裡他們似乎已不止兩人，
而已夠上一夥）應該向他傾其全部裝飾品。這神話以一個乍一看
來令人困惑的挿段告終:「他沒有殺死給得多的，卻殺死給得少的」
(Colb.:3，第201～206頁)。

4 不連續的間奏曲

　　我提議在這個挿段上停留一會兒，儘管它並不直接關涉我的論證。
然而，它是值得加以研究的，因爲它強調了這兩個神話在博羅羅哲學
中所占居的中心地位，從而證明我的選擇是有道理的。

　　在參照神話和我剛才扼要敍述的那個神話中，英雄都屬於圖加雷
偶族。科爾巴齊尼現在把這兩個神話說成是原因論(étiologie)的故事:

---

②從歷史的觀點看來，把這個神話同阿帕波庫瓦人(Apapocuva)神話中的一個挿
　段加以比較，是很有意思的。在那裡，法伊(Fai)弟兄繫著腰帶，身穿華服，給
　人們分配裝飾品和服飾〔Nimuendaju(以下縮寫爲Nim.): 1，第37～38頁〕。

第一個解釋了「風和雨的起源」(Colb.：3，第 221 頁)；第二個解釋了「水和裝飾品的起源」(同上書，第 201 頁)。這兩種功能都非常符合於指派給圖加雷偶族的英雄的角色——「強者」(?)。他們作爲造物主每每各個事物的**存在**負責：河流、湖泊、雨、魚、植物、製造品……塞拉英雄(「塞拉」這詞有時用來意指「弱者」③) 是牧師而不是巫師，他們在事後介入，充當圖加雷英雄作爲**創始者**作出的創造物的**組織者**和**管理者**：他們消滅妖怪，給動物提供專門食物，領導村子和社會。

　　所以說，從這個觀點看來，這兩個神話之間已經存在一定的類似。每一個神話都有一個圖加雷英雄，他經過向上運動（通過攀援懸吊的藤蔓）之後製造了天上起源的水，或者經過被迫的向下運動（被他所支撐著的重物即一棵在生長中的樹壓得向下彎曲）之後創造了地上起源的水。另一方面天水是有害的，因爲它產生於暴風雨 badogebagué（博羅羅人把它區別於溫和的、有益的雨 butaudogué，參見 Colb.：3，第 229～230 頁；我還要回到這個對立上來，而《博羅羅人百科全書》中沒有提到過它；參見以下第 274 頁及以後），而地水是有益的。這個差異應當用創造這兩種水時相應的境況截然不同來解釋：第一個英雄同村子分離，不是出於本意，而是爲他父親的狠心所逼；第二個英雄也同他村子分離，但他自己選擇這樣做，並爲對他父親的親情所激勵（他把自己的職責託付給他父親）。④

---

③科爾巴齊尼和我自己各自獨立在田野收集到了「強者」和「弱者」這兩個意義。但是，向科爾巴齊尼提供神話的人中有一個對這兩個意義提出異議(Colb.：3，第 30 頁)；《博羅羅人百科全書》(第 1 卷，第 444 頁) 則完全拒斥之。然而，關於孿生兒的神話 (M_{46}) 的最老版本中有一句令人困惑的話：如果你殺死食人鷹，則花豹對英雄說，你是強者，能統率「a muitos tugaregedos (侍從)」(Colb.：1，第 118 頁)；或者，根據另一個版本；「一個偉大民族將由你支配」(Colb.：3，第 194 頁)。

在作了這些預備性的說明之后，讓我們現在回到一個叫阿卡里奧·博科多里的人進行殘殺這個挿段。我們又碰上了這個人物，他扮演和名叫阿卡魯伊奧·博科多里的人相似的角色（標音不同，但這種摸不定在原始資料中是常見的）；他也是「上族長」的氏族的成員〔參見 Colb.：3，專名注釋詞表，第 442 頁：Akkaruio *bokkodori*（原文如此），陽性和陰性，「因他用大犰狳（爪）製作裝飾品而聞名」〕。這神話如下所述：

M₃.博羅羅人：大洪水之後

在一次大洪水之後，地球又有人居住了；但很快人煙就太稠密了，太陽默里(Meri)因此憂心忡忡，尋找減少人口的良策。

因此，他命令一個村的全體人員借助一座用樹幹做的橋越過一條寬闊的河流。這橋不怎麼牢固，而他因此就選中了它。事實上，它在重荷作用下突然折斷了；這些人全都死了，只有一個人倖免，他名叫阿卡魯伊奧·博科多里，他的腿受傷了，只能踽踽而行。

那些被捲入漩渦的人，頭髮變得呈被波紋狀或者捲曲起來；那些被淹沒在平靜河水中的人，頭髮又纖細又光滑。這是在阿卡魯伊奧·博科多里通過帶鼓樂伴奏的唸咒使他們全部都復生之後昭示於人的。他首先把布雷莫多多格人(Buremoddodogué)帶回，繼之是拉魯多格人(Rarudogué)，而比托杜多格人(Bitodudogué)而普加格古格人(pugaguegeugué)而羅庫杜多格人(Rokuddudogué)而科多格人(Codogué)，最後是他偏愛的博尤格人(Boiugue)。但這一

---

④有些人信奉科爾巴奇尼，可能認爲，這是個雙重的奧秘，因爲事實上村長職位是傳代的，由舅父傳給外甥。但是，根據這個例子已可明白，一個神話，其意義不是導源於它所反映的同時代的或更古老的制度，而來自它在一個轉換群內部同其他神話所結成的關係。

切新回來的人中間，他只歡迎所送禮物被他接受的人。他用箭射倒其餘所有人，他因此而得到了渾名 Mamuiauguexeba （屠夫）或 Evidoxeba （索命鬼）(Colb.： 3，第 231 和 241～242 頁)。

這個人物還出現在另一個神話中：他也殺害同胞，不過這次是懲罰性的，因爲他們不尊重他這個首領，還因爲他們互相爭吵(colb.： 3，第 30 頁)。可惜，這個故事零亂殘缺，一無所用。

因此，我們知道至少有兩個神話，按照它們，塞拉偶族的一個英雄（名字相似）殺死了一群奉獻禮物的「鬼」，因爲他認爲這些禮物不適當。⑤在一個神話中，沒有具體說明禮物的性質；在另一個神話中，我們知道，它們包括裝飾品和服飾，在各氏族中間分配不均，但每個氏族——無論被認爲在這方面是「富有的」還是「貧窮的」——都有其專有的所有制。這樣，裝飾品和服飾給這社會內部帶來了差異。

不過，現在讓我們來更仔細地考察 M₃。禮物是什麼，並不怎麼清楚，但另外有兩點是明明白白的。首先，這神話旨在解釋身體外表上的差異(而不是社會外表)，如關於頭髮的挿段。其次，通過給出一張名單，這神話表明了各不相同的，獨立的人群，很可能是些社區或部落：這是些被賦予不是在社會水平**之下**（如身體差異）而是在它**之上**起作用的不同價值的人群。就我們目前所知而言（這張名單中除了屈折詞尾/-gué/事實上指示複數形式之外，尙有其令人迷惑不解之處。⑥），在第一種情形裡，它們可能是群體中個人之間的差異；在第二種

---

⑤在《博羅羅人百科全書》（第 1 卷，第 58～59 頁）中，我們讀到，每當一個陌生的博羅羅人來到一個村子時，都要接受徹底的檢查，以便查明他是否攜帶令人感興趣的東西。如果他帶了，則就會受到熱烈歡迎；否則，他便被殺害。據認爲，(M₁中提到的)那個小音響器具原來就是這樣獲自一個印第安婦女，她起先受到敵意的示威。

情形裡，它們可能是群體間的差異。M_3有雙重的方面，而 M_2 則占居中間地位：關涉這群體中各亞群體間的差異。

因此，看來這兩神話合在一起涉及三個領域，而其中每一個原來都是連續的，但爲了使每一個都可加以概念化，不得不給它們引入不連續性。在每一個場合，不連續性都是通過徹底消除連續體的某些部分而達致的。一旦連續體被縮減，爲數較少的元素就可以自由地在這同一空間中播散，而它們之間的距離也變大了，足以防止它們相交疊或者相互融合。

爲使極其密切相關的各身體類型可以清楚地區別開來，人應當爲數很少。因爲，如果我們承認存在著携帶**不足道的**氏族或部落——其示差獨創性無法想像地弱的氏族或部落——則我們就要冒這樣的危險：發現在任何兩個特定的氏族或社區之間有無限多個其他氏族或其他部落，而它們每一個都與其緊鄰差別微乎其微，以致它們最終全都相互融合；然而，在任何領域裡，都只能根據離散量來建構一個有意義的系統。

如果完全圍於博羅羅人，則這個解釋也許看來站不住脚。然而，若把它同我就其他神話提出的類似解釋作比較，這些神話源出各不相同的社區，但它們的形式結構類似於剛才概述的神話，則它就顯得較爲令人信服了。爲了使奧吉布瓦人(Ojibwa)認爲他們的社會所由產生的五個大氏族得以確立，應把六個超自然的人物通過消滅一個而減少到五個。蒂科皮亞人(Tikopia)的四種「圖騰」(totem)植物是祖先在一

_____

⑥可以對相似或相同的形式作比較：ragudu-dogé, rarai-dogé, 傳說中部落的名字
　　(Colb.：1，第5頁)；buremoddu-dogé，「帶美足的人」(「貘」氏族的渾名)；
　　raru-dogé，「一個名字，博羅羅人在好幾個傳說中用它命名自己」；codagé，
　　「Eciton 屬的螞蟻」；boiwugé，「最後到達者」(《博羅羅人百科全書》第1卷，
　　第529，895，544，504頁)。

個怪神盜取當地諸神爲向他表示敬意而備的盛宴時硬保護下來的（L. -S.: 8,第27～29頁；9,第302頁）。

因此，在這一切情形中，都通過消滅某些元素或者把它們從原始整體中去除來產生一個離散系統。在這一切情形裡，作減損的人自身從某種意義上說也被減損了。六個奧吉布瓦神自願盲目，他們放逐了犯有取除蒙住他們眼睛繃帶罪行的人。蒂科皮亞盜神蒂卡勞(Tikar-au)聲稱爲了能更好地占有盛宴而跛行。阿卡魯伊奧·博科多里也是跛脚。瞎眼或跛腿的、獨眼或單臂的神話人物是眾所周知的；而我們所以爲他們感到心煩意亂，是因爲我們認爲，他們的身體有缺陷。但是，正像通過去除某些元素而成爲離散的一個系統變得邏輯上更爲豐富，儘管數量上變少了一樣，神話往往也賦予殘疾人和病人以積極的意義：他們體現著沉思的模式。我們設想虛弱和疾病是存在的喪失，因此是邪惡的。然而，如果死同生一樣實在，並且如果因此一切都是存在，那麼，一切狀態、甚至病態也都本來就是實在的。「負存在」有權在這系統中占據完全的地位，因爲它是唯一可以設想在兩個「完滿」狀態間進行過渡的形式。

同時，很顯然，我加以比較的那些神話全都對從連續量到離散量的轉變問題提供了一種有獨創性的解決。按照奧吉布瓦人的思維方式，爲了獲得離散量，似乎只要從連續量中去掉一個單元就夠了。連續量屬於 6 級，離散量屬於 5 級。元素的間距增加五分之一，就可使所有元素都處於離散狀態。蒂科皮亞人的解決比較費事：原先食物在數目上是不確定的，因此，爲了確保系統的離散性，就必須以這種不確定的狀況——從一個大的、甚至理論上無限制的數字（因爲沒有枚舉出原始食物的數目）——跳躍到 4 。我們可以揣測這種差異的理由：蒂科皮亞人的氏族事實上爲數有 4 個，所以神話費了很大勁越過想像數目和現實數目之間的間隔。奧吉布瓦人的問題就沒有那麼困難，因此

他們極省事地就加以解決，即只是從總體減去一個單元。五個原始氏族並不比創造他們的六個超自然存在更加實在，因爲奧吉布瓦社會事實上由好幾十個氏族構成，而他們對於神話中的五個「大」氏族的親嗣關係是純理論性的。因此，有時是從神話到實在的運動；有時這過程則停留在神話世界內部。

儘管蒂科皮亞人和奧吉布瓦人對從連續向離散過渡的代價可能有不同的評價，但這兩個體系在形式上仍相同。兩者都由類似的和相等的量構成。唯一的差異是，這些量數目上或多或少。在奧吉布瓦人的情形裡，數目較少，兩個數字只差一個單元；在蒂科皮亞人的情形裡，數目要大得多，因爲要從一個不確定的但很大的數字 n 驟跌至 4。

博羅羅人的解決同剛才所述的解決相比很有獨創性。它把連續看做爲許許多多量的總和，它們全都不相等，從最小的開始一直到最大的。然而，關鍵在於，在博羅羅人那裡，不連續不是產生於從總加的量中減去某一個量（奧吉布瓦人的解決）或者減去相當多相等的、可交換的總加量(蒂科皮亞人的解決)，而是通過有選擇地對最小的量施加運作來獲致的。因此，博羅羅人的不連續說到底由不相等的量構成，這些量從最大的量中選取，其間隔就是從原始連續上獲得的間隔，相應於原先由最小的量所占居的空間（圖4）。

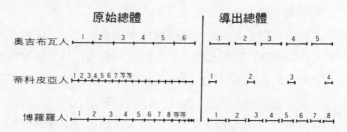

圖 4　以連續量到離散量的神話過渡的三個例子

這種邏輯模型同經驗觀察所表明的博羅羅人社會⑦很一致：各氏族或富或窮，每個氏族都珍惜擁有的特權，境況好的誇示地享用他們的世俗財產——服裝、裝飾品、服飾和寶石。這神話不僅解釋了這些差異；它還既安慰又恐嚇貧寒的氏族。它安慰他們說，他們不會老是窮下去；在一次殘殺中比他們更窮的人也活了下來，他們作為倖存者就可以以優選者自居。但是，它還恐嚇他們：貧窮要冒犯諸神。

也許奧吉布瓦人的各氏族之間曾存在過地位差異；無疑，蒂科皮亞人四個氏族之間存在過位次，他們的各世系之間也存在過位次。如果我的分析正確，則應當可以證明，在這兩個民族那裡，這些社會差異和博羅羅人那裡的差異性質不同；這些差異中，意識形態的成分多，實際的成分少；換句話說，它們不像博羅羅人那樣表達為財富占有上的不平等權利。就奧吉布瓦人而言，由於文獻不充足，我們無法肯定這一點。在蒂科皮亞人的情形裡，弗思(Firth)的意見（第358頁）使這個假說變得可信，他認為，社會等級體制並不反映財富的分配。這段離題的討論並未推進這些假說，我只是想以之強調，博羅羅人神話占據中心地位，它們符合於社會和政治組織的基本輪廓。⑧

5 第一變奏曲的接續

像在參照神話(M₁)中一樣，在貝托戈戈的神話(M₂)中，犯亂倫罪

---

⑦或許也同里奧布蘭科(Rio Branco)的阿魯亞人(Arua)的社會很一致，因為他們有一個神話敍述一次大洪水毀滅了人類；唯一的倖存者是「最佳家族」的兩對孩子，他們得到一個女神的拯救(L.-S.：1，第3卷，第379頁)。

⑧如我們在後面會看到的那樣，相應的查科人(Chaco)和熱依人神話(M₂₉~₃₂，M₁₃₉)旨在解釋一種兼具社會性和自然性的不連續性：婦女的不連續性以可愛和醜陋來表徵；或者借助換喻加以推廣，家庭的茅舍也這樣表徵。

的人也比尋求復仇的受辱丈夫罪輕。在每種場合理，引起超自然懲罰
的都是復仇而非亂倫。

　　我賦予其次要地位的那個神話不僅確證了這種亂倫的態度，而且
還指明了解釋的途徑。這英雄名叫貝托戈戈，這個渾名意爲「與世隔
絕者」(Colb.：3，第29頁)。這同美洲大陸另一端的克拉馬特人
(Klamath)和莫多克人(Modoc)神話中的一個同義渾名適成明顯對
比。這一點我暫且撇開不論。我還要以另一種背景回到這個問題上來，
那時將試圖證明，這兩種情況可以作同一種解釋。

　　我並不想當然地以爲，這渾名的背後除了僅僅由組合體(syntag-
me)背景可明白看出的東西之外就別無他物了。也許，甚至很可能，這
術語返指一個聚合(paradigmatique)總體，在後者之中，博羅羅人同卡
拉雅人(Karaja)相對當，而卡拉雅人並非很明確地是母系制的。利普
金(Lipkind：2，第186頁)和廸奇(Dietschy，第170～174頁)提到一種古老
的卡拉雅風俗：一個作爲豪門繼承人的姑娘要與世隔絕，服從各種禁
忌。關於這一點已收集到的資料尙很含糊，但不管怎樣，它們還是讓
人想起了易洛魁人(Iroguois)的「下行扶養孩兒」的制度。不過，我採
取的方法暫時還排除這樣的可能性：在現階段尙需到神話之外去尋找
的絕對意義可以歸諸神話的功能。這種在神話藝術中廣爲流行的做法
幾乎不可避免地導致榮格(Jung)主義解釋。我主要關心的不是去從超
越神話的層面尋找渾名貝托戈戈的涵義，也不是去發現它可能同哪些
非本質的制度相關聯。我旨在以這種背景來揭示它在一個由被賦予運
作價值的各個對立構成的系統中的相對涵義。這些符號沒有固有的、
不變的涵義；它們並不獨立於這背景。它們的涵義主要是**位置的**。

　　那麼，這兩個神話的英雄有什麼共同之處呢？ M_1 的英雄 (他的名
字提出了一個很專門的問題，因此以放到後面去研討爲宜；(參見第300
頁)所以對他母親亂倫，首先是因爲他拒絕在她去作女性專事的遠征時

同她分開，而按照最古老的版本，這種遠征是去樹林採集棕櫚葉子，供製作陰莖包衣用，後者供男孩在入會儀式上用，象徵他們脫離女性社會。我們已經看到(第 61 頁)，經過武斷修正的版本淡化了這一方面，但沒有取消它。在強姦母親時，這英雄的行爲有悖於社會學情境。也許他還太年幼，不夠入會的年齡；另一方面，他又太大了，不可參加婦女採集棕櫚的活動，而不管這是不是入會的一種準備。術語 ipareddu（它在這神話中一以貫之地用於他)「通常意指一個男孩，他還未到青春期，還未被授予陰莖包衣，但身體發育已達到一定程度。……當男孩們達到 ipparē（複數)狀態時，他們就開始離開母方茅舍，去到男人的住所」《博羅羅人百科全書》第 1 卷，第 623 頁)。然而，這英雄決不聽任母系紐帶的這種逐漸鬆弛，他採取一個行動來加固這種紐帶，而這行動因是性性質的而越過了入會，儘管他自己還在入會的這一邊。因此，他以一種雙重悖倫性的方式返回母親的懷抱，而這時其他兒子正要永遠地脫離母親。

　　無疑，M_2 的英雄貝托戈戈從一切方面都跟 M_1 的英雄正相對立：他是一個已入會的成人，還是一個丈夫和父親。然而，他對亂倫太敏感了，同時犯有占有欲過分強烈的錯誤。並且，他扼死了妻子，偷偷地埋掉，就是說，他不給予雙重葬禮，而按照後者，暫時的埋葬（在村子的集市場所，即一個公共的、聖潔的地方，同家庭茅舍相對，後者是私人的、汙穢的）作爲一個預備階段，其後屍骨才被最終地沉入湖泊或江河（先要去除肉，塗上油彩，裝飾羽毛膠粘的鑲拼物，最後裝在一個匣子內），因爲水是靈魂的居所、靈魂生存的必要媒體。最後貝托戈戈的罪行同熱里圭圭亞土戈所犯的成對稱的對立；後者是「濫用」他母親的孩子，而這時他已無權這樣做；貝托戈戈則是「濫用」他妻子的丈夫，從而奪取了他兒子的母親，而他兒子仍有資格擁有母親。

　　如果我們同意作爲一個工作假說用這兩個英雄的各自語義功能的公分母來解釋第二個英雄的渾名，則「與世隔絕者」這個術語可以認爲指示了一種對待女性社會的特殊態度，而這渾名的載荷者——或和他同系的人——因這種態度而拒絕被隔離；相反，他試圖超過久許程度或比久許時間更長久地藏身於這個社會或者支配它。與世隔絕的人即隱居者在這裡是那種如我們所說「依附於母親」的男孩，他們割捨不了在其中出生長大的女性社會(因爲這社會中住所是從母居的)，以便在男性社會占一席之地。男性社會在兩個方面不同於女性社會。一個是有形的方面，因爲男人居住在位於村子中心的男人住宅裡，而婦女的茅舍位於村子周沿；另一個是神秘的方面，因爲男性社會是靈魂(aroē)社會在地上的體現，相當於神聖的東西，而女性社會是污穢的。

　　儘管我已說過，我在現階段想避免作聚合體水平的論證，但我還是不能不提一下一個蒙杜魯庫人(Mundurucu)神話(M_4)，它描述的一種習俗同我剛才提到的驚人地相似，只是在父系制的蒙杜魯庫人（最近似乎已轉變爲從母居）那裡，一個青春期男孩的獨居（不管是實際的制度還是神話的命題）是爲了防止他受女性世界事務影響。因此，文化英雄卡魯薩凱貝(Karusakaibē)在兒子被野猪殺死之後(M_{16})，儘管小心地給屍體上漿，看上去像生病臥床不起，但還是通過使他用樹幹雕鑿成的一座雕像獲得生命來給自己創造一個兒子，而無需母親的介入。他渴望使這英俊少年擺脫欲念(M_{150})，所以把後者關閉在一間小房間裡，這房間是在茅舍內部專門建造的，由一個老嫗守衛，以使其他婦女不能走近，向內窺視(Murphy：1，第71，74頁)。

　　阿皮納耶人(Apinayé)和蒂姆比拉人比博羅羅人更要走得遠一點。像博羅羅人一樣，他們也是母系制的，也是從母居。他們通常讓處於入會儀式第二階段的新入會者離群索居，用木杆張開的蓆子把他

們隔離在母方茅舍的一角。隔離期長達五、六個月，這期間他們不可以公開露面，也不可以講話〔Nimuendaju（以下縮寫爲 Nim.）：5，第59頁；8，第184頁和圖13）。按照這資料提供的證據，這儀式同婚姻規則密切相關：「從前，pepyé（初入會者）大都在儀式慶典之後立即就結婚，進入岳母家」（Nim.：8，第185頁）。「最后的儀式是未來岳母用一根繩子牽引新人，這粗魯地表示即將到來的結合」（同上著作，第171頁）。

現在讓我們再從離開的地方繼續貝托戈戈神話（M_2）。

懲罰通過兒子降臨到英雄頭上，而他曾試圖使兒子迷失線索。兒子變成一隻鳥，用糞便使父親變成個承載樹的人。

博羅羅人把植物界劃分成三類。按照這神話，最早的植物依下列次序出現：攀緣植物、jatoba 樹、沼澤植物（Colb.：3，第202頁）。這三元劃分顯然相應於天、地和水三元素。這小孩通過變成一隻鳥而極化爲天上人物；通過使父親變成一個載樹者、jatoba 樹（森林中的主要樹種）荷載者，他把父親極化爲地上人物，因爲地球的作用是支持木本植物。貝托戈戈只是通過創造水才得以擺脫樹，從而除却身上的地性。水這種元素介於兩極之間：他不給予妻子遺骸的正是水（因爲水當時還不存在），從而防止了社會世界和超自然世界、死和生之間的溝通。

在利用水從宇宙水平上重建了他在神秘水平上予以拒斥的這中介之後，他成了文化英雄，人多虧他才有了裝飾品和服飾，即文化中介物，後者使人從生物學個體轉變成個人（一切裝飾品都有規定的形式和圖案，因佩戴者所屬的氏族而異）；這些文化中介物通過更換死人生前洗淨的骨骼上的血肉，賦予他一個有精神的身體，從而使他變成一個精靈即肉體的死和社會的生之間的中介。

因此，我們可以把這神話扼要敍述如下：

婚姻紐帶的破壞（殺死亂倫的妻子，從而使一個孩子失去母親）

因一種褻瀆行為（這婦女被埋葬，不給予她水葬，而這是再生的條件）
——又一種過分行為——而變得複雜。這導致兩極即天（孩子）和地
（父親）離解。因犯雙重罪行而被逐出人的社會（它是一個「水中的」
社會，類似於它冠其名字的靈魂社會）的這個責任者通過創造水而重
建了天地間的溝通；在建立起了他在靈魂之地的居所之後（因為他和
同伴成了英雄巴科羅羅和伊圖博雷即遠方兩個村的村長），他便重建生
和死之間的溝通，為此，他向生展現身體的裝飾和服飾，而後者既是
人的社會的象徵，又是靈魂社區的精神之軀。

6 第二變奏曲

科爾巴齊尼和阿爾比塞蒂的著作裡還有一個神話，它的英雄似乎
以其行為說明了我們作為工作假說給貝托戈戈這個名字所取的意義。
並且，他取名比里莫多（Birimoddo），而如我們已經明白的，這是貝托
戈戈的真名。然而，這裡有一個困難：比里莫多是圖加雷偶族中的「幼
蟲」氏族的一個名字（Colb.：3，第 201，206，445 頁；《博羅羅人百科全書》
第 1 卷，第 277 頁；Rondon，第 8 頁），而這新英雄屬於塞拉偶族的「大犰
狳」氏族；然而，他的姊姊和他自己卻又取名比里莫多（Colb.：3，第
220～221 頁）。因此，最好不要試圖用名字的相似性作為論證的基礎。

M₅. 博羅羅人：疾病的起源

在疾病尚屬未知，人類還不知道病痛的時代，一個青春期男
孩頑固地拒絕出入於男人的屋子，一直幽居於家庭茅舍。

為這種行為所激怒，他的外祖母每夜在他睡著時來到他身邊，
俯身向他臉上放屁來毒害他。這男孩聽到聲音，也聞到臭味，但

不知來自何方。他得病了，衰弱不堪。他開始起疑心。於是，他佯裝睡著，終於發現這老嫗的鬼把戲。他用一支鋒利的箭深深插入她放屁的肛門，把她殺死。

在各種犰狳——okwaru,enokuri,gerego 和 bokodori (次序跟 M_2 的相反，參見以上第 67 頁)——的幫助下，他偷偷地掘了墓，把屍體埋入，墓地就在老嫗慣常睡覺的地方，用一張蓆子把新挖的土掩蓋上。

同一天，這些印第安人組織一次「毒害」魚的遠征，由此來謀食。⑨謀殺後的翌日，婦女們返回打魚基地，以便收集剩餘的死魚。在出發前，比里莫多的姊姊想把弟弟託給外祖母照料；後者沒有答應她的招呼，這是理所當然的。因此，她把孩子放在一棵樹上的枝幹上，叫他待在那裡一直等到她回來。這孩子獨自走離了，變成了一個蟻冢。

河裡充滿死魚，但這姊姊不是像同伴那樣往返運送它們，卻是貪婪地吃它們。她的肚子開始鼓脹，感到劇烈疼痛。

因此，她呻吟，隨著她呻吟，疾病便從她身體逸出：她讓村子傳染上的那一切疾病在人中間播下了死亡的種子。疾病就是這樣產生的。

這犯婦的兩個兄長〔名叫比里莫多和卡博魯(Kaboreu)〕決定用尖鐵殺死她。一個人砍下她的頭，向東拋入一個湖中；另一個人砍下她的雙腿，向西拋入湖中。兩人都把尖鐵打進地裡 (Colb.：3；第 220～221 頁；參見《博羅羅人百科全書》第 1 卷，第 573 頁，那裡有另一個版本的引子)

---

⑨這就是說，他們把攀緣植物拋入河中，其汁液溶解在水中，改變了河水的表面張力，從而使魚窒息而死。參見以下第 334 頁及以後各頁。

　　這個神話圖式不同尋常，因此提出了一些很複雜的問題。我們在本書中對它們得一一加以分析，並且不止一次地反覆分析。這裡我僅指出把它跟我們已討論過的那些神話歸入同一組的那些特徵。

　　首先，這英雄是一個「貝托戈戈」、一個志願的隱居者，幽居在家庭茅舍中即同婦女一起過，因爲他不願意到男人的住所裡去占一席之地。⑩

　　博羅羅人究竟實行過他們神話中以「與世隔絕的男孩」爲主題保存下來的社會—宗教制度嗎？同卡拉雅人、阿皮納耶人、蒂姆比拉人和蒙杜魯庫人作比較，我們就會認爲，事情是這樣。不過，這裡需要作兩點評述。第一，這神看來不是喚起一種風俗，而是喚起一種違背社會和道德秩序律令的個人態度。第二點更爲重要。我們通過對博羅羅人社會作經驗觀察而傾向於認爲，它實行對稱的但相反的做法。如上面已指出的，在入會時，是婦女抱怨同兒子永久分離；兒子方面並未發生怨言。另一方面，肯定存在一種博羅羅人關於「與世隔絕的男孩」即「腼腆的未婚夫」的風俗。妻子的父母必定對這年輕丈夫施加壓力，強制他轉移人身歸屬。這青年男子自己要考慮很長時間才下決心去同妻子生活；他在男人居所裡一直要住好幾個月，「直到他祛除了成爲一個丈夫的羞恥感」(Colb.：3，第40頁)。⑪

　　事實上，這已婚年輕男子不願意按婚姻規定進入因入會而得以進入的女性社會而幽居於男人住所。神話所描述的情境則與之相反，因爲它關涉的靑春期男孩把自己關閉在家戶式生活規定的女性社會中，而他通常到入會時才離開那裡。

　　像 M_1 和 M_2 一樣，M_5 也顯然是原因論性質的；它解釋了疾病的起源，而貝托戈戈神話首先解釋了地球上水的起源，然後一方面解釋了裝飾品的起源，另一方面解釋了葬禮的起源。這些儀式標誌著從生到死的過渡（裝飾品則表示相反的過渡），同樣，作爲生和死之間的一種中

間狀態的疾病（尤其它們的共同表現：發燒）有時在美洲也被認爲類似於服裝。⑫

　　第三，在這裡，英雄還拒絕給予受害者水葬，由此剝奪了受害者的葬禮。另一個婦女代替外祖母按地上的形態（蟻冢）極化她的孩子，

---

⑩一個半傳說、半神話的故事（M₆）──不過，能否給神話和傳說劃一道分界線呢？──描述了一個「圖加雷」比里莫多、他的村長同道阿羅伊亞・庫里魯（Aroia Kurireu）以及卡博魯（Kaboreu）的所作所爲。卡博魯是描述疾病起源的神話中的「塞拉」比里莫多的兄長。但是，按照《博羅羅人百科全書》（第 1 卷，第 207，277，698 頁），他似乎被同那另一個比里莫多相混淆。

這兩個村長魯莽地組織並率領一次戰爭似的征伐，目的是竊奪由敵人凱亞莫多格人（Kaiamodogue）種植的 urucu（*Bixa orellana*，一種用於染色的種子）。事實上，比里莫多應當負責，因爲他拒絕同胞一再提出的明智忠告。在遭到凱亞莫多格人的襲擊之後，整個隊伍全部覆滅，只有兩個首領僅以身免。

當到達村子時，「兩個首領因疲勞和創傷而筋疲力盡，已經站立不住。所以，他們的妻子在茅舍裡做了一種床：在打進地裡的椿子上面張上樹皮纖維編織的網。兩個首領在床上躺着，毫無生氣；他們甚至無力起身解溲」（Colb.：3，第 209 頁）。

這兩個幽居在婦女茅舍裡的、糞便沾身的人物無疑就是「貝托戈戈」（在我應用這個名詞所取的意義上）。

然而，他們日漸恢復了體力，最終組織起了討伐，不過這一次他們謹慎從事。這故事對此作了詳盡的敍述。在向目標前進時，這兩個村長一左一右地分路包抄搜索，只是當他們在中間會合時，卡博魯才下令戰士前進。

當他們視野裡出現凱亞莫多格人時，比里莫多讓戰士團團合圍這村子，形成六個同心包圍圈。他讓阿羅伊亞・庫里魯及部下駐紮在西側，切斷敵人的退路，讓卡博魯率精兵到東側準備進攻。他自己率少數同伴直撲男人住所。拂曉，一個年老的凱亞莫人出來解小便，比里莫多殺死了他，並發出攻擊信號。敵人悉數就殲（Colb.：3，第 206～211 頁）。

⑪在謝倫特人（Sherente）那裡，在結婚慶典期間，新郎面露羞慚和悲傷（J. F. de Oliveira，第 393 頁）；他的新姻親强行把他拉走，在幾周或幾個月裡，他不想接近妻子，害怕遭拒絕。這期間裡，一個妓女到新房裡伴寢（Nim.：6，第 29～30 頁）。

然後把扣留下來的水付諸邪惡的用途。疾病作爲地和水之間的亦即塵世的生和彼岸的死之間的中介產生。

最後，像在其他神話中一樣，這個神話對中介項的否定也起源於青春期男子和女性社會間的不恰當的、未經過中介的趨同，不過在這裡這是由感染外甥的外祖母作爲一種懲罰作出的。

如果我們還記得，按照科爾巴齊尼（3，第 211 頁）緊接著關於貝托戈戈的神話發表的一個簡短神話，魚的創造完成和完善了水的創造，那麼，我們就更其確信，M_2 和 M_5 之間有著深刻的統一性，它們的英雄（或女英雄）名叫比里莫多（共有三個：1.渾名貝托戈戈的人；2.受感染的青年；3.他的姊姊，她造成疾病的產生）。如果我們把這一切神話彙總起來，則我們得到一個完整的循環：從兄弟姊妹間的亂倫（在分類的意義上）開始，繼之水的外在化（沒有魚），再到亂倫逆轉（外祖母—外甥），緊接著是亂倫走向反面（兒子被他母親拋棄），最終是魚的內在化（沒有水）。在第一個神話（M_2）中，被害人之一出血（因此死於流血），而另一個人被扼死（即死時未流血）。在第二個神話（M_5）中，兩個被害人被殺（沒有流血）：一個死於外部行動（用釘子穿刺），另一個死於內部動作（因暴食而鼓脹）；他們都傳播汚物，通過換喻（風的突然刮起），或者通過隱喻（疾病作爲呻吟發出）：在 M_2 中以糞便形式滴落在有罪男人身上，在 M_5 中以放出的屁的形式強加於有罪男人（其罪行又是「玷汚」女性社會）。

如果我們同意

1. M_2＝服飾（p）和葬禮（r）的起源，

⑫例如參見霍爾默（Holmer）和沃森（Wassen）。他們還同火作了比較：在博羅羅語中，eru 爲「火」，erubbo 爲「發燒」（Colb.：3，第 297 頁）；或者按照馬加拉埃斯的譯文：djôru 爲「火」；djorúbo 爲「疾病」；djôru-búto 爲「旱季開始」（第 35 頁）。

圖版 3　韋爾梅洛(Vermelho)河畔克牙拉博羅羅人村的局部。男人的
　　　　住房突出在圖加雷偶族茅舍前方。這裡看到的實際上是查帕
　　　　達山的支脈。

圖版 4　佩戴節日陰莖包衣的博羅羅印第安人，這包衣粘上羽飾，裝
　　　　有硬草稈做的燕尾旗，塗上氏族色標（「貘」氏族）。

M_5＝疾病(m)的起源，

以及

2. p,r＝f（死→生）

m＝f（生→死），

則我們有理由根據 M_2 推演出下列相關關係：

父親／兒子；父親$\equiv$地；兒子$\equiv$天；

這在 M_5 中變成

母親／兒子；兒子$\equiv$地；母親$\equiv$水。

我們已經證明，關於一個名叫比里莫多的一些博羅羅人神話儘管表面上各個相異，但可以歸爲同一組，它以下述基本結構爲表徵：一種過分的家庭關係概念導致通常相互聯結的各個元素相分離。靠著引入中介項，聯合又重建起來，而神話的目的就是爲了解釋中介項的起源。這種中介項有：水（天和地之間）；身體服飾（自然和文化之間）；葬禮（活人和死人之間）；以及疾病（生和死之間）。

7 代碼

盜鳥巢者名字不叫比里莫多，他也沒有渾名貝托戈戈。但是，

1.他的名字也有審美內涵，因爲它包括詞 atugo，意爲「裝飾的、繪畫的」，而比里莫多這名字意爲「美麗的皮膚」。

2.他的行爲所以如同「與世隔絕者」，是因爲他通過同母親亂倫而顯露其想望幽居於女性世界之中。

3.像其他英雄一樣，M_1 的英雄也由於玷污而幾乎喪生：這是由於腐敗的蜥蜴附身而引起的。並且在其他方面，他的經歷也可能表現爲

M_2和M_5的英雄經歷的轉換。

4.事實上，只要把M_1和M_2相疊加，我們就可以獲得我們已提到過的那些植物的三角形分類。在M_2的中間插段中，英雄同木本植物(jatoba 樹)相聯結；在前面插段和末尾插段中，英雄先後同落地生根植物（救他命的藤蔓）和水生的植物（由他淹死的父親的內臟創造出來）相聯結。

5.三個男性英雄被規定為兒子(M_1, M_2)或外孫(M_5)。這三個不同神話的本文都強調，他們三人都消瘦。這種消瘦的原因在各個神話中不相同，但它們相互結成轉換關係：

$$\left\{\begin{array}{c}M_1（姊姊提\\供的食物\\被剝奪）\end{array}\right\} \rightarrow \left\{\begin{array}{c}M_2（提供食\\物的母親\\被剝奪）\end{array}\right\} \rightarrow \left\{\begin{array}{c}M_5〔吸收了由外\\祖母「提供」的\\反食物(屁)〕\end{array}\right\}$$

6.同樣，M_1和M_5以相反形式表示飽滿：

$$\left\{\begin{array}{c}M_1（不能保\\持所吃的\\食物）\end{array}\right\} \rightarrow \left\{\begin{array}{c}M_5（不能排\\泄所吃的\\食物）\end{array}\right\}$$

7. M_1、M_2和M_5僅僅共同具有一個骨架的某些特徵，它們可用輯合(syncrétisme)方式重構如下：一開始是亂倫，亦即不恰當的結合；最後，憑藉起兩極間中介作用的項的出現，發生了分離。然而，M_5中好像沒有出現亂倫，M_1中也似乎未見中介項：

	M_1	M_2	M_5
亂倫	+	+	?
中介項	?	+	+

事情果眞如此嗎? 讓我們更仔細地考察一下情況。

M_5表面上看來沒有亂倫, 但亂倫以兩種形式存在。第一是直接形式, 哪怕是象徵性的, 因爲它由一個男孩表示, 而他堅持幽居在母親的茅舍裡。亂倫還以另一種形式——這次是實際的形式, 儘管是間接的——出現。它由外祖母的行爲表示, 而這行爲是一種三重倒錯的亂交: 同外祖母而不是同母親; 通過後面的通道而不是前面的; 以及由一個進攻性的婦女而不是進攻性的男人發動。我們比較下述兩種正相對立的亂倫, 情況也完全如此。一種是 M_2 中的亂倫, 它是「正常的」和「水平的」, 由於男性發動而在村外發生在旁系親屬 (兄弟和姊妹) 之間。另一種是 M_5 中的亂倫, 它是「垂直的」, 在關係不怎麼密切的家庭成員 (外祖母和外甥) 之間, 並如我們剛才所看到的, 以消極的、倒錯的形式發生, 而且是女性發動的結果, 不僅在村裡, 而且在茅舍裡, 在夜裡而不是白天發生。我們還發現, 當我們從 M_2 到 M_5 時, 它們唯一共有的序列即四個犰狳的序列完全倒逆: 在 M_2 中從最大列舉到最小, 在 M_5 中則以最小枚舉到最大。⑬

顯而易見, M_1 中英雄所犯的過失導致分離: 爲了報仇, 父親先派他去冥界, 然後又把他丟棄在峭壁上——天和地之間; 最後, 這英雄被迫長時間待在山頂, 於是他被同村民隔離了開來。

可是, 中介項何在呢?

我打算表明, M_1 (參照神話) 屬於解釋**食物燒煮**之起源的一組神話(儘管表面上看來那裡沒有涉及這個問題); 燒煮按土著的思維設想爲一種中介; 最後, 這個方面所以隱藏在博羅羅人神話之中, 是因爲

---

⑬不過, 我們可參見科爾巴齊尼 2 (第 73 頁) 中 M_2 的原始本文, 它給出: 「okwaru, ennokuri, ǧerego, bokodori」, 這些序列又是相同的。

後者事實上是對源自鄰近群體的神話的倒逆或反轉，而這些神話把烹飪運作看做爲天和地、生和死、自然和社會之間的中介活動。

　　爲了確立這三點，我將著手分析源自熱依語群體各部落的神話。這些部落占據一片廣大的地域，其北部和東部同博羅羅人領土接壤。此外，還有一些根據令人相信，博羅羅語可能是熱依語所屬的那個語系的一個遠支。

II　熱依人變奏曲
（六支咏嘆調繼之以一支宣敍調）

　　在熱依人那裏，構成參照神話之中心部分的盜鳥巢者故事在火起源神話中處於起始地位。那個神話在迄今已深入研究過的熱依人各個中部和東部部落中都可以看到。

　　我開始先研討北方羣體卡耶波人（Kayapo）的版本，這個羣體可能就是前面提到的凱亞莫多格人（第 83 頁腳注⑩；參見 Colb.：2，第 125 頁腳注②），儘管人們今天傾向於認爲他們是沙旺特（Chawante）（《博羅羅人百科全書》第 1 卷，第 702 頁）。

1 第一變奏曲

M₇. 卡耶波-戈羅蒂雷人（Gorotire）：火的起源

　　一個印第安人注意到一對金剛鸚鵡在一處峭壁的頂部築了巢，於是帶上名叫博托克（Botoque）的内弟一起去掏巢。他讓博托克沿一個臨時湊成的梯子攀登：但當這男孩到達鳥巢時，他說只發現兩只蛋。（他是在撒謊還是說實話，不得而知。）他的内弟堅持要拿下蛋來；但當蛋跌落時，變成了石頭，砸傷了年長者的手。這惹怒了他，於是撤去梯子走了，沒有想到鳥兒都樂了（oaianga）[?]。

　　博托克困在岩壁頂上好幾天。他消瘦了；飢渴使他不得不吃

自己的糞便。最後，他看到一頭有斑的花豹，帶了弓箭和各種獵物。他想向它求救，但因害怕而緘口不語。

這頭豹在地上看到英雄的身影；徒勞地試着捕捉之後，就抬頭舉目詢問發生了什麼，並把梯子修好，邀博托克下來。後者很懼怕，躊躇再三；最後，他下決心下地。花豹友善地提議，如果他跨坐在它背上，它將帶他到它家裏去吃一頓炙烤肉。可是，這青年並不懂「炙烤的」這詞的意思，因爲那時印第安人還不知道火，只吃生肉。

在花豹的家裏，英雄看到一根 jatoba 樹幹在燃燒，邊上是一堆石頭，就像現在印第安人用來建造土爐(ki)的那種石頭。他吃了第一頓燒煮過的肉。

但是，花豹的妻子（她是印第安人）不喜歡這青年，叫他me-on-kra-tum（「外來的兒子或棄兒」）；儘管如此，由於沒有孩子，花豹還是決定收留他。

每天，花豹外出狩獵，留下養子和妻子在家，而妻子對他的厭惡與日俱增；她只給他一點又老又腐敗的肉和樹葉吃。當男孩抱怨時，她就抓他的臉，這窮孩子不得不躲往樹林。

花豹訓斥妻子，但沒有用。一天，它給博托克一把嶄新的弓和一些箭，敎他如何使用，叫他在必要時用來對付那女人。博托克把一根箭射入她的胸膛，殺死了她。他帶着武器和一塊炙烤的肉倉皇出逃。

他在半夜裏到達村裏，摸索到母親床頭。可是，他已難以讓村民認明他的身份（因爲村民們以爲他已死了）；他講述了自己的故事，讓人共享那塊肉。印第安人於是決心占有火。

當他們到達花豹的家時，那裡已空無一人。因爲妻子已死，所以以前捕獲的獵物還未燒煮。這些印第安人烤了獵物，帶走了

火。於是，村子裡第一次在夜間有光，吃燒煮過的肉，在爐旁取暖。

可是，花豹為盜取「火和弓箭奧秘」的養子的忘恩負義所激怒，因而對一切動物、尤其人類充滿仇恨。今天，它的眼睛只能看到火的反光。它用尖牙獵獲和撕食生肉，正式與炙烤的肉斷絕(Banner：1，第42～44頁)。

2 第二變奏曲

M₈. 卡耶波—庫本克蘭肯人(Kubenkranken)：火的起源

從前，人不知道怎麼取火。當他們殺死獵物時，就把肉切成薄片，放在石頭上曬乾。他們也吃腐爛的木頭。

一天，一個男人注意到兩隻金剛鸚鵡從峭壁上一個洞裏出來。為了摸巢，他讓內弟（妻弟）攀上一棵樹幹（他已在樹幹上砍出可供腳攀踏的缺口）。可是，巢內只有些圓石頭。於是發生了爭議，又吵了起來，結局則如前面那個版本所述。然而，這次似乎是這少年被姻兄的辱罵激怒，於是故意扔下石頭，把他砸傷。在妻子焦急地追問下，這男子回答說，那男孩一定迷路了，為了消除疑心，他還假裝出去尋找。與此同時，英雄感到極度飢渴，不得不吃喝自己的糞尿。當一頭花豹肩扛著一頭 caetetu 走過時，他只剩下皮包骨頭；這豹發覺了男孩的身影，試圖捕捉他。每次，英雄都向後退，影子終於消失。「花豹四處張望，然後合上嘴，抬頭看到岩石上的少年。」他們交談了起來。

解釋和討論如上面的版本所述。英雄不敢直接坐在豹背上，但答應騎在它正馱著的 caetetu 上面。他們到達花豹家裏，他妻子

正忙於紡紗。她責備丈夫説：「你又帶了個兒子回家。」花豹並不
理會，宣布説，他準備收留這男孩當同伴，供養他，讓他長胖。

　　可是，花豹的妻子不給這少年貘肉，只讓他吃鹿肉，恫嚇他
説一有機會就要抓傷他。遵照花豹的囑咐，這男孩用這保護人供
給的弓箭殺死了這女人。

　　他捲逃了花豹的財物：紡績的棉花、肉和燃灰。他到了村裏，
首先告知姊姊，然後告知母親。

　　他應召到 ngobé（男人住所），在那裏講述了他的歷險經過。
這些印第安人決定變成動物去占有火：貘搬運樹幹，yao 鳥熄滅
途中可能跌落的燃灰，而鹿承運肉，西猫承運紡績的棉花。征伐
成功，人們共享火（Métraux：8，第8～10頁）。

3 第三變奏曲

M₉. 阿皮納耶人：火的起源

　　一個男人發現一隻金剛鸚鵡帶著兩隻小鳥在高高峭壁上的
巢裡。他帶著內弟，用斧子砍下一棵樹，斜靠着岩壁，命令男孩
攀登。男孩上去了，但老鳥雙雙尖叫着向他衝來。他害怕了。於
是，那男人怒不可遏，把樹推倒在一旁，逕自走了。

　　男孩下不來，在巢旁坐了五天。他因飢渴而奄奄一息。他已
被飛過的金剛鸚鵡和燕子撒下的糞所遮掩。這時走過一頭花豹，
看到了男孩的身影，想捕捉他，但徒勞無功。這時，男孩向下吐
唾沫，於是豹抬頭看他。他們交談了起來。花豹要求得到兩隻小
金剛鸚鵡，英雄就一隻一隻扔下去，他立刻吞吃了下去。然後，
花豹支起了樹，叫男孩爬下來，保證不吃他，並給他水解渴。英

雄略微猶豫後便答應了。花豹馱着他，帶他到一條小溪。男孩喝
了個夠，倒頭睡著了。最後花豹捏他手臂，弄醒了他。豹給他洗
掉塵土，說沒有孩子，要帶他到家裏當兒子。

　　在花豹家裏，一根巨大的 jatoba 樹幹橫在地上，一端在燃燒
著。那時候，印第安人還不知道火，只吃曬乾的肉。「那裏什麼在
冒烟?」男孩問。花豹回答說：「那是火，今天夜裏，它使你感到
暖熱時，你會發現它的。」然後，他給男孩烤肉，男孩吃了，直到
睡著。他半夜醒來又吃，後來又睡著。

　　破曉前，花豹出去狩獵。男孩爬到樹上等他回來。可是，還
不到中午，他就肚子餓了，回到花豹家裏，向其妻子要東西吃。
「什麼!」她吼了起來，齜牙咧嘴。「瞧這兒!」英雄嚇得哭喊起來，
一邊往外跑去，遇上花豹，告訴他所發生的事。花豹責備妻子，
她作了檢討，說只是在開玩笑。可是，第二天，還是老樣子。

　　遵從花豹的告誡（他給了男孩弓箭，以白蟻巢爲靶教他射
箭），男孩殺死了這好鬥的妻子。他的養父說：「那沒關係」，給了
他許多烤肉，告訴他怎麼沿小溪返回村裏。不過，他還得小心：
如果一塊石頭或一棵 aroeira 樹叫他，他應當答應；但如果聽到
「一棵腐爛的樹的柔聲呼喚」，則應沉默不理。

　　英雄沿著小溪行進，對頭兩次叫喚，他一一答應了，可是忘
了花豹的告誡，對第三次叫喚也答應了。正因爲這個原故，人是
短壽的。如果男孩只答應頭兩次叫喚，人本來會同岩石和 aroeira
樹一樣長命。

　　過了一會兒，男孩又聽到一聲叫喚，作了應答。他是惡魔梅
加隆卡姆杜雷（Megalonkamduré），他想用各種僞裝（長髮、耳飾）
冒充英雄的父親，但未成功。當英雄最後識破惡魔的身份時，後
者同他搏鬥，直到他筋疲力盡。於是，他把男孩放入他的大手提

籃之中。

　　惡魔在回家途中停下來狩獵長吻浣熊。英雄從籃子裏面說話，叫他在趕路之前先清除灌木叢。英雄乘魔鬼清道之機逃跑了，用一塊大石頭放進籃裏代替自己。

　　當惡魔到家時，他對孩子說可以吃一頓佳肴，味道甚至比長吻浣熊還美。可是，他發現籃子底部只有一塊石頭。

　　與此同時，男孩回到了村裏，他向村民講述了歷險過程。印第安人全體出動去找火。各種動物也各顯神通：jaho 和 jaçu 鳥熄滅散落的餘燼，貘搬運巨木……花豹給他們火。他對男孩的父親說：「我收養了你的兒子」(Nim.: 5；第 154～158 頁)。

　　另一個版本(M_{9a})在不少方面與這個版本不同。那兩個男人是岳父和女婿。花豹的妻子也專事紡紗 (參見 M_8)，她先是歡迎男孩；當她後來威嚇他時，他自己起意殺死了她。花豹不同意他的行徑，不相信妻子的劣迹。英雄後來遇到的三次呼喚，第一次由花豹自己發出，他從遠處指點英雄回村；另兩次由石頭和腐敗木頭發出；但沒有告訴我們英雄對後兩次叫喚作任何反應。當印第安人來家搜尋火時，花豹甚至比前一個版本說的更友好，因為是他讓動物來幫忙。他拒絕 caetetu 和 queixadas，同意貘搬運圓木，鳥揀拾散落的餘燼 (C.E. de Oliveira, 第 75～80 頁)。

　　可以看出，這個版本強調兩個男子的聯姻關係和年齡差異；而如後面可以明白的，這兩點是這一組神話的不變特點。不過，乍一看來，我們在這裏似乎看到了「送妻人」和「收妻人」功能的令人驚訝的反轉，以致我們不由得揣測，一定出了語言的差錯。事實上，這記敍是由一個阿皮納耶印第安人用葡萄牙文直接給出的。他偕三個同伴到貝萊姆訪問權威人士。在每種場合，都能同尼明達尤 (Nimuendaju) 約

在同時在田野裏收集到的本文作比較，都可以注意到，貝萊姆阿皮納
耶人的版本儘管較冗長，但包含的信息卻較少(參見第 221 頁)。然而，
意味深長的是，花豹妻子看來在 M_{9a} 中比在一切其餘版本中都更少敵
意，花豹甚至比 M_9 中更爲友善。花豹在那裏極其友善：儘管不相信妻
子有罪，但也不因英雄殺了她而怨恨他；花豹滿腔熱忱地把火給印第
安人，親自組織運送火。

　　注意到了這一點，上一節中指出的反常便變得更清楚了。像在其
他母系制的和從母居的民族那裏一樣，在阿皮納耶人那裏，妻子的父
親正確說來也不是「送妻人」。這個角色反倒落到年輕姑娘的兄弟身上，
而且他們與其說「送」其姊妹給未來丈夫，不如說「收取」後者，強
迫他同時接受婚配和從母居(Nim.: 5, 第 80 頁)。在這些條件下，M_{9a} 中
的岳父／女婿關係看來不如一種**擴張**聯姻關係那樣像**倒逆**的聯姻關
係，因爲它可以說是在第二級水平上站立起來的。這種情況通過 M_{9a} 和
參照神話的比較可以明顯看出，在這兩個神話裏，母系繼嗣和從母居
也是相關因素：

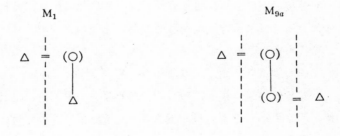

M_1　　　　　　　　　　　　　　　　　　　M_{9a}

因此，在 M_{9a} 中，我們有一種異文，在那裏，一切家庭關係和相應的道德態度都同等地鬆散。從一切方面來說，這個版本都是我們已知版本中最弱的一個。

4 第四變奏曲

M_{10}. 東蒂姆比拉人：火的起源

以前，人還不知道火，把肉放在一塊平坦的石頭上，讓太陽曬乾，使肉不是完全生的。

那時候，有一天，一個男人帶著內弟去遠處盜峭壁裂縫中的金剛鸚鵡巢。可是，幼鳥驚叫起來，這男孩嚇得不敢捉它們。那男子勃然大怒，推倒梯子走了。英雄就一直坐在鳥巢旁邊，備受飢渴折磨，頭上全爲鳥糞遮掩，「結果那裏都長出了蛆；幼鳥也很快一點不怕他了。」

下文和阿皮納耶人的版本相同。然而，解釋不同：花豹的妻子在**懷孕**，不能忍受任何噪音。因此，每當英雄吃養父給他的炙烤肉而發出咀嚼聲時，她就勃然大怒。他便竭力克制，但做不到一點沒有聲響地吃，因爲這肉太脆了。他用花豹給的武器打傷了這妻子的脚爪就逃跑了。這妻子爲身孕所礙追不上他。

英雄向父親訴述了歷險經過。父親召來全體同伴。他們在通達花豹家的全程上按路段布置人奔跑，組織起了接力體制：燃燒著的圓木一個人一個人地傳遞，最後到達村裏。花豹妻子乞求他們留下餘爐給她，但未果；癩蛤蟆向殘剩的餘爐吐唾沫，把它們全都弄熄滅(Nim.: 8，第243頁)。

5 第五變奏曲

M₁₁. 東蒂姆比拉人〔克拉霍(Kraho)群體〕：火的起源

　　兩個文明英雄普德(Pud)和普德勒雷(Pudleré)以前曾同人一起生活，讓人利用火。可是，當他們後來出走時，把火也帶走了。於是，人又不得不吃生的、太陽曬乾的肉，佐以「pau puba」。

　　正在這個時期，那對姻兄弟開始征伐。弟弟被丟棄在峭壁頂上，身處激怒的鳥兒之中：「過了兩天，鳥兒開始對他習以爲常。金剛鸚鵡撒鳥糞在他頭上，那裏害蟲羣集。他餓極了。」

　　結局同其他版本相似。花豹妻子在懷孕，威脅說要吃掉男孩，恫嚇他。花豹向男孩授以弓箭秘訣；遵從他的勸導，男孩殺傷了這妻子的腳爪，隨後就出逃。印第安人在聽取事情經過的訴述之後，便組織了接力隊去占有火：「若沒有花豹，他們本來還在吃生肉」(Schultz, 第 72～74 頁)。

　　講述一個人類英雄拜訪花豹家的一個克拉霍人神話從另一個背景提出下述意見，它直接把火和懷孕這兩個題材聯結起來：「花豹的妻子正在非常懷孕（原文如此此），已經臨產。分娩的準備一切都已就緒，尤其旺火正在燃燒，因爲花豹是火的主人。」(Pompeu Sobrinho, 第 196 頁)。

6 第六變奏曲

M₁₂. 謝倫特人(Sherente)：火的起源

　　一天，一個男人和內弟走進樹林，想掏一棵樹的空心裏的一隻鳥巢中的金剛鸚鵡。那人讓內弟爬一根杆子；但當這青年到達那兒時，說只有蛋。當那人說他知道巢中有小鳥時，英雄拿起一塊白石頭含在口裏，拋下去。這石頭變成一隻蛋，在地上擊碎。那人大怒，搬開梯子，逕自回家，把英雄留在樹上，他不得不在那兒待了五天。

　　這時，一頭花豹走過，問他在上面做什麼。豹要他先扔下兩隻小金剛鸚鵡（它們事實上在巢裏），叫他跳下來。豹然後嘷叫著把男孩夾持在前爪之間。這時男孩害怕極了，但豹沒有傷害他。

　　花豹馱著英雄沿一條小溪走去。儘管男孩渴極了，但豹不讓他喝水，因爲按豹的說法，這水流屬兀鷹（urubu）所有。第二條溪流又不能喝，因爲這水流屬「小鳥」所有。最後，到了第三條溪流，英雄喝乾了整條溪流，而不顧溪流主人鱷魚的哀求。

　　英雄受在鱷魚妻子那裏遭到冷遇，她抱怨丈夫帶回來「一個瘦弱醜陋的男孩」。她叫男孩給她滅虱，但當她把他夾在前爪之間時，她又用嘷叫嚇他。他向花豹抱怨，豹就給他弓箭和裝飾品，還給他兩籃烤肉，幫助他回村。事先還告訴他，如果她追趕，就瞄準她的頸動脈。一切不出所料，那妻子被殺死。

　　過了不久，這青年聽到有人趕來。原來是他的兩個兄弟，他向他們說明了身份，他們跑到家裏告訴母親。「你們瞎說，他早就死了。」母親說。這男孩又藏匿起來。他在艾克曼人（Aikman）喪葬節上露了面。

　　當村民看到他帶回來的烤肉時，莫不驚訝不已。「爲什麼要烤？怎麼烤？」男孩總是回答說：「陽光下曬的。」但是後來他向伯父說出了眞相。

　　於是，村民組織起了向花豹奪取火的征伐。鳳冠鳥和水鳥兩

個長跑好手奪取樹幹，而 jacu 跟在他們後面拾取散落的餘燼。
(Nim.: 7, 第 181～182 頁)。

7 宣敘調

1.像博羅羅人一樣，卡耶波人、阿皮納耶人和蒂姆比拉人也都是從母居的。謝倫特人是從父居的和父系制的。在熱依人的其他羣體中，繼嗣原則並不明確，不同著作家有不同的解釋。

社會結構的這些方面在一定程度上在神話中得到了反映。M_1 中的博羅羅人英雄首先向他的外祖母和弟弟顯露身份；兩個卡耶波人版本 (M_7, M_8) 中的英雄只向他母親，或者先向母親，再向姊姊顯露身份；阿皮納耶人版本 (M_9) 或克拉霍人版本 (M_{11}) 中沒有相當的表示；在蒂姆比拉人的版本(M_{10}) 中，他向父親顯露身份；在謝倫特人的版本 (M_{12})中向兄弟顯露。因此，這對應關係只是部分地反映了父系制和母系制之間的對立；不過，這兩種社會結構類型間的對立在博羅羅人和謝倫特人之間表現得最顯著。

2. M_7 的英雄名叫博托克。這個詞指稱陶土、木頭或貝殼製的圓盤，熱依人絕大多數都把它們嵌在耳垂上，有時嵌在下嘴唇上鑽的孔裏。

3. M_7 中提到的叫做 ki 的石爐同熱依人特有的烹飪技術有關，而他們的鄰族博羅羅人或操圖皮語的部落都不知道這種技術。它在這些神話中的作用將另作專門研究。

4.幾個本子中出現的提供幫助的動物有：

M_8	M_9	M_{10}	M_{12}
貘	貘		
			鳳冠鳥
yao鳥	jaho		
	jacu		jacu
鹿			
西貒			
		癩蛤蟆	
			水鳥

它們的作用為：

(1)搬運圓木：貘（M_8, M_9）；鳳冠鳳和水鳥（M_{12}）；

(2)搬運肉：鹿（M_8）；

(3)搬運紡績的棉花：西貒（M_8）；

(4)揀拾散落的餘燼：yao, jaho（M_8, M_9）；jacu（M_9, M_{12}）。

(5)熄滅殘剩餘燼：癩蛤蟆（M_{10}）。

yao, jaho：一種鷦鴕，種名 *Grypturus*；jacu：另一種鶉鷄（鳳冠鳥科，它因吞下餘燼而胸部呈紅色）；鳳冠鳥：種名 *Crax*。西貒往往不同於這些神話中的 caetetu，肯定是白唇西貒（也叫 queixada）：*Dicotyles*, *labiatus* , *Tayassu peccari*。因此，caetetu 一定是玉頸西貒：*Dicotyles torquatus*, *Tayassu tajacu*。後一種動物比較小，孤棲或僅僅稍愛羣居；前一種動物羣居（參見下面第 118 頁及以後）。

5. aroeira 樹：M_9 沒有明確說明這究竟是白的（種名 *Lythraea* 種）、軟的（加利福尼亞胡椒樹，*Schinus molle*）還是紅的（巴西胡椒樹，*Schinus terebinthifolius*）。上下文提示，它是一種硬木樹。

6.梅加隆卡姆杜雷（Megalonkamdurē）（M_9）。尼明達尤（Nim.：

5, 第 156 頁) 給出其詞源: me-galon「影像, 幻影, 陰影, 亡靈, 牛吼器。」我們可以比較 M_{11} 中花豹徒勞地想捕捉的英雄陰影的名字: mepa／garon,「陰影, 精靈, 可怖幽靈」(Schultz, 第 72 頁, 脚注 59; 參見 Pompeu Sobrinho, megahon《精靈, 靈魂, 天才》, 第 195～196 頁); 以及卡耶波人的名詞 men karon:「人死後變成 men karon……因悲嘆喪生和嫉妒尚活著的人而懷有敵意的、感到困擾的幻影」(Banner: 2, 第 36 頁; 亦見第 38～40 頁和 Lukesch: 2, me-Karon,《人的靈魂, 幻影》)。

7. M_9 中狩獵長吻浣熊 (*Nasua socialis*) 的插段見諸廣大地域, 甚至遠及北美洲, 不過在那裏是浣熊而非長吻浣熊。靠近我們這裏討論的地區, 巴拉圭的瓜拉尼一姆比亞人 (Guarani-Mbya) 那裏也有略經改動的這插段:

M_{13}. 瓜拉尼一姆比亞人: 惡魔沙里亞 (Charia)

惡魔沙里亞找到了一些長吻浣熊, 殺掉了一頭。英雄庫亞雷 (Kuaray) (太陽) 攀上了一棵樹, 沙里亞射了他一箭。太陽裝死, 解了大便。沙里亞把糞便收集起來, 用荷葉包好, 把它同屍體一起放進籃子裏面長吻浣熊的下面。然後, 他去捕魚, 把籃子放在岸邊。太陽利用這個時機逃跑了, 事前放一塊石頭在籃子底部。

沙里亞回到茅舍, 女兒們看他的籃子:「這是尼亞肯拉奇查 (*Niakanrachichan*) 和他的糞便!」女兒們拿出了長吻浣熊:「這是長吻浣熊……那……那是一塊石頭。」長吻浣熊下面唯有石頭一塊 (Cadogan, 第 80～81 頁; 另有一個版本, 見 Borba: 第 67～68 頁)。

8.接力跑 (M_{10}, M_{11})。這是熱依人的一種風俗, 其他資料充分證明了這一點。跑手們實際上在運送「圓木」, 它是雕刻過的、塗過顏料的木頭。在克拉霍人中間, 這種接力跑是在集體狩獵之後進行的。在

其他部落中間，它們有時是慶典性的，有時是娛樂性的；偶爾在接力賽跑之後進行運送圓木的比賽，或者同一個比賽兼具這兩種性質。還沒有迹象表明，這種接力跑同我們研討的神話有什麼特別聯繫。

9.「Pau puba」（M₁₁）。舒爾茨（Schultz）評述說：「克拉霍人叫它 pi(n)-yapok；神話提供者說：這種東西樹林裏很多，但今天沒有人吃過！它究竟指什麼東西，現在不得而知」（同上書，第 72 頁，腳注 56）。尼明達尤提出，在謝倫特人那裏，puba 是「一種發酵的木薯漿」（Nim.: 6，第 39 頁）⑭。可比較卡耶波人：bero，「a puba, a mandioca amolecida na agua」（Banner：2，第 49 頁）。在特內特哈拉人（Tenetehara)那裏，puba 意指木薯的柔軟漿液的稠度，木薯被弄濕（動詞是 pubar)，直到發酵（Wagly-Galvão，第 39 頁）。這詞是葡萄牙語的詞：「Puba 是在土中埋了多天而軟化的和發酵的木薯」（Valdez：詞條 *Puba*）。我在下面（第 219 頁及以後）要舉出另外九條理由，它們令我認爲，它在這裏指腐爛的木頭（pau，「木頭」）。

10.謝倫特人的村子分成兩個父系制的、從父居的和外婚制的偶族，每個偶族都包括三個氏族再加一個「外來」氏族，總共八個氏族，它們的茅舍排列成馬蹄形，開口向西。北半部稱爲斯達克蘭(Sdakran)；南半部稱爲希普塔托(Shiptato)。前者同月亮相聯結，後者同太陽相聯結。

---

⑭這個著作者描述了，圖庫納人(Tucuna)如何用揉好的木薯來製造酒精飲料，木薯團預先已發酵了二、三天，發酵後，「木薯團被覆上了一層厚厚的粉狀東西。」他後來又補充說：「我覺得 paiauaru 有一種難吃的發酵和腐敗的味道……可是印第安人飲用時感到極大滿足。」(Nim.: 13，第 34 頁；亦見 Ahlbrinck，詞條 *woku*)。一個簡短的陶利潘人(Taulipang)神話說明了，最早占有這塊肥沃高地的動物狗和棉籽如何把狗稱爲 sakura 的東西給人，換取人的糞便，sakura 是一種撕捏過的和發酵的木薯泥，用於製造啤酒〔Koch-Grunberg（以下縮寫爲 K. G.): 1，第 76～77 頁〕。查科人也有一個類似的神話(Métraux：3，第 74 頁)。

在我們的神話(M₁₂)中，邪惡的姻兄是斯達克蘭人，被他害的人是希普塔托人。這可以尼明達尤作的評述看出：

> 當必須從花豹的住所奪取燃燒著的樹幹時，鳳冠鳥和水鳥首先抓取這樹幹。鳳冠鳥頭上的羽毛被火的灼熱弄得發焦，鳳冠鳥所屬的(希普塔托)氏族今稱庫澤(Kuze)，「火」。因此，庫澤氏族的成員有時頭髮成捲曲狀，呈棕紅色。庫澤人和克倫普雷希人(Krenprehi)(屬於斯達克蘭氏族，同庫譯人面對面，位於村子圓圈的東端，分隔這兩個偶族的軸線上的某處)曾經是並且在有的地方現在仍然是他的各自偶族的其他氏族所特有的裝飾品的主要製造者……克倫普雷希人的裝飾品全用金剛鸚鵡紅色尾羽作垂飾……並且用它們從庫澤人換得「花豹皮製的服飾」(Nim.: 6, 第21~22 頁)。

因此，在這個神話中，斯達克蘭人尋找金剛鸚鵡，希普塔托人讓自己由花豹收養，原屬正常。另一方面，我們可以把這 M₇ 中卡耶波人英雄的名字同這個關於「裝飾物」的評論和上一章裏分析的博羅羅人神話聯繫起來。如我們已看到的那樣，它們也描述了每個氏族所特有的服飾的起源，指出了它們的英雄的名字意指「彩繪的」或「皮膚美麗」。

艾克曼人葬禮是在某些傑出人士埋葬後不久，爲紀念他們而舉行的。全體村民都應邀出席，慶宴期間每個營地都按偶族和氏族配置 (Nim.: 6, 第 100~102 頁)。

總的來說，我已扼述的六個版本很相似，幾乎無法區別。例如，可以注意到(除了已討論過的 M₉ₐ的情形之外)，兩個男人之間的關係保持不變：他們分別是姊夫和內弟，前者比後者年長。然而，我們還

是可以看出細節方面的一些差異，而它們也是很重要的。

1.爭吵的起因是英雄缺乏勇氣，因爲他不敢捉拿幼鳥（M_9、M_{10}、M_{11}），或者是他的惡行：他故意欺騙姻兄（M_{12}）。在這方面，M_7和M_8占居中間地位，這也許是本文含混不淸所致。

2.英雄污染程度不同，因版本而異：在M_9、M_{10}和M_{11}中，他被鳥糞遮掩，在M_7和M_8中，他不得不吃自己的糞便。

3.花豹的注意在M_7、M_8、M_{9a}和M_{12}（?）中是自然產生的，但在M_9、M_{10}和M_{11}中是被故意誘發的。

4.在M_8中，花豹攀樹到達被困者那裏，而在其他版本中，他在地上等待後者。另一方面，花豹在M_7和M_8中未得到報償；在所有其他版本中，他都索要幼鳥，並如願以償。

5.花豹的妻子在M_7、M_8、M_9、M_{9a}和M_{12}中被殺害，但在M_{11}和M_{10}中，只是受傷。

6.花豹在M_9和M_{9a}中以仁慈態度對待人；在M_7中，他對人懷有惡意。別處則沒有表明他的態度。

如果我們總是可以區分開強（＋）弱（－）兩種態度，則我們可得到下表：

	M_7	M_8	M_{9a}	M_9	M_{10}	M_{11}	M_{12}
英雄的行爲	（＋）	（＋）	－	－	－	（－）	＋
英雄的污染	＋	＋					0
花豹的注意	＋	＋	＋	－		－	0
花豹的步態	－	＋					－
花豹的無私	＋	＋					－
女人的命運	＋	＋	＋	＋	－	－	＋
花豹和人的對抗	＋	0	－	－	0	0	0

這樣，按照上述原則，卡耶波人的版本看來既連貫又很強，阿皮納耶人和蒂姆比拉－克拉霍人的版本則連貫，但比較弱。（由這個觀點看來）謝倫特人的版本內部連貫性較差，但從其他一些方面來說，它比所有其他版本都強（英雄對自己人的惡意體現在兩個場合：他欺騙姻兄，然後又欺騙村民；並且，他的消失實質上是死亡，他用箭射花豹妻子的咽喉，使她放血而死）；然而，從其他觀點看來，它更接近於弱的版本。最後，我們可以注意到一個令人矚目的顛倒：在 M_7 中，蛋變成了石頭；在 M_{12} 中，一塊石頭變成了一只蛋。因此，謝倫特人神話（M_{12}）在結構上同其他版本形成對比。這個事實也許部分地應當用謝倫特人的社會結構來解釋。而如我們已看到的，這社會結構判然不同於熱依人其他部落。我後面還要回到這一點上來。

除了這些僅在實現方式上有變化的共同因素之外，有幾個神話還包含一些題材，它們乍一看來是其他版本所沒有的。它們是：

1. Caetetu 的插段，英雄只是由於它的居間才答應登上花豹的背（M_8）。

2. 人生短暫的起源，以及同惡魔的奇遇（M_9）。

3. 花豹妻子的懷孕（M_{10}，M_{11}）以及她忍受不了噪音（M_{10}）。

4. 從鱷魚那裏偷水（M_{12}）。

5. 滅虱的陷阱取代食物的陷阱（M_{12}）。

短評：第 3 點和第 5 點相聯繫。花豹妻子採取的各種態度構成一個系統，可暫時表示成下圖：

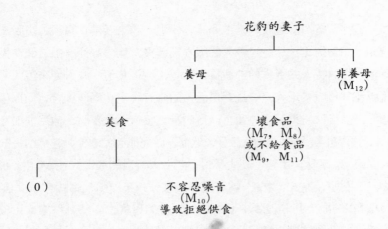

　　其他一些細節的含義要逐漸才會明白。每個細節都意味着，它在其中出現的那個神話在這個方面同一個或幾個轉換組相聯繫，而首先應當做的是重構這些轉換組的總體的——而且是多維的——系統。

【第二篇】

I　禮貌奏鳴曲

1 冷淡的表白

我們已經看到，博羅羅人神話顯示出令人矚目的對亂倫的冷淡：犯亂倫罪的人被看作受害者，而被冒犯的人却因報復或打算報復而遭到懲罰。

熱依人神話中，在花豹同其妻子的關係上面，也可以看到一種相似的冷淡。花豹感到重要的唯一事情是它的養子（M_{11}中的外甥）的安全；它站在他的一邊來反對抱怨的妻子，鼓勵他反抗她，供給他反抗的工具。當英雄最後下決心殺死她時，他遵從花豹的勸導行事，後者得知喪妻時採取極富哲理的態度：「沒有什麼了不起！」它就是這樣回答那陷於困境的殺人者。

在這些冷淡態度中可以看出一種令人矚目的對稱性：

1.在每個場合，涉及的人都是一個丈夫。然而，博羅羅人的丈夫（盜鳥巢者的父親和貝托戈戈）並不冷淡，而是恰恰相反；他們因不冷淡而遭懲罰。可是，熱依人的丈夫（花豹）真正是冷淡的，神話因他採取這種態度而讚揚他。

2.因此，有時，丈夫成為冷淡的**對象**：他們因神話對唯有他們判定爲有罪的一種行動採取冷淡態度而遭難；有時，他們自己是冷淡的主體。我們可以說，當我們從博羅羅人到熱依人時，「人物」和「背景」

的關係反轉了過來：在博羅羅人那裡，背景（神話的背景）表達了熱
依人那裡用人物（花豹）所表達的冷淡。

　　3.博羅羅人丈夫的不冷淡表現在亂倫上面。熱依人丈夫的冷淡表
現在一種行動上面，這種行動是過分的，但是亂倫的反面：一個「兒
子」殺死一個母親。

　　4.在博羅羅人神話中，家庭關係（在這裡有重要意義）建基於眞
正的親屬關係和親嗣關係之上；在熱依人神話中，家庭關係建基於收
養親子關係和姻親關係之上。

　　如果我們現在再來考察馬托－格羅索人(Matto-Grosso)南面的奧
帕耶—沙汪特(Ofaié-Chavanté)印第安人的一個神話，那麼這種冷淡
的背後原因就可以看得更清楚了。這些印第安人直到最近還被看做爲
熱依語群體的一部分，但現在他們被認爲是獨立的一族。

M₁₄. 奧帕耶人：花豹的妻子

　　婦女們忙於在已在燃燒的那部分樹林裡採集木頭。其中有一
個還是姑娘，她發現了花豹留下的一頭白唇西猯的屍體。她大喊
起來：「我多麼想做花豹的女兒！我會得到我想要的所有肉！」「再
也容易不過了」，這時出現的花豹回答說。「跟我來。我不會傷害
你。」

　　其他人尋找這姑娘，未果。人們揣測，她被花豹吞吃了。

　　可是，一天，她回來了，向妹妹和父母顯示了其身份。她解
釋說，她同丈夫花豹一起來，一無所求，而他很樂意向印第安人
提供食品。「你們喜歡哪種食品？」「隨便什麼！」「但要說明愛好。
花豹想知道。」「好，貘！」「可以」，女人回答說。「可要小心，茅

舍柱子必須牢固。花豹將把肉放在屋頂上。」

翌日，父親發現，屋頂上滿是炙烤精良的肉。他們美美地飽餐了。兩天以後，又新供給了肉。

過了一段日子，花豹爲運送肉而弄得疲憊不堪。他通過妻子提出，想在村裡定居。父親同意了。（他害怕花豹，但又喜歡肉。）同時，那女人解釋說，花豹不會在岳父母近旁建造茅舍；他要在遠處造房，讓他們看不到。

那女人走了；她已學會像花豹一樣狩獵。翌日，茅舍屋頂上滿是各種各樣肉：玉頸西猯、白唇西猯、犰狳和天竺鼠。

花豹同印第安人一起過了。他的內弟同這對新人很融洽，他們供給他美食：鴕鳥、鳳冠鳥、inhambu、macuco。可是，外祖母心生猜疑。那青年女人逐漸變成一頭食肉獸；身上出現黑斑，手腳生出爪子。只有臉部還是人樣，但牙齒開始露出嘴。因此，那老嫗求助巫術，殺了外孫女。

父親不怎麼慌張，但全家都怕花豹。內弟去告訴他，他的妻子已死，問他想報復還是同意續娶亡婦的一個妹妹。花豹回答說：「不，那沒有關係。我要走了。我不希望傷害你們。或許你們將來會記得我。……」

花豹出走了，他爲殺人者所激怒而發出咆哮，令人恐懼；不過，那吼聲越來越遠。（Ribeiro：2，第129～131頁）

儘管這神話強調的是已炙烤過的肉而不是用於燒煮的火，但顯然還是很接近於熱依人神話；它展現了同一主題：花豹提供了烹飪的滿足，但人只有在花豹的妻子除掉之後才能無風險地享用之；在這兩種情形裡，花豹都樂意地並通過表白冷淡來接受這種要求。

無疑，同熱依人關於「在花豹那裡的人」的神話相對比，這個奧

帕耶人神話可以稱爲「在人那裡的花豹」。儘管有這樣的顚倒，在奧帕耶人版本和熱依人版本裡還是都明白地指出：花豹的妻子是人（參見M₇：「花豹的妻子是個印第安人……」）；儘管如此，人還是有理由害怕她甚於害怕那動物。雖然她是花豹的妻子，但她並沒有深深地依附於她。她是人，但她的人類同類寧可殺死她而不是他。

　　靠了奧帕耶神話說明的轉換，我們可以通過分離出在這神話組的層面上保持不變的那些特點來消解表面上的矛盾。

　　花豹和人是對立的兩極，它們之間的對立可以用日常語言作以下雙重表述：一者吃生肉，另一者吃燒煮的肉；尤其是，花豹吃人，而人不吃花豹。這種對比不僅僅是絕對的。它意味著，這對立兩極之間還存在一種關係，它建基於互易性之根本不存在。

　　爲了使今天人已占有的（花豹不再擁有的）一切東西能從花豹（以前人沒有這些東西時，花豹曾享用它們）轉到人那裡，他們之間必須有一種關係媒介：這就是花豹的（人）妻擔任的角色。

　　但是，一旦這種轉移完成（通過妻子的居間作用）：

　　1)這女人便變得毫無用處，因爲她的功用僅僅是作爲一種預備條件；這是賦予她的唯一作用。

　　2)若她活下去，則將同以根本不存在互易性爲表徵的基本情境相牴觸。

　　因此，花豹的妻子非消滅不可。

2 玉頸西猯回旋曲(*Rondeau*)

　　上述論證有助於我們沿同樣路線解決另一個問題：M₈中玉頸西猯作爲中介坐騎的作用所提出的問題。大概由花豹捕殺的這種動物的身體可以說爲人和這食肉獸提供了某種交會地。奧帕耶的版本從略微

不同的背景把這角色賦予白唇西猯（參見以上第112頁），它的軀體刺激了人女英雄的胃口，由此使她「趨近」花豹的軀體。最後，一個圖庫納人神話（M_{53}）（將在後面加以研討）提到，玉頸西猯是花豹奉獻給其女兒想與之結婚的那個人的第一種獵物(Nim.: 13，第150頁)。因此，我們有一組三元轉換：

	花豹	中介項	人
奧帕耶人 （M_{14}） 圖庫納人 （M_{53}）	雄性 雌性，友善	白唇西猯 玉頸西猯	女性，友善 男性
卡耶波人 （M_8）	（雌性，敵意）	玉頸西猯	男性

在其中兩個神話裡，白唇西猯獨有或由玉頸西猯陪伴出現在結局而不是開端。在 M_8 中，白唇西猯的功能是把棉花絞帶回村裡，而由於男女分工不同，這些棉花絞大概是由花豹妻子紡績的，並且這已為 M_{9a} 所證實。這種中介功能在同一神話開端又由玉頸西猯重演。在 M_{9a} 中，花豹拒絕一對玉頸西猯和另一隻白唇西猯運送火。這裡提到這些動物，完全是為了強調對它們的拒絕。而這出現在這樣一個異文之中，如我所強調的（第96～98頁），在那裡同這組神話的其他神話相比，花豹妻子的敵意明顯減小，並且她丈夫也更為友好，所以就更其令人矚目了。在這裡，再訴諸一個中介者，那就多餘了。

為了證明玉頸西猯所任角色的合理性，光說它被花豹和人吃掉，是不夠的，因為有多種獵物滿足這個條件。這個問題的解決是從其他神話得到提示的。

M_{15}. 特內特哈拉人：野豬的起源

　　圖潘(Tupan)（文化英雄）由他年輕的教子陪伴旅行。一天，他們來到一個大村子，那裡住著他教子的九個親戚。圖潘把這孩子留給這些親戚，叫他們好生待他。然而，他們並不關心這男孩；在圖潘回來時，這男孩抱怨受到虐待。

　　圖潘大怒。他叫男孩把所能找到的羽毛都收集起來，沿村子邊緣撒播。然後，圖潘給羽毛點火，全村被火牆包圍。村民們來回奔跑，但逃脫不了。他們的喊聲一點一點低下去，最後變成了豬的哼聲；同時，村民們開始現出西貒和野豬的外形。其中極少數逃入了密林之中，今天居住在樹林中的野豬就是它們的後裔。圖潘讓他的教子馬拉納-烏瓦(Marana-ywa)當野豬的主人(Wagley-Galvão, 第 134 頁)。

M₁₆.蒙杜魯庫人：野豬的起源

　　時在旱季，人人都在樹林地狩獵。造物主卡魯薩凱貝和他的兒子科魯姆陶(Korumtau)住進了離開主營地相當距離的一個掩蔽所裡。那時，只有一種四足獵物玉頸西貒；除了卡魯薩凱貝自己捕捉 inhambu 鳥①之外，這是唯一被捕獵的動物。每天他都派兒子去他姊妹的營地（「到鄰居那裡」，Coudreau），用 inhambu 換她們丈夫捕殺的玉頸西貒。男孩姑媽不滿意這種做法，最終勃然大怒，厲聲斥責他[只扔給他羽毛和皮：Tocantins, 第 80 頁，和 Coudreau; Kruse: 3]。他哭泣著回家，把事情告訴父親。

　　卡魯薩凱貝叫他兒子用一道羽毛牆包圍那營地，牆的頂部突

---

① *Grypturus* 屬的鷸鴕（參見以上第 102 頁）；按照另一個蒙杜魯庫人神話(M₁₄₃)，這是一種低劣的獵物，提供苦味的燉肉。

出，有如屋頂（在這樣做的時候，男孩先變成一隻鳥，然後又變成一隻癩蛤蟆：Kruse：3）。然後，克魯薩凱貝把煙草煙雲吹進牆內。居民們開始頭昏眼花，當造物主向他們喊道：「吃你們的食物！」時，他們以爲他命令他們性交。「他們開始交媾，同時發出通常的咕嚕聲。」他們全都變成野猪。他們用來堵塞鼻子以抵擋煙薰的外皮變成了猪鼻，他們的身體布滿了卡魯薩凱貝從食蟻獸身上拿下來扔給他們的鬃毛。

待在固定村子裡的其他印第安人全然不知道降臨到他們同伴身上的命運。每天，卡魯薩凱貝都偷偷來到羽毛做的猪舍（「猪山」，Kruse：3）門前，放下食物，把門掀開一點，引誘一頭猪出來。於是，他用箭殺死它，把門再關上，然後帶著獵物回村。

英雄不在時，戴魯(Dairu)（騙子）從科魯姆陶那裡探得了包圍的秘密；可是，由於愚笨，他讓猪都逃掉了……(Murphy：1，第70～73頁) ②。

M₁₈. 卡耶波-庫本克蘭肯人：野猪的起源

---

②其他蒙杜魯庫人的版本可見諸托坎丁斯(Tocantins)，第86～87頁(Coudreau引)；施特勒默(Strömer)：第137～144頁；克魯澤(Kruse)：3，第XLVI卷，第923～925頁；克魯澤3（第XLVII卷，第1011～1012頁）中有一個阿皮亞卡人(Apiaca)的版本。奎亞那的瓦勞人(Warrau)的一個神話(M₁₇)似乎是一個反轉的版本：在這個神話中，一個超自然精靈娶了一個女人，他奉獻給姻兄弟們以野猪作爲禮物，而他們只捕獵鳥類（但他們稱之爲「野猪」）；可是愚昧的姻兄弟們把那膽小的動物和這兇猛的動物相混淆，後者吞噬了精靈的孩子。自那時起野猪散布各處，很難狩獵到（Roth：1，第186～187頁）。希帕耶人(Shipaia)和默拉人(Mura)那裏有這種神話的一個相近形式，見尼明達尤：3，第1013頁及以後各頁，和10，第265～266頁。

　　文化英雄奧伊姆布雷(O'oimbré)偕兒子駐紮在一個村子的外
邊，這期間他派男孩向母親的親戚討食物。男孩遭到白眼。作爲
報復，奧伊姆布雷用羽毛和刺行魔法，使村民全都變成西猯。它
們一直被禁閉在茅舍裡，似乎茅舍成了豬圈；奧伊姆布雷的內弟
和對手塔卡克(Takake)把一頭西猯引誘了出來（所用手段如上面
的神話所述），殺了它。奧伊姆布雷強迫塔卡克的兒子懺悔，去到
豬圈把西猯放了……）(Métraux：8，第28～29頁)。

　　這個版本（我只是引述了它的某些要素）特別令人感興趣，因爲
它源自一個熱依人部落，其意義可借助屬於特內特哈拉人和蒙杜魯庫
人〔他們是外圍的圖皮人(Tupi)〕的神話弄得更精確。蒙杜魯庫人和
卡耶波人的神話一致地把變形局限於西猯或野猪≠玉頸西猯。按照卡
耶波人的版本，西猯的鼻子「長得多」；蒙杜魯庫人版本補充說：玉頸
西猯的黑鬃毛很短，間雜白鬃毛，而野猪的鬃毛長得多，且是純黑的。
而且，在蒂姆比拉人語言中，標示白唇西猯的語詞是 klu，而在構成標
示玉頸西猯的名詞時，僅僅添加指小後綴 rē(Vanzolini，第161頁)。這就
是說：

　　1.玉頸西猯：短鼻，短鬃，間雜白鬃；

　　2.「西猯」或「野猪」：長鼻，長黑鬃。

這確證了上述證認：1.玉頸西猯(*Dicotyles torquatus*)；2.白唇西猯
(*D. labiatus*)。後一種動物（這些神話說它起源於人）是「兇殘的，好
出聲，愛群居，集體防衛，是一種強敵」(Gilmore，第382頁)。

　　這三個神話讓我們明白了這兩種動物的語義地位：它們作爲對偶
相聯結和對立，而這對偶特別適合於表達人性和獸性之間的中介，因
爲這對偶的一個項可以說代表就目標而言的動物，而另一項是因失去
其原初人性而成的動物（它的不合群的行爲同人性相違背）；西猯的祖

先是顯示爲「非人」的人類。因此，玉頸西貒和西貒都是半人：前者
是共時的，作爲一個對偶的動物一半(這對偶的另一半出身是人)；後
者是歷時的，因爲它們在變成動物之前是人：

如果像可能的那樣，蒙杜魯庫人和卡
耶波人的神話保存著對一種後來不再實行
過的狩獵技術的記憶，這種技術在於把西
貒驅趕進圍欄③，把它們禁閉在裡面，在
按需屠宰之前仍供養它們，那麼，第一種
對立爲第二種對立所重複：神話層面上的
半人即西貒可能在技術-經濟活動層面上

被半家養化了。果眞如此，那麼就得承認，這第二方面解釋了第一方
面，是後者的基礎。

　　但是，我的目的不包括探究巴西中部土著何以賦予泰耶猪科以特
殊地位的原因。我們通過足以認清這名詞的語義內容的許多語境來追
尋它的用法，這樣也就夠了。我試圖確定其意義，而不想去發現其詞
源。把這兩種工作分離開來，是明智的，除非由於巧合兩者相吻合，
不過這種場合是罕見的，而且無法預料。

　　另一方面，可以看出，玉頸西貒的挿段爲什麼出現在一個卡耶波
人版本（M_8）之中而不出現在其他部落的版本之中：我們知道，卡耶
波人版本同其他版本相比是「強的」。它們極其強烈地突出對立兩項
——人和花豹的對立：花豹的最後態度，即「充滿對一切動物、尤其

③其他蒙杜魯庫人神話也表明了這一點(Murphy：1，第36頁；Kruse：3，第
　　XLVII 卷，第 1006 頁)，另外，「亞馬遜人」的本文也證明了這一點 (Barbosa
　　Rodrigues，第 47～48 頁)。

人的仇恨」意味著，它從一起始就遠離人。如果沒有一個中介項的介入，就不可能哪怕嘗試性地形成注定要這麼徹底分離的一個對偶。奧帕耶人神話(M_{14})（同樣的中介項在其中起作用）也是「強的」；但是，最後的離解既涉及人妻，也涉及她的動物丈夫，前者變成一頭花豹後被殺害，後者在呈現令人可怖的面容之後永遠消失。

　　同時，如果上述分析是正確的，那麼，就必須特別注意關於西貒起源的那幾個神話中所涉及的親子關係。特內特哈拉神話(M_{15})不是太明顯，因為它僅僅表明，文化英雄有一個教子(afilhado)，以及他同後者的親屬爭吵。然而，如果像資料(Wagley-Galvão, 第103頁)，所提示的，這教子也是「外甥」（姊妹的兒子），那麼，這造物主和男孩親屬間的關係就同蒙杜魯庫人神話(M_{16})中所述的關係相同。在後一神話中，造物主這次同他兒子一樣跟前者的姊妹（後者的姑母）及其丈夫對抗。在卡耶波人神話(M_{18})中，英雄奧伊姆布雷派他兒子向母方親屬討食物，他後來同姻兄弟即他姊妹的丈夫塔卡克爭吵。因此，問題總是姻親之間發生衝突，但相似也僅止乎此。

　　實際上，特內特哈拉人和蒙杜魯庫人神話涉及的親屬和姻親關係圖式：

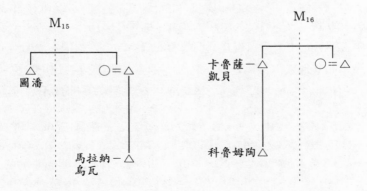

在卡耶波人那裡是難以想像的，在後者那裡，弟兄和姊妹之間的關係最密切，而丈夫和妻子之間存在潛在的對抗，並且這種對抗延伸到妻子母方的家屬(Banner: 2，第 16 頁)。當最早的傳教士來到時，博羅羅人那裡的情形似乎也是這樣。科爾巴齊尼的第一本書中的一個重要段落可以作證：「一個王朝（＝偶族）的男人嚴格禁止同其他王朝的婦女說話或說笑，甚至禁止看她們或注意她們的出現。這條規則必須一絲不苟而又小心翼翼地遵守。任何年齡的男人在路上或任何其他場合遇到一個或幾個婦女時，不僅在站著不動時要行走，而且還要避免看她們或把目光轉向相反方向。似乎他們想以此表示避免交換目光的危險或可能性的願望。對這條傳統原則的任何違犯都被認爲是一件嚴重的事；有罪的一方將激起公憤，並使人們普遍感到恥辱；因爲，一般說來，屬於不同王朝的兩性間的任何交換目光或微笑都被認爲是一種不道德的且有害的行爲。」

　　「一個王朝的婦女決不允許在吃喝時讓其他王朝的人看到，反之亦然。但是，對於屬於同一個王朝的個人，不管男女，並沒有這類禁條。因此，如果看到一個男人和一個婦女在交談，那麼，立即可以下結論：他們來自同一個王朝，因爲上述規則在公開場合甚至夫妻也得遵守，儘管不那麼一絲不苟；然而，很難設想，在公開場合一個男人會同他的妻子說笑，或者讓妻子在他身邊，或者哪怕在一起，除非他們一起出去尋找果子、塊莖或其他森林產品。這後一種活動被認爲是私人性質的。」(Colb.: 1，第 49～50 頁。)。

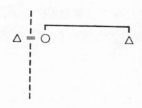

因此，可以認爲，在這樣的社會裡，理論上的斷裂線不是出現在血緣親屬之間，而是出現在姻親之間：

M_{18}的情形就是這樣，但這以另一種值得注意的轉換爲條件。

　　蒙杜魯庫人的文化英雄對偶和卡耶波人的對偶之間有著總體的相似性：蒙杜魯庫人的卡魯薩凱貝相當於卡耶波人的塔卡克。蒙杜魯庫人的戴魯和卡耶波人的奧伊姆布雷之間可以看到一種類似的關係：兩者都是僞裝成犰狳的騙子；兩者犯同樣的錯誤，引起同樣的事故。

　　不過，在姻親間發生衝突的情形裡，這些角色顛倒了過來，這種衝突致使兩個群體之一變成了猪。在與

$$\text{M}_{16} \begin{bmatrix} \sqcap & \text{\slash\slash} & \sqcap \\ \triangle & & \bigcirc = \triangle \end{bmatrix} \xrightarrow{} \text{M}_{18} \begin{bmatrix} \sqcap & & \sqcap \\ \triangle & & \bigcirc \neq \triangle \end{bmatrix}$$

同時，造物主屈服於騙子。在蒙杜魯庫人的傳說中，卡魯薩凱貝在受到他姊妹的丈夫們的侮辱時，把他們變成了猪。因此，他是導致野猪創造的原因，而戴魯這個僞裝成犰狳的英雄則是導致它們數量減少即它們減損的原因。在卡耶波人神話中，奧伊姆布雷這個僞裝成犰狳的英雄取代造物主塔卡克成爲致使野猪創造的原因，後者由其他姻親群體代表。

　　然而，後來這些功能保持不變，以致卡耶波人神話似乎不合邏輯地使奧伊姆布雷首先成爲猪創造的原因，繼而又成爲猪滅絕的原因。這借助一個奇異的故事達到，而按照這個故事，奧伊姆布雷把村民變成猪，而他此後的行爲立即變得似乎全然忘却這事件，然而塔卡克——他未參與這事件——却好像是唯一知道這事件的人。卡耶波人版本中的這個內部矛盾表明，這版本只是蒙杜魯庫人版本的二級精製。同後者（它是「直線的」版本）相比，卡耶波人版本包含雙重的扭曲，其第二部分旨在取消其第一部分，從而恢復其相當於蒙杜魯庫人故事之接續的地位（圖5）。

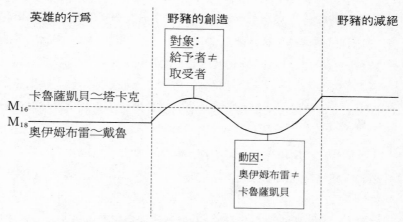

圖 5　卡耶波人神話和蒙杜魯庫人神話間的關係

這樣，就能夠把卡耶波人版本還原爲蒙杜魯庫人版本，只要簡化它，即通過倒易取消它所包含的扭曲，也能夠只把姻親關係看做是基本的,這種關係是後一版本就妻子的兄弟受到其姊妹的丈夫虐待(換句話說，一個「給予妻子的人」受一個「取受者」虐待)而提到的。④

這裡又是奧帕耶人神話(M₁₄)提供了缺失的環節，它使我們得以

---

④我撤除了一個馬塔科人(Mataco)版本，它也是有省略的(Métraux：3，第61頁)。卡里里人(Cariri)版本後面（第109頁）將作進一步的討論。在餘下的三個版本中，一個卡西納瓦人(Cashinawa)版本(M₁₉，Abreu，第187~196頁)和一個博羅羅人版本(M₂₁，Colb.：3，第260頁)提到的衝突不是發生在姻兄弟之間，而是在實際的或潛在的夫妻之間，並相關地把濫行交媾（在蒙杜魯庫人版本中）轉換成拒絕交媾（卡西納瓦人）或反色情行爲（博羅羅人）。我在後面還要討論這轉換（第103，111頁）。只有第三個也是最後一個版本〔圭亞那的卡里布人 (Carib)，載 Ahlbrinck：辭條「Wireimo」〕沒有明確提到姻親關係；它只是提出，一群獵人是由於暴食而變成野豬的。

把關於野豬起源的那組神話同關於火應用於燒煮的那組神話聯結起來。M₁₄強調這樣的事實：像未來的西貒一樣，花豹也處於相對於人的取受妻子者地位。但他是一個仁慈的姻兄弟，向人提供燒煮用的火——或炙烤的肉——以換取他得到的妻子，而野豬則是壞心腸姻兄弟的動物化身，他拒絕供給食物，或者有條件地給予，或者蠻橫無禮地給予。

　　既然如此，所以現在可以明白，熱依人關於「盜鳥巢者」的系列神話的內在連貫性甚至超過我的想像。我們可以看出，這組神話中全部都不是只出現一對而是出現兩對姻兄弟：首先是盜鳥巢者（他是給予妻子者）和他姊姊的丈夫（他故意或無意地拒絕把雛鳥給後者）；其次也是盜鳥巢者（但現在他作為人類的使者）和花豹，後者已得到人給予的妻子，並且作為交換，他奉獻給人以火和燒煮過的食物：

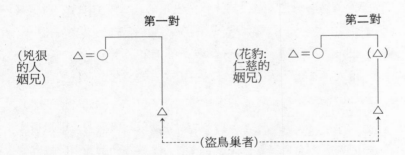

　　因此，花豹的人妻必定不可改變地要失去人性（在奧帕耶人神話中變成一頭花豹），因為經驗表明，花豹自己同樣要不可改變地失去火，喪失吃燒煮過的肉的習慣。

　　在博羅羅人關於盜鳥巢者的神話(M₁)之中，這圖式只是被轉換了一下：一個兒子拒絕把母親給父親（這正是他的亂倫行為的意義），而父親則進行報復正像熱依人神話中那樣，在後者那裡，姻兄報復姻弟

（他拒絕傳送雛鳥）：

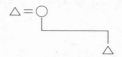

　　如果還記得，博羅羅人那裡，繼嗣世系明白地是母系制的，那麼可以看到，這個基本情境仍保持不變：兒子不是屬於父親的群體，而屬於他岳父母家的群體。因此，這隱含地採取母系制原則的參照神話包含下列轉換：

$$\left[\triangle \not\!\!/\!\!\!-\!\!(\bigcirc)=\triangle\right]\quad\left[(\triangle)\quad\bigcirc\#\triangle\right],$$

它同我們在關於野豬起源的神話中所揭示的從蒙杜魯庫人版本到卡耶波人和博羅羅人版本的轉換相一致。

　　博羅羅人的社會制度一般說來似乎比別的地方都更加完全地同母系繼嗣原則相一致。在博羅羅人的神話中，這種轉換如所已指出的那樣起因於這樣的事實：這參照神話使得有必要訴諸母系繼嗣的法則；熱依人神話 M_8-M_{12} 則不是這樣，在那裡，兩個男性對抗者間的聯繫純屬姻親關係。卡耶波-庫本克蘭肯人像博羅羅人一樣地是堅定從母居的，但沒有外婚制偶族，或許甚至也沒有單系繼嗣原則 (Dreyfus)。在他們那裡，轉換由從母居概念決定，如 M_{18} 所表明的。M_{18} 涉及兩次相繼的爭吵，而不是單單一次。第一次發生在奧伊姆布雷的兒子和恩戈貝 (ngobe) 人之間 (Métraux: 8, 第 28 頁)，解釋了這兒子和父親（他們在男人房舍休戚相關）爲何應當住到村外去——換言之應當也逃避從母居；第二次發生在這兒子和他的「母方親戚」之間，這一次更容易理解，因爲他已同他們分離。小孩這個人物在 M_{18} 中也一分爲二，其方

式不怎麼合乎邏輯，導致混淆造物主的功能和騙子的功能。

　　由此可見，無怪乎事實上博羅羅人通過系統地顛倒內容的過程來探討姻親關係這個主題：

M₂₀. 博羅羅人：文化器物的起源

　　從前，博科多里氏族（賽拉偶族）的男人幸福地生活在絨羽和羽毛造的房舍（稱爲「金剛鸚鵡巢」）裡。當他們缺什麼東西時，就派他們的一個小兄弟去姊姊處索要，從她丈夫那裡得到。

　　他們想得到蜂蜜；他們的姻兄請他們到他房舍裡吃蜂蜜，它又粘又稠，充滿渣滓，因他在採蜜大忙中還和妻子性交。

　　妻子的兄弟們賭氣走了，決定到河床尋找石頭，用它來給棕櫚殼或甲殼動物的殼鑽孔，即尋找用來生產垂飾和項圈之類裝飾物的技術手段。他們終於發現了這種石頭，用它成功地完成了鑽孔工作。這成功使他們發出勝利的笑聲，不同於表達粗俗狂歡的笑。這「強制的笑」或「犧牲的笑」稱爲「靈魂之笑」。這話也指博科多里氏族所獨有的一種禮儀頌歌（參見《博羅羅人百科全書》第1卷，第114頁）。

　　由於極想知道從遠處傳來的叫喊聲的起因，所以這妻子便偷偷地窺視她的兄弟們，於是打破了禁止她往羽毛房舍裡面張望的禁律。因爲如此受辱，這些博科多里人決定自盡。首先，他們莊嚴地按宗族分配裝飾物，每個裝飾物都成爲一個特定宗族的一個屬性。然後，他們同時投身熊熊大火（除了他們已婚的親戚，他們留下來延續種族）。

　　還沒有等到被火燒盡，他們就已變成了鳥：紅色和黃色金剛鸚鵡、隼、鷹、白鷺……村裡的其他居民決定離開這麼慘淡的地

方。只有那個姊姊定期回來，到犧牲地採集在灰爐中生長起來的植物：urucu、棉花和葫蘆，她把它們分配給親戚（Cruz：2，第159～164 頁）

顯然，像那些關於野豬起源的神話一樣，這個神話也牽涉姻親關係。它以同樣方式展開：使用同樣的句法，但用不同的「詞」。這兩種類型姻兄弟也彼此相隔一定距離居住；不過這一次給予妻子者被認同於鳥（不是認同於鳥的捕獵者）他們是單身漢，自己居住在羽毛房舍裡，過著天堂般的生活；這一次不是把已婚者——他們的姊妹和姻兄弟——囚禁在類似的茅舍中遭受災禍的懲罰。

像在關於野豬的神話中一樣，在這個神話中，給予妻子者也期望取受者奉獻食物——肉或蜜。不過，例如在 M_{16} 中，却是拒絕這種奉贈（或不情願的讓與），而這導致先是這些有罪之人進行性活動，繼而轉變成爲豬，但這裡則是反過來：採蜜期間禁止的性活動導致等當於拒絕贈予（因爲後者是不宜食用的蜜），繼之受害者（不是有罪者）先轉變成發明裝飾及其生產技術的文化英雄，然後通過火刑而轉變成更光彩、更美麗的（因而更適合於作爲裝飾物的原材料）鳥。應當記住，在那組關於野豬的神話中，給予妻子者保留其人性，並把他們的姻兄弟（這些人被囚禁在充滿煙的茅舍中）轉變成豬，後者具有一種自然的、非文化的功能：用做爲食物。唯有骨架保持不變，它符合於下列公式：

$$(給予者：取受者) \overset{M_{20}}{::} (鳥：人) \overset{M_{16}}{::} (人：豬)$$

還應注意到，姻親關係被概念化成對立的形式：自然／文化，不過這始終是從給予妻子者的觀點來看的：取受者僅當給予者本身是精靈時才有人的地位。否則，他們便是動物即花豹或野豬：當自然趨於

文化的方向時，是花豹，因爲花豹是行爲文明的姻兄弟，還奉贈給人
以文明的技藝；當文化蛻變成自然時，是豬，因爲野豬以前是行爲粗
魯的人，它們不思改善姻兄弟的日常飲食（以之換取從姻兄弟那裡接
受過來的妻子），而是急切地沉迷於性的享樂，換句話說，它們是自然
水平上的取受者，而非文化水平上的給予者。

　　對 M_{20} 的分析證實了，如我們所假設的，博羅羅人神話不違反相應
的熱依人和圖皮人神話（M_{15}、M_{16} 和 M_{18}）的代碼，但其代價是歪曲了
關於一個特定氏族所特有的某些文化器物的起源的（而不是關於一種
特定自然物種所代表的一種食物資源的起源的）消息。還證實了，爲
了這次傳遞同樣的消息，一個關於野豬起源的博羅羅人神話不得不修
改這代碼：

M_{21}. 博羅羅人：野豬的起源

　　　人們日復一日地出去捕魚，但一無所獲。他們心情沮喪地回
到村裡，這不僅因爲他們空手而返，而且還因爲他們的妻子繃著
臉，怒目相迎。這些婦女甚至向男子們挑釁。

　　　她們宣稱，她們要去捕魚。但實際上她們只是召來水獺，讓
它們潛入水底代她們捕魚。婦女們滿載魚而歸，而每當男人們想
雪恥時，他們總是勞而無功。

　　　過了一段日子之後，男人們猜想這裡有計謀。他們派一隻鳥
偷偷跟蹤婦女們，發現了眞相。翌日，男人們去河邊，召來水獺，
把它們一隻一隻扼死，只逃掉了一隻。

　　　現在輪到男人們來嘲笑婦女一無所獲。因此，婦女們大怒，
決心報復。她們給男人們一種用 piqui 果（種名 *Caryocar*）做的飲
料。她們給果子的核布滿長釘。⑤這些長釘卡住男人的喉嚨，他

們發出哼哼聲：「u, u, u, u,」，變成了這樣叫喊的野豬 (Colb.: 3, 第 259～260 頁)。

於是，我們證實了下述一組特性：

1.在博羅羅人那裡，野豬的起源(M_{21})作為下列分離的函項發生。

（○　#　△）。

2.在蒙杜魯庫人那裡支配野豬起源的相反分離：

$$\left(\left(\triangle \quad \not\!\!/ \quad \bigcirc = \triangle\right)\right),$$

在博羅羅人那裡(M_{20})還引致文化器物（≠自然資源野豬）的產生。

3.當我們有

$$M_{16}\left[\left(\triangle \quad \not\!\!/ \quad \bigcirc\right) \rightarrow （野豬的起源）\right],$$

對立項——給予妻子者和取受妻子者——之間的社會學對立可表示為下列形式：

（鳥的）壞捕獵者／（玉頸西猯的）好捕獵者。

當我們有

$$M_{21}\left[\left(\bigcirc \not\!\!/ \triangle\right) \rightarrow （野豬的起源）\right],$$

---

⑤「……pikia……結有大大的可食用果子，奇怪的是在果肉和核之間布滿硬刺，扎入皮膚會致人重傷(Bates，第 203 頁)。我這裏撇開 1917 年收集到的版本 (Rondon，第 167～170 頁)（它在有些方面更為明白），因為像這部著作中的其他神話一樣，它也有脫漏，如果不對原始本文作批判的和語文學(philologie)的研究，實際上就根本沒有用。

本例中丈夫和妻子間的社會學對立表示為下列形式：

　　　　壞男漁夫／好女漁夫

因此

$$a) \begin{bmatrix} M_{16} \\ (<\diagup>) \end{bmatrix} \rightarrow \begin{bmatrix} M_{21} \\ (0\diagup 1) \end{bmatrix},$$

這加強了對立，因為 M_{16} 的給予妻子者甚至設法殺死獵物（儘管它不如姻兄弟捕獲的獵物），而 M_{21} 的丈夫根本沒有捕到魚；以及：

$$b) \begin{bmatrix} M_{16} \\ (獵物\equiv空氣\,U\,泥土) \end{bmatrix} \rightarrow \begin{bmatrix} M_{21} \\ (獵物\equiv水) \end{bmatrix}。$$

正像因為

$$\begin{bmatrix} 蒙杜魯庫人 & (\triangle \cdots \diagup\!\!\diagup \cdots \bigcirc=\triangle) \end{bmatrix} \Big/ \begin{bmatrix} 博羅羅人 & (\bigcirc \diagup\!\!\diagup\!\!\diagup \triangle) \end{bmatrix},$$

所以我們有：

$$\begin{bmatrix} M^{16} \\ (給予妻子者＝鳥的捕捉者) \end{bmatrix} \Big/ \begin{bmatrix} M_{21} \\ (婦女＝魚的捕撈者) \end{bmatrix},$$

後面（第 248～351 頁）也將證明，對稱地，因為

$$\begin{bmatrix} 博羅羅人 & (\triangle \cdots \diagup\!\!\diagup \cdots \bigcirc=\triangle) \end{bmatrix} \Big/ \begin{bmatrix} 蒙杜魯庫人,等等 & (\bigcirc \diagup\!\!\diagup\!\!\diagup \triangle) \end{bmatrix},$$

所以我們有：

$$\left[\begin{array}{c}M_{20}\\ \text{(給予妻子者＝鳥)}\end{array}\right]\Big/\left[\begin{array}{c}M_{150}\\ \text{(婦女＝魚)}\end{array}\right]。$$

4.上述轉換：

$$\left[\begin{array}{c}M_{16}\\ \text{(獵物══空氣∪泥土)}\end{array}\right]\rightarrow\left[\begin{array}{c}M_{21}\\ \text{(獵物══水)}\end{array}\right]$$

可以展開爲

$$\left[\begin{array}{c}M_{16}\\ \text{(自然資源══空氣∪泥土)}\end{array}\right]\rightarrow\left[\begin{array}{c}M_{20}\\ \text{(文化器物══水∪空氣)}\end{array}\right]\rightarrow\left[\begin{array}{c}M_{21}\\ \text{(自然資源＝水∪泥土)}\end{array}\right]$$

換句話說，在 M_{20} 中，人從河裡「漁獲」文化工具（鑽孔石器），然後被轉變成供給裝飾用羽毛的鳥，正像在 M_{21} 中，婦女捕魚，然後把男人轉變成豬。

而且，M_{20} 中的「漁夫」作爲超自然的精靈（他們引其「發笑」的「靈魂」）起作用，而 M_{21} 的女漁夫以自然物水獺爲中介起作用。

5.最後，這些運作的一般圖式有著聲學代碼水平上的等當圖式：

　　a) M_{16}：（野豬的起源）＝ f（色情的叫喊∪動物的哼）；

　　b) M_{20}：（文化器物的起源）＝ f（聖潔的笑∥粗俗的笑）；

　　c) M_{21}：（野豬的起源）＝ f（動物的哼∥色情的叫喊）；

因爲，同 M_{16} 中發生的過程相反，M_{21} 中人之轉變成豬產生於發生衝突的夫妻的離異，而不是產生於他們的肉慾結合。

　　讓我們停頓一下來回顧已走過的足跡。我開始時提出了一個具體細節的問題：M_8 中的玉頸西猯的作用。這通過提及 M_{14} 開頭的白唇西猯而得到佐證，這兩個神話都是關於燒煮的起源的。在討論了野豬的

語義地位之後，我進而考察了關於這些動物的起源的神話。這些神話的分析讓人引出兩個結論：一方面，從某種觀點即姻親關係的觀點來看，第一組神話（關於燒煮起源）和第二組神話（關於豬的起源的）之間存在同構性；另一方面，在它們是同構的因而也是互補的同時，這兩組神話相互完善而構成一個元系統，而所以這樣稱它，是爲了強調它的理想性（圖6）。

這元系統同給予妻子者即有一個姊妹或女兒的、注定要同其本性不可能還原到與他自己相同的異類結成關係的男人的狀況有關。這些異類總是可以同於動物，它們分爲兩類。第一類是花豹，他是仁慈的、樂於助人的姻兄弟，文明技藝的傳授人；第二類是豬，他是兇狠的姻兄弟，僅僅可以利用的**自然亞種**：作爲獵物(因爲甚至不可能馴化他)。⑥

這些結果首先具有理論上的意義。我由之開始的這個細節與內容有關，但隨著我的證論展開，這內容似乎發生反轉，變成了形式。這導致我們領悟到，在結構分析中，內容和形式不是分離的實體，而是對於深刻理解同一個研究對象來說必不可少的兩種互補觀點。而且，

---

⑥巴西的土著民間傳說和內地農民的土著傳說表明，野豬（白唇西㺄）羣遠比花豹可怕，而且實際上也遠爲膽小。花豹很少挑起事端，除非獵人蠻幹(Ihering，第 XXXVII 卷，第 346 頁)。

一個哥倫比亞專家寫道：「同流行的看法相反，花豹……實際上並不危害人，因爲它從不先攻擊。遠比我們熟悉森林動物的印第安人通過親身的經驗知道這一點。」爲了解釋花豹在神話中的重要性，這個著作家繼續強調花豹在夜間出沒，這使它同貓頭鷹和蝙蝠相聯繫。同時，花豹又大又強壯，君臨並肉食其他動物。並且，它吃的動物和人吃的一樣：貘、鹿、野豬、小齧齒動物和牛。對於人來說，花豹是非常可怕的競爭對手，因爲它強壯、機敏、目光犀利又嗅覺靈敏(Reichel-Dolmatoff，第 1 卷，第 266～267 頁)。所以，花豹與其說是「吃人者」，還不如說是人的「競爭者」。當這些神話把「吃人者」的角色實際或潛在地派給花豹時，這主要是一種隱喩的表現手法，用於把「競爭者」的作用賦予它。

這內容並沒有簡單地轉變成一種形式；這內容從開始時僅僅作爲一個細節而擴張成爲一個系統，這系統跟這內容最初作爲其一個元素的初始系統屬於相同類型、相同等級。

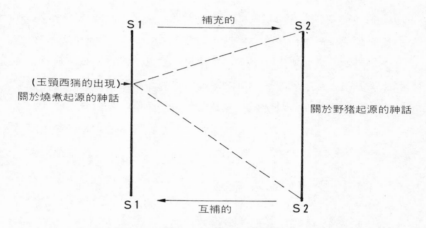

圖 6　關於燒煮（熟食）的神話和關於肉（生食）的神話

最後，這兩組神話——以關於盜鳥巢者的那些神話爲一方，關於野豬起源的那些神話爲另一方——通過兩種類型關係相聯結：它們部分地同構和補充，因爲它們提出了姻親關係的問題；它們還部分地異構和互補，因爲它們各都只同姻親關係的一個方面相關。

　　現在讓我們再前進一步，從元系統的水平來考察。這元系統把 S_1 和 S_2 兩個系統相結合，以構成一個雙連體，而在這個雙連體中，給予妻子者（兩者的共同項）交替考慮他的兩種可能的姻兄弟類型：左邊是好花豹，右邊是壞豬。在前幾頁上，我已闡明了使我們得以把一種特定場面轉換成另一種場面——或者喜歡的話也可以說把 S_1（以盜鳥巢者作爲英雄的神話）轉換成 S_2（關於豬起源的神話）——的那些規則。這個程序可得到決定性的證實，如果能夠重複這個過程，但沿相

反方向，並且現在是從關於美洲虎起源的神話回到盜鳥巢者的話。這就是我現在所試圖做的事情。

M_{22}. 馬塔科人：花豹的起源

一個男人和他的妻子一起去打魚。他爬上一棵樹抓鸚鵡，抓到後擲給妻子。可是妻子把它們吃掉了。「爲什麼你要吃鸚鵡?」他問道。他從樹上一下來，她就用牙齒咬他頭頸，把他殺死。當她回到村裡，她的孩子向她跑去看看她帶回來什麼。她給他們看他們父親的頭，說這是一頭犰狳的頭。夜裡，她吃掉了孩子，跑進了叢林。她讓自己變成一頭花豹。花豹是女人。(Métraux：3，第60～61頁)

M_{23}. 托巴-皮拉加人(Toba-Pilaga)：烟草的起源

一天，一個婦女和她丈夫去捕捉長尾小鸚鵡(*Myo-psitta monachus*)。那男人攀上一棵有好幾個巢的樹，拋下大約30隻幼鳥給他妻子。他注意到，她狼吞虎嚥地把它們吃掉了。他很害怕。他抓住了一隻較大的鳥，扔下去時喊道:「又來了一隻幼鳥，小心，它能飛。」

這婦女追逐這鳥，那男人利用這個機會下樹逃了。他怕她把他給吃了。可是，妻子追他，追上了他，把他殺掉。然後，她割下他的頭，放進一個袋裡，大吃屍體的其餘部分，直到肚子飽脹。

她感到口渴，急忙趕回村裡。在去遠處的飲水池之前，她關照五個孩子不要碰那個袋。但最小的孩子馬上往袋裡看了，叫其他孩子也過來，他們認出了父親。全村現在都知道了，人人感到害怕，統統逃掉，只剩五個孩子。母親回家途中發現村裡空無一

人，感到很驚奇。孩子們解釋說，村民們在侮辱了他們之後逃掉了。他們爲自己的狠毒而感到羞恥，所以逃掉了。

　　這婦女大怒，想爲孩子們報仇，於是去追村民。她追上了他們，殺了一些人，當時當場就把屍體都吃掉了。這個過程重複了多次。看著村民鮮血淋漓無路可逃，孩子們怕極了，也想逃。母親說：「不要想逃跑，免得我也吃掉你們。」孩子們哀求她。「不，不要怕」，她回答說。沒有人能殺死她。於是立即謠言四起，說她是女花豹。

　　孩子們偷偷地挖了個坑，用樹枝遮蓋住。母親對他們說，現在輪到吃他們了。她追趕他們，結果跌入了陷阱。孩子們求卡蘭佐(Carancho)（文化英雄，一種隼，*Polyborus plancus*，旣食肉，也食腐肉）幫助，他叫他們把一棵樹幹(*Chorisia insignis*)掏空，躲到裡面去。女花豹想用爪抓破這棵樹，可是他們一直守在裡面，因此卡蘭佐就出來把她殺了。她的屍體放在一堆木頭上焚燒。四、五天以後，從灰燼中生長出了一株植物。這是烟草的初次問世。

　　女花豹的爪用來給狗做項圈，送給全體村民。這樣，他們莫不對女花豹的死確信無疑 (Métraux：5，第60～62頁)。

　　另一個版本補充了這樣一點：女花豹勾引了一個朋友的丈夫 (Métraux：5，第62～64頁)。

M₂₄. 特雷諾人(Tereno)：烟草的起源

　　從前有個婦女，她是巫婆。她用經血弄髒了植物 caraguata（一種鳳梨科植物，其中部葉子在底色上帶有紅斑）。然後，她把這些植物給她丈夫當食物。這丈夫從兒子處得知這一點，就宣稱到叢林裡去找蜜。

「爲了便於找蜂蜜」，他把皮拖鞋的底扎緊。然後，他發現樹底有一個蜂巢，邊上有條蛇。他把純淨的蜜留給兒子，給妻子則製備了蜜和他從殺死的一條蛇的腹中胚胎取下的肉的混合物。

這女人剛開始吃她的那一份，就感到身體發癢。她一邊搔癢，一邊對丈夫説，她要吃他了。他逃跑了，登上一棵樹的頂上，那裡有個鸚鵡巢。他想暫時穩住這女魔，於是扔給她三隻幼鳥，一隻一隻地給。當她在追逐拍翅飛離她的最大的一隻鳥時，那丈夫趕緊沿一個坑的方向逃跑，這坑是他挖了捕獲獵物用的。她避開了它，但那女人跌了進去，被他殺掉。

那男子填平了這坑，並一直監視它。最後，那裡長出了一種不知名的植物。那男人出於好奇把葉子曬乾；他在深夜偷偷吸食。他的同伴發覺了，問他在幹什麼。於是，男人們開始有了烟草(Baldus：3，第220～221；4，第133頁)。

這組查科人神話提出了一些很複雜的問題，我們在本著作中還要多次碰到它們。現在我限於討論那些同這個具體論證直接有關的問題。

首先要指出，這組神話有時關涉花豹的起源，有時關涉烟草的起源，有時兼而關涉這兩者。單獨來考慮，烟草建立了同關於野豬起源的神話的聯繫，而在那些神話中，烟草起著決定性的作用。就此而言，這些神話可以排列爲：

$$T_{(人→豬)} = f^1(烟草的煙，M_{16})，\quad f^2(羽毛產生的煙，M_{15})，\quad f^3(羽毛的魅力，M_{18})。$$

首先用這種唯一邏輯上令人滿意的方法即整理這個系列神話，其次用 M_{18} 相對於 M_{16} 的派生特徵（這已獨立地加以確立），最後更重要

地用卡里里人(Cariri)　的版本（我已爲此加以保留）可以表明，在這個系列神話中，烟草的煙起到了充分重要的作用。

M$_{25}$. 卡里里人：野豬和烟草的起源

在造物主和人共同生活的時代，人要求他讓他們嘗嘗當時還不存在的野豬。老爹（人們當時這樣稱造物主）利用印第安人全體外出，只留下十歲以下兒童在村裡這一點，把這些小孩變成小野豬。當印第安人回來時，他勸他們出來打獵，而同時又借用一棵大樹把所有小豬都打發到空中。這些人看到了，就跟著這些小豬上了天空，開始在那裡殺它們。於是造物主又命令螞蟻把樹弄倒，這樹由癩蛤蟆用身體護衛著。所以癩蛤蟆今天有著膨脹的背脊，那是當時受刺激而氣出來的。

螞蟻成功地弄倒了樹。那些印第安人無法回到地面，於是把衣帶結起來變成一條繩子。但是，繩子太短了，所以他們一個接一個下來，折斷了骨頭：「因爲這樣，所以我們的手指和脚趾有那麼多處斷裂，我們的身體按照父母墜落受傷而致的斷裂彎曲。」

回到村裡後，這些印第安人大吃已變成小豬的孩子的肉。他們求老爹從天上下來（他到那裡跟踪那些孩子），回到村裡：「但他不理會，只是給他們烟草；他們叫它 Badzé。正因爲這樣，他們有時用烟草做禮物」。(Martin de Nantes, 第 228～231 頁)。

不管十七世紀晚期的一個傳教士留給我們的記叙對這個神話作了怎樣的歪曲，因爲他利用一切機會表現他對土著信念的蔑視，所以我們還是很容易看出，它同其他關於野豬起源的神話，尤其同蒙杜魯庫人神話(M$_{16}$)密切相關。在這兩種情形裡，人類家庭之分裂成人和豬兩方，都是由烟草或老人塔巴克(Tabac)引起的。不過，也有一些重要差

異。

　　在蒙杜魯庫人神話裡，像在其他熱依人和圖皮人關於這種題材的神話一樣，這種斷裂切斷了一種姻親關係；它尊重妻子的兄弟的人性，但把妻子的姊妹及其丈夫推向獸性。另一方面，在卡里里人的神話中，這種斷裂影響了繼嗣世系，因爲它把父母同孩子隔離了開來。

　　我已指出過，某些博羅羅人神話中也有這種類型轉換（第 125 頁）。馬丹‧德南特 (Martinde Nantes) 的記叙（第 8 頁）中有一句模稜兩可的話：「通常妻子們支配她們的丈夫」。這句話可能意味著，像博羅羅人一樣，卡里里人也是母系制的和從母居的。可是，他們的神話所提出的問題要比這更複雜。

　　首先，一個繼嗣世系的斷裂也發生在蒙杜魯庫人(M_{16})、瓦勞人(M_{17})和耶波人(M_{18})的版本中，他僅僅是在故事的背景之中。這三個神話全都說，野豬的四散——由一個騙子不介意地或故意地解放它們（或使之群集）——導致英雄的兒子從肉體上消失。消失可以根據像解釋花豹的人妻的消失時（第 113～114 頁）所已用過的那種考慮加以解釋。當婚姻關係因妻子取受者轉變成豬而消解時，作爲這種關係之產物和象徵的孩子也就失去其語義功能。這些神話強調了這種功能即作爲姻兄弟之間的中介。

　　無疑，實際上，每個給予者也都是取受者。不過，在這方面，蒙杜魯庫人神話(M_4和M_{16})很小心地略去文化英雄卡魯薩凱貝，以免情境含糊不清之弊。卡魯薩凱貝：「既沒有父親也沒有母親」，而獨有一個孩子(Tocantins，第 86 頁)，因此可以說從一開始就外在於這系統。另一個本子(M_{109c})中也有這樣的事實，在那裡，他是一個私生子，被母親遺棄，由一個動物撫養(Kruse: 3，第 XLVI 卷，第 920 頁；參見第 181 頁脚注 21)。他有時被說成是兩個不是由女人生的孩子的父親。或者，他同西克里達(Sikrida)〔希基里達(Shikirida)〕結婚，後者在暫時變成魚

之前叫艾巴曼(Aybaman)。這個西克里達有時是造物主的哥哥科魯姆陶的母親〔科魯姆陶在不同的版本裡分別作科魯姆陶貝(Korum-tawibĕ)、卡魯陶(Carutau)或卡魯-塔魯(Caru-Taru)〕；但是，如果真是這樣，那麼，她是超距離地懷上他的，僅由卡魯薩凱貝的話語致孕，因為按照這個本子，造物主「從未同女人發生過性關係」(Kruse: 3，第XLVI卷，第920頁)。有時，西克里達僅僅在造物主的次子通過合成而誕生之後才出現，造物主和她結婚只是為了有個人來照看這孩子。當西克里達是個真正的母親時，她勾引自己的兒子(Strömer，第133～136頁)。當次子託付給她照料時，她也勾引他(Kruse: 3，第XLVII卷，第993頁)，或者無法防止他被村婦勾引(Tocantins，第87～88頁)。

因此，可以明白，理論上從「給予妻子者」那裡得到的配偶，其行為直接地或通過中間人如同一個取受者；並且，採取兩種極端的方式，即作為勾引男人的女人和亂倫的女人。並且，在失去了長子（被野豬殺害）之後，造物主又給自己提供了一個，是用樹幹刻製成的，即未使自己處於取受妻子者的地位，因為現在他已把給予妻子者變成了獵物。

卡希納瓦人神話(M_{19})提出了引人矚目的反轉：一個姑娘拒絕被通過婚姻給予人，從而引起她父親和兄弟被變成野豬。她也通過在一個匣子（蒙杜魯庫造物主刻的樹幹的女性對應物）中發現一個無父親也無兄弟的兒子並把他作為她的丈夫來解決這個問題(Abreu，第187～196頁)。

其次，卡里里人神話在博羅羅人那裡略有改變：這是關於星星起源的神話(M_{34})，將在後面加以討論(第155頁)。目前讓我簡單地提一下，在這個神話中，孩子們所以被送上天堂，是因為他們貪吃（在卡里里人版本裡，這是因為他們的父母有貪吃行為）。他們的母親試圖追趕他們，結果白費力，在落到地面後變成了動物（卡里里人版本：他

們的父母追上天堂後想再下來；由於跌落，結果他們得到了有關節的骨胳，從而眞正成爲人類）。

所以，M_{25}、M_{15}、M_{16}和M_{18}（野豬的起源）之間的來緣關係憑藉烟草建立起來，但保留這樣的轉換：水平軸→垂直軸；姻親關係→繼嗣關係。M_{25}和M_{34}（這個起源神話不僅關涉星星而且關涉野生動物）之間的親緣關係可對於（垂直）軸和親屬關係（繼嗣）建立起來，同時保留這樣的轉換：女人→男人以及：向獸性的退化→人性的達致。

在這些條件下，令人感興趣的是探究博羅羅人如何構想烟草的起源。這裡產生了兩個神話。首先是第一個：

M_{26}. 博羅羅人：烟草的起源(I)

男人們打獵歸來，像慣常那樣吹口哨招呼妻子來迎接他們，幫助他們搬運獵物。

恰巧一個名叫阿杜魯亞羅多(Aturuaroddo) 的女人揀起一條她丈夫殺死的蟒蛇；蛇肉流出來的血滲進她體內，使她受孕。

還在子宮裡時，「這血的兒子」就同母親交談，提出要幫助她採集野果。他以蛇形出現，爬上一棵樹，撿起果子扔下去，讓他母親拾取。她想逃離他，但他趕上了她，又回到子宮內的藏身處。

這女人很害怕，託她的哥哥們組織伏擊。一當蛇出現，攀上樹，這母親拔腿就跑；當他下來追她時，哥哥們就把他殺了。

這男孩被放在木堆上焚燒，從灰爐中長出了 urucu 灌木、松脂樹、烟草、玉米、棉花 (Colb.: 3, 第197～199頁)。

這個神話同托巴人和特雷諾人關於烟草起源的神話(M_{23}、M_{24})嚴格對稱：

M_23- {一個丈夫	一個妻	通過口而是	一個攀上樹的
M_24 (△,姻親關係)	花豹	損害性的	丈夫的
M_26 {一個母親	一個兒	通過陰道而是	一個攀上樹的
(○,親嗣關係)	子蛇	保護性的	兒子的

//

M_23- {尋找動物	妻子不應當吃	由於丈夫的原因而離異
M_24 (鳥)	(但吃了)	
M_26 {尋找植物	母親應當吃	由於母親的原因而離異
(果子)	(但未吃)	

//

M_23- {母親被姻親殺害	
M_24 (＝孩子,在父系繼嗣制之下)	
M_26 {兒子被親屬殺害	
(＝舅舅,在母系繼嗣制之下)	

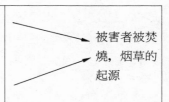

被害者被焚燒,烟草的起源

　　這第二個關於烟草起源的博羅羅人神話把我們帶回到英雄貝托戈戈那裡(M_2),他在住進水中居所之後把「靈魂烟草」放進魚腹中:

M_27. 博羅羅人: 烟草的起源(2)

　　　一些漁夫安坐在河邊炙烤魚。有一個漁夫用刀剖開一條 kud-dogo(一種魚; 葡萄牙語為「abotoado」,《博羅羅人百科全書》第1卷,第748頁) 的腹, 發現裡面有烟草。

　　　他把這條魚藏起來, 只在夜裡吸烟, 沒有告訴同伴。同伴聞到了香味, 發覺他在食烟。於是, 他決定與同伴共享。可是, 這些印第安人不是去吹烟而是吞食它。超自然的精靈偽裝成吸血蝙

蝠説：「先吹噴，然後説：『老爹，接受這烟，給我袪邪！』否則，
你要受到罰懲，因爲這烟草屬於我的。」這些印第安人没有遵從；
因此，翌晨他們都幾乎失明，變成了 ariranha ⑦。正因爲這樣，
這些動物眼睛非常少（Colb.：3，第211～212頁）。

　　這一次是同關於烟草起源的卡里里人神話，成對稱關係，因爲在
這神話中，烟草起著地和天之間中介的作用，而這裡的中介處於地和
水之間（因爲博羅羅人相信，靈魂居留在水中）。按照卡里里人神話，
人通過獲致有關節的骨胳才成爲眞正的人，人能借助**伴有**烟草的禮物
而不同天空完全割裂。博羅羅人神話解釋説，因爲人拒絕製做煙草**的**
禮物，所以他們不再是眞正的人，變成了注定要生活「在水面上」的
動物，並且失明：他們被剝奪了任何對外部世界的「開口」，因爲他們
過分「節制」，後者表現爲他們拒絕呼放烟草的煙（Colb.：2，第211頁説：
「因爲他們没有見過烟草」）。

────────────

⑦博羅羅人語：Ippié, ipié；科爾巴齊尼翻譯 M_{21} 時把這名詞譯爲 lontra「水獺」，
　他在他的注釋詞表（第422頁）中給它下了個奇妙的定義：「ariranha：um bi-
　chinho que fica a flor d'agua」。參見馬加拉埃斯（Magalhães）：第39頁和《博
　羅羅人百科全書》第1卷，第643頁，ipie'，「ariranha」。「ariranha」通常是巴
　西大水獺（*Pteroneura brasiliensis*）的名字，它可以長達六英尺以上；但在巴西
　中部和南部，這名詞指稱普通水獺（Ihering，第 XXXVI 卷，第379頁）。
　一種較老的版本（Colb.：2，第210～211頁）缺少吸血蝙蝠的插段。在這個版
　本中，貝托戈戈目睹他的子民誤用烟草而惹惱，於是讓他們變成「ariranha」。
　應當澄清：博羅羅語名詞 méa 不僅指稱烟草本身和 *Nicotiana* 屬的相近物種，
　而且還指稱以同樣方式吸食的各種芳香葉。按照我利用過的那些原始資料，M_{26}
　同 *Nicotian tabacum* 有關，而後者同「大狨猱」氏族相聯繫，M_{27} 則同「吼猴」
　氏族控制的 anonacée 有關（Colb.：2，第212頁；3，第213頁；《博羅羅人百
　科全書》第1卷，第787，959頁）。

最後，爲了完成對這組神話的統一性的論證，我們可以指出，秘密吸烟者這個動因在 M_{24} 和 M_{27} 及梅特羅（Métraux）（5：第 64 頁）所引的一個神話中重現。這最後一個神話是關於烟草的各個托巴人神話的一個阿什魯斯萊人（Ashluslay）異本，它包括一個貓頭鷹，很使人想起 M_{27} 中的吸血蝙蝠，因爲它的作用是充當人的顧問。吸烟的這種秘密性加強了——或在阿什魯斯萊人神話中是補充了——過度節欲，因爲在南美洲，吸烟本質上是社交行爲；同時它又建立了人類和超自然世界間的溝通。

我沒有忘記，我的注意力被吸引到關於烟草起源的神話之上，主要因爲事實上，這些神話有的也同花豹的起源有關，而我又希望，關於花豹起源的神話把我帶回到盜鳥巢者這個主題上去。事情也眞是這樣：女花豹的丈夫是盜鳥巢者（參見 M_{22}、M_{23} 和 M_{24}），後者同參照神話（M_1）和關於火的起源的熱依人神話（M_7 到 M_{12}）中的英雄有親屬關係。

在所有這些神話中，英雄都攀登到樹梢或岩石頂去摸鸚鵡巢。在這些神話中，他總是旨在把鳥傳給下面的伙伴：後者是姻兄弟（他**先**是人姻兄弟，**然後**是動物的姻兄弟），或者是妻子（她**先**是人，**然後**是動物）。

不想吃幼鳥的人姻兄弟未得到 M_7 到 M_{12} 的英雄給予的幼鳥，英雄把幼鳥傳給動物姻兄弟，以便他能吃它們。

另一方面，M_{22} 到 M_{24} 的英雄把幼鳥傳給他的人妻；但是，當他看到，她正在吃它們（並且因而知道了她的動物本性）時，他不想繼續傳給她，因爲他用能飛因此較難捕捉的大鳥取代小鳥（M_{23} 和 M_{24}）。可以說，這些較大的鳥代表超出了幼鳥的範圍，而 M_7 和 M_{12} 的英雄拋下的蛋則代表幼鳥之前的階段。

在熱依人神話中，英雄通過把幼鳥給予雄花豹而設法同它結成友

好關係，從而更接近它；在托巴人、馬塔科人和特雷諾人神話中，幼鳥使英雄能夠同雌花豹保持一定距離。

最後，火處處在起作用。它可能是「建設性的」火，像在關於作為燒煮作手段的火的起源的熱依人神話中那樣；或者是破壞性的火，像在關於花豹和烟草的起源的查科人神話中那樣，因為那裡是一個火葬木堆，而從其餘燼中長出烟草，以前耗用這種植物時，把它放在太陽下曝曬，而不是放在火爐上燒煮——因此是以反烹飪的方式處理它，正像人在知道火之前對待肉那樣(M_7到M_{12})——同時，它在被攝入時是燃燒的，而這又是一種對待食物的反烹飪方式。

因此，一切都相互關聯：烟草的煙導致產生野豬，由此供給了肉。為了使這肉能被燒烤，一個盜鳥巢者不得不從花豹那裡獲取燒煮的火；最後，為了擺脫花豹，又有一個盜鳥巢者不得不把它的屍體放在火上焚燒，從而引起烟草的產生。這三組神話間的關係可以表示成下圖，它說明了我給這一節所取的題目「回旋曲」，並證明了這是有道理的：

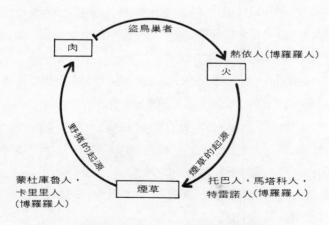

圖7　關于肉、火和煙草的神話

注：爲了獲得這些博羅羅人轉換，可以應用下述規則：

1. 火→水

因爲：a)M_1的盜鳥巢者是天水的主宰，而天水熄滅了燒煮的火；b)烟草發源於地水即魚的居所(M_{27})。

或者：

2. 火→火；

但在這種情形下，按照 M_{26}，我們有：

2.1　花豹（☰火）→蛇（☰水）

在情形 1 裡，所作的轉換爲：

1.1　放呼的烟草→攝入的烟草（按照 M_{27}）；

1.2　野猪→「ariranha」（按照 M_{27}）。

於是：

1.2.1　肉→魚

這是由於 M_{21}，在那裡 ariranha 作爲魚的女主人出現，而男人因爲吞嚥了尖長的果子（它們不應當這樣）而不是烟草（在 M_{27}中），結果變成了猪；按照 M_{26}，僅當烟草刺激喉嚨時，它才是好的：「當烟草濃烈時，男人們説：『眞濃烈！眞好！』而當它不濃烈時，他們説：『眞差！不濃烈！』」(Colb.：3，第 109 頁)。

最後，這循環在 M_{121} 中完成，在它那裡，水獺作爲火的女主人出現；這就是説，對於關於火的起源的熱依人神話(M_7 到 M_{12})來説：

1.2.2　花豹→ariranha。

轉換 1.2.1 的有效性乍一看來是有疑問的，因此我必須專門説明一下。如果我們因爲水獺是魚的女主人而以後者取代前者，那麼這意味著，由於同樣的原則，肉取代野猪，而由此可知，並不像我們迄此爲止所滿足於承認的那樣，野猪不可能簡單地就是

「肉」，而必定也是——類似於水獺的情形——食物的女主人，就這裡的具體情形來說是肉的女主人。問題就產生了：豬怎麼可能同時既是食物又是食物的女主人呢？

　　然而，種族志証實，這需要作先驗的形式分析。就 ariranha 而言，這首先借助 M_{21}，在那裡 ariranha 是魚的主人，其次借助這樣的事實：博羅羅人利用一種所謂「ariranha 植物」——ipie uiorúbo——的神奇植物，以之塗抹羅網，保証捕魚豐足（《博羅羅人百科全書》第 1 卷，第 643~644 頁）。

　　野豬控制的相應植物（jugo，即 *Dicotyles labiatus; Dicotyles torquatus* 叫做 jui）在博羅羅人那裡稱爲 jugodogé eimejéra uiorúbo，「引導或指導野豬群的植物」。其果子深得野豬喜愛的植物是 acuri 棕櫚（種名 *Attalea*）；印第安人把這種植物的葉子撒在村裡，「使得村民們服從它們，就像野豬服從首領一樣」（《博羅羅人百科全書》第 1 卷，第 692 頁）。水獺是他給的，即由另一物種來支配自己，而豬是自治的，因爲它主宰自己這個物種。因此，可以理解，土著可能認爲豬既是肉，又是肉的主人。

　　爲了佐証兩個對立物構成的對偶 ariranha／野豬，還可以指出，在 M_{21} 中，男人所以變成了豬，是因爲他們把果肉和刺一起吞下；而 ariranha 據說只吃大魚的肉而丟棄頭和骨（Ihering，第 XXXIII 卷，第 373 頁）。一個圭亞那人神話詳細解釋了，爲什麼水獺只吃蟹的身體，但丟棄它的腳爪（K.G.：1，第 101~102 頁）。

3 童稚的禮貌

我已經確証了，那組熱依人神話中的姻兄弟之間存在一種對稱關係。這種關係還以另一種方式表現出來。

　　一個男人要他妻子的弟弟爬上一個鳥巢為他捉鳥。這男孩沒有滿足姻兄的要求，而給他**實物的影子**。各種本子說法各異，或說他不敢抓握捉住的東西；或說他扔下的是蛋而不是鳥，蛋又落地而碎；或說扔下的不是蛋而是石頭，打傷了姻兄。

　　當第二個「姻兄」花豹出現時，英雄在行為上表現出雙重逆轉。首先，他沒讓花豹在地上對著他的影子浪費時間；他沒有揶揄這豹的可笑嘗試，而是表明自己身份。當花豹問他鳥巢裡是什麼時，他如實回答，並兩次（因為有兩隻鳥）把抓獲的東西傳下去。

　　我要証明，花豹所以不吃掉英雄，反而教他文明的技藝，是因為他不挖苦或欺騙花豹，更確切地說，是因為他不嘲笑後者。

　　如好幾個美洲神話所証明的那樣，最可笑的情景、最可嘲笑的人莫過於有人捨實物而逐陰影，或者為抓住他想捕獲的東西的影子而不是這東西本身而奮鬥。下述屬於圭亞那的瓦勞人的神話說明了這一點，它說得非常明白，因此足以為証，尤其因為這神話的其他一些因素以後還將同我現在給出的各個因素相聯繫：

M_{28}. 瓦勞人：星的起源

　　從前有兩兄弟，哥哥是著名的獵手。他每天到遠處野外去搜尋獵物，結果他最後來到他從未見過的一條小溪流。他攀上河邊的一棵樹，注視來飲水的動物。突然，他看到一個婦女涉水向他走來，他感到她的行為很奇怪。每當她把手伸進河裡，總是摸出兩條魚，每次她都吃掉其中一條，把另一條放進籃子裡。她是身材高大的女人、超自然的生物。她在頭上戴著葫蘆，偶爾把它取下扔進河裡，使它像陀螺一樣自旋。當她這樣做時，她停下來盯住它看，然後她又往前走。

　　這獵人整夜待在樹上，翌日才回到村裡。他把事情講給弟弟聽，後者懇求和他一起去看看「這個能捕獲這麼多魚，也能吃它們的女人」。哥哥回答說：「不行，因爲你總是要嘲笑一切事物，所以你也會嘲笑她。」可是，這弟弟保証一本正經，於是哥哥被他說服了。

　　當他們來到河邊時，哥哥爬上了樹，這樹離開河遠一點；弟弟堅持占據位置更好的樹，以便一覽無遺，於是他坐在一根伸出水面的樹枝上。很快，這女人來到了，開始像以前一樣行事。

　　當她到達正在弟弟下方的地點時，她注意到了他在水中的倒影。她試圖抓住它，她失敗了，但繼續試：「她的手迅速移動，一會兒抓這邊，一會兒抓那邊。當然，她沒有成功。她做著奇怪的手勢，嬉笑著，樣子十分滑稽，在上面的弟弟再也忍不住了，想笑她徒勞地把影子當實物去抓。他忍俊不禁，終於笑了起來。」

　　於是，這女人抬頭看去，發現了兩兄弟。她因被嘲笑而勃然大怒，於是派毒蟻(種名 *Eciton*)去攻擊；它們兇猛地咬那男孩，刺他，他想躲避而跌進河裡，在水中被女人抓住吃掉。

　　然後他俘獲那個哥哥，把他放進她那堅實的籃子裡。回到了茅舍，她把籃子放下，不許兩個女兒碰它。

　　但她一轉過身，兩個女兒就打開了籃子。她們喜歡這英雄的體魄和作爲獵人的才幹。實際上兩人都愛上了他，妹妹把他藏在她的吊床裡。

　　當女魔回來要殺掉她的囚徒吃時，兩個女兒承認了過錯。母親答應寬恕這個讓她感到意外的女婿，條件是他以她的名義去打魚。可是，不管他帶回的魚多麼多，女魔總是吃個精光，除了兩條魚而外。英雄終於筋疲力竭，積勞成疾。

　　現在已是他妻子的妹妹答應同他私奔。一天，他對岳母說，

他把捕獲的魚留在獨木舟上，她應當去吃（一個漁夫不准自己携帶捕獲的魚，因爲這會壞他的運氣）。然而，他在這獨木舟底下藏了一條鯊魚或鱷魚，於是女魔被吃掉了。

姊姊發現了這次謀殺，於是磨快了刀，去追尋兇手。當姊姊快追上他時，他命令妻子爬上一棵樹，自己緊隨她。但是，他跑得不快，被姻姊砍下一條腿。離身的肢體獲得生命，變成鳥（種名 Tinamus）的母親。你們現在在夜空中仍能看到英雄的妻子〔昴星團（Pléiades）〕；它下面是英雄自己〔畢星團（Hyades）〕，再下面是他截斷下來的腿——獵户座（Orion）的帶紋三明星（baudrier）。(Roth: 1, 第 263～265 頁；有一個遙遠的異本, 參見 Verissimo, 載 Coutinho de Oliveira, 第 51～53 頁）。

這個神話有許多令人矚目的特點值得加以研究。

首先，它同其他已提到過的神話密切相關。例如，它同博羅羅人關於疾病起源的神話（M_5）密切相關，在那個神話裡，女英雄也是一個貪吃魚的人、一個有特色的「女魔」。她被支解，就像這裡的男英雄（他致女魔於死地）。因此有三個共同因素：女魔、魚和支解，但它們分布不同。這瓦勞人女魔還同阿皮納耶人神話（M_9）和姆比亞—瓜拉尼人神話（M_{13}）中的魔鬼相聯繫，後者在一棵樹上俘獲一個英雄（姆比亞版本），把他放進籃裡，想同他的兩個女兒一起吃。其他幾個關於花豹和人的姻親關係題材的神話也提到一個隱藏的囚徒，魔鬼的女兒們愛上了他。

從形式的觀點來看，瓦勞人神話証明了神話思維的一個特點，我以後在提出我的解釋時還要讓人注意它。應當記得，神話開始時說明的女魔的計謀在於同時捕捉兩條魚，她吃掉一條，保存一條。看來，這令人矚目的行爲的唯一目的是預示女魔後來對她兩個受害人採取的

行動，即吃掉一個，把另一個放進籃裡。由此可見，這第一個挿段不
是自足的。它被引入來作爲一種模子，用以塑造後繼挿段的內容，否
則，後者可能過分流變。是這神話，而不是女魔決定著對謙恭的哥哥
和無禮的弟弟採取不同的對待；兄弟兩人本來同等地適合於滿足魔鬼
的胃口，除非──現在情形正是這樣──女魔在這行爲上神經性帶成
見，並且這種癖好是由這神話發明的，目的顯然是要追溯性地賦予它
以一種意義。這個例子淸楚地表明，每個神話都是一個有組織的總體；
敍述的展開闡明了存在一種基本結構，它獨立於前後之間的關係。

　　最後，也是最重要的一點是，這神話描述的初始情境和盜鳥巢者
神話相同：英雄身居高處，在一棵樹或岩石的頂上，陷於絕境。由於
投在地下的影子，他被一頭實際的或假設的「魔鬼」發現。認識到了
這一點，差異就可以表述如下：在一種情形裡，英雄自願居於高位；
當魔鬼攻擊他的陰影時，他嘲笑前者；最後，他被魔鬼吃掉，或者他
不嘲笑它，則必定提供一種水生食物魚。在另一種情形裡，他不情願
待在高位；他小心翼翼，不開玩笑；魔鬼在他供給了鳥即一種空中食
物之後供給他獵物即一種陸上食物。

　　因此，這瓦勞人神話中一方面有一個女性人物，她是一個貪吃的
人，處於「水中」位置（在神話開始處，她涉水而來吃魚；在結束時，
她又冒險深入水中，被魚吃掉）；另一方面，又有一個男性人物，他性
情溫和（神話開始時，他克制住不笑，結束時他提供給女魔他自己很
少吃或根本不吃的食物），並處於「天上」位置（神話開始時坐在一棵
大樹的一根樹枝上；結束時變成星座）。男性和女性、高和低、溫和和
不溫和這種三重對比也是另一組神話的基本骨架，而在進一步研討下
去之前，我們現在首先應當介紹這組神話。它們係關於女人的起源。

　　M₂₉. 謝倫特人：女人的起源

最早的時候沒有女人，男人們實行同性戀。有一個人懷孕了，但不能生育，結果死了。

有一次，幾個男人來到一條泉邊，看到水中有個女人的影像，正高高坐在一棵樹的樹枝上。他們想抓住那影像，一直嘗試了兩天。最後有一個人抬頭往上看，發覺了那女人；他們把她弄下來，但因爲人人都想得到她，所以他們把她割成小塊分了。每個人都用一張葉子把自己的一塊包起來，把小包放在自己茅舍的草牆裡（通常東西都放在那裡）。然後，他們都去打獵了。

回家途中，他們派出一個先驅，後者發現一塊塊肉都變成了女人。山貓(*Fleis concolor*)得到取自胸部的一塊肉，發現有了一個很漂亮的妻子；叫鶴(*Cariama cristata, Microdacty lus cristatus*)把他的肉片扭得太緊，結果發現自己有一個很瘦的女人。不過，每個男人現在都有了一個妻子；當他們出去打獵時，帶著妻子一起去(Nim.: 7, 第186頁)。

這神話屬於熱依人的一個部落，這些部落提供了那組關於水的起源的神話。不過，在查科人那裡可以看到各種各樣異本；查馬科科人(Chamacoco)版本驚人地接近於謝倫特人的記敘，儘管這兩個部落相距很遠：

M30. 查馬科科人：女人的起源

一次，一個男孩病了，躺在吊床上。她母親爬上茅舍屋頂進行修理，他瞥見了她的陰戶。他慾火如熾，等她下來時，就和她作愛。其時，他不檢點，向她洩露了女人不應當知道的僞裝秘密，她把這告訴了其他婦女。

當男人們知情後，他們就殺掉所有女人，只有一個倖免，她

變成一頭鹿，設法逃了。可是，儘管男人們幹起了一切女人活，他們仍感到悲哀和抑鬱，因爲他們缺少女人。

　　一天，一個男人在一棵樹下散步，恰好那個倖存的女人在這棵樹上。她擊掌引起了他的注意。這男人想爬上樹。但是，他陰莖勃起，只得先把體內的精液泄放掉，再爬樹。另一個男人也來到這裡，設法從旁邊的樹到達女人身邊。他們強姦了她，然後把她切成碎塊，這些碎塊落在地上被精液浸漬。男人各拿起一塊肉，帶回家中。然後，他們都去打魚。

　　兩個薩滿(Chaman)作爲先遣的偵察告稱，女人的肉塊已被禿鷲吃掉。於是這些印第安人回到村裡，他們發現住著婦女和兒童。每個男人都發現自己有個妻子，同他占有的肉塊相對應。大腿肉提供胖女人；手指提供瘦女人(Métraux：4，第113～119頁)。

現在這裡還有兩個查科人的版本：

M31. 托巴－皮拉加人：女人的起源

　　以前，男人總是打獵，把獵物儲存在茅舍的茅草屋頂上。一天，趁他們不在，一群女人從天而降，盜走了全部肉。翌日，又發生了這種事情，男人不知道有女人存在，他們派了兔子去監視。

　　但是兔子一直睡著，炙烤肉又被盜走。翌日，鸚鵡任警衛，藏在破斧樹上，他看到這些女人，她們有帶牙齒的陰戶。鸚鵡一開始靜止不動，然後從樹上向正在下面吃東西的女人扔果子。女人們先相互埋怨；後來她們發現了鸚鵡，便開始爲爭他當丈夫而打鬥。她們相互擲東西，有一根棒擲偏了，打斷了鸚鵡舌下的骨頭。鸚鵡現在被打啞了，不得不用手勢表達，因此，他無法讓男人們明白發生了什麼事。

現在輪到灰鷹當警衛，他小心地用兩根擲棒自衛。第一根沒有擊中目標，却讓女人們發現了他；她們又相互打鬥起來，爭著要占有她做丈夫，然後又向他扔東西，想殺死他。然而，灰鷹成功地用第三根棒割斷了女人們用來在天上地下上下運行的兩根繩子（一根繩子用於膚色白皙的漂亮女人，另一根用於又老又醜的女人）中的一根。幾個女人跌了下來，沉入了土中，不過灰鷹已先俘獲了兩個自己受用。

然後他招呼來了同伴。只有鬣蜥能聽懂他的話，但因爲鬣蜥耳朵很小，所以其他男人拒絕承認他的聽覺比他們敏銳。最後，灰鷹設法使他們能聽懂他的話……

犰狳把女人們從土中取出來，分配給同伴(Métraux：5，第100～103頁)。

在這最後一部分（已被我大大縮短）裡，這神話解釋了，男人如何通過帶牙齒的陰道，幾種動物如何獲致本能特徵。重要的是應當記得，在神話語彙中，是不區分男人和動物的。同時，這組神話還想不僅說明女人的起源，並且說明女人的多樣類型：她們爲何是年輕的或年老的、胖或瘦的、美或醜的，以至爲何她們有的只有一隻眼睛。對動物種的（外部）多樣性和一個特產物種的雌性部分的（內部）多樣性之間的同構性的這種斷定不是枯燥乏味的，也不是毫無意義的。

最後應當指出，上述神話兩次提到威脅人的生命的危險，分別採取毒蛇和夭亡的形式。後者起因於這樣的事實：鴿子最早懷孕，因爲她丈夫好色成性；而恰巧鴿子又是身體虛弱的。當我們後面結合阿皮納耶人關於火的起源的神話討論人類死亡問題時，還會遇到這類問題(M_9；參見以下第155～171頁)。

M₃₂. 馬塔科人： 女人的起源

從前，男人是會說話的動物。他們没有女人，靠大量捕獲魚為生。

一天，他們發現食物給盜走了，因此，他們留下一隻鸚鵡看守。這鳥從樹梢上的栖木看到女人們借助一根繩子從天上下來。她們拚命地吃，吃好倒頭睡在樹蔭底下。

鸚鵡没有按囑咐他要做的那樣發出警報，而是向女人們扔木塊，她們醒來發現了他。她們用種子攻擊他，有一粒種子擊中了這鳥的舌頭，從此它就變成黑色的了。

鬣蜥聽到了聲音，告訴了同伴；但他們認為他是聾子，所以不予理睬。與此同時，鸚鵡又被擊啞了。

翌日，蜥蝪任警衛，但女人們抓住了他，把他舌頭撕碎，因此他也啞了。男人商議之後決定把村子託付灰鷹照看。女人不可能看到灰鷹，因為它羽毛的顏色和栖止樹枝的顏色一樣，無法分辨。灰鷹發出了警報；儘管女人們向他扔東西，他還是設法割斷了繩子。從此男人們就有了女人（Métraux： 3， 第 51 頁）。

像托巴人神話一樣，這個馬塔科人神話結束時也解釋了，為什麼有些女人失去了一隻眼睛，即因為犰狳在掘土取出從天上掉下而沉入土中的女人時誤傷了她們的眼睛，以及男人如何清除了女人的有牙齒的陰道。梅特羅（5, 第 103～107 頁）有一篇短文，研討了這個神話的分布；從阿根廷到圭亞那。謝倫特人 （我已扼述過他們的版本）以北，卡里里人和圭亞那的阿拉瓦克人那裡也有這個神話（Martin de Nantes， 第 232 頁；Farabee： 1， 第 146 頁）。

卡里里人版本並未包含「天上」女人這個題材，但它仍同謝倫特

人版本相似，也說女人產生於犧牲者的肉塊。法拉貝（Farabee）給出
的塔拉馬人（Taruma）版本同上面的神話相比掉了個頭，因爲女人現
在處於低的位置，是被男人捕魚時撈到的（因此她們產生了於水中而
不是天空中）；另一方面，它同阿根廷人版本都有不可靠的或麻痺大意
的看守者的情節。曾是博羅羅人南鄰的卡杜韋奧人（Caduveo）講過這
樣的故事（M_{33}）：造物主從一個湖的底部引出了原始人類；人常從湖
中偷偷出現來盜魚，直到一隻替教會當瞭望者的鳥在幾個人睡著之後
發出警報。（Ribeiro：1，第 144～145）。這個怪異的版本像是一個証據，
証明查科人部落和博羅羅人之間有一個神話「裂隙」，在後者那裡，這
神話又重現了其全部結構特徵，儘管內容有所不同，女人的位置也倒
了過來（參見以上第 139～140 頁）：

M_{34}. 博羅羅人：星的起源

　　女人們去採集玉米，但她們找到很少，因此帶了個小孩去，
他找到了許多玉米穗棒。她們把玉米就地碾碎，然後做成各種餅，
給打獵歸來的男人吃。這男孩偷了大量玉米，藏在竹管裡，帶給
外祖母，要求她做玉米餅，讓他自己和他的朋友吃。

　　外祖母照要求做了，這些兒童大吃了一頓。然後，爲了保守
偷盜的祕密，他們割下了老嫗的舌頭和一隻馴養的金剛鸚鵡的舌
頭，放跑了村裡飼養的全部金剛鸚鵡。

　　他們害怕父母發怒，於是攀援一種多結的攀緣植物上天，蜂
鳥答應固定這植物位置。

　　在這同時，女人們回到村裡，尋找孩子。她們問無舌頭的老
嫗和金剛鸚鵡，但一點沒有用。一個女人看到了孩子們正在攀援
的植物。當要求他們下來時，孩子們轉過聾耳，甚至爬得更快了。

發狂的母親緊追不捨，但最後那個偷玉米的男孩一到天上就割斷
了攀緣植物；女人們跌了下來，撞在地上，變成了動物和野獸。
作爲對冷酷無情的懲罰，孩子們現在變成了星星，夜夜俯視可憐
母親的苦境。地上可以看到的閃光正是孩子的眼睛(Colb.：3，第
218～129 頁)。

我們是從瓦勞人關於星的起源的題材開始的。現在我們又回到了
這題材。同時，像在查科人的那些神話中那樣，在村裡守衛的人──在
這裡是外祖母──也變啞了（像金剛鸚鵡一樣，它們在博羅羅人那裡
也是家養動物）。這啞是同中間動物（村子的守衛者或偵察者）或端項
的聾相關聯，而端項也處於中間地位（孩子們在天地之間的中途，轉
過一隻聾耳）。在這兩種情形裡，都有男性和女性個人的分離；不過在
一種情形裡，有關的個人是潛在的丈夫和尚未產生的女人；而在另一
種情形裡，他們是母親和兒子（父親也提到，但在母系制的博羅羅人
神話裡只是順便提及）。在查科人那裡，這分離表示初始的情境，結束
時變成爲一種結合。在博羅羅人那裡，結合表示初始的情境，它最後
變成爲一種分離（極端性分離：星星在一邊，動物在另一邊）。在所有
這些情形裡，對立兩極的一極總以貪吃爲表徵（查科人神話中來自天
上的女人，博羅羅人神話中的星兒），另一極則以節食爲表徵（男人克
制地適量吃肉或魚；女人不情願地節省玉米）。以下是轉換表。

研究這組神話，無論爲其自身，還是以之作爲更一般研究的出發
點，都將是令人感興趣的。這種研究將把我們帶回到某些其他神話，
它們已從另一個角度探討過。我們已經看到，博羅羅人關於星的起源
的神話(M_{34})在結構上同卡里里人關於野豬起源的神話(M_{25})密切相
關，而從我們的觀點來看，後一神話似乎占據邊際地位。M_{34}和M_{28}之
間也有正對稱關係，因爲（星座之）「居住」在天空中和動物種之「居

	高/低 △	△	高/低 ○	○	△/○	年齡	結合/分離	食物	守衛/偵察	發怒(1)／冷淡的行為(2)	有益或有缺陷的冷淡	人／非人
M₂₈	高	天		水	姻親關係	○>△	C→D	動物,水生的	守衛	1哭 2沉默	+	人→非人
M₂₉	高	天		天	丈夫/妻子	△=○	D→C	動物,陸上的	偵察	沉默	—	人→非人
M₃₀	低	地(水?)		天	丈夫/妻子	△=○	D→C / C→D	動物,水生的	偵察	1發怒 2躺臥,盲目	—	(人→非人)／人→人
M₃₁	低	地		天	丈夫/妻子	△=○	D→C	動物,陸上的	守衛	1發怒 2沉默,睡覺;聾	—	非人→人
M₃₂	低	地(水?)		天	丈夫/妻子	△=○	D→C	動物,水生的	守衛	2沉默;啞;聾	—	非人→人
M₃₄	高	天		地	親子	○>△	C→D	植物,陸上的	守衛	2沉默;啞;聾	—	人→非人／人→非人

住」在地球上兩者形成特有的對比。另一方面，托巴人和馬塔科人的
神話(M_{31}、M_{32})又回到了關於野豬起源的蒙杜魯庫人神話(M_{16})，這中
間經過笨拙犰狳這個因素，它也出現在關於同一題材的卡耶波人神話
(M_{18})(體現爲奧伊姆布雷)之中；最後，它們又回到第一篇中討論過
的博羅羅人神話(M_2、M_5)，在後兩個神話中，犰狳起的作用和它們在
查科人和蒙杜魯庫人神話中所起的作用相平衡，即給女人掘墓，而不
是把她們從土中取出。

這些轉換在其他神話中也有對應物，而它們的骨架由在兩個水平
上起作用的一個結合／分離系統構成，這兩個水平是：接近（男人和
女人）、遠離（高和低）：

瓦勞人(M_{28})	謝倫特人-查馬科科人 (M_{29}-M_{30})	托巴人-馬塔科人 (M_{30}-M_{31})	博羅羅人 (M_{34})
天空（星）↗		天空↗	天空（星）↗
	○↘ △↗	○↘ △↗	△↗ ○↘
水……↘		地上↘	地上……↘

這個表提出了兩個問題：(1)瓦勞人神話中有沒有結合，謝倫特人
神話中有沒有分離；如果有的話，它們又是怎麼樣的？(2)儘管博羅羅
人神話看來是雙重分離的，但它在另一水平上還是不是結合的呢？

我斗膽提出，不管現象上看怎麼樣，瓦勞人神話和博羅羅人神話
中是有結合的，謝倫特人神話中則是有分離的。

瓦勞人神話中的結合不是可以直接察知的，因爲它可以說內在化
於天上那個極之中，在那裡，丈夫和妻子由所述星座——昴星團、畢
星團和獵戶座——的自然却鄰接聯繫在一起。

　　分離在謝倫特人神話中似乎根本不存在，在這個神話中，沒有直接提到天和地之間的關係。但是，在其他神話中造成的這兩極之間的分離在這裡代之以一種沿水平軸（而不是垂直軸）的被避免的分離：如果丈夫離開妻子，則本來就會有分離；而這神話的本文正是還明確指出了，丈夫們去打獵時小心地帶上妻子同去。

　　這最後一個解釋可能讓人覺得牽強附會。然而，僅僅下述事實就能教我們相信它：為了揭示博羅羅人神話中缺失的結合，只需將這圖式顛倒過來，這結合是隱含的，但同謝倫特人神話中的明顯拒斥的分離相對稱。在這裡，它在於把女人轉變成獵物（而不是打獵伴侶）；女人因而也同獵人即丈夫攸戚相關，但這種關係是對抗性的而不是合作性的。我們已經遇到過這種轉換的其他例子，而這轉換對於博羅羅人神話似乎具有意義。

　　我不打算進一步分析這些神話，因為我只把它們應用於我們論證中完成一種附屬作用。神話轉換需要多維度，而我們不可能同時無一遺漏地探究各個維度。無論採取哪個視角，總會有一些轉換被擠迫到背景之中，或者消沒於遠處。它們只是間斷地變得含混和模糊或者若隱若現。它們具有迷人的魅力。但是，如果我們要不因此而迷失方向，則就得恪守一開始就決定的方法論規則即始終奉行同一條研究路線，切莫長時間的偏離它。

　　我介紹這組關於女人起源的神話，有一個自覺的目的：為了獲得一系列轉換，它們使得有可能闡明一個英雄在面臨來自同他所處的極相對立的那個極的危險時的行為，而他預先已被相對於高和低的關係規定好。

　　因此，這英雄處於作為潛在犧牲者的地位；他在類似境遇中的行為可以歸類如下：

　　1.這英雄被動地或主動地讓人發現；在後一種情形裡，他向對抗者發出暗號。盜鳥巢者就是這樣做的。

　　2.這英雄拒絕合作，小心避免作任何暗示：謝倫特人神話中的第一個女人的行爲就是如此。查馬科科人神話中與她對應的女人的行爲則不同，她發出聲音，只意味著嘲笑，而不是邀請；但這種對立只是表面上的，因爲這女人也拒絕同徒勞地想接近她的男人合作；她甚至不讓自己受男人生理狀態誘惑。

　　3.這英雄的行爲是刺激性的，而這可能是故意的，也可能是無意的。他放聲大笑，如瓦勞人神話中的無禮弟弟；他擲下果子或椏枝來戲弄對抗者，如托巴人和馬塔科人神話中的鸚鵡；他產生了對對抗者的慾望，又不予滿足，如對待查馬科科女人。

　　幾乎所有神話都涉及這些可能行爲中的至少兩種。如果說查科人神話中的鳥被發現，那麼，這無疑是因爲它們的輕率行爲喚醒了吃了東西後睡覺或打瞌睡的女人。被喚醒後，女人們立即就邀鸚鵡一起玩，或者攻擊它，傷害它的舌頭。相反，那些知道該如何正確警戒的鳥則小心地避免交往：禿鷲發出呼嘯聲，鷹知道什麼時候效保持沉默。

　　另一方面，那些無用的守衛者——鸚鵡和鬣蜥——所以未成功地警告同伴，是因爲它們聾（它們得不到信任，因爲它們怎麼可能聽到什麼呢？），或者因爲它們啞（因此無法讓人理解它們）。或者，像在被查馬科科人祖先先遣派出作爲偵察員的薩滿的情形裡，因爲他們作爲目擊者帶欺騙性，或者不可靠。

　　按說博羅羅人的一個小故事(M₃₅)，「kra, kra, kra」地叫的鸚鵡是一個人兒童，他因爲吞下了在灰燼中烤過、尚熾熱的整個果子而變成一隻鳥(Colb.: 3，第214頁)。在這裡，啞口無言也是粗魯的結果。

　　那麼，這一切神話中英雄的行爲帶來什麼樣的賞罰呢？事實上有兩個。一方面，男人得到了女人，這是他們以前所從來沒有過的。另

一方面，天空和地上之間的溝通被打斷，因爲動物的行爲戒絕了溝通，或者更準確地說，戒絕誤用的溝通即嘲笑或戲弄；或者像謝倫特和查馬科科女英雄（她們被切成碎塊）所表明的那樣，戒絕那些把陰影當成實體的溝通（不同於盜鳥巢者的行爲）。

這樣，這骨架可以歸結爲一種雙重對立，一方面是溝通和不溝通間的對立，另一方面是賦予某個人和另一個人的節制或放縱的性格間的對立：

	M_{28} （瓦勞人， 星的起源）	M_{30}-M_{32} （查科人， 女人的起源）	M_{34} （博羅羅人， 星的起源）
溝通（＋） 不溝通（－）	＋	＋ －	－
節制（＋） 放縱（－）	－	－	－

我們現在能夠來界定盜鳥巢者的行爲。它處於兩種危害性行爲的中間，這兩種行爲因其（積極或消極的）不節制性而帶來危害：惹怒或嘲笑把陰影當實體的魔鬼；因爲聾或盲即不靈敏而拒絕同魔鬼溝通。

神話思維賦予這兩種對立的行爲以什麼意義呢？

4 抑制的笑

瓦勞人神話（M_{28}）表明，盜鳥巢者的冒險經歷（M_7-M_{12}）可能是另一個樣子。他也是一個兒童；如果他像面對女魔的同系瓦勞人一樣，也在徒勞地捕捉他的影子的花豹的視野裡縱聲大笑，那麼，情形會怎

麼樣呢？

　　跟笑及其注定後果相關的一整系列神話證實，這種劇變是可能的，使我們得以瞥見可能產生哪些結果。

M₃₆. 托巴－皮拉加人：　動物的起源

　　造物主尼達米克(Nedamik)讓最早的人接受搔癢的考驗。發笑的人被變成陸上動物或水中動物：前者被花豹捕食；後者能遁入水中逃過花豹。保持自我克制的那些人變成花豹或狩獵花豹並能戰勝它們的人(Métraux：5，第 78～84 頁)。

M₃₇. 蒙杜魯庫人：　花豹的女婿

　　一頭鹿娶了一頭花豹的女兒，但不知道她是什麼，因爲那時候所有動物都呈人形。一天，他決定拜訪岳父母。他妻子警告他說，他們很兇惡，還要搔癢逗笑。如果鹿忍不住發笑，就會被吃掉。

　　鹿成功地經受住了考驗，但他發覺，他的岳父母是花豹，因爲他們把打獵時殺死的一頭鹿帶回來，坐下來吃掉。

　　翌日，鹿宣稱，他出去打獵，他帶回來一頭死花豹。現在輪到花豹受驚嚇了。

　　從那時起，鹿和花豹一直相互監視。花豹問他女婿：「你怎麼睡覺？」後者回答說：「我睜著眼睡覺，而當我醒著時，我閉上眼睛。你怎麼樣呢？」「我恰恰相反。」因此，當鹿睡著時，花豹不敢跑出去，但一當他醒來，花豹以爲他睡著，拔腿就跑，而鹿朝相反方向逃掉。(Murphy：1，第 120 頁)。

M₃₈. 蒙杜魯庫人：　猴的女婿

一個男人娶了個人形的吼猴女人（種名 *Alouatta*）。當她懷孕時，他們決定去拜訪她的父母。但是，這女人警告丈夫，說他們很兇惡，他切不可笑他們。

吼猴請他們吃 cupiuba 葉子（*Goupia glabra*），這種東西有麻醉作用。當猴父吃飽以後，他就開始引吭高歌，他那猴子模樣的表情使這男人發笑。這激怒了猴子，等他女婿喝醉後，就把他丟棄在樹梢上的吊床裡。

當這男人醒來時，他發現自己孤身一人，無法爬下地去。蜜蜂和黃蜂來幫助他，勸他報復。這男人取了他的弓箭，追逐猴子，把它們全都殺死，只留下他懷孕的妻子，最後，這妻子同她兒子亂倫，生出了吼猴(Murphy: 1，第 118 頁)。

M39. 圭亞那的阿拉瓦克人：禁止的笑

各種神話事件都談及對猴的拜訪，切不可笑它，違則處死，還談及笑題自然精靈或模仿他們聲音所牽涉的危險(Roth: 1，第 146、194、222 頁)。

我後面還要回到花豹→猴的轉換上來。眼下，問題在於笑的重要性及其意義。有許多神話提供了回答：

M40. 卡耶波-戈羅蒂雷人(Kayapo-Gorotire)：笑的起源

一個男人在他同伴去打獵時留下來看管花園。他感到口渴，去到他認識的附近樹林裡的一個泉邊。他剛要喝水時，聽到來自上面的一種奇怪的咕噥聲。他抬頭向上看，見到一個不知名的動物，用腳懸在一根樹枝上。它是一頭 Kuben-niêpré，這是一種人身、蝙蝠翼和足的動物。

　　這動物從樹上下來。它不懂人的語言，開始撫摩這人，表示
對人友善。可是，它的熱情態度是借助冰冷的手和尖銳的指甲來
表達的，而其搔癢的作用致使人發出最初的大笑。

　　這人被引到蝙蝠居住的岩洞，它看上去像是高聳的石屋。他
注意到，地上沒有任何東西和器具，但布滿了從拱形天花板懸垂
下來的蝙蝠糞便。牆上畫滿了裝飾魚和圖案。

　　這男人又受到了以新的方式作的撫摩。他被更厲害地搔癢，
他笑得前仰後合，筋疲力盡，終於昏死過去。過了很久，他才恢
復知覺，成功地逃遁，尋到了回村的路。

　　印第安人聽到他的遭遇，被震怒了。他們組織了懲罰性的討
伐。他們想先堵死洞穴入口，點燃枯葉堆，乘它們睡著時，把它
們全都悶死。可是，蝙蝠都從屋頂上一個洞孔中逃逸了，只有一
隻蝙蝠被逮住。

　　村民們飼養它很困難。它學會了走路，但他們必須給它做一
根栖木，讓它頭足倒置地睡。它不久就死去了。

　　印第安勇士不屑於笑和逗笑，甚至婦女和兒童也不相宜(Ban-
ner: 1, 第60～61頁)。

　玻利維亞的瓜拉尤人(Guarayu)的宇宙論中也有這個題材。在通
往「大始祖」的路上，死者必須經歷各種磨練，包括被一頭帶有尖爪
的 marimono 猴(*Ateles paniscus*，一種蜘蛛猴)。如果遭難者笑了，則
他要被吃掉(M_{41})。也許由於這個原因，像卡耶波人一樣，瓜拉尤人也
蔑視笑，認爲笑帶女人氣(Pierini, 第709頁和注1)。

　東巴西人神話和玻利維亞人神話間的這種相似性從玻利維亞的另
一個部落即塔卡納人(Tacana)的一個神話(M_{42})那裡得到證實。它講
述一個女人已嫁人，但她不知道事實上嫁給了一個怕光的蝙蝠男人。

他白天總是不在，佯稱在園子裡忙。夜晚，他用吹笛宣告回家。他最終被妻子殺掉，她因蝙蝠笑她而惹怒，而她又沒認出它是丈夫(Hissink-Hahn, 第 289～290 頁)。

　　阿皮納耶人也有一個神話類似於卡耶波人的神話，儘管它並不包含笑這個題材(M_{43})。但它也有像蝙蝠居所一樣的洞穴，屋頂上有個開口；其結局也一樣，被俘獲的小蝙蝠悲慘地死去。在這阿皮納耶人版本中，蝙蝠與人為敵，蝙蝠攻擊人，用錨狀的禮儀斧劈人的頭顱。蝙蝠成功地逃過了煙薰，但丟下了禮儀斧和大量裝飾品，落到了人的手裡 (Nim.: 5, 第 179～180 頁；C.E. de Oliveira, 第 91～92 頁)。

　　按照另一個阿皮納耶人神話(M_{44})，在男人殺死了被女人當做情人的鱷魚之後，女人離開了男人，離開時拿走了這些斧。男人村亟需一把這種斧，兩個兄弟從他們的姊妹處得到了它(Nim.: 5, 第 177～179 頁)。

　　我們來專門討論一下蝙蝠。一個令人矚目的事實是：在有蝙蝠出現的兩個熱依人神話中，它們的作用都在於通過使英雄或女英雄「突發」笑聲或者劈裂他們的頭顱來「打開」他們。儘管含義無疑是不祥的，但它們在所有情形裡都是器物的主人，像其他熱依人神話中的花豹一樣。這些器物採取兩種形式：岩畫⑧或者禮儀斧(參見 Ryden)；在塔卡納人神話中，它們也許還採取樂器的形式。

M_{45}. 特雷諾人：語言的起源

　　　造物主奧雷卡胡伐凱(Orekajuvakai)在使人從土中產生之後，想讓他們說話。他命令他們排成一個縱列，即一個跟在另一個後面，派小狼引他們笑。這狼表現了各種猴戲(原文如此)；他咬住自己的尾巴，但一次次皆屬徒勞。於是，奧雷卡胡伐凱又派

出小紅癩蛤蟆，他的滑稽步態逗樂了每個人。在這癩蛤蟆第三次
通過隊列前面時，人人都開始說話，開心大笑(Baldus：3，第219
頁)。

M₄₆. 博羅羅人：花豹的妻子(片段：參見以下第229頁注⑬)

　　爲了換取允許逃生，一個印第安人不得不同意把他的女兒給
了花豹。當她懷孕，快要分娩時，花豹警告她決不可以笑，然後
就出去打獵了。不一會兒，這青年女人聽到一隻胖蟾蜍（在有些
版本中是花豹的母親）發出的令人不快的、滑稽的聲音，蟾蜍想
逗她快活。這女人竭力忍住不笑，但結果還是微笑了。她立即疼
痛難忍而死。花豹及時回來用爪施行了剖腹產手術。這樣產出了
雙生子，他們後來成爲文化英雄巴科羅羅和伊圖博雷(Colb.：3，第
193頁)。

　　上辛古的卡拉帕洛人(Kalapalo du Haut-Xingu)的一個類似神話
(M₄₇)用一個婆婆放的屁取代笑，但她指責說這是她的兒媳引起的(Bal-
dus：4，第45頁)。於是，我們得到：

---

⑧戈羅蒂雷人的靈魂去到石屋：「我們有機會遊覽里奧維爾梅羅大平原上的這個名
　勝。我們花了很長時間艱苦地越過一道光禿禿的高山，然後瞥見樹梢後方遠處
　有一座眞正的林中廟宇露出頂尖，全白色的，在正午的陽光下熠熠發光。不過，
　『石屋』(Ken kikre)不怎麼令人傾倒，是大自然的作品，一塊碩大白石中空而
　成。四行立柱支撐著屋頂，尖叫的蝙蝠羣出沒其間，在土著的思維中這種動物
　總是同 men karon（關於這個名詞，參見以上第103頁）相等聯結。迷宮般中
　殿的牆上有許多圖案，據認爲是 men karon 的作品。但被解釋爲一些原始雕刻
　家堅忍不拔的努力的成果。在這些圖案中，可以辨認出癩蛤蟆、三趾鴕鳥的足，
　類似紋章的十字花紋圖案等圖形……」(Banner：2，第41~42頁)。

	M_{46}	M_{47}
歸罪的／禁止的	－	＋
高／低	＋	－
內部的／外部的	＋	－

在一個圭亞那人神話(M_{48})中，一個女人因爲在觀看小龜表演舞蹈時未能忍住不笑而被送上了天(Van Coll, 第 486 頁)。

M49. 蒙杜魯庫人：蛇的妻子

一個女人有一條蛇做情人。她假裝去採集 sorveira 樹(*Couma utilis*)的果子，每天到樹林裡去看望那條蛇。蛇住在一棵樹上。他們做愛，直到夜裡，而到了分手的時候，蛇搖落了許多果子，裝滿這女人的籃子。

她的弟弟起了疑心，一直監視著這孕婦。他沒能看到她的情人，但能聽到她在他的懷抱裡高喊：「杜帕謝雷博(Tupasherebo)(蛇的名字)，不要讓我笑得這麼厲害！你讓我笑得太厲害了，我在拉屎！」最後，這兄弟看到了蛇，把它殺了……

後來，這女人爲蛇生的兒子替父親報了仇(Murphy：1，第125～126 頁)。

M_{50}. 托巴-皮拉加人：蛇的妻子

有一個姑娘不斷地流經血。有人問她：「你的經期不會終止嗎?」姑娘回答説：「只有當我的丈夫在這裡的時候。」但是沒有人知道她的丈夫是誰。並且，這姑娘不停地笑。

人們最後發現，她在茅舍裡始終坐在她丈夫蟒蛇占居的一個孔上。人們給這蛇設置了陷阱，把他殺了。這姑娘生了六條小蛇，

全有斑點，他們也被殺了。這姑娘變成了一隻鬣蜥。(Métraux：5, 第65～66頁)

我想評論一下這最後一個神話。這女英雄說，只有當她丈夫在的時候，即當她可以說被堵塞住時，月經才停止。南美洲的「蛇女」有一個顯著特徵，就是通常開著口。一個博羅羅人神話(上面已扼述過)(M_{26})的女英雄偶然被她丈夫出去打獵時殺掉的一條蛇的血授孕。她因此懷上的蛇兒子同她交談，隨意進出她的子宮(參見以上第140頁)。這個細節也出現在一個特內特哈拉人神話(M_{51})之中：蛇夫人的兒子每天早上從她子宮出來，夜晚又回到那兒。女人的兄弟勸她躲藏起來，這孩子自己變成一道閃電(Wagley-Galvão，第149頁)。在一個瓦勞人神話(M_{52})中，女人把情人放在身體裡帶著，他只間斷地出來，爬上果樹給她弄食物(Roth：1，第143～144頁)。

由此可見，剛才考察的這一系列神話使我們得以在笑和各種身體開口之間建立關係。笑是一種開口；它能引起開口；或者，開口本身被表現為笑的一種組合變型。因此，無怪乎搔癢即笑的物理原因(M_{36}、M_{37}、M_{40}、M_{41})可代之以身體開口的其他(也是物理的)原因：

M_{53}. 圖庫納人(Tukuna)：花豹的女婿

一個獵人迷了路，來到了花豹的家裡。花豹的女兒們解釋說，他在追逐的猴是她們的寵物，然後邀他進屋。當花豹回到家裡，聲到人肉味時，她妻子把獵人藏入閣樓。花豹帶回一頭玉頸西貒食用(參見以上第114～115頁)。這驚魂未定的男人被介紹給花豹，被從頭到腳舐了一遍。然後，花豹又剝掉他的皮膚，自己用它裝成人形。花豹和客人親切閒談，等待吃飯。

這時，花豹妻子偷偷告誡獵人，肉加了許多佐料，當他吃肉

時，不要流露出因此而感到難堪。儘管這食物辛辣非常，但這男人還是成功地掩飾了他的不快，當然也是勉爲其難。花豹很高興，祝賀他，送他踏上回村的路。

可是，這獵人走錯了路，又回到花豹家裡，於是花豹又給他指了一條路；他又迷路而折返。花豹的女兒們提出結婚；這男人接受了，花豹也答應了。

一天，已經很晚了，他回去探親。他的母親發現，他變得野蠻了，他身上開始長滿像花豹皮膚一樣的斑點。她給他全身塗上炭粉。他跑進了樹林，他的人妻去那裡尋他，但徒勞無功。他從此失踪。 (Nim.: 13, 第 151～152 頁)。

這神話沿著兩根不同的對稱軸，一方面同奧帕耶人關於花豹妻子（兩性顛倒）的神話(M_{14})相連接，另一方面同蒙杜魯庫人神話(M_{37})相聯結，後者像這個神話一樣，也講述一個怪人，他成了花豹的女婿。在後一種情形裡，兩性沒有變，但可以看到一種雙重轉換：在作爲一頭鹿(M_{37})之後，英雄變成了一個人(M_{53})，他經受的考驗不是想使他發笑的搔癢(M_{37})，而是吃可能使人發出痛苦叫喚的辛辣燉肉(M_{53})。同時，鹿小心避免吃花豹的食物(鹿肉：與他自己同系)，而人吃花豹的食物，儘管它是異質的(不宜食用的，因爲佐料加得太厲害)。其結果是，人明確地等同於花豹，而鹿則明確地區別於它。

從這兩個神話的同構（這值得專門加以研究）可知，搔癢引起的笑和辛辣調味引起的呻吟都可以看做爲身體開口，這裡更確切地說是口部開口的組合變型。

最後，作爲關於笑這個題材的結論，應當指出，在南美洲（像在世界其他地區一樣），某些神話建立了笑和燒煮用火的起源之間的聯繫。這提供給我們對下述事實的補充證明：在流連於笑的題材時，我

們仍然處在我們主題的範圍裡：

M₅₄. 圖庫納人： 火和栽培植物的起源（片段：參見以下第230頁）

以前，男人沒有甜的木薯屬植物，也沒有火。一個老嫗由螞蟻授與前者的奧秘；她的朋友夜燕（一種夜鷹：種名 Caprimul-gus）為她謀得了火（藏在他的鉤形鼻裡），於是她能煮燒木薯了，不用放在太陽下曬或放在腋窩裡加熱。

印第安人發現這老嫗的木薯餅美味可口，就問她怎麼做。她回答說，她只是利用太陽的熱烘它們。夜燕被這謊話逗樂，放聲大笑，於是印第安人看到從它口裡吐出的火焰。他們強制地打開這口，獲取了火。從此夜燕就一直長著豁裂的鉤形鼻(Nim.: 13, 第131頁)。⑨

一個博羅羅人火起源神話很可以在這裡引入，儘管其中沒有明顯提到笑的題材；它將使我得以把前述意見同我的整個論證聯繫起來。

M₅₅. 博羅羅人： 火的起源

從前，猴子像人的樣子；他身上沒有毛髮，駕獨木舟，吃玉米，睡吊床。

一天，猴子同 préa（一種豚鼠： Cavia aperea）一起從種植園駕舟回來，途中他吃驚地看到，這動物在飢餓地啃堆在舟底的玉米。

---

⑨在熱依語中， Caprimulgus（Mãe de lua）稱為 urutau, yurutahy 等等即「大口」。一個亞馬遜人版本將這口同陰道相比（Barbosa Rodrigues，第151～152頁），這提示了同某些關於火起源的圭亞那人神話的等價性，它們說，一個老嫗把火藏在她的陰道裏。

他喝道:「不要吃了,不然你會在船壁弄出一個洞,我們船就要漏水,我們都會淹死,而你也逃不了,因爲比拉魚要吃你。」

可是,préa 繼續哨食,猴子的預言應驗了。他是游泳好手,設法將手伸進了一條比拉魚的鰓部。他獨自上岸,揮舞著捕獲的魚。

一會兒,他遇到花豹,後者驚異地看到這魚,爭取到了獲邀同食。他問:「那麼,火在哪兒呢?」猴子指向正沉向地平線而把遠景沐浴在血色餘暉之中的太陽。他說:「就在遠處,你没看見嗎?去把它拿來。」

花豹走了很長的路,然後回來說,他拿不到。猴子繼續說:「可是,那裡還是火焰一片通紅!跟著它跑,這次要趕上火,我們就可燒煮魚了!」這樣,花豹又去了。

於是,這猴子發明了摩擦兩根枝條產生火的方法,後來人向他模仿了這種方法。他點燃了火,炙烤魚,統統吃光,只剩下骨頭。此後,他爬上一棵樹——有人說它是棵 jatoba 樹——住在樹梢上。

當花豹筋疲力竭地回來時,他發覺上當了。他勃然大怒:「我要打死這可惡的猴子,可是他在哪兒呢?」

花豹吃掉了剩下的魚骨,尋找猴子的踪跡,可是白費勁。猴子呼嘯著,一次,二次。花豹終於看見了他,要他下來,但猴子不肯,害怕花豹違背諾言,把他殺掉。於是掀起一股大風,把樹梢刮歪;猴子拼命抓牢樹,可是很快用盡了氣力,只剩一隻手吊在樹上。他對花豹喊道:「我要掉下來了,快張開你的口。」花豹把口張得大大的,猴子跌了進去,消失在花豹的腹中。花豹咆哮著,吞嚥著,跑進了森林。

可是,他很快就感到難過了,因爲猴子在他身體裡面蹦蹦跳

跳。他乞求猴子放安穩，但沒有用。最後，猴子拔出刀子，剖開
花豹的腹部，跑了出來。他剝下了死豹的皮，切成條子，用來裝
飾自己頭部。他又偶遇一頭花豹，後者懷有敵意。他向這頭花豹
說明他的頭飾的底細，後者於是明白了：自己的對手是殺過花豹
的，於是倉皇逃走。（Colb.：3，第215～217頁）

在分析這個非常重要的神話⑩之前，我先來作幾點預備性的說明。
這裡，prea 是猴子的粗心的、不聽話的和不幸的伙伴。他所以滅亡，
是因爲他**貪吃**，而這致使**獨木舟被鑽孔**（即一個取決於文化的製造品
開口，而不是作爲自然產物的肉體的開口，參見 M₅）。因此，préa 處
於托巴-馬塔科人神話（M₃₁和 M₃₂）中的粗心監視者（他們被**堵塞**
——睡覺，聾或啞）和瓦勞人神話（M₂₈）中的粗心英雄（他突發笑聲）
之間；但同時它又處於異常的地位（文化而不是自然；植物性食物，
它自己吃它們，從而影響了一個外部客體，而不是由他者吃的動物性
食物——或魚或肉，從而影響身體本身）。

在曾是博羅羅人南鄰的奧帕耶人那裡，préa 在一個神話中扮演介
紹人的角色，把火和燒煮帶給人類（這是博羅羅人神話中賦予猴子即
préa 的伙伴的角色）：

M₅₆. 奧帕耶人：火的起源

⑩它也見於圭亞那人，但是個殘篇，作爲許多插段中的一個，而這許多插段構成
　關於英雄科涅沃（Konewo）的故事而非神話。這英雄在日落時坐在河岸邊。一頭
　花豹出現，問他在做什麼。科涅沃回答說：「我在砍木取火」，同時指指一棵死
　樹上方的一顆閃光的星。他又命令說：「去把火拿來，我們可以燒東西！」花豹
　去了，到處跑，但勞而無功，從未見到火。這時，科涅沃已逃之夭夭（K. G.：
　1，第141頁）。

從前，花豹的母親曾是火的女主人。一些動物合謀從她那裡竊取火把。犰狳第一個嘗試。他到了那老嫗的茅舍裡，問她能否讓他暖暖身子，因爲他感到冷。他得到應允。他給老嫗的腋窩搔癢，讓她睡覺。當他感到，她的肌肉鬆弛了時，他奪過火把就逃。可是，這女人醒來，用嘯聲發信號給她兒子花豹，後者追上了犰狳，奪回火把。

刺鼠，然後獏、捲尾猴和吼猴，最後所有動物都遭噩運。只有不起眼的動物 préa 在其他動物失敗的地方獲得了成功。

préa 採取的方法與衆不同。當他來到花豹的茅舍，直截了當地說：「你好，奶奶，你好嗎？我來取火。」於是他奪過一個燃燒的火把，懸在頸脖上，跑了。(比較馬塔科人，見 Métraux：3, 第 52～54 頁；和 5, 第 109～110 頁)

花豹聽到母親的嘯聲，立即警覺起來。花豹試圖攔截 préa，但後者設法避過了他。花豹跟蹤追趕，但 prea 已領先了好幾天的路程。花豹終於在巴拉那河對岸追上了他。prea 對花豹說：「讓我們談談。現在你已失去了火，你必須再找一種生活手段。」其時，火把(下文表明，它更像是一根原木)正在燃燒，「因而足以成爲可以携帶的點火把」。

préa 是個騙子。他甚至在那時就是這樣。他騙花豹說，衛生的食物莫過於帶血的生肉。花豹說：「好，讓我嘗嘗」，他用脚爪猛擊 préa 的口部，把它縮短到一直保持到現在的長度。最後，préa 使花豹相信，還有別種被捕食的動物(這意味著，préa 造成今天花豹對人構成的危險)。然後，花豹給他上了燒煮課：「如果你餓了，那麼就點火，把肉放在一根鐵簽上烤；如果你有時間，就把肉放在一個爐子上燒煮，而這火爐已在底部挖空，並預先加過熱；用樹葉放在肉的四周，再把土和熱灰放在火爐頂上。」當他在作這

些講解時，火把終於熄滅了。

　　花豹於是教 préa 如何通過轉動枝條來生火，préa 跑遍各處，
到處點著火。火甚至傳到他自己的村子，他的父親和其他居民在
村裡歡迎他凱旋歸來。現在在灌木叢林中仍可看到 préa 點燃的火
所燒的木炭餘燼。(Ribeiro: 2, 第 123～124 頁)

　不難看出，這個奧帕耶人神話提供了兩個神話間的過渡：博羅羅
人關於 préa 的伙伴猴子發明火的神話；熱依人關於人（借助動物或後
來自己變成動物）從花豹那裡盜火的神話。préa 從花豹那裡盜火（像
熱依人神話中的動物），在失去火之後，又敎人如何產生火，就像博羅
羅人神話中的猴子。

　　關於 préa，還可指出，這神話順便解釋了這種動物爲什麼鼻子短。
這一點很重要，因爲我們在前面已看到(M$_{18}$)，卡耶波人憑鼻子長短區
分玉頸西猯和白唇西猯。凡策利尼(Vanzolini)(第 160 頁)發表的一點意
見表明，蒂姆比拉人在區別齧齒動物的種類時，以有無尾巴爲指導。
我們至此考察過的神話裡，有兩種齧齒動物扮演過角色。préa (*Cavia
aperea*)是猴子的小伙伴(M$_{55}$)，或動物的「小弟弟」(M$_{56}$)；刺鼠（種
名 *Dasyprocta*)是參照神話(M$_1$)的英雄的弟弟。另一方面，一個卡耶波
人神話(M$_{57}$; Métraux: 8, 第 10～12 頁)講到兩姊妹，其中一個變成了猴
子，另一個變成了天竺鼠(*Coelogenys paca*)。一個動物學家說，*Dasy-
procta* 種是「最重要的作爲常年食物源的物種」；*Coelogenys paca* 是
「較可意的獵物」(Gilmore, 第 372 頁)。刺鼠(*Dasyprocta*)重量在 2 到 4
公斤之間，天竺鼠重量大到 10 公斤。我們從奧帕耶人神話(M$_{56}$)知道，
préa 被看做爲一種非常小的動物，毫不足道。它同豚鼠有密切的親緣
關係，長度在 25 和 30 厘米之間；巴西南部的土著甚至認爲，它不值
得捕獵(Ihering: 辭條「Préa」)。

　　當把這一切因素加以彙總時，人們不禁會在兩種齧齒動物之間或一種齧齒動物和一種猴之間建立一種關係，它類似於這些神話中已在兩種豬之間建立的那種關係。長和短的對立（適用於豬的鼻子和鬃毛，參見 M_{16} 和 M_{18} 以及第 118 頁）也表徵著在其他方面相聯繫的兩組動物：猴和 préa（M_{55}）以及猴和天竺鼠（M_{57}），更不必說刺鼠和 préa，因爲它們在 M_1、M_{55} 和 M_{134} 中占有相似的地位。不過，我們無法肯定，這對立究竟建基於鼻子長度這種相對尺寸還是尾巴有無之上。然而，這對立是存在的，因爲一個蒙杜魯庫人神話（M_{58}）解釋了，這些動物在女人還沒有陰道的時候如何供給她們陰道。刺鼠做的陰道長而細；天竺鼠做的呈圓形（Murphy：1，第 78 頁）。

　　如果這假說（我在此只是嘗試性地提出）得到確證，則就有可能按照下列形式建立同關於野豬起源的神話的等價關係：

⑴有蹄動物：

白唇西猯（110 厘米）＞玉頸西猯（90 厘米）

鼻：	長	短
鬃毛：	長	短

⑵齧齒動物：

天竺鼠（70 厘米　＞刺鼠（60 厘米）　＞préa（30 厘米）　＞鼠（*Cercomys*）

		「短鼻」 （奧帕耶人）	
「無尾」⑪		「無尾……	……長尾」 （蒂姆比拉人）
「圓陰道……	……長陰道」 （蒙杜魯庫人）		

1) 大動物：（白唇西貒：玉頸西貒）::（長：短）。

2) 小動物：（猴：齧齒動物 x, y）::（齧齒動物 x：齧齒動物 y）::（長：短）。

　　由此看來，可以把剛才考察的這組神話看做爲對包括野豬起源神話的那組神話的弱轉換，而這使我們得以借助一種附加聯繫來把後一組神話同那組關於火起源的神話聯結起來。此外，這些神話還直接給出小獵物和大獵物的對立。蒙杜魯庫人談到創造野豬的卡魯薩凱貝：「在他之前，只有小的獵物；他使大獵物問世」（Tocantins：第 86 頁）。對偶白唇西貒—玉頸西貒之概念化爲一對對立面，爲卡爾杜斯（Cardus）（第 364～365 頁）的評論所確證，他顯然是從土著得到啓示的。

　　這種研究將使我們越過我給自己規定的界限。因此，我寧可用一種更直接的方法來證明兩組火起源神話間的聯繫(從花豹處偷取的火，或者用猴或 préa 教的一種方法產生的火)。⑫

　　顯然，關於火起源的博羅羅人神話(M_{55})和同一題材的熱依人神話（M_7 到 M_{12}）是嚴格對稱的(參見第 179～180 頁上的表)。

　　如果猴／préa 的對立可以像我們已提出的那樣看做爲白唇西

---

⑪一個尤魯卡雷人(Yurukare)神話對此作過解釋（Barbosa Rodrigues，第 253 頁）。亦見圖涅博人(Tunebo)語言給天竺鼠取的名字：batara「無尾鼠」(Rocher-eau，第 70 頁)。伊海林(Ihering)就刺鼠的尾巴指出(辭條「Cutia」)：它退化了，在 *Dasyprocta aguti* 和 *D. azarae* 那裏幾乎看不見。另一方面，一個較少的亞馬遜種 *D. acouchy* 具有「一條較發達的尾巴，約 8 厘米長，端部有一簇鬃毛。」不過，甚至在最早的兩個種之一那裡，最早的巴西觀察者也注意到，它的尾巴「非常短」(Léry，第 10 章) 或「只有一英寸長」(Thevet，第 10 章)。一則亞馬遜人記敍把動物分爲兩類：有尾動物(猴、刺鼠)和無尾動物，如癩蛤蟆等(Santa-Anna Nery，第 209 頁)。博羅羅語詞 aki pio 指「一切無尾的四足動物，如水豬和刺鼠」(《博羅羅人百科全書》第 1 卷，第 44 頁)。

猫／玉頸西猫對立的一種弱形式，那麼，這將提供給我們一個附加的維度，因爲後一對立回到了姊妹的丈夫／妻子的兄弟這個對立即熱依人神話中的兩個英雄之間的關係。不過，關於我的重構的有效性，還有一個更其令人信服的證據。

卡耶波-庫本克蘭肯人版本(M_8)包含一個細節，它本身不可理解，只能借助博羅羅人神話 M_{55} 加以闡釋。按照卡耶波人版本，當花豹抬頭看岩石上的英雄時，他小心地遮掩住嘴。而當博羅羅人神話中的猴子發覺花豹快要走時，就要求他張開嘴，而後者就這樣做了。於是，在一種情形裡，是從下向上地經過中介的（因此是有益的）結合；而在另一種情形裡，是從上向下地不經過中介的（因此是危害性的）結合。由此可見，博羅羅人神話說明了卡耶波人神話：如果卡耶波花豹未用爪掩住嘴，那麼，這英雄本來會跌入這口中而被吞掉，恰如博羅羅猴子那樣。在一種情形裡，花豹閉上了嘴；在另一種情形裡，他張開了嘴，其行爲如同托巴-馬塔科人神話(M_{31}, M_{32})中的聾啞監視者或者瓦勞人神話(M_{28})中的發笑的（而不是吞吃的）兄弟：他因被「張開了口」而自己被吞吃掉。

另一方面，博羅羅人關於火起源的神話使我們得以更精確地界定猴子的語義地位，它處於花豹和人兩者的語義地位之間。像人一樣，

---

⑫這個區別對於這兩組神話具有典型意義。花豹占有火的自然亞種(*sub specie naturae*)：它純粹地、簡單地占有火。在 M_{55} 中，猴獲得火的文化亞種(*sub specie culturae*)：他發明了一種產生火的技術。prêa 處於中間地位，因爲在它那裏火失而復得。由此看來，可以指出：M_{56} 和一個簡短的馬塔科人神話(M_{59})之間有著相似之處。花豹是火的主人，決不給人一點點火。一天，豚鼠來看花豹，名義上來給他一條魚，實際上從他那裏盜一點火，以便正在打魚的印第安人能燒煮食物。當印第安人外出時，他們留下的熱灰點燃了草地，花豹趕緊用水澆滅了火焰。花豹不知道，印第安人已把火帶走了(Nordenskiöld: 1，第 110 頁)。因此，這裏也有兩種火，一種失去了，另一種保存了下來。

猴子也同花豹相對立；像花豹一樣，他也是人還不知道的火的主人。
花豹是人的反面；而猴倒是人的對應者。因此，猴這個角色時而由假
借自對立兩極之一極的元素構成，時而由假借自另一極的元素構成。
有些神話表明了猴和花豹(M_{38})之間的溝通；另一些神話，例如剛才
分析的神話，表明了同人的溝通。最後，有時可以看到完整的三角系
統：按照一個圖庫納人神話(M_{60})，「猴王」具有人形，儘管他屬於花
豹的種族(Nim.: 13，第 149 頁)。

當我們考察關於笑的全部神話時，我們對一個表面上的矛盾留下
深刻印象。它們幾乎全都把危害性後果歸咎於笑，而最常見的後果是
死。笑只是偶爾同正面事件相聯繫，例如同燒煮用火的獲得(M_{54})或語
言的起源(M_{45})相聯繫。這裡應當回想起，博羅羅人區分了兩種笑：單
純肉體或心靈的快樂產生的笑，以及慶幸文化發明的凱旋之笑(M_{20})。
事實上，如我在就那些有蝙蝠出現的神話(M_{40}, M_{43})所已指出的那樣，
自然／文化對立是這一切神話的基礎。這些動物體現著自然和文化間
的一種徹底分離，而這以下述事實作為有力證例：它們的岩洞一無陳
設，因而徒有裝飾豐富的四壁，而這又同撒滿糞便的地面形成對比
(M_{40})。並且，這些蝙蝠專有著文化符號：岩畫和禮儀用斧。它們通過
搔癢和撫摩引起了一種自然的笑，它是純肉體的，可以說是「空洞的」。
因此，這笑嚴格說來是死的，它的作用實際上如同 M_{43} 中頭顱之被斧劈
裂的一種組合變型。這種情境適同 M_{45} 中的情境相反，在後者那裡，一
個文明英雄通過向人做鬼臉而使人「開口」，致使人能用蝙蝠所不知曉
的分解的語言來表達自己(M_{40})；蝙蝠的另一選擇是支持「反溝通」。

M_{55} 兩個動物：	猴 > préa	水中冒險	動物(<)過分大膽	動物(<)下場(死)
M_7-M_{12} 兩個人：	人 a > 人 b	陸上冒險	人(<)太膽小	人(>)下場(活)

//

M_{55} 孤立動物(>)	遇見花豹	**負面的中介，猴—花豹**	
		(1)水中的獵物(魚)被提供，遭到猴的拒絕	(2)花豹吞下猴
M_7-M_{12} 孤立的人(<)		**正面的中介，花豹—人**	
		(1)天上獵物(鳥)是花豹需要的，並被提供給他	(2)花豹避不吞下人

//

M_{55} 猴使花豹去把影像(＝**火的影子**)當做火	猴，虛幻的火的主人	猴，文化物體(獨木舟、火棒、刀)的主人
M_7-M_{12} 人未使花豹把陰影當做實體	花豹，現實的火的主人	花豹，文化物體(弓、燃燒的圓木、棉紗)的主人

//

M_{55} 猴在上，花豹在下	花豹作爲魔鬼	強加的結合	猴**在**花豹的**腹中**
M_7-M_{12} 人在上，花豹在下	花豹作爲食物供給者	協商的結合	人**在**花豹的**背上**

//

M_{55} 兩頭花豹 （未指明性別）	一頭花豹被殺，另一頭離去	皮被從花豹身上撕下 （自然物體）
M_7^- M_{12} 兩頭花豹 （一頭雄， 一頭雌）	一頭花豹被殺，另一頭被留下	火被從花豹那裡奪走 （文化物體）

II　簡短的交響曲

1 第一樂章：熱依人

我迄此所做的工作是使得能夠把大量神話聯繫起來。但是，在我匆匆確認和加固那些最明顯不過的聯繫的時候，處處留下一些空懸的線頭，而它們應當結紮起來，因爲我們相信，迄此考察過的神話全都是一個連貫整體的組成部分。

因此，我們現在試著通觀一下我用碎塊綴合起來的牆氈，就把它當做是完整無缺的，暫時把尚存在的空缺置諸腦後。這一切神話分成四大組。它們兩兩相對，以英雄行爲相反對爲表徵。

第一組介紹給我們一個有克制力的英雄：他在被安排吃難吃的食物時忍住不抱怨（M_{53}）；他在被搔癢（M_{37}）或被安排看滑稽的東西時忍住不笑。

另一方面，第二組的英雄沒有克制力：他面對做可笑手勢的人（M_{28}、M_{38}、M_{48}）或用奇腔怪調說話的人（M_{46}）便忍俊不禁。在被搔癢時，他無法自制（M_{40}）。或者，他吃東西時無法避免張口，因而咀嚼時響聲大作（M_{10}）；或者他聽聲音時張開耳孔，所以聽到鬼號（M_9）；又或者，因爲他笑得太厲害（M_{49}、M_{50}），或因像在參照神話中那樣，他的臀部被吃掉（M_1）；最後或者因他放出產生致死後果的屁，因此他忍不住而放鬆了括約肌。

　　因此，克制和不克制、閉合和開放首先作爲適度控制和過分的表現而相對立。但是，我們立即看到還有兩組神話，它們同前兩組神話是互補的。在這兩組神話裡，克制帶上過度的特徵，因爲克制被弄得過了頭，相反，不克制（如果未弄得過頭）似乎成爲一種節制有度的行爲。

　　過度的克制是遲鈍的或沉默寡言的英雄的特徵；也是貪吃英雄的特徵，他們無法排泄正常「包含」的食物，因此保持閉合(M_{35})，或者注定發生致死的排泄(M_5)；也是魯莽的或輕率的英雄的特徵，他們睡著了，（被認爲）是聾的或者（變成）啞的(M_{31}、M_{32})。赫克斯利（Huxley）（第 149-150 頁）提出，在神話層面上，消化的過程可以比做一種文化的程序，因此，相反的過程——即嘔吐——則相當於從文化向自然的倒退。無疑，這種解釋自有其眞理的因素在，但是作爲神話分析的規則，它不可以推廣到超出某種特定的背景。我們知道在南美洲和別處有許多事例，在那裡，嘔吐具有恰恰相反的語義功能：它是一種超越文化的手段，而不是向自然回歸的徵象。同時，還應指出，就此而言，消化不僅同嘔吐相對立，而且同腸梗阻相對立，因爲前者是倒逆的吸收，後者是受阻的排泄。博羅羅人神話(M_5)中的婦女以疾病的形式滲流出魚，因爲她未能排泄這些魚；另一個博羅羅人神話(M_{35})中的貪吃的小男孩所以喪失語言，是因爲他未能嘔吐出他吞下的燃燒著的果子。特雷諾人祖先(M_{45})因爲發笑而張開了口，結果獲得了語言。

　　適度控制的不克制是知道如何謹愼地並且可以說在語言溝通門閾以下同魔鬼溝通的那些英雄的一個特徵。他們默默地卸除僞裝(M_7、M_8、M_{12})，向地上啐唾沫(M_9、M_{10})或者發出嘯聲(M_{32}、M_{55})。

　　因此，不管是不是屈從於可笑的幻影，還是不笑（因身體或心理的原因），或者吃東西時不作聲（因食物佐料太重而大聲咀嚼或者叫喊），上述所有神話都屬於在兩個水平上運作的張開和關閉辯證法：上

部的孔（口、耳）和下部的孔（肛門、尿道、陰道）。⑬

　　因此，我們得到一個約略的系統：

	M_1	M_5	M_9	M_{10}	M_{46}	M_{49}, M_{50}	M_{53}
上部			聽得過多	大聲咀嚼	笑	笑	呻吟
下部	不經過消化的排泄	滲流放屁				排尿行月經	

　　如果上部／下部對立同第二個對立即前部／後部對立相結合，並取這個對立為：

　　　　口：耳∷陰道：肛門，

則上面的表可以簡化為：

	M_1	M_5	M_9	M_{10}	M_{46}	M_{49}, M_{50}	M_{53}
上部(+)／下部(−)	−	−	+	+	+	+, −	+
前部(+)／後部(−)	+	−	−	+	+	+	+
發送(+)／接受(−)	+	+	−	+	+	−, +	+

---

⑬並可自由地相互轉換；參見阿雷庫納人（Arecuna）神話（M_{126}），在其中，馬庫納馬（Makunaima）垂涎於其兄的貞節妻子。他先變成一隻「bicho de pé」（小的寄生蟲）引她笑，但沒有用；然後，他呈人形，渾身傷痕累累，她笑了。他立刻向她撲去，強姦了她（K. G.：1，第44頁；亦見 M_{95}）。

（儘管從形式觀點看來，M_{10}和M_{53}以相同方式提出了問題，但就對問題的解決而言，兩者是不同的，因為在M_{53}中英雄不願嘴被花豹的食物燒灼而仍竭力保持沉默，然而M_{10}中的英雄吃東西時響聲大作，因為花豹的食物鬆脆。）

2 第二樂章：博羅羅人

現在讓我們回到第一篇中彙總的那些神話上去。參照神話和熱依人關於火起源的那組神話（M_7-M_{12}）有什麼共同之處呢？乍一看來，只有一個，即盜鳥巢者揷段。在其他方面，博羅羅人神話開始於亂倫的故事，而這在熱依人神話中未明顯出現。後者是圍繞拜訪作為火主人的花豹建構起來的；這拜訪被用來解釋燒煮食物的起源；這在那個博羅羅人神話中毫無對應。匆忙的分析會引人作出這樣的結論：盜鳥巢者這個描段是由博羅羅人或者熱依人假借來的，引入到判然不同於原始背景的一種背景之中。果眞如此，則這些神話便都是零碎雜湊而成的東西了。

相反，我倒是打算證明，在這一切情形裡，我們都是在探討同一個神話，而各種版本間表面上的歧異被看做為一組神話內部發生的轉換的產物。

首先，所有版本（博羅羅人：M_1；和熱依人：M_7-M_{12}）都提到用樹枝做的弓箭的應用。有些人認為，這解釋了狩獵武器的起源，而像火一樣，這武器也是人所不知道的，它們的秘密只有花豹掌握。博羅羅人神話並不包含花豹的描段，而被遺棄的、飢餓的英雄在岩壁頂上用手頭的材料製作了弓箭；狩獵武器的這種創造和再創造是所考察的這整個系列神話的一個共同主題。並且，還可指出，沒有花豹在場（在這個神話中他不場）的情況下弓箭的發明是同M_{55}中花豹（暫時）不在

場時猴之發明火完全一致的；然而按照熱依人神話，英雄直接從花豹接受弓箭（而不是發明它們），並且火已點燃。

我們現在來看那個最嚴重的歧異之處。全部熱依人神話(M_7-M_{12})都明白地是關於火起源的神話，而這個主題在那個博羅羅人神話中卻毫無影踪。可是，果眞如此嗎？《東部博羅羅人的中心》（*Os Bororos orientais*）的著者在兩處對這個神話作了重要評述。他們認爲，它涉及「風和雨的起源」(Colb.: 3, 第 221, 343 頁)。他們考察了一些地質學問題，如雨的侵蝕作用、糞尿的紅土化作用以及峭壁的形成和峭壁腳下因水滴作用所致的「罐」的形成。而雨季，這些通常充滿土的「罐」注滿了水，看上去像水庫。這個意見同這神話中的任何情節都毫無關係（儘管它的作用是作爲一種預備性說明）。如果它直接來自神話提供者，就像這部著作中常見的那樣，則就更其意味深長。我正試圖將之同參照神話相聯繫的各個熱依人神話都明確地提到燒煮的起源。

可是，那個博羅羅人神話只提及一次暴風雨，本文中也未指出它是最早的暴風雨。可以回想起，英雄回到村裡，在第一夜那裡就發生了一次強烈的暴風雨，熄滅了所有火爐，除一只而外。然而，初次發表的 M_1 版本的結語明白指出它的原因論性質（參見以上第 49～50 頁）；儘管這段話在第二個版本中消失了，但評注證實，土著正是以這種方式解釋這神話。由此可見，那個博羅羅人神話也是關於起源的：不是火的起源，而是（本文明確說明的）雨和風的起源，而雨和風是火的對立面，因爲它們熄滅火。可以說，它們是「反火」。

這個分析還可推進。因爲暴風雨熄滅了村裡的全部火爐，只剩下這英雄⑭避身的那個茅舍中的一個，他則暫時處於花豹的地位：他是火的主人，村裡全部居民都得從他那裡謀取火把，用以重新點燃熄滅的火。從這個意義上說，這個博羅羅人神話也是關於火的起源的，但採取了省略的手法。因爲，它和熱依人神話的差別在於對共同的主題

作了較弱的處理。這事件實際上發生在村民生活的史後時代，而不是以引入文明技藝爲標誌的神話時代。在第一種情形裡，火被一個狹小的集體丟失，而它以前擁有火；在第二種情形裡，火被授予還不知道火的整個人類。然而，克拉霍人版本(M_{11})提供了一個中間方案，因爲在那裡，人類（作爲整體）被文化英雄剝奪了火，這些英雄拋棄了人類，帶走了火。⑮

　　如果可以把參照神話中的英雄的名字Geriguiguiatugo解釋爲一個複合詞，由gerigigi「木柴」和atugo「花豹」構成，那麼，上述論證還可得到進一步加強。這將給出「木柴花豹」，而我們認識他是熱依人英雄，並且他顯然未出現於博羅羅人神話之中，但他的存在乃從賦予一個角色（如我們所已看到的，他正是起著這種作用）的名字的詞源得到徵象。然而，沿著這條思路去探究，將是危險的，因爲從音位

────────────

⑭他的外祖母的茅舍；也許是祖母；否則，他的父親也應住在這茅舍裏：可是實際上並非如此；博羅羅語的版本使用名詞imarugo (Colb.: 3, 第344頁)，它指稱父親的母親。標示外祖母的詞是imuga（《博羅羅人百科全書》第1卷，第455頁）。

⑮饒有趣味的是，介於熱依人神話和博羅羅人神話之間的一種中間形式（它以其存在本身就證實了從一種類型向另一種類型過渡的可能性）可以在巴拿馬的庫納人(Cuna)那裏看到，他們的居住地遠離巴西中部和東部。庫納人關於火起源的神話(M_{61})讓花豹作爲火的主人出現；其他動物通過引起傾盆大雨來獲取火，這雨熄滅了所有的火爐，除了花豹吊床下面那個而外。一隻小鬣蜥設法從這火爐中獲取一根燃燒的枝條，再撒尿澆滅其餘火棒。接著，他帶著掠奪物越過河流，而花豹不會游泳，趕不上他(Wassen: 2, 第8～9頁)。因此，這神話同熱依人神話共同地讓花豹作爲火的主人出現。它同博羅羅人神話則有兩個共同特點。第一，消極地奪取火，即用雨熄滅一切火源，只保留英雄茅舍中的那個（這裏是花豹茅舍中的那個）；第二，蜥蜴（鬣蜥）作爲這後一種火的主人。在查科人神話中，蜥蜴也是火的主人(Wassen: 1, 第109～110頁)。一個卡尤亞人(Kayua)神話（M_{119}）提到了，花豹不會游泳。

學觀點看來，這裡所給的標音是有疑問的。另一方面，下面將要證實，科爾巴齊尼和阿爾比塞蒂提出的詞源分析，其準確性尚不足以先驗地排除同一個名字可作多種解釋的可能性。

　　不管怎樣，為了接受下述事實，我們不需要任何進一步的證據：這個博羅羅人神話那和些熱依人神話同屬一組，同它們結成轉換的關係。這轉換表現於以下幾點。（ⅰ）就火的起源而言，兩極對立弱化；（ⅱ）明顯的原因論內容（在這裡是風和雨的起源）反轉：反火；（ⅲ）占據熱依人神話中賦予花豹的地位的英雄換位：火的主人；（ⅳ）親嗣關係發生相關倒逆：熱依花豹是英雄的（養）父，而博羅羅人英雄（他同花豹等當）是一個人父的（眞正）兒子；（ⅴ）家屬態度換位（等價於倒逆）：在博羅羅人神話中，母親是「親密的」（亂倫），父親「疏遠」（追殺）；相反在熱依人神話中，養父是「親密的」：他**像**母親**似地**保護孩子——帶他，給他清洗，解他的渴，給他吃——並**反對**母親——鼓勵兒子傷害或殺死她，而養母是「疏遠的」，因而她心存殺意。

　　最後，博羅羅人英雄不是花豹（儘管他小心地起花豹的作用），但據告，為了殺父親，他變成了一頭鹿。南美洲神話中的塞爾維德人（Cervide）的語義地位所提出的各個問題下面還將討論；這裡我只限於提出一條規則，它使我們得以把這插段轉換成那組熱依人神話的一個相當插段。後一插段介紹給我們一頭眞正的花豹，而他未殺他的「假」（養）子，儘管這行動既符合花豹的本性（食肉獸），也符合英雄的本性（他處於作為花豹獵物的地位）。這個博羅羅人神話把情境顛倒了過來：一頭假鹿（偽裝的英雄）殺死了他的眞正父親，儘管這行為有悖於鹿的本性（食草動物），也有悖於受害者的本性（搜尋獵物的獵人）。事實上可以回想起，殺人行為發生在一次由父親引導的狩獵期間。

　　好些個北美洲和南美洲神話把花豹和鹿結成相關聯又相對立的一對。這裡暫且只提那些同博羅羅人相當接近的部落。就此而言，意味

深長的是，馬托-格羅索南面的卡尤亞人(他們在語言上的譜係關係是有疑問的) 認爲，花豹和鹿是最早的火主人 (M₆₂：Schaden，第107～123頁)。在這裡，這兩個物種是相結合的(不過是在開始時)，而在一個蒙杜魯庫人神話(M₃₇)中是相對立的。此外，按照圖庫納人神話(M₆₃)〔它們在北美洲有等當的神話，尤其在美諾米尼人(Menomini)那裡〕，鹿曾經是食人的花豹；或者，英雄在變成爲鹿之後，就能夠克任受害者或殺人者的角色 (Nim.：13，第120、127、133頁)。

3 第三樂章： 圖皮人

我們還有另一些理由而可以認爲，這個博羅羅人神話同火的起源有關，儘管它在這方面只是露出蛛絲馬跡。有些必須加以仔細考察的細節似乎是其他火起源神話的回響，而這種神話乍一看來同熱依語族的神話毫無相似之處，它們來源於另一個語系：瓜拉尼(Guarani)語族。

按照19世紀裡生活在馬托—格羅索國南端的阿帕波庫瓦人的一個神話(M₆₄)：

一天，文明英雄尼安德里克伊(Nianderyquey)假裝死去，因爲太逼真，結果屍體開始腐敗。食腐肉的兀鷹 urubu 當時是火的主人，他們群聚在屍體周圍，點燃了火，燒煮它。還沒等到他們把屍體置於熱灰之中，尼安德里克伊就已開始行動，趕飛了這些鷹，奪走了火，把它給了人。(Nim.：1，第326頁及以後；Schaden：2，第221～222頁)

這個神話的巴拉圭人(Paraguay) 版本在細節上更爲豐富：

M₆₅. 姆比亞人：火的起源

在第一個地球被一次大洪水毀滅（這次洪水是對亂倫性交的懲罰）之後，神又創造了一個地球，把他們的兒子尼安德魯·巴巴·米里（Nianderu Pa-pa Miri）安置在這地球上。他創造了新的人，著手爲他們的獲取火；那時只有兀鷹巫士占有火。

尼安德魯向他的兒子癩蛤蟆解釋説，他要裝死，癩蛤蟆應該當尼安德魯恢復意識後撒布餘燼時，馬上就把它們奪過來。

巫士們趨近屍體，他們發現它豐滿適度。他們妄稱要使它復生，於是點燃了火。這英雄時而動彈時而裝死，直到巫士們收集到足夠的餘燼；英雄和他的兒子於是奪取了這些餘燼，把它們放進兩根木頭裡面，從此人就用它們通過旋轉產生火。作爲對他們試圖食同類的懲罰，巫士們被判處永遠成爲食肉的兀鷹，「而不管這大東西」（屍體），並永遠達不到過完美的生活(Cadogan, 第57～66頁)。

古代的著作者們沒有提到這神話存在於圖皮納姆巴人那裡，但它常可在好些部落那裡看到，這些部落操圖皮語，或者受圖皮人影響。這神話的許多版本可見諸亞馬遜河流域：特姆貝人(Tembe)、特內特哈拉人、塔皮拉帕人(Tapirape)、希帕耶人。另一些版本出現在查科人和玻利維亞東北部：丘羅蒂人(Choroti)、塔皮埃特人(Tapiete)、阿什魯斯萊人(Ashluslay)和瓜拉尤人(Guarayu)那裡。它也存在於博托庫多人(Botocudo)那裡(Nim.: 9, 第111～112頁)以及博羅羅人的緊鄰那裡：巴凱里人(Bakairi)和特雷諾人(Treno)。從圭亞那直到北美洲北部地區的廣大地帶，也常可見到這神話，不過經過了修改，因爲盜火的題材沒有了，代之以兀鷹的一個女兒被俘獲，一個英雄通過化作一

塊腐肉讓兀鷹上當（例如參見 G. G. Simpson,：第 268～269 頁和 K.G. 的一般 討論：1, 第 278 頁及以後）。例如，這裡有這個火起源神話的三個圖皮人 版本。

M₆₆. 特姆貝人：火的起源

過去，兀鷹王是火的主人，人不得不利用太陽烘乾肉。一天， 人決定奪取火。他們殺掉了一頭貘；當屍體長滿了蛆時，兀鷹王 及其親屬從天而降。他們脫去羽毛膜層，化成人形。點燃大火之 後，他們用葉子包裹蛆，讓火烤（參見 M₁₀₅）。人就躲在屍體附近， 在初次得手之後，便設法占有了火（Nim.: 2, 第 289 頁）。

M₆₇. 希帕耶人：火的起源

爲了從捕食的鳥（他是火的主人）奪取火，造物主庫馬法里 (Kumaphari)佯裝死去而腐敗。urubu 吃掉了屍體，但這鷹把火放 在一個安全的地方。於是，造物主又裝成死雄獐，但這鳥沒有上 當。最後，庫馬法里化成兩個灌木叢，鷹決定把火放在那裡。造 物主奪取了火，於是鷹答應教他用摩擦產生火的技藝。(Nim.: 3, 第 1015 頁)。

M₆₈. 瓜拉尤人：火的起源

一個不擁有火的人在腐敗的水中沐浴，然後躺在地上，像死 去似的。火的主人黑兀鷹停在他身上，想燒了他吃，但這人突然 起身，把餘燼播散開來。正在一旁伺機的他的盟友癩蛤蟆吞下了 一些。他被鷹捉住，不得不又將餘燼咳出來。這人和癩蛤蟆於是 反覆嘗試，這次他們成功了。從那時起，人就有了火。(Nordenskiöld:

2,　第 155 頁）。

那個博羅羅人的神話並沒有明顯地提及火的起源，但還是可以說，**它明白**得很：這是它的真正題材（並且，像在瓜拉尼人神話中一樣，也以一場大洪水為開端），它幾乎逐字逐句地重構變成腐肉的英雄（這裡他偽裝成腐肉，即覆蓋上腐爛的蜥蜴）這個插段，這英雄藉此吊起貪婪的 urubu 的胃口。

我們只要指出下述事實就可以證實這種聯繫：這個博羅羅人神話的一個細節只有在被解釋為這瓜拉尼人神話中的一個相當細節的一種轉換之後，才可以理解。在這個參照神話中，urubu 不是完全吃掉受害者，而是中止了進食去救他（參見第 48～49 頁）。應當如何解釋這個事實呢？如我們所知，在這個瓜拉尼人神話中，兀鷹自稱是治療者，妄稱要使受害者復生而同時卻燒煮他，但沒有吃成他。這個順序在這博羅羅人神話中被簡單地倒過來：兀鷹先吃受害者（的一部分）——不過是生的——然後像真正的治療者（救命者）那樣行事。

眾所周知，博羅羅人的思維方式深受圖皮人神話影響。在這兩個種族那裡，同一個神話——關於花豹的人妻（她是兩個文明英雄的母親）的神話——占居著主要地位。而且，博羅羅人神話的各個現代版本 (Colb.: 1,　第 114～121 頁；2：第 179～185 頁；3,　第 190～196 頁) 仍驚人地接近於泰夫 (Thevet) 記載的十六世紀時存在於圖皮納姆巴人那裡的版本 (M₉₆；Métraux：1,　第 235 頁及以後)。

可是，我們該如何來解釋使這參照神話區別於我們拿來與它作比較的那些火起源神話的各個獨特之點呢？它們可能是博羅羅人的歷史和地理地位的產物，博羅羅人可以說楔在瓜拉尼人和熱依人⑯兩個種族之間，借鑒他們兩者，融合成某些題材，從而減弱了甚至破壞了它們的原因論意義。

　　這假說足可令人信服，但並不允當。它沒有解釋，爲什麼每個神話或每個獨立神話組應當構成一個連貫系統，像我們討論這個問題時已表明的那樣。因此，這個問題還必須從形式的觀點加以研究。我們應當探究一下，熱依人神話組和圖皮人神話組兩者是不是某個更大的神話組的組成部分，作爲它的兩個不同的從屬子集存在。

　　顯而易見，這些子集有一些共同的特徵。首先，它們把火的起源歸因於一種動物，它把火給予人，或者人從它那裡盜火；有時它是兀鷹；有時是花豹。其次，每個物種均用它吃的食物加以規定：花豹捕食犧牲者：以生肉爲食；兀鷹是食腐肉動物：吃腐爛的肉。並且，所有這些神話都還考慮到腐敗這個因素。熱依人神話組中，關於英雄爲糞便和害蟲所掩蓋的挿段非常弱，幾乎只是暗示性的。我們開始時研究的博羅羅人神話組則就相當明顯（M₁：英雄被腐肉裹身；M₂：英雄被已變成鳥的兒子的糞便玷污；M₅：英雄被外祖母放的屁弄得「腐敗」；M₆：女英雄把疾病當做排泄物似地滲流出去）。像我們剛才已看到的那樣，圖皮-瓜拉尼人神話組在這一點上毫不含糊。

　　這樣就證實了，熱依人火起源神話像圖皮-瓜拉尼人關於同一題材的神話一樣，也借助雙重對立運作：一方面是生食和熟食的對立，另一方面是鮮食和腐食的對立。生食和熟食的軸表徵文化；鮮食和腐食的軸表徵自然，因爲燒煮使生食發生文化轉換，正如腐敗是它的自然轉換。

　　在如此復原的這個總系統中，圖皮-瓜拉尼人神話代表一種比熱依

---

⑯花豹作爲火主人的角色，在熱依人神話中具有典型性；它在南美洲其他部分——例如在托巴人、馬塔科人和瓦皮迪亞納人（Vapidiana）那裏只是零星地出現，而且總是採取衰減的形式。巴西南部卡因岡人（Caingang）的火起源神話中有英雄被囚在峭壁裂隙之中的情節，但卡因岡人之歸屬於熱依人這一點，今天尚有爭議。

人神話更爲激進的程序：按照圖皮-瓜拉尼人的思維方式，中肯的對立是燒煮（其奧秘由兀鷹掌握）和腐敗（由兀鷹今天的食物所規定）之間的對立，而在熱依人神話中，中肯的對立是食物燒煮和吃生食（像花豹那時以來所做的那樣）之間的對立。

　　因此，博羅羅人神話可能表達了拒絕或沒有能力在這兩種方案之間作出抉擇；而這種拒絕或無能需要加以解釋。在博羅羅人那裡，腐敗的主題比在熱依人那裡更得到強調，而食物犧牲者肉的動物的主題幾乎杳無影踪。另一方面，博羅羅人神話從作爲征服者的人的觀點亦即從文化的觀點來看待事物(M_1中的英雄發明弓和箭，正像 M_5中的猴作爲人的對應者發明了花豹所不知道的火）。熱依人神話和圖皮-瓜拉尼人神話（它們在這方面較接近）更關心動物的掠奪，而這是自然的一個方面。不過，自然和文化的界線是不同的，視我們考察的是熱依人神話還是圖皮人神話而定。在前者，這界線把熟食和生食分開；在後者，它把鮮食和腐爛食物分開。所以說，熱依人把（鮮食＋腐食）這個總體構成自然的範疇；圖皮人把（生食＋熟食）這個總體構成文化的範疇。

【第三篇】

I　五官的賦格曲

　　第二篇中嘗試性地提出的綜合是不完全的，帶有暫時的性質，還不能完全令人信服。因為，它沒有涉及參照神話的一些重要片段，而且還未確定這些片段也在熱依人神話中出現。我所採取的方法唯有做到詳盡無遺才有合法性：如果我們放任地把已通過其他方法確認屬於同一組的那些神話的表面歧異看做為邏輯轉換或歷史偶然的結果，那麼，就敞開了作任意解釋的大門，因為總是可以選擇最方便的解釋，總是可以在歷史無考時訴諸邏輯，或者在後者不夠有力時再回到前者。因此，結構分析將完全建立在以假定為論據之上，將失去其唯一理由即它能把極其複雜的消息歸結為唯一的且又是最經濟的代碼系統，而沒有它介入，這些消息根本無法解讀。要麼結構分析做到窮盡其對象的一切具體模態，要麼我們無權對任何模態適用結構分析。

　　如果我們從字面上來考察本文，那麼因一個邪惡父親為置兒子於死地而進行的遠征鬼魂之國這個插段只出現在博羅羅人神話之中。鑑於這插段是英雄的亂倫行為的一個直接結果，而這也是熱依人神話中所沒有的，這一點就更其明白無誤了。

　　讓我們更仔細地考察這個插段。這英雄帶著一項特定使命遠征水中的鬼魂世界。他依次盜取了三件東西：大刮響器、小刮響器和小鈴的繫繩。這三件東西都能產生響聲，這就解釋了——本文在這一點上再也明白不過了——為什麼這父親選取它們：他希望兒子為了得到這三件東西，就非得碰動它們，從而驚動鬼魂不可，而鬼魂將懲罰兒子

的魯莽。一旦明白了這一點，同熱依人神話的某些聯繫，也就可以看出來了。

　　不過，在大膽作出一個解釋之前，我先得強調指出，這些熱依人神話無疑構成一組。我們已根據下述簡單事實知道情形正是如此：我們掌握的各個不同版本儘管詳細程度不一，但大綱上是相同的。並且，這些神話所發源的種羣不全都是眞正獨立的，沒有一個是完全獨立的：克拉霍人和卡涅拉人(Canella)是東蒂姆比拉人的兩個亞羣，而後者又屬於一個遠爲廣大的羣體，阿皮納耶人還有卡耶波人無疑是這個羣體的西部代表；記憶保存下來的傳說證明，分離必定充其量只是幾百年之前的事。庫本克蘭肯人和戈羅蒂雷人的分離甚至更晚近，就在 1936年。①

　　從方法論觀點看來，我們的處境同剛才敍述的相反。當人們採取結構觀點時，就無權每當所已提到的那些原理在應用上發生困難時便訴諸歷史—文化的假說。因爲，歷史—文化的論證無異於猜測，是臨時湊成以應一時之需的東西。另一方面，無疑甚至在今天，我們也有權仔細考慮種族志家通過語言和歷史的研究所達到的結論，而他們自己認爲，這些結論是站得住脚的，有充分根據。

　　如果現實的各個熱依人部落產生於一個共同的歷史源頭，那麼，其神話顯得相似的各部落不僅從邏輯觀點來看構成一個組，而且從經驗上說也形成一個譜系。因此，我們可以利用最詳盡的版本來證明其他版本，如果這些較差的版本只是因爲省略而不同於前一種版本的話。如果兩個版本對同一挿段作不同的處理，那麼就必須在這個子羣體的範圍裏再訴諸轉換的概念。

────────

①關於東熱依人和西熱依人的歷史，參見尼明達尤：8 和德賴弗斯(Dreyfus)第 1
　章。

在說明了這些方法規則之後，我現在就可以考察上面已扼述過的解釋火起源的六個熱依人神話中至少有兩個版本(M_9、M_{10})所例示的一個方面。像那個博羅羅人神話一樣，這阿皮納耶人神話和蒂姆比拉人神話也說明了一個同噪音有關的問題，儘管用了不同的情節。

這在蒂姆比拉人神話(M_{10})中是很清楚的。像博羅羅人神話中對應的角色一樣，這英雄在被花豹拯救之後也處於致命的危險之中，如果他冒險弄出噪音的話：跌落音響器具(博羅羅人)，大聲咀嚼烤肉，因而惹惱他的保護人的懷孕妻子(蒂姆比拉人)。這兩個英雄都面臨的問題——我們幾乎可以稱之爲嚴峻考驗——在於不要弄出噪音。

現在我們來看阿皮納耶人神話(M_9)，它表面上看來沒有這個題材。然而，它代之以另一個在別處沒有的題材：短暫人生的起源。這英雄忘記了花豹的勸告，超出本份地對額外呼聲也作出響應。換句話說，他放任地受噪音影響。他被允許對岩石和硬木樹發出的回聲作出響應；如果他滿足於只對這些呼聲作出響應，那麼，人本來會和這些礦物和植物一樣長壽。但是，因爲他對「一棵朽樹的輕柔呼聲」也作出回響，所以，人生的期限從此就減損了。②

因此，這三個神話(M_1、M_9、M_{10})——博羅羅人、阿皮納耶人和

---

②像常見的情形那樣，這插段也保存在一個圭亞那人神話〔陶利潘人(Taulipan)，M_{69}〕之中，但被抽去了一般意義，被簡單地變成對英雄行爲的說明：馬庫耐馬(Makunaima)因爲未聽從兄弟的勸告，對魔鬼潘馬(Paima)或某個鬼魂的遙遠呼叫作出響應而死去(K.G.：1，第49頁)。關於這個圭亞那人神話，詳見以下第247頁注㉓。

關於岩石和腐敗的對立及其同人生期限的象徵關係，可以指出，巴西南部的卡因岡人(Caingang)在他們中一個人的葬禮結束時，要用砂和石擦他們的身體，因爲這些東西不會腐爛。他們說：「我要像永生不滅的石頭那樣，我要像石頭那樣長生不老」(Henry，第184頁)。

蒂姆比拉人——在這方面表現出一個共同特點：對噪音採取謹愼態度，因爲要引起致死的懲罰。在 M_1 和 M_{10} 中，英雄切不可**因弄出噪音而觸怒他人**，否則**他將死去**；在 M_9 中，他切不可**讓自己被所聽到的噪音惹惱**，因爲人（卽他人）**死得快慢**，視他作出反應的音閾而定。

在 M_1 和 M_{10} 中，英雄是產生**噪音的主體**；他產生**一點點而不是很多噪音**。在 M_9 中，他是噪音的對象，能聽**很多而不是一點點噪音**。難道不可以假定：在這三種情形裏，地球上生命的本質（這生命因其有限的持續期而成爲存在和非存在間對立的中介）被看做爲那種不可能性——人不可能無歧義地就沉默和噪音規定自我——的一種功能嗎？

阿皮納耶人版本是唯一明顯提出這個形而上學命題的本子，這個異乎尋常的特點還伴以另一個特點，因爲這個阿皮納耶人神話也是唯一有魔鬼挿段出現的神話。一條引理將證明，這兩個特點是相聯繫的。

不過，我首先來證明，「短暫人生」有理由在一個關於火起源的神話中占有地位。一個卡拉雅人神話表明了，這兩個題材是相聯繫的。卡拉雅人不屬於熱依人，但其領土緊鄰阿拉瓜亞流域南部阿皮納耶人領土。

M_{70}. 卡拉雅人：短暫人生(I)

太初之時，人同祖先卡博伊(Kaboi)一起生活在地球的內部，外面黑暗時，那裡有太陽照耀，反之亦然。不時可以聽到一種大平原鳥叫鶴(*Cariama cristata, Microdactylus cristatus*)在啼鳴。一天，卡博伊決定沿著鳴聲傳來的方向進發。他由幾個人陪伴，來到一個洞前，他爬不過去，因爲太胖；他的同伴離開他而出現在地球表面上，他們開始探索。那裏有大量果子、蜜蜂和蜂蜜，他們還注意到了死樹和乾木。凡是他們發現的東西，他們都帶一個

樣品給卡博伊。他審視了它們，下結論説，地球是個美麗富饒的
地方，但死木的存在證明，那裡萬物都注定要滅亡。最好還是留
在原來的地方。

因爲，在卡博伊王國裏，人一直活到因年齡太大而動彈不得。

他的「孩子」有一部分不聽他的話，居住到了地面上。由於
這個原因，人死得比選擇留在地下世界的同類快得多(Ehrenreich,
第79～80頁)。

按照另一個版本(它不包含死木這個角色)，地下世界據說是水域：
「在這澤國的深處沒有死亡。」另一方面，叫鶴的鳴聲在遠征採蜜期間
可以聽到(Lipkind: 1, 第248～249頁)。

不管怎樣，像在那個阿皮納耶人神話中一樣，人生短暫的主要原
因這裏也是在於過於輕率地接受噪音：人聽到鳥叫，於是出發去尋鳥，
結果發現了死木。阿皮納耶人版本濃縮了這兩個插段，因爲英雄直接
聽到爛樹的呼聲。因此，這神話在這方面的敍述給人印象更強烈，有
關的對立也更鮮明：

M₉：硬木　　　　　　　　　　／　　　　　　　　　　　爛木

M₇₀：　　　　　　　　活木／死木③

選取叫鶴 (*Sariema, cariama*, 等等)，證實了這種聯繫。佩納姆
布科(Pernambuco)的舒庫魯人(Shucuru)相信這種鳥是太陽從前的女
主人，因爲像他們所認爲的那樣，它只在下雨天鳴叫，要求太陽再回

---

③這個阿皮納耶人神話隱含地把活木劃分爲硬木和軟木。不過，我不強調死木和
　爛木的對立，因爲這只是個語言問題：巴西中部和東部的語言把我們所稱的
　「死」木和爛木歸入同一個類。例如，在博羅羅語中：djorighe, gerigue「木柴」(比
　照 djour「火」)；djorighearogo「爛木的幼蟲」(B.de Magalhães, 第34頁)。

來(Hohenthal, 第 158 頁)。因此，它把人引向太陽方向，原屬正常。並且，我們已經遇到過一個事例，其中叫鶴娶了個又瘦又醜的女人，因爲它把這女人身上取下的肉塊絞得太緊(M_{29})；巴西內地的農民堅認，叫鶴的肉或它的大腿的肉充滿蛆，不能吃。所以，一隻帶玷汚的肉的鳥和一個受傷害女人④的呼聲同一棵腐爛樹的呼聲之間，有著超過初看之下所產生的想像的類同性。

講述人如何喪失長生不死的阿皮納耶人和卡拉雅人版本間的比較確立了這個題材和燒煮起源題材之間的明確聯繫。爲了點燃火，就必須採集死木，因此就必須賦予它一個積極的功效，儘管它代表生命之無有。從這個意義上說，燒煮是「聆聽爛木的呼聲」。

但是，問題還不是這樣簡單：文明化的存在不僅需要火，而且還需要能放在火上燒煮的栽培植物。今天巴西中部的土著仍採用砍伐和焚燒的技術清理土地。當他們用石斧砍不下森林大樹時，他們就訴諸火，用火燒樹幹根部幾天幾夜，直到活木慢慢焚化，能用原始工具砍伐。這種對活樹的前烹飪「燒煮」提出了一個邏輯的和哲學的問題，就像不准砍伐「活」樹當木柴用這種永久禁忌所表明的那樣。蒙杜魯庫人告訴我們，最初，沒有木頭（無論乾木還是爛木）可用來燒火。那時只有活木存在 (Kruse: 2, 第 619 頁)。「就目前所知，尤羅克人(Yurok)從來不砍伐生長著的木材當燃料，加利福尼亞印第安人，也許還有尚未擁有金屬斧的一切美洲土著也都這樣。木柴都取自死樹，豎立著的或倒下的。」(Kroeber, 載 Elmendorf, 第 220 頁，注 5)。因此，只有死木才是合法的燃料。違反這個規定等於對植物界採取食同類的行爲。⑤

———————————————————

④巴凱里人認爲，叫鶴的羽毛「又細又醜」(von den Steinen: 2, 第 488～489 頁)。

　　然而，爲了除雜草，人不得不燒活樹，以便獲得栽培植物，而後者只准在燒死木的火上燒煮。一個蒂姆比拉人神話(M_{71})證實，這種農業技術被附加上一種朦朧的負罪感，因爲它以某種形式同類相殘作爲文明化食物的前提。這英雄是印第安人，他在園子裏走過一棵倒伏的中空樹幹，內部還在生長著，這時他偶爾燒傷了自己。這燒傷被認爲是無法治療的，而如果仁慈的鬼魂（他外祖父母的鬼魂）不來幫助他，這人本來就會死去。可是，由於負了這傷並康復過來，這英雄獲得了醫治因爲用沾有打獵產生的血的手指吃烤肉而引起的劇烈腹痛的能力　(Nim.: 8, 第 246～247 頁)：這些痛苦是體內的，而不是外傷，但也是死和活結合的結果。⑥

　　因此，阿皮納耶人(M_9)神話並不濫用「一棵腐爛樹的呼聲」來達到從獲取燒煮用火到遇見食人魔鬼的過渡。我已經表明，人之喪失長生不死這個題材和燒煮用火的獲取之間有著內在的聯繫。現在可以明白，在採取砍伐和焚燒技術的土著看來，甚至植物的燒煮也不能不同一種亦屬植物性的「同類相殘」相聯繫。人的死以兩種方式表現：自然死亡——年老或生病——如樹「死去」而成爲木柴的情形；或者暴死於敵人之手，這敵人可能是食人者——因此是魔鬼，並且至少從隱喩意義上說他總是食人者，甚至扮作攻擊活樹的伐木人。因此，合乎邏輯的是，在這個阿皮納耶人神話中，遇見魔鬼（「鬼影」或「鬼魂」）

---

⑤在本書付印後問世的一部饒有興味的著作中，海策爾(Heizer)強調(第 189 頁)，砍倒活樹當木柴用的情形是一種例外。

⑥博羅羅人對血也抱這種嫌忌態度：「每當由於某種原因，甚至因捕獵野生動物而沾上血時，他們就認爲被玷污了。他們立即尋找水，一洗再洗，直到血跡完全消失爲止。這解釋了，他們何以不喜歡沾有血的食物」(Colb.: 1, 第 28 頁)。這種態度在熱帶美洲不是普遍的，因爲納姆比克瓦拉人(Nambikwara)吃半生的、血還在流的小動物，這是他們的主要肉食 (L.-S.: 3, 第 303～304 頁)。

的揷段緊接著爛木（也是鬼魂）呼喚的揷段。這樣，死亡被同時以這兩個形象引入。

不過，這個阿皮納耶人神話提出了一個我們尚未解決的問題。沒有淸晰表達能力的一個植物性或礦物性實體却發出了呼喚。這個奇怪概念，可賦予其什麼意義呢？

這神話列出了英雄必須對之作出響應或保持沉默的三種呼聲。按響度遞減順序，它們依次爲岩石、硬木 aroeira 樹和爛樹的呼聲。我們已從熱依人神話得到關於爛木象徵價値的提示；這是一種植物性反食物(anti-nourriture)⑦，是人在引入農業技術之前吃的唯一食物。有幾個熱依人神話（我後面還要回到它們上面來）把人之獲得栽培植物歸因於一個星女人，她降臨地球下嫁凡人。以前人總是吃佐以爛木而不是植物的肉食（阿皮納耶人：Nim.：5，第165頁；蒂姆比拉人：Nim.：8，第245頁；克拉霍人：Schultz，第75頁；卡耶波人：Banner：Ⅰ，第40頁，Métraux：8，第17～18頁）。由此可以下結論說：在自然和文化的對立關係之下，爛木代表栽培植物的反面。

旣然魔鬼的揷段表明了，英雄如何誆騙被誘拐者，留給他一塊石頭而不是一具屍體吃，所以，石頭或岩石看來是人肉的對稱的反項。只要用唯一可得到的煮飪項即動物肉塡補空位，我們就可以得到下表：

---

⑦這個觀念也出現在北美洲，尤其西北地區，那裏可以見到「帶籃子女魔」傳說的許多版本，其細節和熱依人版本驚人相似。無疑，許多「新世界」神話廣泛傳遍整個美洲。然而，旣然北美洲的西北地區和巴西中部有這麼多共同特點，所以我們必然面臨一個歷史-文化問題；不過, 現在還沒有到討論這個問題的時候。

這是什麼意思呢？ 三種「呼聲」的系列以反順序對應於食物源之分爲三類：農業、狩獵和食人。並且，這三種可以稱爲「味覺」的類別還可用另一種感覺系統即聽覺來編碼。最後，所用的這種聽覺代碼有著令人矚目的特性，即直接提示了另兩種感覺代碼系統——嗅覺和觸覺，如由下表可見：

我們現在可以明白必須賦予岩石和木頭發出的呼聲的確切意義：發出聲音的東西必定是這樣選取的，即它們也具有別種感覺內涵。它們是運作者，使其能夠表達所有同感覺有關的對立系統的同構性，因此也使其能夠把一組等當物作爲總體提出來，它們聯結生和死、植物性食物和食人行爲、腐敗和不會腐敗、軟和硬、沉默和噪音。

　　這一點是可以證明的；因爲，我們知道，已考察過的那些神話有許多異本，它們屬於同一個種羣或相鄰種羣。而根據這些異本，可以證實從一種感覺代碼系統向另一種感覺代碼系統的轉換。例如，阿皮納耶人版本明顯地用聽覺符號給生死對立編碼；而克拉霍人採用明顯的嗅覺編碼系統：

M$_{72}$. 克拉霍人：短暫人生

　　一天，印第安人俘獲了一個兒童，他屬於科克里德霍人(Ko-kridho)，他們是通過假面舞的儀式而人格化的水怪（按照向舒爾茨提供神話的一個人說，他們是水中的昆蟲）。⑧第二天夜裏，科克里德霍人走出河裏，入侵村莊，想奪回孩子。他們放出臭氣，所有的人全部因此而死去。(Schultz,, 第 151～152 頁)

　　一個提供神話的克拉霍人補充說，科克里德霍人用很大聲音說「RRRRRRR」，因此人們不樂意聽。這個細節使我們想起，博羅羅人使用同一個詞 aigé 表示牛吼器和一種水妖（《博羅羅人百科全書》第 1 卷，第 17～26 頁）。蒂姆比拉人的關於科克里特人(Kokrit)（＝科克里德霍人）(Nim.：8，第 202 頁)起源的神話(M$_{73}$)則略爲不同，也強調惡臭氣味。吉瓦羅人(Jivaro)(M$_{74}$)認爲，腐敗氣味同惡魔偕與俱來(Karsten：2，第 515 頁)。一個奧帕耶人神話把死亡的降臨歸因於一個臭鼬男人放臭氣(jaratataca，鼬鼠科之一種)，這人後來變成了這種動物(Nim.：1，第 378 頁)。⑨

　　在希帕亞人那裏也可看到採取味覺代碼的阿皮納耶人神話的三種呼聲。他們的這個關於短暫人生之起源的神話幾乎可以稱爲「三種味道」：

M$_{76}$. 希帕亞人：短暫人生

　　造物主想讓人長生不死。他叫他們占領河邊的位置，只放行

---

⑧它們也許可以同卡耶波人的 mru kaok 相比，後者是一種蛇狀水妖，它是看不到的，但可以聽到和嗅到。它能使人中風和昏厥(Banner：2，第 37 頁)。這名詞據認爲還有「假、僞」的意思（同上）。

兩隻獨木舟；然而，他們應制止第三隻獨木舟，以便向舟中的精
靈致敬，擁抱他。

　　第一隻獨木舟中有一只籃子，裝滿爛肉，發出極端的臭惡氣
味。人們向它跑去，但被臭氣擋了回來。他們以爲，這隻獨木舟
裝載著死亡，但死亡在第二隻獨木舟中，採取人形。因此，人向
死亡熱烈致敬，擁抱他。當造物主乘第三隻獨木舟來到時，他不
得不接受這樣的事實：人已選擇了死亡，他們和蛇、樹與石頭不
同，它們全部等待長生不死精靈的到來。如果人也這樣做，他們
本來也會年老時脫皮，也會像蛇那樣返老還童。（Nim.：3，第 385
頁）

---

⑨ jaratataca（maritataca, jaritataca）是 cangamba（一種豬頭臭鼬，*Conepatus
chilensis*），是南美洲語，相當於北美洲的「臭鼬」。它是夜間活動的、食肉的四
足動物，遍布巴西中部和南部，據說對它所嗜獵的毒蛇的毒有天然的免疫性。
它有一個尾腺，分泌惡臭流體，用於向敵手噴臭霧（Ihering，第 XXXIV 卷，
第 543～544 頁）。在佩納姆布科國家裏，口語中有 tacáca 這個詞，其意義爲「人
體發出的臭汗、難聞氣味」（Ihering，第 XXXVI 卷，第 242 頁）。我還將從不
止一種背景再回到美洲臭鼬的問題上來（第 233、238、322、325 頁的注，353
頁），這裏我只想作一點說明。我們只注意臭鼬科中的一種成員，它施放的毒氣
在人中間傳播死亡（M_{75}）。按照 M_{27}，博羅羅人的祖先因爲拒絕排放烟草的香味
煙而變成臭鼬（水獺）。M_{72} 中的科克里德霍人是水中昆蟲，而科爾巴齊尼給博
羅羅語 ippié 下的奇妙定義（參見第 142 頁上注⑦）也許適合於這種動物，勝過
適合於水獺。看來，臭鼬和某種不明的水中昆蟲之間有著一種動物種學（ethno-
zoologie）的等當關係。誠然，《博羅羅人百科全書》中沒有證據證實這個推測，
唯一例外也許是其中指出了對於另一種動物的這種等當關係：詞 okiwa 既指
水豬（*Hydro Chocrus*）也指一種水中昆蟲，後者像其同名異種一樣也生活在河岸
（《博羅羅人百科全書》第 1 卷，第 829 頁）。一種快速旋轉的吐絲甲蟲 Y-amai
是瓜拉尼人宇宙演化論中的最重要動物之一（Cadogan，第 30、35 頁）。

在阿皮納耶人神話中，觸覺代碼已隱含在岩石、硬木和爛木這個系列之中。它在一個圖皮人神話中表現得更明白：

M₇₇. 特內特哈拉人：短暫人生(I)

　　造物主創造的第一個男人天眞無邪地生活著，但他的陰莖始終勃起著。他徒勞地向它噴灑木薯飲料，想以此來消腫。受過水妖（她後來被閹割，被她丈夫殺死）敎導的第一個女人敎這男人如何通過性交來軟化他的陰莖。當造物主看到這柔軟陰莖時，他勃然大怒說道：「從今以後你的陰莖將是軟的，你將生孩子，然後你將死去；以後當你的孩子長大時，他又將生孩子，然後又將死去」⑩(Wagley-Galvão，第131頁)。

赫克斯利（第72～87頁）就一個鄰近部落烏拉布人(Urubu)淸楚地表明了「硬」和「軟」這兩個範疇在土著思維中所起的根本性作用。它們用來區別言語模式、行為類型、生活方式，甚至世界的兩個不同方面。

視覺代碼必須加以較詳細的硏討，因為它引起了解釋上的困難。這裏，首先是一個把視覺代碼同其他代碼相結合的神話：

M₇₈. 卡杜韋奧人(Caduveo)：短暫人生

　　一個著名的薩滿造訪造物主，想找到一種手段能使老人恢復靑春，使枯樹復萌。他訪問了彼岸世界的一些居民，以為他們是造物主，可是他們解釋說，他們只是造物主的頭髮、指甲或尿液。

---

⑩比較一個奧帕耶人神話中的蠟陰莖，它在陽光下要熔化，也是短暫人生的原因（Ribeiro：2，第121～123頁）。

……最後，他到達目的地，提出了要求。造物主的守衛神告訴他，切不可以任何借口吸造物主的烟管，或者收下造物主給的烟，相反，他應當粗暴地奪下它，最後，切不可看造物主的女兒。

這薩滿經受住了這三個考驗。於是，他得到一把能起死回生的梳子和能使枯樹重新萌發綠芽的樹脂（樹液）。當造物主的女兒追他，給他遺留的烟草時，他已踏上返途。她大聲叫他站住。英雄情不自禁地回頭望了一下，瞥見這少女的一隻脚趾：這短短一瞥就足以使這姑娘懷孕。因此，造物主就讓他死於返途，召他回到彼岸世界照料妻兒。從此，人再也不能逃脱死亡。（Ribeiro: 1, 第 157～160 頁；Baldus: 4, 第 109 頁）

第二個特內特哈拉人關於短暫人生的神話利用純視覺代碼給出了一種不同於 M_{77} 的解釋。

M_{79}. 特內特哈拉人：短暫人生(2)

一個年輕的印第安女人在森林中遇見一條蛇。這蛇成了她的情人，她給他懷上了一個兒子，後者出生時就已是少年。每天這兒子去到樹林裏爲母親製箭，每天晚上回到她的子宮裏。這女人的兄弟發現了她的秘密，勸她兒子一出去就躲起來。當這兒子那晚回來想進子宮時，這女人已不見了。

這蛇兒子討教蛇祖父，後者勸他爲父親打獵。可是這男孩不願意這樣做，因此那晚他就變成一道閃電，帶著弓箭登上了天空。當他到達天上後，把武器弄成碎片，它們變成了星星。人人都在睡覺，只有蜘蛛目睹這一切。由於這個原因，蜘蛛（和人不同）老了不會死，但變換殼。以前人和動物老了也更換皮膚，但從這天起到現在，人和動物一直都老了就死（Wagley-Galvão, 第 149 頁）

在這個神話中，我們又看到蛇女陰道敞開，可以讓丈夫和兒子在需要時躲避在裏面(參見以上第 166～170 頁)。從這個觀點看來，這兩個關於短暫人生的特內特哈拉人神話的差別不像乍一看來那麼大；因為在第一個神話中，這妻子也是主動同水妖發生性關係，她通過敲打河面上的一個葫蘆邀水妖同她性交。按照烏拉布人版本(M₈₀)，蛇的陰莖足有半英里長，由造物主製成來滿足女人，因為開始時男人像孩子一樣，沒有性器官(Huxley, 第 128～129 頁)。在第一個特內特哈拉人神話中，水妖被殺而使女人失去伴侶，因而她去引誘丈夫；這導致生死的出現和世代的延續。在烏拉布人神話中，在蛇被殺之後，造物主把他的屍身切成碎塊，把它們作為一個陰莖分配給男人。因此，女人們在子宮中，(不再在腹中)懷孩子，生孩子時要受苦。可是，第二個特內特哈拉人神話如何解釋呢？

出發點是相同的：一個女人(或幾個女人，M₈₀)和一條蛇結合，後來離異；然後，在三種情形裏全都是碎裂：在 M₇₇ 中，水妖的陰莖被切斷；在 M₈₀ 中，蛇的頭被砍下，身體切成碎段；在 M₈₁ 中，蛇兒子被同母親身體永遠分離。但在前兩種情形裏，碎裂映射成周期性形式的時間：男人陰莖一會兒硬，一會兒軟，人一代接續一代，生和死交替，女人生孩子蒙受痛苦……在第三種情形(M₇₉)裏，碎裂映射到空間：蛇的兒子(像其他蛇一樣，他也不在乎自己的蛇性，因為他拒絕與父親為伍)把弓箭弄成碎段，而它們散布在夜空中變成星星。因為蜘蛛目擊了碎裂，所以，對於它來說，也僅僅對於它來說，周期性(脫皮)意味著生，而對於人來說則意味著死。

因此，視覺代碼使 M₇₉ 得以運用雙重對立。第一是可見和不可見的對立，因為注視著的蜘蛛不止是一個特定景象的目擊者：以前一點沒有什麼可看；夜空一片漆黑，而為使天空成為「景觀」，星星必須既占據它又照亮它。其次，這原始景象受到限定，因為它是同整體對立的

碎裂的產物。

　　一組圖庫納人神話證實了這種分析。這些神話也係關於短暫人生。不過，它們從另一種觀點看待這個問題，而這也許是因爲圖庫納人有個古老信仰：據認爲一種儀式使人能夠獲致長生不死(Nim.：13，第136頁)。

M₈₁. 圖庫納人：短暫人生

　　　　從前，人根本不知道死。一次，碰巧一個爲過成年禮節慶而獨處的少女沒有對不死神的呼喚作出響應，這些不死神想邀人追隨他們。這時她又犯了一個錯誤，對老年精靈的呼喚作了響應。後者衝進她的房間，把他的皮膚換成她的皮膚。這精靈立刻又變成一個少年，而他的受害者成了衰朽的老嫗。……從那時起，人老了就死去 (Nim.：13，第135頁)。

　　這個神話提供了阿皮納耶人神話 (M₉：主題爲三種呼聲) 和第二個特內特哈拉人神話 (M₇₉：皮膚變換) 之間的過渡。後一主題在下面的神話中甚至點得更爲明白：

M₈₂. 圖庫納人：長生不死

　　　　一個處女獨處成年禮居室，聽到了不死神的呼喚。

　　　　她立即應對，要求賦予長生不死。客人中間（當時正在舉行慶祝會），有一個少女已同龜訂婚，但她不喜歡他，因爲他只吃樹菌，因此她刻意追求隼。

　　　　整個宴會期間，她一直偕情人待在茅舍外面，只有片刻例外，那時她到屋裏去喝木薯啤酒。龜注視著她匆匆出去，便發出詛咒：突然這處女和客人坐著的貘皮升上天空，而龜没來得及坐上去。

那兩個情人看到，貘皮和其上坐者已高高地在空中。少女的哥哥們拋下一根細藤，以便她能爬上去跟他們在一起。可是，她必須決不張開眼睛！她沒有照辦，還叫了起來：「藤快要斷了！」藤眞的斷了。這少女跌落後變成一隻鳥。

龜打破了裝滿啤酒的罐子。充滿蛆的啤酒溢流到地上，被螞蟻和其他脫皮的動物舐吃；這解釋了它們爲何不會老。龜變成了一隻鳥，和同伴一起登上上界。貘皮和其上的坐者現在仍可看到呈月暈形狀（按照另一個版本爲昴星團）。（Nim.: 13, 第135～136頁）

我後面還要研討視覺代碼的天文學方面，這裏局限於作形式的分析。從形式的觀點看，上述神話和第二個特內特哈拉人關於短暫人生的神話(M_{79})之間有鮮明的相似性：有一個女人和一個違禁的情人（蛇或隼）的結合；接著是離異（M_{79}中因兄弟引起，而在 M_{82} 中兩個兄弟徒勞地試圖修補它）；東西破碎了（或者在天上，如在 M_{79} 中，或在地上，如在 M_{82} 中）。變換皮膚的昆蟲：「注視」碎裂而成爲長生不死的。天體產生了。

然而，圖庫納人神話比特內特哈拉人神話複雜。我覺得，這是由於兩個原因。第一，如上面已經指出的，圖庫納人相信，人能達致長生不死。這種我稱之爲「絕對的」長生不死帶來一個補充的維度，後者被附加於昆蟲的「相對」長生不死。特內特哈拉人神話(M_{79})僅僅建立了人的絕對長生不死和昆蟲的相對長生不死之間的對立，而這兩個圖庫納人神話（它們是互補的）預設了一個三角形系統，它的三個頂點代表人的長生不死和死（兩者都是絕對的），以及昆蟲的相對長生不死。第二個圖庫納人神話(M_{82})考察了兩種長生不死，認爲人享有的長生不死由於是絕對的因而優越於昆蟲享有的長生不死。因此，碎裂的

水平發生倒轉，並且相關地碎裂東西的水平也發生倒轉：男人的武器或女人的陶器，或者在空中(M_{79})或者在地上(M_{82})。就此而言，從星星(M_{79})到月暈或昴星團（M_{82}）的轉度尤其意味深長，因爲在第二種情形裏，我們所關涉的天文現象（如我們後面在第 288 頁及以後討論昴星團時會看到的）處於連續的範疇，而後者也是絕對長生不死的範疇，同相對的或周期性的長生不死相對立⑪。

　　M_{82}的複雜性還有一個原因。這或許起因於這樣的事實：圖庫納人似乎對因發酵飲料在慶典活動中占居重要地位而產生的一個烹飪邏輯的問題特別敏感。在他們看來，啤酒是或者可能是長生不死的飲料：

M_{84}. 圖庫納人：長生不死的飲料

　　　　一次成年禮節慶行將結束，但年輕姑娘的伯伯喝醉了，他已無法讓慶典正常進行下去。一個不死神以貘形降臨，帶走了姑娘，娶她爲妻。

　　　　過了很久，她帶著嬰孩又來到村裏，要家人爲她的弟弟的剃髮禮準備一種特別濃烈的啤酒。她同丈夫一起出席儀式。後者帶來一點長生不死飲料，給參加者每人一啜之量。他們全都喝下去之後，就帶著年輕伴侶移居諸神的住地。(Nim.: 13, 第 137 頁)

　　但同時這神話又像 M_{82} 一樣圍繞著一種飲料。這種飲料的製備處於發酵和腐敗之間，或者更確切地說，似乎不可避免地把這兩種過程結合起來，而這是因採用土技術所致。（我已在 104 頁上注⑭中提到過這個事實。）把這種二重性同女英雄的二重性關聯起來，這樣做是很誘人的。

---

⑪博羅羅人（M_{83}）相信，人所以短壽，是石頭和竹子爭論的結果。石頭是永恆的；竹子會死去，又以新筍重生。竹子終以代表周期性而獲勝(Colb.: 3, 第 260～261 頁)。

女英雄乍一看來似乎很奇怪。一方面，她過著處女幽居的生活，不得不齋戒，可以說處於達到青春期的「發酵」狀態。另一方面，這個放蕩的姑娘因她的未婚夫龜「吃腐爛物」而看不起他，卻同「吃生食」的隼相愛（按照尼明達尤的一個注釋，這種隼科動物以小鳥爲食物）。所以，這裡提到三種食物，正如有三種長生不死一樣；或者，如果我們緊扣這個神話的主題，則我們也可以說，有兩種長生不死：單純的長生不死（人變成長生不死的）和含糊的長生不死（昆蟲脫皮），以及兩種類型食物：一種是單純的、非人的食物（生食），另一種是人的、甚至神的但含糊的食物（發酵時必定腐敗的食物）。

　　不管怎樣，我介紹這些圖庫人神話，目的在於得到對視覺代碼的較清晰定義；顯然，我們的語言學範疇不適合擔負這個任務。有關的對立是同下述各個對立同構的：完整物體和破裂物體的對立；一片烏黑的天空和布滿發光星星的天空的對立；最後，盛在一個容器之中成爲均勻物質的液體和溢出而沾滿蛆的同種液體的對立。因此，也就是整體和殘片、光滑和含粗砂、惰性和活潑、連續和不連續之間的對立。這些對立本身又同其他一些取決於別種感覺的對立同構：新鮮和腐敗、硬和軟、噪和靜。〔在一個簡短的阿里克納人(Arikena)版本中是熱和冷；參見 Kruse: 4, 第 409 頁〕

　　這些感覺代碼不是簡單的。而且，也不是僅僅用這些代碼。例如，視覺代碼採取可見和不可見兩相對立這種粗糙形式存在。不過，除了這個對立現在就加以詳細規定之外，視覺代碼還在其他水平上起作用。在第四篇中，我將詳細研討天文代碼，在第五篇中，則將詳細研討美學代碼。我們迄此研討的那些神話中已經有這種美學代碼在起作用，它們利用這種代碼，把叫鶴這種可憐的醜鳥（它是一個引起死亡的醜妻的丈夫）和精緻彩飾的花豹⑫（它的尖牙和毛皮可用來製作極精美的裝飾品）相對立，也同後者的同族美國山貓相對比，和叫鶴不同：

美國山貓有個漂亮妻子(M_{29})。最後，在第二篇裏，我在研討關於野豬起源的神話時已表明了一種眞正的社會學代碼系統的作用，這系統利用建基於姻親關係和親屬關係的對立。

在暫時撇下感覺代碼問題之前，還有一個矛盾必須加以解決。在我們考察關於人類壽命的神話時，我們注意到，每種感覺對立的兩極有不同的價值，視所選例子而定。M_9以及M_{70}和M_{81}表明，爲了享受長壽或長生不死，人必須不對微弱噪音作出響應：爛樹的「輕柔」和「低弱」呼聲、叫鶴的遙遠哀鳴或者老邁精靈的呼聲。現在我們來考察另一個關於短暫人生的神話，它像M_{70}一樣也屬於卡拉雅人：

M_{85}. 卡拉雅人：短暫人生(2)

　　在一隻癩蛤蟆從造物主那裡偷取了他拒絕給人的火之後，他娶了一個印第安少女。擋不住岳父的懇求，他答應向兀鷹王索要天體——星、太陽和月亮，它們對於照亮地球是必不可少的。然後，造物主要求兀鷹教給人文明的技藝，以他自己作爲中介。此後，這鳥（造物主通過裝死把它引誘下來）就飛走了。這時，造物主的岳母想問兀鷹，老人如何返老還童。回答從又高又遠的地方傳來。樹和有些動物聽到了，但人聽不到(Baldus：4，第82頁)。

這裏我們又遇到了死和生的對立，這是這組神話的不變要素。不過，這裏不是把對立用聽見／聽不見的代碼來表達，而是把項的順序倒過來。爲了長命，M_9、M_{70}和M_{81}的英雄應當決不聽微弱的聲音。在

⑫虛榮使花豹墮落(Métraux：8，第10～12頁)。作爲輕快敏捷的代價，蜥蜴只是「稍具美姿，兩側皮膚著彩」(Colb.：3，第258頁)。

這個神話中，這條件倒轉了過來。

嗅覺代碼方面也有這種困難。按照克拉霍人神話 M_{72} 和奧帕耶人神話 M_{75}，死亡所以降臨人類，是因為他們聞出了死亡的惡臭。然而，在希帕耶人神話(M_{75})中，毛病出在缺乏嗅覺靈敏性：如果人嗅出死亡的惡臭，人本來不會接受死亡。因此，在一種情形裏，強烈的氣味不應當被感知，在第二種情形裏，輕微的氣味應當聞出來。

現在我們來看看視覺代碼。一個謝倫特人神話(M_{93a})（後面將加以扼述，第 225 頁）把短暫人生的起源同對一種天象的視覺和嗅覺聯結起來。然而，特內特哈拉人神話(M_{79})對短暫人生的起源給出了相反的解釋：人所以夭折，是因為他們睡著了，**看不到**突然布滿星星的空曠夜空。這裏，我們看到了 M_{79} 所屬的那個神話亞組的一個不變特點，因為它以同樣形式但按聲學代碼重現在亞馬遜人異本(M_{86})之中：蛇兒子被母親遺棄後上升到天空，在那裏變成虹。在升天之前，他極力要人響應他將從天上向他們發出的呼聲。但是，他的外祖母睡著了，聽不到他的呼聲。然而，蜥蜴、巨蛇和樹聽到了；正因為這個緣故，它們返老還童，換了皮膚 (Barbosa Rodrigues，第 233～235, 239～243 頁)。我們在另一個異本(M_{86a})中得出同樣的結論，在那裏，虹被奇怪地說成是花豹的兒子；然而，這個異本獲自一個脫離部落的混血兒(Tastevin：3, 第 183,190 頁)。一個卡希納瓦人 (Cashinawa)神話(M_{86b})也解釋了，跟樹和爬行動物不同，人因為在睡著時未對祖先飛上天空後向他們喊「脫你們的皮！」作出響應而變成會死的(Abreu，第 481～490 頁)。

過去的神話作者很輕易地就克服了這個困難。他們為此只要假設，神話思維反映著他們感到滿足的那種分析的不嚴謹、總是近似的本性。我奉行相反的原則：當一個矛盾出現時，它便證明，這分析一定還進行得不夠，一定漏掉了一些示差特徵。我現在可以就目前的情形來說明這一點。

　　在這組關於短暫人生的神話中，人的死從兩個不同角度去看：從前瞻和回顧兩方面去看。能否阻止死亡，即防止人死得比他們想望的早呢？以及反過來，能否使人返老還童或者起死回生呢？第一個問題的解決總是反面地提出來的：不要聽，不要感覺，不要觸動，不要看，不要品味……第二個問題的解決總是正面地表達：要聽，要感覺，要觸動，要看，要品味。另一方面，第一種解決只適用於人，因為植物和動物有其自己避免死亡的方法，即通過換皮而回春。有些神話只考察人的情形，因此可以只從一個方向——生命的前瞻性延續、反面的禁令——去看；另一些神話把人的情形同可重返青春的生物或實體的情形加以對比，因此可以從兩個方向——前瞻和回顧、反面和正面——去看。

　　這些轉換得到一絲不苟的遵守，因此，採取某種觀點，對於一個特定的神話和一個特定種羣都意味著，屬於這個種羣的、但表現相反觀點的那個神話在一切方面都發生相關變化。為了明白這一點，我們只需比較兩個卡拉雅人神話 M_{70} 和 M_{85}。前一個神話係關於單單人的前瞻性長生不死；沒有把長生不死給予人，因為人從下面跑到上面，選擇在地球表面上定居，在那裏他們發現大量果子和蜂蜜(自然產物)以及可讓他們點燃火 (以及燒煮) 的死木。另一方面，M_{85} 則把人的狀況同脫皮的動物的狀況進行比較。這裏，問題不再是如何延長壽命到超過正常期限，而是像這神話所表明的，如何返老還童。與此相關聯，這裏問題是下降而不是上升 (鳥飛向地面)；授予天光而不是地火 (如這神話所刻意指出的，人已經擁有地火)；文明技藝取代自然資源。如前面已經看到的那樣，M_{70} 中的前瞻性長生不死的先決條件是不聽；M_{85} 中的回顧性返春的先決條件是聽。

　　因此，感覺代碼上的這種表面矛盾在下面的圖式中消失了，這圖式以簡縮形式重現我們的論證：

$$\xrightarrow{\text{M}_9,\ \text{M}_{70},\ \text{M}_{81}}$$
（聽　　　　　不聽）
$$\xleftarrow{\text{M}_{85},\ \text{M}_{86}}$$

$$\xrightarrow{\text{M}_{72},\ \text{M}_{75}}$$
（感覺　　　　不感覺）
$$\xleftarrow{\text{M}_{76}}$$

$$\xrightarrow{\text{M}_{77}}$$
（觸動　　　不觸動）
　　

$$\xrightarrow{\text{M}_{79}\ （關於人）}$$
（看　　　　　　不看）
$$\xleftarrow{\text{M}_{79}\ （關於昆蟲）}$$

$$\xrightarrow{\text{M}_{82}\ （關於人）}$$
（品味　　　　　不品味）
$$\xleftarrow{\text{M}_{82}\ （關於昆蟲）}$$

　　只有卡杜維奧人神話占居中間地位，它可從三種不同觀點加以解釋。首先，這神話運用不止一種代碼：味覺（不吸烟筒）；觸覺（為了強奪奉送的香烟，偷襲造物主的腋窩）；視覺（不看姑娘）。其次，在這三條禁令中，第一和三條是反面的；第二條是正面的。最後也是最重要的一點是，短暫人生的問題同時地從兩種觀點提出：英雄致力於使老人和樹回春（和復活）；但他自己夭亡，因為他成了父親而捲入世代的周期循環之中。在所有其他背景中，感覺代碼的項的值都被規則地反轉，視問題在於遏止死亡還是確保復活而定。這賦格曲由一支反賦格曲伴奏。

II　負子袋鼠的康塔塔（Cantate）

我想在我的詩篇中描繪一個模範母親，這就是負子袋鼠，這種動物在我們這裏鮮爲人知，但是，它那溫柔的、動人心懷的愛撫和母愛，必定吸引了讀者。

弗洛里昂（Florian）：《寓言》（Fables），第 II 卷，1。

1 負子袋鼠的獨唱曲

我希望在上一節裏已經確立了許多眞理。首先，當從形式的觀點考慮時，看來大不相同但全都關涉人類死亡之起源的那些神話傳達著同樣的消息，彼此僅以所用的代碼相區別。其次，所有的代碼在類型上是相似的；它們利用可感知量之間的對立，後者因而被提高到作爲邏輯存在的地位。第三，旣然人具有五官，所以就有五種基本代碼，而這表明，一切經驗可能性皆已得到系統的探究和應用。第四，這些代碼中有一種占居特優地位；這就是同吃的習慣相聯繫的代碼即味覺代碼，因此它的消息往往譯成其他代碼，而它本身很少用來譯其他代碼的消息。因爲，我們正是通過解釋火起源從而也解釋燒煮起源的神話，才洞悉了關於短暫人生的神話；例如，在阿皮納耶人那裏，死亡的起源僅僅是關於火起源的神話的一個揷段。因此，我們現在開始理解燒煮在原始思維中占據著十足關鍵的地位：燒煮不僅標誌著從自然到文化的過渡，而且人的狀況也可通過燒煮和借助燒煮來規定，這裏包括人的狀況的全部屬性，甚至那些也許看來無疑是最爲自然的屬性，

如死亡。

　　然而，我決不掩蓋這樣的事實：爲了獲得這些結果，我在某種程度上掩飾了兩個困難。在所有熱依人版本中，只有阿皮納耶人異本包含關於短暫人生的插段。當然，我在第三篇開端已解釋過，爲什麼在熱依人神話的情形裏，通過援引較完整版本來塡補某些版本中的空缺，是合法的。然而，還必須試圖發現，其他熱依人羣體是否對短暫人生的起源抱不同看法，如果是這樣的話，那麼，這種看法究竟是怎樣的。此外，爲了確保代碼的相互可轉換性，我還提出了方程硬木三動物肉，而這方程必須加以檢驗。幸好，這一切都是做得到的。因爲，有一組熱依人神話存在，在其中，硬木主題同短暫人生的主題聯結在一起。儘管這些神話——跟 M_9 不同，而我的論證主要基於這神話——不涉及火的起源，但它們還是有一個本質上屬於烹飪的主題，因爲它們關涉栽培植物的起源。最後，由於一個出人意外的曲折，這些神話使我們能夠獲得對我已提出的那些結論的決定性證實。

M_{87}. 阿皮納耶人：栽培植物的起源

　　一個青年的鰥夫睡在空曠地裏，同一顆星相愛。這星一開始向他顯現蛙形，然後顯現漂亮少女的形象，他就娶了她。那時，人還不懂園藝，他們吃爛木和肉，不吃蔬菜。星女人帶給丈夫甘薯和馬鈴薯，教他吃它們。

　　這男人把嬌小的妻子小心地藏在一個葫蘆裏，但被他的弟弟發現了。從此以後，他就同她公開一起生活。

　　一天，當星女人和婆婆一起洗澡時，她變成了一隻負子袋鼠，跳到老嫗的肩上，直到引起後者注意到一棵大樹，上面玉米穗軸纍纍。她解釋說：「印第安人吃這種玉米，不吃爛木。」她作爲一

隻負子袋鼠爬上樹，打下大量玉米穗軸。然後，她又呈人形，敎婆婆怎麼做玉米餅。

　　人喜歡上了這種新食物，決定用石斧砍下玉米樹。可是，當他們停下來喘口氣時，已經砍出來的切口又彌合了。他們打發兩個男孩回村去取一柄利斧。在路上，兩人發現了一隻乾草原負子袋鼠，他們殺了它，馬上烤了就吃，儘管男孩是禁止吃這種動物的。當他們變得衰老，成爲駝背老人時，還沒有吃完這肉。一個老江湖郞中成功地使他們返老還童。

　　當人們最終克服嚴重困難把樹砍倒時，星女人勸他們開墾林地，種植玉米。然而，後來在丈夫死後，星女人又回到天上(Nim.: 5，第165～167頁)。

這同一個阿皮納耶人神話的另一個版本(M_{87a})旣沒有負子袋鼠的插段，也沒有玉米樹的插段。我們只是讀到，星女人從天上帶來栽培植物，敎印第安人製做籃子。然而，她的丈夫對她不忠至極，因此，她又回到天上。(C. E. de Oliveira，第86～88頁)

　　我的目的不是透徹分析這組神話，而只是利用其中的某些方面來完善一項論證，後者的基本部分我已提出。因此，我們縮簡其他版本，只突出每個版本的特殊之點。

M_{88}. 蒂姆比拉人：栽培植物的起源

　　爲一個星女人所迷戀的英雄不是鰥夫，而是個身體畸形的男人。在這少女的隱匿地被她丈夫的弟弟發現之後，這星女人就告訴丈夫玉米的事(這裏玉米長在軸上)，把她咀嚼過的綠色種子唾在他臉上(按照 M_{87a}，是吐入他口中)。然後，她敎印第安人如何做玉米食物。在開墾出部分林地以便開始種植時，男人們弄壞了

　　斧，於是派一個男孩回村再取一把。他遇見一個老人正忙於燒煮
負子袋鼠。這男孩不顧老人抗議，硬是吃它。他的頭髮馬上變白，
他不得不用一根棒來支撐他的踉蹌步履。

　　如果這丈夫不強求她滿足他的淫慾，本來星女人還會向他披
露許多別的秘密。她屈從了這種要求，但後來迫使他跟她一起上
了天（Nim.: 8, 第245頁）。

M₈₉. 克拉霍人：栽培植物的起源（三個本子）

　　當星女人發現人以 pau puba（爛木；參見第104頁）為食物時，
她便給丈夫看一棵樹，上面佈滿各種各樣的玉米，它的種子充填
著冲刷這樹脚的河流。像在蒂姆比拉人版本中一樣，兄弟們起先
怕吃玉米，認為它有毒，但星女人終於讓他們相信它没有毒。其
他村民偶然看見這家的一個小孩在吃玉米，他們問他吃什麼；他
們驚訝地得知，這玉米產於他們慣常在其中沐浴的河中。這消息
傳遍所有的部落，於是這玉米樹被砍倒，玉米被瓜分。然後，星
女人給丈夫和叔伯們說明如何利用 bacaba 棕櫚（它結出可以吃的
果子：*Oenocarpus bacaba*），教他們如何在地上挖爐洞，用噴淋水
的紅熱石頭填入，用這爐子來煨燉果子……她的教導的第三即最
後階段係關涉木薯，她教他們如何培育它，如何用它做餅。

　　在整個這期間裏，星女人和丈夫始終相互忠貞不渝。一天，
她丈夫外出打獵，一個印第安人強姦了這少女，她流血了。她製
成一種春藥，用它害死整個人羣。然後，她回到天上，把栽培植
物留給少數倖存者。

　　第二個版本明確指出，當星女人下凡時，人還在吃爛木和蟻
骸。他們培育玉米，但只是因為它們有裝飾性（提供這個情況的

人是個受過教育的混血兒）。星女人教他們如何做玉米食物，如何吃。但是，可供的玉米數量不夠需求。星女人於是（她已懷孕）教丈夫如何開墾林地開始種植玉米。她回到天上，回來時又帶來木薯、西瓜、葫蘆、稻、甘薯、馬鈴薯和落花生。故事結束時教授了燒煮。

　　第三個版本（獲自一個混血兒）描述了星女人已結婚，但仍是處女；她遭到輪姦，她爲了懲罰罪犯，把有毒唾沫吐入他們口中。然後，她又回到天上。(Schultz，第 75~86 頁)

卡耶波人（戈羅蒂雷人和庫本克蘭肯人）似乎未把關於星女人（無論她是不是栽培植物的賜予者）的神話和另一個關於這種植物由一種小動物透露給人的神話聯結起來。在戈羅蒂雷人那裏只看到這第二個神話：

M₉₀. 卡耶波—戈羅蒂雷人：栽培植物的起源

　　在印第安人人吃真菌和粉狀爛木的時代，一個女人在洗澡時，一隻小動物告訴她有玉米存在。玉米長在一棵大樹上，鸚鵡和猴在樹上爲爭奪玉米而大打出手。樹幹非常粗，印第安人不得不去再拿來一把斧。在路上，年輕人殺死了一隻平原負子袋鼠吃掉，變成了老人。巫師試圖讓他們返老還童，但未成功。自那時起，就一直嚴格禁止吃負子袋鼠的肉。

　　靠了玉米，印第安人食物充足。隨着他們人數增加，產生了操不同語言、養成不同習俗的各個部落(Banner：1，第 55~57 頁)。

在庫本克蘭肯人(M₉₁：Métraux：8，第 17~18 頁)那裏，星女人代之以另一個女人，她是一個男人和雨結婚的產兒。爲了餵養兒子，這女

人回到天上(她在那裏出生)，帶回了栽培植物(馬鈴薯、葫蘆和香蕉)。這裏是這另一個神話的扼要：

M₉₂. 卡耶波—庫本克蘭肯人：栽培植物（玉米）的起源

　　在人從花豹得到了火(參見 M₈)之後，一個老嫗在同外甥女兒一起洗澡時被一隻老鼠(amyuré)糾纏。這鼠最後成功地使她注意起玉米樹。這麼多玉米穗垂入河裏，已很難在那裏洗澡。村民們喜歡這老嫗燒煮的食物。他們動手砍倒這玉米樹。但是，每天早上他們都發現，前一天夜裏砍下的切口又彌合了。因此人們試圖用火燒這樹，並派了一個青年回村再取一柄斧來。在返途中，這青年殺了一隻長尾負子袋鼠(ngina)，烤了起來。他的同伴警告他；不要吃「這種醜動物」。但是他還是吃了，結果變成一個老頭，「又老又瘦弱，以致護膝的棉帶一直垂到踝部。」

　　人們成功砍倒了這棵樹，它轟隆倒地。他們瓜分了玉米。此後，人羣散布各處。(Métraux：8，第17～18頁)

　　像卡耶波人一樣，謝倫特人也認為這兩個神話是相分離的。不過，謝倫特人的社會肯定是父系制的。所以，像可以預料的那樣，他們顛倒女性天空（這裏它是食人的）的語義價(valence sémantique)，但未改變高和低之間性對立的含義：

M₉₃. 謝倫特人：木星

　　一天夜裏，星（木星）從天上下凡，來到一個年輕單身漢那裏，後者愛上了她。這青年男子把她藏在一個葫蘆裏，但被他的兄弟發現。星告訴她的丈夫，邀他陪她一起同往天上。那裏一切都同地球上的對應事物不同。他到處都看到烟熏的或炙烤的人

肉。他在洗澡時，看到水中有許多屍體和斷裂的肢體。他沿着登天時爬過的 bacaba 棕櫚滑下去，逃掉了；他回到地球上後，向人講述了冒險經歷。但是，他在死後，靈魂馬上又回到木星，現在他是天空中木星旁邊的一顆星。(Nim.: 7, 第 184 頁)

一個更老的版本(M_{93a})說，在打開葫蘆時，兄弟們看到這少女，感到很害怕，他們以爲她是「一種雙目炯炯的動物」。當這男人到天上時，他認爲那裏像是「荒無人烟的曠野」。他的妻子竭力勸他離開她父母的茅舍，但沒有用。結果，他看到了那裏正在演出的食人景象，也聞到了發出的惡臭。他逃走了，但一踏上地球就死去 (J.F. de Oliveira, 第 395~396 頁)。

M₉₄. 謝倫特人：玉米的起源

一個女人帶着孩子坐在村裏的池塘邊，編織補魚用的工具。一隻老鼠裝成人形來邀她到他家裏吃玉米，而那時印第安人的食物還是爛木。他甚至讓她帶走一塊玉米薄餅，但告誡她不要洩露這件事。然而，那孩子吃餅時讓人撞見。村民們從那女人那裏探明眞相。當玉米主人聽到有人來時，就變成老鼠跑了，把他的種植園留給了謝倫特人。(Nim.: 7, 第 184~185 頁)

這組重要神話由於兩個原因而令人感興趣。第一，它強調了生長最早的玉米的樹之堅硬。這個細節可能看起來使我提出的關於阿皮納耶人火起源神話中的肉食和硬木兩者一致的假說歸於無效。但是，較仔細的考察表明，它證實了這個細節。

以上扼述的那些神話像關於火起源的神話(如 M₉₂中所表明的，它們直接接着後一些神話) 一樣，也把自然同文化相對立，甚至同社會

相對立：幾乎所有的版本都把人羣、語言和習俗上的差異的發展追溯
到玉米的發現。在自然狀態仍占主導地位的情況下，人——地球上的
居民——還過著狩獵生活，根本不知道農業；他們以肉爲食物，而按
好幾個版本的說法，肉都是生吃的，還吃腐爛的植物：腐敗的木頭和
眞菌。另一方面，居住在天空中的「諸神」是素食的，但他們的玉米
不是栽培的；它在森林中大樹上自然地無限量地生長，這種樹的木頭
特別硬(而栽培玉米的莖又細又脆)。因此，就主食而言，玉米相當於
作爲自然狀態下人的主食的肉。這個解釋得到星女人神話的謝倫特人
版本(M_{93})的證實，這版本把這組神話中的其他熱依人版本的要素顚
倒了一下。按照這個謝倫特人版本，人已經擁有栽培植物（人是在文
明英雄時代在謝倫特人之後獲得的，參見 M_{108}）；因此，天上的人是食
肉的，甚至食人的，因爲他們吃燒煮的（炙烤的或烟熏的）或腐爛的
（浸泡在水中的）人肉。

　　但是，最爲重要的是，這些新神話更新了人生短暫這個主題，它
們把後者納入到一組原因論（栽培植物起源）神話之中，而這組神話
同關於火起源的那組神話相對應，因爲兩者皆關涉燒煮的起源。人生
短暫這個主題用兩種方式加以考察，這兩種方式彼此不同，而每一種
單獨來看各又不同於阿皮納耶人火起源神話(M_9)考察這個主題的方
式。

　　在剛才討論的這組神話中，老齡（或死亡）之强加於人類，似乎
是人類爲換取栽培植物而必須付出的代價；或者作爲星女人報復的結
果，她的姻兄弟破壞了她的貞操（因爲那時之前她只同她的丈夫交換
純潔的微笑）；或者因爲一羣年輕人吃禁食的(或者在這致命的一餐之
後才禁食的）負子袋鼠的肉。而已分析過的那些關於短暫人生的神話，
則把這歸因於完全不同的原因：對噪音、氣味、接觸、視看或味道作
出積極或消極的響應。

　　我在研討這些神話時已證明，除了所應用的代碼（它們可能因神話而異，但一直保持同構）之外，關鍵是始終表達著同一個相關對立，即熟食和生食之間的烹飪性對立。可見，現在問題拓寬了，因為剛才介紹的那些神話告訴我們人類死亡的其他原因。那麼，一方面是對爛木呼聲作出響應，聞到惡臭，獲得柔軟陰莖，未看見一種景象，不攝食帶蛆啤酒；另一方面是強姦處女，吃烤負子袋鼠肉，這兩方面可能有怎樣的聯繫呢？這就是我們現在必須解決的問題。所以要解決這個問題，首先是為了證明，這些神話所肯定的人生短暫起源和栽培植物起源之間的聯繫是成立的（同已給出的證明相對應地，也證明人生短暫起源和燒煮用火起源之間的聯繫）；其次是——也是最重要的考慮——因為我將由此得到一個額外證明來支持我的解釋。算術上利用「借九」的證明。我打算表明，神話等領域裏也有證明，而「借負子袋鼠」的證明可能同樣地令人信服。

2 回旋咏嘆調

　　我所知道的對一個熱依人部落進行過研究的唯一動物學家就蒂姆比拉人指出：「我在蒂姆比拉人那裏從未碰到相當於有袋目（*Marsupialia*）這個亞綱的概念，也從未有人自發地向我提起過有袋動物的育兒袋或其在幼獸發育過程中所起作用。我只見到過一個動物種gambá 或 mucura（負子袋鼠，*Didelphys marsupialia*）：klô-ti」（Vanzolini, 第 159 頁）。事實上，負子袋鼠在巴西中部的神話中地位相當一般，而這也許僅僅因為拿不準如何指稱這種動物。古代著作家有時把它同狐（葡萄牙文：raposa，犬科之一種）相混淆，負子袋鼠體形上與之相似。印第安人自己似乎稱有些種類有袋動物為「鼠」。我們已經看到，按照熱依人栽培植物起源神話的各個版本，星（或玉米主人，M$_{92}$）變

成了一種動物，它有時稱爲負子袋鼠，有時稱爲鼠。蒂姆比拉人的負子袋鼠名字 klô-ti 同樣是意味深長的，因爲它似乎表明，土著把負子袋鼠歸類於 préa（klô：參見以上第 174 頁），只是添上指大後綴。如果這種分類也出現在其他語言之中，那麼，我們就應當問：在博羅羅人神話和奧帕耶人神話中起重要作用的 préa 是否同負子袋鼠相關聯，或者是否同它相對立。如果這些神話很少提到負子袋鼠，那麼，這也許是因爲有些部落把它歸類於其他動物，例如小有袋動物、嚙齒類動物或犬科。

　　同樣令人迷惑不解的是，神話中幾乎根本沒有提到過有袋動物的育兒袋，除了一個例外：阿帕波庫瓦人起源神話中的一個簡短插段，我後面還要提到它（第 242 頁）。實際上，可稱爲有袋性的富有啓示的主題所在多有，並且我已經在不止一個場合強調過一個這種主題即蛇的女主人（或母親）的重要性，她的情人或蛇兒子住在她的子宮裏，可以隨意出入。

　　負子袋鼠（sarigue）在巴西北部稱爲 mucura，東北部稱爲 timbu，南部稱爲 gamba，在阿根廷稱爲 comadreja。它是南美洲最大的有袋動物，也是唯一有食用價值的有袋動物。重要性次一等的有水負子袋鼠（cuica d'agua：*Chironectes minimus*）、毛皮負子袋鼠（mucura chichica；*Caluromys philander*）和約爲齁鼠大小的矮種負子袋鼠（Catita：*Marmosa pusilla, Peramys domestica*）（Guenther，第 168 頁，389 頁；Gilmore，第 364 頁；Ihering：辭條「Quica」）。負子袋鼠軀體長爲 70 和 90 厘米之間。這詞也用來冠稱四個巴西種：*Didelphys aurita*（從南里奧格朗德北部到亞馬遜河）；*D. paraguayensis*（南里奧格朗德）；*D. marsupialis*（亞馬遜）；*D. albiventris*（巴西中部）（Ihering：辭條「Gamba」）。負子袋鼠出現在多種類型記敍之中，它們乍一看來分成兩類：起源神話和幽默故事。我們依次來考察這兩類。

　　圖庫納人神話中的主角是名叫迪艾(Dyai)和埃皮(Epi)的孿生兄弟。前者司人類創造、藝術、法律和習俗。後者是騙子、糊塗蟲和無恥之徒；如果他化獸形，則往往變成負子袋鼠。正是他發現了(M_{95})兄弟的秘密妻子。迪艾把她藏在骨笛裏(參見 M_{87-89}、M_{93})；這妻子名叫圖爾(Tul)，出生於 *Poraqueiba sericea* 的果子。他引她嘲笑(參見 M_{46}、M_{47})為躲避火的熱而跳躍的魚，從而不得不暴露她的存在，而他自己解開褲帶跳舞，以致他的陰莖像魚一樣抖動。他極其強暴地強姦了兄弟的妻子，以致精液從她口鼻中噴出。她立即懷孕，由於身體膨脹，無法回到隱藏地。迪艾通過強迫兄弟刮下身上的肉來懲罰他；他把肉漿扔給了魚。(Nim.: 13, 第 127～129 頁)

　　強姦的情景證實了埃皮的負子袋鼠本性。負子袋鼠有一個叉狀陰莖；因此，整個北美洲都可作證的一種信念認為，這種動物通過鼻孔交媾，雌的通過打噴嚏把幼仔送入育兒袋。(Hartman, 第 321～323 頁)⑬

　　我已指出，這個神話同那組熱依人關於一個凡人的天體妻子的神

---

⑬馬塔科人神話中的騙子生有一個**雙陰莖**(Métraux: 3, 第 33 頁)，托巴人神話中的相當角色則是頭「狐」。

美洲的這種信念提出了一個比較神話學問題。這些信念在舊大陸（那裏沒有有袋動物）也存在，不過係關於鼬鼠。加蘭西絲(Galanthis)被盧西涅(Lucine)變成一隻鼬鼠，作為對她幫助阿爾克曼涅(Alcmene)生孩子的一種懲罰，結果她自己後來通過口生孩子，而欺騙女神的謊言也正是從這口出來的〔Ovid:《變形》(*Métamorphoses*), L.IX, V, 第 297 頁及以後〕。鼬鼠據說是通過口生產的〔Plutarch:《愛西斯和奧西里斯》(*Isis and Osiris*) § XXXIX〕；同時，壞女人被比作鼬鼠(Gubernatis, II, 第 53 頁)。新大陸（那裏也有鼬鼠）相信，它們能夠幫助生孩子，因為它們很容易從孔中滑出孩子 (L.S.: 9, 第 82～83 頁) 最後，博羅羅人孿生兒神話的一個本子(M_{46})（它同上面的圖皮人神話極其相似）也說到，鼬鼠科的一個種（葡萄牙語 irara: 種名 *Tayra*）起著圖皮人歸諸負子袋鼠的那種作用 (Colb.: 1, 第 114～115 頁; 2, 第 179～180 頁)。

話有親緣關係。在這組熱依人神話中，星是被她姻兄弟強姦的負子袋鼠；這裏，*Poraqueiba* 樹（它的果子落到［＝下降到］地面，正像星首先呈蛙形下到地面）的女兒被她的負子袋鼠姻兄弟強姦。因此，當我們從熱依人神話過渡到圖庫納人神話時，負子袋鼠的作用反轉了過來；同時，說來很有意思，在圖庫納人那裏栽培植物的禮物歸諸螞蟻而不是負子袋鼠（M₅₄; Nim.: 13, 第 130 頁）。後面我將對這種轉換作出解釋（第239～240 頁及以後）。

顯然，圖庫納人神話從另一種背景重複了最著名的圖皮人神話之一（M₉₆）中的一個情節。泰夫在 16 世紀時就已注意到其中一個版本，而且這版本今天仍在流行。這個情節是說：一個女人懷上了文明神梅雷·阿塔（Maire Ata）的孩子。她獨自旅行。她腹中的孩子同她交談，給她引路。然而，因爲他母親拒絕「給他長在路旁的小植物」，所以他決定賭氣一聲不響。這女人迷了路，來到一個名叫薩里戈伊斯（Sarigoys）的男人的家裏。夜裏他誘姦了她，「結果她又懷上了一個孩子，他與第一個孩子結件……」。作爲一種懲罰，這男人變成了一隻負子袋鼠。（Thevet，載 Métraux: 1, 第 235～236 頁）

這個插段也見諸烏拉布人、特姆貝人和希帕耶人，他們分別稱這誘姦者爲 Mikur、Mykura 和 Mukura。這些名字很接近於熱依語裏標示負子袋鼠的詞：mucura。

在南美洲，負子袋鼠也作爲一個悲喜劇故事的主人公出現。這裏僅略舉數例。蒙杜魯庫人神話（M₉₇）、特內特哈拉人神話（M₉₈）和瓦皮迪亞納人（Vapidiana）神話（M₉₉）講述了負子袋鼠和他所選定的幾個女婿的悲慘遭遇。每個女婿都具有一種專長：打魚、狩獵或耕地。負子袋鼠想模仿他們，但都失敗，甚至常常在這過程中受傷。每次，他都命令女兒重找一個丈夫，但結果甚至更糟糕。最後，負子袋鼠被燒死或流血而死（Kruse: 2, 第 628～630 頁；Murphy: 1, 第 118～120 頁；

Wirth：2, 第 205～208 頁；Wagley-Galvão, 第 151～154 頁）。

　　蒙杜魯庫人版本說，這些事件發生在負子袋鼠是人的時代。另一方面，女婿們依次為：食魚鳥、臭蟲、鴿子、吃蜜蜂的「狐」、蜂鳥、水獺和扁虱，它們也有人形，但「實際上是動物」。這個細節——它提供了生活在美國東南部的一個部落科亞薩蒂人（Koasati）所抱的信念的一個奇妙重現，這個信念認為，神話中的負子袋鼠運用分解的語言（Swanton, 第 200 頁）——使人能夠明白，除了格調各不相同，這一切「負子袋鼠故事」（不管是起源神話還是滑稽故事）有著共同的結構。各個原因論神話描繪了呈人形但帶動物名字的神；各個故事則描繪了呈人形的動物。在每個情形裏，負子袋鼠的作用都是含糊不清的。在圖庫納人神話（M_{95}）中，他是性交神，因為負子袋鼠據認為生性就是幹這事的。儘管他在蒙杜魯庫人故事（M_{97}）中是個動物，但他是個人，並且和其他獸類不同。最後，依我們考察的是神話還是故事，他的地位似乎反轉過來：

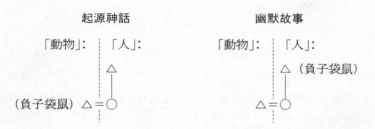

注：圖庫納人神話小心地表明，變成 *Poraqueiba* 果子的姑娘是孿生兄弟的姻兄弟（姊妹的丈夫）的女兒。因此，在左邊的表中，女人的父親不僅僅是為了對稱起見而引入的。

　　赫克斯利（Huxley）考慮了負子袋鼠的象徵性問題。他認為，有兩個特點能解釋讓人朦朧感到的模稜兩可之處：如我們已看到的那樣，

負子袋鼠有一個開叉陰莖，他因此特別能使女人生孿生兒；當他發覺
危險時，就佯裝死去，因此，他似乎能夠死而復生。(Huxley，第195頁)
沒有一個神話說負子袋鼠是孿生兒的父親，而都說它只有一個孩子。
除了這一點而外，我們感到再沒有比這類猜測更不可信的了。它們從
對民間故事作折衷選擇出發，甚至是爲了支持特定論證的需要而臨時
雜湊成的。人們決不可能假定這樣的解釋：它必須產生於神話本身或
者種族志背景，並盡可能地同時產生於這兩者。如果說我現在爲了理
解負子袋鼠的語義功能而提議注意一下美國東南部的神話，那麼，這
不只是因爲新大陸的這些重要神話主題已經證據確鑿地廣泛傳播於整
個美洲，並且可能通過一系列中介而從一個半球傳到另一個半球：這
種研究方法不可能代替論證，而且至少還因爲這有助於提出一個假說，
而我們迄此分析過的那些神話將無可辯駁地證實它。

　　克里克人(Creek)和切羅基人(Cherokee)相信，雌負子袋鼠無需
雄性幫助就能懷上幼仔。(Swanten，第41頁；Mooney，第265，449頁)。切
羅基人在他們的神話中解釋說：負子袋鼠沒有妻子；他的尾巴曾經很
濃密，他因此而得意非凡，後來這尾巴被蚱蜢按兎子的指導剃掉了；
最後，他的腳爪從未凍傷過。(Mooney，第266，269，273，431，439頁)克
里克人、科亞薩蒂人和納切斯人(Natchez)都有故事說，負子袋鼠尾巴
非常美麗，後來被蚱蜢剪掉，或者說，他的皮毛因火或水的關係而失
去。正是利用這個機會，臭鼬鼠獲得了負子袋鼠的漂亮尾巴。(Swanton，
第41，200，249頁)。顯而易見，結合我們已給出的各個指示，賦予負子
袋鼠即 Sarigue 這些特徵導致一種模稜兩可的性徵；既是不足的（雄
性獨身，雌性無需雄性的介入進行生殖，因失去美麗的尾巴而象徵性
地被閹割），又是過分的(強行性交，或通過鼻孔交媾，通過鼻孔射精
或生胎兒，腳始終是熱的)。

　　說明了這一點，我們現在再回到南美洲，介紹一組神話，其中龜

是始終出現的角色，作爲其對抗者，則有時是花豹或鱷魚——偶爾兩者一起出現——有時是負子袋鼠。

M_{100}. 卡耶波—戈羅蒂雷人：花豹和龜

花豹看不起龜，因爲龜跑得慢，聲音又低弱。龜向花豹挑戰：輪流關在一個洞裏，看誰堅持得久。沒有空氣、水和食物，但龜堅持了好幾天。然後，花豹來接受考驗，但隨著一天天過去，它的聲音越來越弱。當龜打開洞時，花豹已死去：只有一羣蒼蠅在它遺體上盤旋。（Banner：1，第46頁）

M_{101}. 蒙杜魯庫人：花豹，鱷魚和龜

幾隻猴子邀請龜到一棵樹的樹梢上吃果子。他們幫助他爬上了樹，然後跑掉了，丟下他困在樹上。

一頭花豹恰巧路過。他想把龜當一頓美餐，於是勸龜下來。龜不肯，花豹決定留在原地，眼睛盯住這獵物。他終於累了，垂下了頭。這時，龜從樹上下來，他的硬殼擊碎了花豹的頭顱。⑭「哈，哈，哈」，龜拍著手大笑起來。他吃了這花豹，取了一根骨頭做了一支笛子，唱起了凱歌。

另一頭花豹，聽到了這樂聲，急切地想替同伴報仇。他攻擊龜，但龜藏進了一個洞裏。一條鱷魚和龜爭論菜豆究竟長在藤上還是樹上的問題。由於意見不合，鱷魚一怒之下把洞堵上，但每天又來挑逗龜，説樹林裏正生長著許多木眞菌（這是龜的食物）。

---

⑭這轉換了 M_{55} 中的相應插段（花豹一直抬頭注視著，還張牙舞爪），而如已證明了的（第177頁），後一插段和 M_8 中的相反插段屬於同一組。

但龜不聽信這謊話。他抛下舊殼，偷偷換上另一個殼逃掉了。

　　沒有聽到回答，鱷魚以爲龜已死，因此就打開洞，想吃掉龜。然而，龜突然從後面出現，把鱷魚關在洞裏，又拍手哈哈大笑起來。第二天他又來到洞前，現在輪到他來挑逗敵手了：鱷魚難道不知道，河裏有許多魚正在腐敗嗎？鱷魚很快開始乾枯（參見 M_{12}），越來越衰弱。他的聲音已低得聽不出，然後就一無聲息了：他死了。龜拍手笑了起來：「哈，哈，哈」。(Murphy：1，第 122～123 頁；Kruse：2，第 636～637 頁；特內特哈拉人異本，見 Wagley-Galvão，第 155～156 頁)。

在另一個蒙杜魯庫人版本中，龜所以戰勝花豹，是因爲他能比花豹忍更長的時間不喝水。在用尿弄濕了殼之後，龜在花豹面前誇耀著，並派豹去尋他聲稱已發現的泉(Murphy：1，第 124 頁)。

特內特哈拉人和亞馬遜與圭亞那的各個部落那裏也有這樣的神話，只是花豹（或鱷魚）的地位常常由負子袋鼠佔據。

M_{102}. 特內特哈拉人：龜和負子袋鼠

　　龜向負子袋鼠挑戰，要比賽絕食。他先挖了個洞。在兩個月裏，負子袋鼠每天來問龜怎麼樣了。每次龜都以宏亮聲音回答：他要經受住這考驗。實際上，他發現了這洞的另一個入口，每天出去吃東西。當輪到負子袋鼠時，他過不了十天就死去。龜邀請朋友來吃負子袋鼠的遺體。(Wagley-Galvão，第 154 頁)

關於幾乎完全一樣的亞馬遜人版本，參見哈特(Hartt)，第 28，61～63 頁；圭亞那人版本，參見羅思 (Roth)：1，第 223 頁。

　　上面幾個神話的某些方面將另外加以考察。目前我只想指出，這些神話裏，負子袋鼠可以同花豹或鱷魚互換，而我們知道，後兩者分

別是火的主人（M_7到 M_{12}）和水的主人（M_{12}）。⑮因此，我們可能很想知道，龜（一個不變項）和負子袋鼠、花豹、鱷魚（三個可互換的項）之間的對立具有什麼樣的關鍵含意。這些神話就龜而言是一清二楚的：它們或者表明，龜能長時間待在地下，不吃不喝，因為龜是蟄居動物；或者描述龜以樹真菌和爛木為食物。（M_{101}；亦見 M_{82}；關於烏布拉人那裏的同樣信念，見 Huxley，第 149 頁）因此，龜有雙重理由可作為腐敗的主人：它不會腐敗，以及它吃腐敗東西。鱷魚也吃腐肉（M_{101}），但只在水中，在那裏腐敗不會放出臭氣（參見 M_{72}：水妖僅當從水中出來時才開始聞到氣味）。最後，我們知道，花豹可以相對於連接生食和熟食的軸來規定，從而排除腐敗食物。

　　這同一個細節往往表現為同樣形式，而不管龜的對手可能是什麼，也不管這些神話所屬的羣體相隔多麼遙遠。它的反覆出現清楚地表明了這樣的事實：在我們正在研究的所有這些神話中，相關的對立是發出惡臭的東西和不發出惡臭的東西之間、易腐敗東西和不會腐敗東西之間的對立。當龜沒有得到對手的回答時，他就打開洞，他發現不是花豹或鱷魚，而是「一羣在屍體上盤旋的蒼蠅」（M_{100}、M_{101}）；或者不是負子袋鼠，而是「一羣蒼蠅」〔亞馬遜人：Hartt，第 28 頁；Tastevin：1，第 283～286 頁〕；「許多蒼蠅」〔里奧儒魯亞人(Rio Jurua)：Hartt，第 62 頁〕；「他的屍體上只有蒼蠅活著」〔瓦勞人，卡里布人(Carib)：Roth：1，第 223

⑮有時這些功能反轉過來。參見阿莫里姆(Amorim)，第 371～373 頁；和 C.E. 德・奧里韋拉(C.E.de Oliveira)，第 97 頁。

⑯這個細節也出現在一個阿皮納耶人故事之中，在那裏犰狳是受害者（C.E. de Oliveira，第 97 頁）。犰狳和負子袋鼠的可互換性也見諸卡耶波人；負子袋鼠作為岳父所特有的愚笨在「負子袋鼠及其女婿」的循環中傳遞給了犰狳奧伊姆布雷。參見墨菲(Murphy)：1，第 119 頁（蒙杜魯庫人）和 Métraux：8，第 30 頁(卡耶波—庫本克蘭肯人)。但在熱依人那裏，負子袋鼠被用來履行別的較高尚的職責。

頁）⑯。

　　現在讓我們回過頭來討論那組「負子袋鼠及其女婿」神話中各個故事的終末挿段(參見以上第 230 頁)。一個亞馬遜人版本以負子袋鼠遭不幸告終，他在被 tucunare 魚(*Cichla ocellaris*)吞食後獲救：「從此他就一直又醜又臭(feio et fedorento)，因爲魚腹中很熱」。(Barbosa Rodrigues, 第 191～194 頁)不要忘記，feio 這個葡萄牙語單詞可用來作爲一個論據，支持一個關於栽培植物起源的庫本克蘭肯人神話(M_{92})中的禁食負子袋鼠肉的禁條。另一方面，「負子袋鼠及其女婿」神話的蒙杜魯庫人版本和瓦皮廸亞納人版本以這樣一個挿段告終：負子袋鼠燒掉尾巴（蒙杜魯庫人）或者跌進水裏（瓦皮廸亞納人）。另一個亞馬遜人版本也是這樣(Barbosa Rodrigues, 第 173～177 頁)。⑰

　　我們已經看到，按照克里克人本子，花豹尾巴上的毛髮是由於火或水的作用而被毀的。換句話說，在一種情形裏，它是被燒毀，在另一種情形裏，則是爛掉的。這不是說存在兩種臭氣：一種因長期暴露於火引起；另一種因長期浸於水引起嗎？

　　美國東南部的某些神話確立了負子袋鼠和臭鼬(*Mephitis mephitica, suffocans*)間的密切聯繫。赫奇蒂人(Hitchiti)說了一個故事：臭鼬用臭液噴狼，從而救出了負子袋鼠(Swanton, 第 158 頁)。這個神話中狼的作用和 M_{101} 中花豹扮的角色屬於同類；值得注意，在美國東南

⑰像巴博薩・羅得里格斯 (Barbosa Rodrigues)所指出的那樣，這在波玻爾維人(Popol Vuh)版本中也有(參見 Reynaud, 第 49 頁)。我故意避免用和中美洲和墨西哥的先進文明的神話，理由是它們都經過學者的轉述，所以爲了能作聚合(paradigmatique)研究，必須先對它們作詳細的組合(syntagmatique)分析。然而，我也知道這樣的事實：它們從許多方面來說在我已構成的那許多神話組中佔有地位。關於負子袋鼠在古代墨西哥的地位，參見薩哈貢(Sahagun), L.VI, 第 28 頁和 XI, 第 4 章第 4 節；及澤勒爾(Seler), 第 IV 卷, 第 506～513 頁。

部，龜在別處扮演的角色轉讓給了臭鼬，而同時負子袋鼠、龜和花豹三者的關係發生深刻變化：龜（軟龜）幫助負子袋鼠，把它丟失的幼仔找回來，改造育兒袋形狀，使之更好地保護幼仔(Swanton，第 199～200 頁)；負子袋鼠幫助美國山貓打獵，它讓鹿相信這捕食動物的野獸是死的，只是具屍體，盡可以大膽接近，美國山貓利用這計謀殺死了鹿。(同上書，第 200 頁)儘管地理上相距遙遠，但這些神話無疑屬於同一組。

切羅基人有一個神話解釋了臭鼬的臭惡。為了懲罰臭鼬偷竊，其他動物把它扔進火裏，自那時起，它一直是黑的，並有燃燒的氣味(Mooney，第 277 頁)。因此，像在南美洲一樣，在北美洲，燃燒的氣味和腐敗的氣味也配合了起來：它們成為惡臭的兩種模式。它們有時同臭鼬和負子袋鼠相聯結；有時負子袋鼠單獨負起表達這種或另一種模態的職能。

上述分析引導我們得出結論：負子袋鼠的語義功能是**標示惡臭**。一直居住在南北卡羅來納的卡陶巴人(Catawba)用來指稱負子袋鼠的名詞，其大意為「他淌大量流體」(Speck，第 7 頁)。圭亞那的陶利潘人認為，負子袋鼠是被排泄物玷污的動物。(K.G.：1，第 141 頁)。在一個來歷不明的亞馬遜人神話(M_{103})中，一個少女躲避負子袋鼠的好色的求愛，因為她就是從放臭氣來辨認這動物的 (Couto de Magalhães，第 253～257 頁；Cavalcanti，第 161～177 頁)。另一個屬於同一地區的神話(M_{104})(它較含糊地把負子袋鼠同老化過程即人生短暫聯結起來)描述了三個已變成負子袋鼠的老嫗的茅舍：「臭氣那麼強烈，讓人無法進入這茅舍」(Amorim，第 450 頁)。巴西南部的卡尤亞人講述過，負子袋鼠如何通過用尿噴狗而贏得賽跑勝利(Schaden：1，第 117 頁)。[18]如我們所看到的，負子袋鼠在各個神話中分別被說成是「髒臭的獸類」，有「髒臭的尾巴」，「燎毛的尾巴」。上面已提到過的圖皮納姆巴人孿生兒神話(M_{96})也明確提請人們注意這個方面。誘姦者在強姦了梅雷‧阿塔的妻

子之後，「變成了一隻野獸，它用這變形男人的名字即 Sarigoys 命名，它的皮膚惡臭至極。」(Thevet, 載 Métraux：1, 第 236 頁)狄德羅(Diderot)和達朗貝(d'Alembert)的《百科全書》(辭條「Philandre」)注意到，旅行者跟印第安人同樣地對這個細節留下深刻印象:「負子袋鼠放出惡臭氣味」。更晚近的觀察者也強調，負子袋鼠「發出有害氣味」(Guenther, 第 168 頁)、「極其令人討厭的氣味」(Tastevin：1, 第 276 頁)；「它的腺體分泌一種極其令人厭煩的氣味」(Ihering, 辭條「Gamba」)；「它放出一種致命的臭氣」，因此人們用由它派生的名字命名帶難聞氣味的睡蓮(Ahlbrinck：辭條「aware」)。

一個玻利維亞人神話按照南美洲印第安人的自然哲學極其令人信服地把負子袋鼠的全部屬性彙集在一起:

M₁₀₅. 塔卡納人: 負子袋鼠的起源

從前有個印第安女人乘貘睡著時抓了寄生在它身上的扁虱。她用一張葉子把它們包起來，放在一個罐子裏煮，然後吃掉(參見 M₆₆)。

「schie」鳥(*Crotophaga ani*)通常以貘身上的寄生蟲作爲食物。它向兀鷹抱怨這種不公平的競爭，後者答應幫助，要使這女人變成一隻負子袋鼠。

兀鷹在這女人頭上飛，向她灑下大量糞便，以致壓彎了她的腰，使她很難行走。然後兀鷹把她扔到地上，撕去她的頭髮，給

---

⑱東蒂姆比拉人表演的一種禮儀舞蹈演示了這個南巴西神話。舞蹈中，一個男人帶著一個盛滿水的葫蘆扮演臭鼬(而不是負子袋鼠)，他把水灑向追趕上來的狗，狗擬人化爲女人。這些女人像已被噴上臭鼬尿的狗那樣地嚎叫著奔跑 (Nim.：8，第 230 頁)。

她混身塗滿了他的糞便。他再用糞便把一條幼蛇的尾巴粘到這不
幸女人的屁股上；這女人縮到了負子袋鼠的大小。兀鷹揀起一支
根菜，咀嚼後吐到負子袋鼠身上，把它皮毛染黃。他給她臉部粘
上一個棕櫚芽，使她有個負子袋鼠的鼻子。

兀鷹告訴這女人：她只會生育扁蝨，「schie」鳥不吃的那些扁
蝨後來會變成負子袋鼠。負子袋鼠只吃鳥的腦和蛋。它白天睡覺，
夜裏打獵……。(Hissink-Hahn, 第 116～117 頁)

現在我們可以明白，為什麼熱依人神話把短暫人生的起源歸因於
答應爛木的呼聲(M_9)，或者吸入水妖發出的腐敗氣味(M_{73})，或者吃了
負子袋鼠的肉(M_{87}、M_{88}、M_{90}、M_{92})。在每種情形裏，現象都相同：
腐敗物通過某個感覺通道被接受：耳、鼻或口。在這個初級聯繫上，
我的解釋已證明是有效的。

然而，還有一個困難。為什麼在熱依人關於栽培植物起源的神話
中是為了給人昭示玉米的存在而必須成為負子袋鼠呢？首先，我們應
當指出，這個題材並未在一切情境中都出現。但每當它未出現時，總
是由別的題材代替：是把玉米吐到丈夫臉上(M_{88})或口中(M_{87a})：因
此，她像卡陶巴人一樣也是「淌口水者」；她在被強姦後流血，成了女
兇手(M_{89})；她在被強姦後，通過向姻兄弟們口中吐痰而殺死他們
(M_{89})。在這一切場合，她都代表污染，有時以動物的形式，其皮膚分
泌惡臭液體，有時以人的形式，既是污染者，又是被污染者。有一個
也屬於這一組的神話(M_{106})講述了星如何把她的尿變成食物，這神話
流行於上馬拉尼翁的阿瓜魯納人(Aguaruna)那裏(Gualart, 第 68 頁)。

把上述這個不變特點抽取出來之後，我就能表明負子袋鼠在其中
出現的那些起源神話即圖皮—圖庫納人神話組和熱依人神話組的共同
結構。在這兩組神話中，主角是一樣的：一個女人、她的丈夫和丈夫

的兄弟（一個或多個）（有時是「假兄弟」）。這個姻親關係圖式是同野獵起源神話的深層圖式（由一個男人、他的妹妹或妹妹們及她們的丈夫組成）相對稱的：

$$(1) \qquad\qquad\qquad (2)$$

$$\bigcirc = \triangle \qquad \triangle \qquad\qquad \triangle = \bigcirc \qquad \triangle$$

　　值得注意，在熱依人那裏，這兩個結構對應於(1)關於／栽培／植物／起源的神話和(2)關於／野生／動物／起源的神話。

　　然而，在圖皮—圖庫納人神話組中，負子袋鼠的角色由丈夫的兄弟充當，他強姦了姻姊妹；而在熱依人神話組中，它由姻姊妹充當。不過，在每種情形裏，食物都被作了不同的限定。

　　圖庫納人妻子(M_{95})是個墜落的果子，它變成爲一個女人。一個烏拉布人版本(M_{95a})補充說，這果子落到地上時充滿了蛆(Huxley，第192頁)。[19]所以，這神女在此代表不如動物腐敗明顯的植物腐敗，這裏包括一個雙重轉換。首先，把她同人隔開的原始間距縮短了，因爲她現在作爲果子從樹上墜落，而不是從天上作爲一顆星下凡。其次，在熱依人神話組中，她是換喻的——並且在故事的**一部分**期間是一個眞正

---

[19]這是 apui 樹的果子，常以同名或以 apoi 的名字出現在蒙杜魯庫人神話之中：「Apui 或 iwapui，一種長在其他樹的樹枝上的寄生樹，會長出徒長枝，其中有些植根於地上，而有的悶住母樹，使它乾死」(Tastevin：1，《附錄》，第1285頁)。正是這種樹堵塞了蒼穹，它們的根則像鼻涕似地從騙子戴魯(Daiiru)的鼻中出來。它們也長滿寄生蟲，(Murphy：1，第79,81,86頁)。另一個版本講述了 apui 樹的根從騙子的眼睛、耳朵、鼻子和肛門中長出來 (Kruse：3，第 XLVII 卷，第1000頁；亦見 Strömer，第137頁)。apui 樹同排泄物和腐敗有著雙重親和性，而這加強了烏拉布人神話中的類似涵義。

的動物——而在圖皮人神話組裏, 她的負子袋鼠功能變成爲隱喻的了:
她的孩子在她腹中談話, **彷彿**他已經出生, 用母親的子宮作爲育兒袋。
相反, 沒有這最後一個題材的圖庫納人版本把犯強姦罪的姻兄弟從一
個隱喻的負子袋鼠 (**像**負子袋鼠那樣地通過鼻子交媾) 轉換成一個換
喻的負子袋鼠: 這時他用白粘膠填塗他的包皮, 並爭辯說, 這「獸脂」
的存在證明他還是童男子。這污染行爲在來源上也是植物性的, 因爲
騙子利用的是 paxiubinha 棕櫚(*Iriartela sebigera*)的果子做的果漿。我
應當補充說明, 在圖庫納人版本 (那裏負子袋鼠功能由姻兄弟承擔)
中, 作爲神妻暫時化身的果子是 umari 樹的果子, 它的氣味很美妙,
好些亞馬遜人神話都提到這一點(Amorim, 第 13, 379 頁), 而負子袋鼠發
出惡臭氣味。最後, 還是在這個版本中, 女人同她丈夫發生性關係
——和熱依人版本中的情況相反——無疑是爲了強調 (像這組神話中
的一個查科人神話即 M_{107} 所做的那樣), 她丈夫「只需要她作爲一個廚
娘」(Wassen: 1, 第 131 頁)。因此, 植物性腐敗在女人標示正常的 (=
夫婦間的) 性活動, 在男人標示正常的 (=童稚的) 貞潔。動物性腐
敗在男人意味著不正常的性活動(=強姦), 在女人意味著不正常的(=
夫婦間的) 貞潔。

　　我們如此解決了負子袋鼠反轉(雄性或雌性, 強姦者或被強姦者)
的問題, 於是我們就可以明白, 圖皮人神話組和熱依人神話組中負子
袋鼠的擬人化有著共同之處。在圖皮人神話中, 負子袋鼠是雄性的,
強姦了一個人, 而他使她懷孕時她已是母親。在熱依人神話中, 負子
袋鼠是雌性的, 不是母親(因爲她儘管已結婚, 但仍是處女), 被人強
姦, 提供給人以食物。圖皮人女英雄是母親, 不肯哺乳她的孩子 (她
甚至在她孩子還在她的子宮裏時就虐待他)。熱依人女英雄是乳母, 但
不肯當母親。除了謝倫特人版本(M_{93})而外, 熱依人版本全都如我們看
到的那樣改變天和地的語義價: 天體女人被反面地說成是食人者的女

兒，無力拯救她的丈夫。同時(M_{108})，栽培植物(這裏是玉米)賦予者的角色被賦予人類女性即地上女人並進而賦予已是母親、熱心履行哺乳幼兒職責的女人。當她們在田地勞動，離開嬰孩太久時，她們就著急起來，迅速跑回家去，以致奶水從鼓脹的乳房中噴湧出來。滴在地上的奶水以玉米種子繁殖的形式發芽，旣甜又苦。(Nim.: 7，第182頁)⑳歸根結柢，負子袋鼠這個角色所存在的矛盾從阿帕波庫瓦人起源神話(M_{109})中的一個簡短揷段得到解釋：母親夭亡後，攣生兄弟中的「長者」無法餵食弟弟，因他還在吃奶。他央求負子袋鼠幫忙，後者在擔負乳娘任務之前先舐光胸前的髒分泌液。作爲報償，神賜予它負兒袋，並保證它今後無痛生育。(Nim.: 1，第326頁)㉑因此，阿帕波庫瓦人神話成功地綜合了圖皮納姆巴人神話和熱依人神話分別加以介紹的兩個負子袋鼠特徵。負子袋鼠的臭氣源於圖皮納姆巴人的神話；它作爲養母的作用則源於熱依人神話。然而，這綜合所以可能，僅僅是因爲在這兩種情形裏都有一種表面上不存在的功能以僞裝出現：在圖皮納姆巴人神話（那裏負子袋鼠是個男人）中，他使一個女人懷孕（這是男性「哺乳」她的方式）；在熱依人神話（那裏負子袋鼠是個女人）中，她污染了吃她的男人（字面上說，當他們吃她時；隱喻地說，當他們強姦她，她流血時），她把他們變成衰朽老人或屍體。

　　一個卡拉雅人神話解決了這個轉換問題。爲此，它表明，當「乳母」成爲男性，因而不再是一隻雌性負子袋鼠但仍保留其作爲栽培植物賜予者的功能時，情形怎麼樣：

⑳順便可以指出，這個謝倫特人神話採取的路線同博羅羅人疾病起源神話(M_5)相反。在這個博羅羅人神話中，一個母親抛棄了她的孩子，拚命吃魚，排放疾病。在謝倫特人神話中，母親親近孩子，產生豐富的奶汁，供給某些栽培植物。一旦我們把關於毒起源的神話組合起來(M_5就屬於這個神話組)，這裏有關的食物是木薯屬（包括有毒品種）這個事實就獲得充分的意義（參見以下第365頁）。

M₁₁₀. 卡拉雅人：栽培植物的起源

從前，卡拉雅人不知道怎麼開墾土地進行種植。他們吃野漿果、魚和獵物。一天夜裏，兩姊妹中的姊姊盯著暮星看。她告訴父親：她想拿它來玩，他笑她。但是翌日，這星從天上來到茅舍，要求娶這女兒。他是個頭髮全白、駝背、滿是皺紋的老頭，她毫不理睬，妹妹被他的淚水感動，嫁給了他。

翌日，這男人出去向大河說話，在河水中徜徉。當水從他兩腿之間流過時，他撩起玉米穗、木薯插條和今天卡拉雅人栽培的所有植物的種子。然後，他進入森林營造一個種植園，禁止妻子跟隨他。她未聽從，看到她丈夫變成一個美男子，服飾華美，渾身布滿裝飾圖案。姊姊要求他當她的丈夫，但他仍忠於妹妹。姊姊變成一隻哀號的夜鳥（*Caprimulgus*）。（Baldus：3，第19～21頁；

㉑卡多甘（Cadogan）給出另一個瓜拉尼人版本（M₁₀₉ₐ），按照它，正當孿生兄弟的哥哥忙於重構他母親的身體時，餓極了的弟弟撲向還未搞好的乳房，從而毀掉了整個手術（同著者，見瓜拉尼版本 M₁₀₉ᵦ；Borba，第65頁）。哥哥丟失了心臟，把母親變成了天竺鼠（*Coelogenys paca*），瓜拉尼語為「jaicha」，但本文中亦作「mbyku」，而後者在蒙托雅（Montoya）那裏又被譯為「負子袋鼠」。自從那天以來，每當在夜裏捕鼠器抓到一隻天竺鼠時，太陽就推遲升起（Cadogan，第77～78，86～87，197，202頁）。

阿帕波庫瓦人神話中包含的這個插段以略為改動的形式重現於蒙杜魯庫人神話：

M₁₀₉ᵧ.蒙杜魯庫人：卡魯薩凱貝的幼年期

一個通姦的女人千方百計想擺脫他的私生子：她把他遺棄在地上或者河裏，甚至想活埋他。但是，這孩子經受了一切虐待而倖存。

最後，一隻負子袋鼠拯救了他，當他的乳母，正因為這個緣故，負子袋鼠生孩子時沒有痛苦（Kruse：3，第 XLVI 卷，第902頁。參見以下 M₁₄₄ 和 M₁₄₅，以及第 355 頁上的注㉟）。

4, 第 87 頁；Botelho de Magalhães, 第 274～276 頁）

　　同熱依人神話組相比較，可以注意到好幾個令人矚目的變化。愛
獨處的鰥夫或貌醜英雄現在變成一個少女，她還有她可以與之交談的
父母。這男人立即愛上了星；這女人只希望它當玩伴。會見不是在灌
木叢中發生，而是在茅舍中進行。熱依人英雄娶了星，她被兄弟們強
姦。卡拉雅女英雄拒絕他，嫁給他的是她的妹妹。栽培植物由森林中
的一個女人以實物顯示，或者由水中的一個男人象徵性地創造。最為
重要的是，熱依人神話中的星把人從青年變成老人。卡拉雅人是自己
從老人變成青年。他的雙重身分因而保留了負子袋鼠的模稜兩可特性。
然而，熱依人神話通過動物隱喻的媒介描繪了實際的情境（人生的周
期性），而卡拉雅人神話則描繪了非眞實的情境（返老還童），但卻用
明白的措詞直接表達。

　　我在初次提出短暫人生這個主題時，曾提出這樣的假說（第 204
頁）：在所討論的全部神話中，腐敗總是同栽培植物成反對稱的。「負子
袋鼠證明」明確地證實了這一點，因為這種將腐敗的（和已腐敗的）
動物事實上正是扮演這種角色。因為只能被對腐蝕無所畏懼的老人吃，
因為屬於動物界而不屬於植物界，所以，負子袋鼠是對一種反農業（同
時是前農業和先農業）的擬人化。因為，在這個「頭足倒置」的世界
（它是文明誕生之前的自然狀態）裏，一切未來事物都必定有其對應
物，即使只是取反面的形式，而這是它們未來存在的一種保證。負子
袋鼠可以說是沒有農業的一種翻版，就此而言，它預示著農業的未來
形態會怎麼樣，同時，如我們從這些神話所知道的，它可能又是人藉
以得到農業的工具。因此，負子袋鼠之引入農業乃是一種存在模式向
其反面轉換的結果。㉒一種邏輯的對當關係歷時地映射了因果關係的
形態。還有哪種動物比負子袋鼠更適宜來調和這兩種功能呢？它的有

袋性結合了兩種相反對的特徵，而它們只有在它那裏才是互補的。因
爲，負子袋鼠是最好的乳母，但又排放惡臭。

3 第二獨唱曲

　　描述短暫人生起源的熱依人神話在好幾個方面引人注目。首先，
這些神話的分布特別密集；其次，它們的題材表現出相應的密集性。
這些神話把在一切其他背景中分開出現的題材整理成一個連貫的系
統：一方面是同一個凡人的結婚以及栽培植物的起源；另一方面是食
物的樹的發現以及死亡和人生短暫的起源。

　　熱依人區域西南面的查科族的馬塔科人和阿什魯斯萊人都熟悉長
食物的樹的故事(M_{111})；但是，這樹被說成是充滿魚，它的樹皮被一個
蠻幹的人弄開了裂口，從而讓水流了出來，浸漫全地球，毀滅了人類。
查科族的托巴人和查馬科科人那裏也有星的故事(M_{112})：一個女神出
於憐憫而嫁給了被女人們恥笑、吐唾沫的一個被人看不起的醜男人。

㉒美洲大平原的土壤不可能栽培植物；只有樹林的土壤才能栽培。在卡拉雅人關
　於人生短暫的起源的神話(M_{70})中，人所以死，是因爲他們對「大平原鳥」叫鶴
　的鳴聲作出響應。現在似乎可以明白，描述栽培植物（以及人生短暫）之起源
　的熱依人神話區分開了兩種負子袋鼠：一種是森林種，是採取它的形態，以便
　給人昭示**森林中**玉米的存在，但僅在這樣的條件之下：他們深入森林之中去尋
　找玉米；以及**大平原種**，年輕人在離開森林以便回村找斧時魯莽地吃它們（參
　見 M_{87}、M_{90}），而他們因此變成了老人。這種物種二象性把初始的模稜兩可換位
　到生態層面來加以分析。一個種帶來生命，後者現在外在於這個種；而另一種
　帶來死亡，後者在這個種的內部。
　作爲支持我對負子袋鼠扮演的角色所作解釋的又一證據，我們可以指出，在屬
　於塔拉曼卡(Talamanca)語族的哥斯達黎加人(Costa Rica)羣體那裏，只有職
　業掘墓人才有資格接觸屍體、食腐肉的兀鷹和負子袋鼠(Stone，第30，47頁)。

在旱季，女神帶來了奇蹟般的豐收，然後偕丈夫一起回到天上。但是，在天上這男人結凍了，因爲他不得靠近食人的火。或者，當星在她丈夫藏她的葫蘆裏被人發現時，她打了窺視凡人的耳光，燒死了他們（Métraux：4，各處）。

熱依人區域的北面即圭亞那那裏，星同一個凡人結婚的故事被弱化，並反轉過來：星和負子袋鼠的對立逐漸消沒在兀鷹女兒的角色之中，後者來自同太空相對立的大氣天空，一個男人愛上了她，儘管事實上她被害蟲寄生，發出惡臭氣味，骯髒不堪。這組神話通常以「訪問天空」爲名。顧名思義，它講述一個凡人在天國的冒險經歷，而不是地上的長生女人。我已提到過這個故事（第189～190頁），後面還將回到它上面來（第422～423頁及以後）。

另一方面，關於長食物的樹的神話在圭亞那的阿拉瓦克人和卡里布人那裏、甚至在哥倫比亞所在多有；以前（M₁₁₄），只有貘或刺鼠知道這樹的奧秘，而它們拒絕讓人分享這奧秘。人用松鼠、林鼠或負子袋鼠充當間諜。他們發現了這樹的所在地之後，馬上決定推倒它。於是，水從樹樁噴湧而出（K.G.：1，第33～38頁；Wassen：1，第109～110頁），變成了大洪水，毀滅了人類（Brett：第106～110，127～130頁；Roth：1，第147～148頁；Gillin，第189頁；Farabee：3，第83～85頁；Wirth：1，第259頁）。英屬圭亞那的瓦皮西亞納人（Wapishana）和塔魯馬人（Taruma）說（M₁₁₅），造物主的弟弟杜伊德（Duid）供給人吃生命樹的果子。但是，人發現了他獲取這種食物的地方，決定自己去取。造物主對這種犯上的行爲怒不可遏，遂推倒了這樹，於是大洪水從樹樁裏噴湧而出。（Ogilvie，第64～67頁）

一個把石頭呼聲同水的呼聲相對比的版本一淸二楚地告訴我們：問題始終在於關於人生短暫起源的神話乃同引入栽培植物相聯繫，乃和熱依人神話同屬一組。如果人只聽取石頭的呼聲，那麼他們本來會

和石頭一樣長命。他們因聽取釋放河水的精靈的呼聲而招致大洪水。(Brett，第 106～110 頁)㉓

　　我將常常藉機會再回到這些熱依人神話上來，但眼下我只想指出兩個基本特點。一個卡里布人版本(M₁₁₆)使我們明白了：在人掌握了栽培植物之後，bunia 鳥教他們如何培育和燒煮它們（Roth：1，第 147 頁）。因此，bunia 鳥在一定程度上起到了負子袋鼠在熱依人神話中所起的作用。現在這種鳥（種名 *Ositinops*）被稱爲：「排放臭氣的鳥」，因爲它的羽毛散發出令人作嘔的臭氣(Roth：1，第 371 頁)。㉔因此，它代表著用鳥類學術語編碼的「負子袋鼠功能」。bunia 鳥據認爲從其排泄物中產生一種稱爲 kofa（*Clusia grandifolia*：Roth：1，第 231～232，371 頁）的附生植物的落地生根。圖庫納英雄埃皮(M₁₁₇)常選擇化成負子袋鼠形態(M₉₅和 Nim.：13，第 124 頁)，從樹梢上排放尿的射流。這尿流固化後變成一種棘皮攀緣植物(種名 *Philodendron*)，㉕而他的兄弟用同樣方法創造了一種光皮變種。(Nim.：13，第 124 頁；參見以上第 240 頁注⑲和以下 M₁₆₁)

　　查科人的各個部落自己把星說成是破壞性的火和創造性的水的女

㉓布雷特(Brett)用詩轉述，因此常被指責玩弄空洞幻想。但是，他可能並不知道我前面提到的那些描述人生短暫之起源的神話。後來在瓦勞人和阿拉瓦克人那裏，也發現了另一些源自圭亞那的異本，它們證實布雷特的證言：「人們聽到說，精靈希西(Hisi)（『發惡臭』）和卡克(Kake)（『活潑』）半夜裏要走過；他們就一直醒著，叫喚那些精靈的名字。首先希西通過，但後來人們睡著了。天將拂曉，卡克走過了，人們醒來就叫：『希西』。從此之後，人們就必定要死」(Goeje，第 116 頁)。有證據證明，在巴拿馬曾經有過屬於這組神話的一個神話(Adrian，見 Wassen：4，第 7 頁)。

㉔圭亞那的 bunia 鳥等同於巴西中部和南部的 japu 鳥。它是擬椋鳥科的一種，這鳥科還包括 japim(*Cassicus cela*)，它們之排放難聞氣味也已爲人們注意到(Ihering，第 XXXVI 卷，第 236 頁)。

主人，他們把充滿魚的樹看做爲可以說是破壞性的水的主人。圭亞那人神話中的長食物樹也支配著破壞性的水。

關於相應的熱依人神話，有一點應當引起注意，而我還有沒提到過它。在 M_{87}、M_{89}（第二個版本）、M_{90}、M_{91} 和 M_{94} 中，特別強調了最初的玉米穗和水的密切關係。一個女人最初是在洗澡時聽到說玉米的；甚或解釋說，墜落的玉米粒或穗塡滿了河。因此，在熱依人那裏和圭亞那一樣，長植物樹是同覆蓋於樹腳或封閉在樹根之中的水相聯結的。這水以其內在化形態是破壞性的；以其外在化形態，水即使不是創造性的(M_{110})，也至少是保護性的，保存了玉米的種子或穗。

賦予地上水以語義價值的這種雙重轉換（內→外；破壞→保存）還輔以另一種轉換，它影響對待食用植物的態度。在圭亞那的神話中，食用植物或由一個慷慨的造物主大方地給予人類，或被生命樹的好妒嫉的主人貘（或刺鼠）精明地佔爲己有而獨用。作爲一種懲罰(M_{116})，貘被剝奪了水，他被指責用篩子汲水。(Roth: 1，第 147 頁；參見 akawai, 載 Brett，第 128 頁)還被剝奪了栽培植物，因爲他可以吃的唯一食物是從野棕櫚樹上跌落的果子(同上；Amorim，第 271 頁)。人的命運恰恰相反，因爲他們不再希望被看做爲需要餵養的兒童：他們得到了栽培植物，但被從砍倒的樹的根部大量噴湧出來的水毀滅 (Ogilvie，第 64～67 頁)。自私自利和忘恩負義得到了相對稱的懲罰。

熱依人神話說法同這兩種危險保持等距離。在它們那裏，食用植物的濫用採取另一種形式。它既不在於人決定積極地從事農業工作(M_{115})——他們只是隨遇而安地生活著——也不在於人決定只給自己留下樹上的果子(M_{114}、M_{116})。熱依人神話的本文對這一點極富啓示意

㉕這種攀緣植物稱爲 cipó ambé 或 cipó guembé。卡尤亞人採集這種 Philodendron 的果子吃。(Watson，第 28 頁)。他們說，太陽向負子袋鼠索要東西，結果一無所獲，「因爲它只有 Cipó guaimbé」(Schaden: 1，第 112 頁)。

義。受了負子袋鼠（和貘不同，她是生命樹的慷慨無私的女主人）的指點，村民們本來可能保守著這樹的秘密，繼續享受長壽。但是，由於一個小孩讓人看到它，所以其他家族或其他村民知道了這樹的存在。從那時起，這樹不復足供衆人的需求。因此，必須把這樹砍倒，把種子分配給大衆去種植。正當人們從事這項工作之際，幾個青年在嚐負子袋鼠的肉，從而使短暫人生（處於暴死和長壽之間的中間狀態）確立了起來。

因此，負子袋鼠因其中介功能而同作爲專橫養父的造物主和出現在圭亞那神話中的奇嚅貘保持相等距離，而這中介功能給因引入農業生活方式而產生的哲學問題提供了一種中途解決。在共時的層面上，這解決在於公正地給人分配資源，人已被鼓勵增加數目，趨向多樣化，因爲已有充分的食品供應；在歷時的層面上，這解決在於農田勞作的周期性。同時，水成了生命的保存者：它旣不是創造性的又不是破壞性的，因爲它旣不從內部賦予樹以生命，又不在樹的外面毀滅人，而在樹腳下永遠停滯不動。

從方法論的觀點看，從上述分析可以引出兩點敎訓。第一，它證實了我已強調過的一點，即就結構分析而言，必須把詞源問題同意義問題分離開。我從未提出過，水可能是一種原型象徵符號；實際上，我一直小心地把這個問題撇在一邊。我滿足於表明，在兩個特定的神話背景中，水的語義價值的變化是其他變化的函項，而在這些轉換過程中，形式同構的法則始終得到尊重。

其次，我可以對一個問題提供一個回答，這個問題是因古代圖皮納姆巴人那裏不存在火起源神話的瓜拉尼人版本而引起的，按照這個神話，一個假裝死亡和腐敗的造物主從兀鷹那裏盜取了火（我們已經證明，巴西幾乎所有圖皮人部落都知道這個神話）。我提請人們注意這樣的事實：熱依人各部落有兩個嚴格對應的神話系列，它們解釋從自

然到文化的過渡。在一個系列中，文化開始於從花豹那裏盜火；在另一個系列中，文化開始於引入栽培植物。不過，在所有情境中，短暫人生的起源總是同文明生活的出現相聯繫的，而當問題在於火的起源時這被認爲是文化（「花豹財產」的佔有；M_8：燒煮用的火、弓箭、紡績棉花），當問題在於栽培植物起源時被認爲是社會（M_{90}：獨立人羣數目增加、語言和習俗多樣化）。最後，視具體神話組而定，人生短暫或者同火和文化的起源相聯繫（阿皮納耶人），或者同栽培植物和社會相聯繫（其他熱依人羣體）；最後在圭亞那和查科人那裏，它則同水的起源和社會（的破壞）相聯繫。

　　如果我們在此局限於考慮熱依人和圖皮人，那麼很顯然，在阿皮納耶人那裏，短暫人生的起源（「爛樹的呼聲」）是火起源（M_9）的函項；而在其他熱依人羣體那裏，短暫人生的起源（一種腐爛動物「負子袋鼠的呼聲」）是栽培植物起源的函項。我們由此可提出下述假說：既然在今天的瓜拉尼人和圖皮人那裏，腐敗的題材（神的腐敗屍體）作爲火起源神話的函項而存在，那麼難道不可以根據腐敗題材已轉移到栽培植物起源神話這個事實來解釋古代圖皮納姆巴人那裏之沒有類似神話嗎？現在按照泰夫（M_{118}；Métraux：7），圖皮納姆巴人相信，栽培植物發源於一個神童，他在挨打時從身體中釋出栽培植物，這就是說，他因爲受到打擊，所以即使不死，也至少「壞死」而腐敗。一個源自圖皮人的亞馬遜人傳說，講述了最早的木薯如何在一個幼童（他是一個處女懷胎的）的墳上生長（Couto de Magalhães，第 167 頁）㉖由此可見，圖皮納姆巴人之不同於瓜拉尼人和絕大多數其他圖皮人羣體，一如其他熱依人羣體之不同於阿皮納耶人。這就是說，他們都從社會學的而不是文化的立場來看待短暫人生的問題。

4 終咏嘆調: 火和水

　　我已在不少場合相當明確地承認這樣的事實: 南美洲的神話思維中有兩類不同的水: 源於天上的創造性水和源於地上的破壞性水。同樣, 似乎也有兩類火: 一種是天上的、破壞性的火, 另一種是地上的、創造性的火, 即燒煮用的火。我們會看到, 事情要比這複雜得多。不過, 首先我們應當更深入地考察水和火這個基本對立的涵義。

　　爲此, 我們必須回到參照神話 (如我在第184～185頁及其後幾頁上所指出的, 它是僞裝成水起源神話的火起源神話), 並恢復它在熱依人火起源神話系列(M_7-M_{12})中的地位。博羅羅人因母系制的、從母居的社會結構而同父系制的、從父居的謝倫特人形成根本對立, 超過同任何其他熱依人部落的對立。也許正是由於這個原故, 這兩個羣體的神話 (它們的英雄是盜鳥巢者, 分別爲 M_1 和 M_{12}) 之間反而可以看到一種異常的對稱性。

　　首先, 只有在 M_1 到 M_{12} 這組神話中, 各個神話才同時研討火和水。博羅羅人神話爲了毀滅火, 或者更確切地說爲了讓英雄成爲火的主人而創造了水。謝倫特人神話則說, 爲了成爲火的主人, 英雄首先得如同水的主人那樣行事: 可以說, 他通過喝光水來消滅水。應當記得, 在被花豹救下後, 英雄抱怨渴得要命, 而他只是通過一滴不剩地喝乾鱷魚(*Caiman niger*)所有的河流才得以解渴。一個卡尤亞人神話(M_{62})說明了這個情節, 它強調指出, 鱷魚是水的主人, 他的任務是防

㉖這個圖式得到廣泛的驗證: 在熱帶美洲, 在卡因岡人那裏 (一具受害者屍體被拖曳著經過各個種植園, 創造了最早的玉米; Borba, 第23頁); 在圭亞那(一個老嫗發散, 排泄或生殖栽培植物); 在博羅羅人和帕雷西人(Paressi)那裏(栽培植物產生於一個死於火刑的、亂倫或未亂倫的靑年的骨灰)。

止地球乾涸：Jacaré é capitão de agua, para não secar todo o mundo(Schaden: 1, 第 113 頁)。㉗

其次，這兩個神話的英雄都被表明是個騙子，但並不總是在開端表明（在開端主要是卡耶波人和謝倫特人間的對立：分別為他擲下的蛋變成了石頭，他擲下的石頭變成了蛋），而是在結束表明。博羅羅人的盜鳥巢者通過僞裝成蜥蜴而長期矇騙他的同胞。謝倫特人的相應者也欺騙同胞，他謊稱，花豹的肉只是通過讓太陽曬來燒煮的。在這兩種情形裏，他的不誠實態度都證明是沒有道理的。

他的極端行為符合於這兩個神話的另一個獨特之點。這裏的問題不是像在阿皮納耶人版本中那樣期限從此可以限量的人生，而是繼之以復生的死亡。這個問題在博羅羅人神話中出現了兩次，在那裏，英雄在一次「祖宗舞會」中暴露了身份，然後成功地從遠征靈魂之國平安健康地返回。另一方面，謝倫特人神話提出，英雄長期躲避同胞，因為他已死去。他只是在為紀念傑出死者而舉行的艾克曼葬禮上才重新出現(參見以上第 105 頁)。只要對本文的意義略加引申，我們就可以說，膽小的英雄只為人謀得了有限的壽命，而勇敢的英雄給人帶來復活的希望。長壽和短壽為一方，死亡和復生為另一方，兩者間的對立似乎同下述神話之間可以看到的對立同構，這些神話或者單獨地關於燒煮（三火）的起源或栽培植物（三水）的起源，或者共同地關於火和水的起源。

㉗就花豹—鱷魚對偶而言（一個是火的主人，另一個是水的主人），可以回想起，圖皮學家把圖皮人給花豹取的名字 iagua 同意為鱷魚的詞 jacaré 相提並論，後者又可以分析為 iagua-ré「另一種花豹」。我不知道語文學家怎樣評價這種詞源學。但是，說來很有意思，它一提出來就遭拒斥，而其唯一理由是，這兩個物種之間不存在任何可以設想的等價關係(Chermont de Miranda, 第 73～74 頁)。

我們現在開始用一條引理來確定，土著思維中肯定存在下述關係：

$$火 ＝ 水\ (^{-1})。$$

南美洲最廣爲流傳的神話之一(這可在熱依人那裏得到充分佐證)以神話孿生兒太陽和月亮或食蟻獸和花豹相互就各自食物進行的挑戰爲題材。依版本的不同，食物分別爲熟果子和綠果子、肉（生食）和螞蟻(腐敗食物，參見 M_{89} 和 M_{54}，由於轉換：負子袋鼠→螞蟻；以上第 230 頁)、動物食物和植物食物，等等：

（太陽：月亮，食蟻獸：花豹）∷（爛：生，熟：綠，植物：動物……）

除了上述差異之外，大食蟻獸和花豹可以說是可以互換的。巴西民間傳說中有大量故事把這兩種最強大的 sertão 動物等量齊觀：一種因爲有強大的牙齒，另一種因爲強大前爪握力大。例如，據說花豹在大平原上對食蟻獸攻無不克，在森林中則情況恰恰相反，食蟻獸借助尾巴頂住樹幹而直立起來，把花豹夾在前腿中間悶死。

兩種動物都聲稱自己吃的食物「最有效力」，爲了解決爭端，它們決定通大便，其間不得睜開眼睛，然後比較它們的糞便。食蟻獸謊稱它執行中發生困難，遂利用暫停機會偷偷地把它的糞便同花豹作了交換。於是發生了爭吵，其間食蟻獸撕下了花豹的眼睛。這故事有時如下所述：

M_{119}. 卡尤亞人：花豹的眼睛

花豹從蚱蜢處獲悉，癩蛤蟆和兔子趁它出去打獵時偷走了它

的火，而且已帶着火過了河。花豹傷心不已，這時食蟻獸走了過來。花豹提出，它們應進行一場排泄比賽。然而，食蟻獸盜用包含生肉食的糞便，並使花豹相信它自己的糞便完全由螞蟻構成。爲了扳成平局，花豹邀食蟻獸利用脫離眼窩的眼球賽雜耍。結果，食蟻獸的眼球回到了原位，而花豹的仍懸在樹梢，因此它瞎了眼睛。

應食蟻獸的要求，macuco 鳥讓花豹有了一雙新的用水做的眼球，它們使它能在黑暗中看。

自從那時以來，花豹只在夜間外出。由於已失去了火，它就吃生食了。它從不攻擊 macuco 鳥（阿帕波庫瓦人版本：inhambu 鳥，也屬於鷸鴕科）（Schaden：1，第 110～111，121～122 頁）。

這個版本特別富於啓迪，因爲它把花豹和食蟻獸的對抗同火主人花豹這個主題掛起鈎來，而後者我從本書一開始就把它用作爲一條指導我們研究的線索。據向沙登（Schaden）提供神話資料的人說，這種聯繫甚至比乍一看來的更強，因爲如果花豹取回了那些動物從它那裏偷走的火，那麼，它本來會放火燒地球。花豹之失去原來的眼睛（「眼中可看到火的影像」，M_7）乃是最後警告人類提防這種危險：從此之後，甚至花豹的眼睛也是「pura agua」，只要有水……

那麼，我們怎麼來解釋排泄比賽和眼睛比賽之間的聯繫呢？我已說過，除了食譜，花豹和食蟻獸是可以互換的。現在就互換性而言，排泄物和眼睛處於直接的、可以說是解剖學的對立：排泄物是身體的一個突出可互換的部分，因爲它們的功能是離開身體，而眼睛是不可移離的。因此，這神話同時地提出：

(1)火＝水$^{(-1)}$，

(2)花豹＝食蟻獸$^{(-1)}$

(3)排泄物＝眼睛　($^{-1}$)。

如果說排泄物是可以交換的，而眼睛是不可以交換的，那麼，可以推知，眼睛的掉換（不同於排泄物的掉換）不可能涉及所有者的變化，因為身體的各部分仍保持同一，但涉及身體的各部分的變化，同時所有者仍保持同一。換句話說，在一種情形裏，花豹和食蟻獸掉換排泄物；在另一種情形裏，花豹同它自己交換它自己的眼睛：它失去了火的眼睛（它們維護它作為火主人的本性）；而因為它失去了火，所以它代之以水的眼睛，而水則是火的對立面。

這個神話的其他版本裏，花豹的人工眼睛是樹脂的，不是水的。這一點僅僅導致把第 253 頁上的方程展開為：

$$:: (……植物／動物，水：火)。$$

因此，這個引理又把我們帶回到火和水的反轉之上，後者表徵著博羅羅人神話（M_1）和謝倫特人神話（M_{12}）之間的對立：一個毀滅了火，創造了水；另一個毀滅了水，創造了火。但是，這兩個神話中的水不屬於同類：在 M_1 中，水是天上的、邪惡的和外在化的（暴風雨）；在 M_{12} 中，水是地上的、有益的和內在化的（可飲用的）。最後，兩個結構各以不同的方式引入死亡：

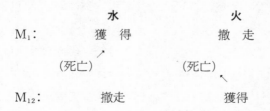

換句話說，博羅羅英雄的死亡是獲得水的**條件**，而謝倫特英雄的死亡則是獲得火的**後果**。

　　我已提到過這樣的事實：博羅羅人和謝倫特人有著截然不同的社會結構。但是，爲了解釋他們關於火和水的原因證論神話之間存在的那種反轉關係，我們必須引證這兩個羣體的文化的其他方面。和熱依人部落不同，博羅羅人並不專門只住在高原上或橫斷高原的峽谷之中。他們主要定居在高原的西部邊沿或脚下以及向西南傾斜，最後沉入世界上最大沼澤地之一──潘太納爾──水下的低地之上。因此，他們的生活方式一半屬於陸地居民的方式，一半屬於沼澤地居民的方式。水是他們熟悉的一個要素，他們相信，只要嚼一些葉子，他們就能在水下待幾小時打魚(von den Steinen：2，第 452 頁)。這種生活方式同水在其中起很大作用的宗教信仰相匹配。博羅羅人分兩то埋葬屍體。初次簡短葬禮在村子場地上進行，親屬把屍體泡在水中浸幾星期，以便加速腐敗過程。當腐敗進行到足夠程度時，打開墳墓，淸洗骨骼，直到一點點肉也沒有。骨骼塗上紅色，裝飾以用樹脂粘接羽毛而成的拼花圖案，再放在一個籃子之中，舉行儀式沉入河底或湖底即「靈魂居所」。因此，水和死亡在土著思維中總是相聯繫的。爲了獲得一者，就必須經受另一者。這正是博羅羅人盜鳥巢者神話以其獨特方式所要傳達的意思。

　　居住在里奧圖康廷斯峽谷的謝倫特人似乎並不特別有遭受旱災之虞。但是，他們爲旱災的恐懼所困擾，其程度爲任何其他地區居民所不及。他們極其害怕，太陽可能發怒，使地球乾涸而毀滅。爲了安撫太陽，在古代，成人常常要長時期齋戒，歷時好幾個星期，結束時舉行複雜的儀式，其詳情後面我還要論及(第 274～275 頁及以後)。

　　目前只要記住一點就夠了：謝倫特人認爲，人類生活在一場全球大火災的威脅之下。同這種認爲火是死亡主要原因的信念相對應，有著一個神話。如我們已看到的，它力主，爲了獲得火，就必須忍受死亡之苦。

只有考慮到這些生態的和宗教的因素，才能理解博羅羅人神話和謝倫特人神話的顛倒關係。博羅羅人靠水生活，並且首先是按水進行思維。在他們看來，水意味著死亡。他們的神話大都把栽培植物或其他文化財產解釋爲產生於在火柴堆上燒死（有時是自願的）的英雄的骨灰。這證明了他們相信火和生命之間有聯繫。謝倫特人的情形正好相反：他們按乾旱即負面化的水進行思維。他們的神話遠比任何其他神話都更強調，火意味着死亡。他們把火同不致命的（在長期齋戒期間舉行的儀式上，給與會者獻陳腐的水，只是爲了使他們拒絕它），而賦予生命的水相對立。然而，世界上的全部水還不夠一個口渴的人解渴。

爲了佐證火和水的對立，可以指出，和毗鄰的巴凱里人（Bakairi）一樣，博羅羅人也有一個關於破壞性火的神話；但是，意味深長的是，他們的火神話以派生的形式出現，似乎是水缺損的結果；由此而產生的危險是容易克服的：

M₁₂₀. 博羅羅人：破壞性的火

從前，太陽和月亮一直生活在地球上。一天，他們感到口渴，於是去找守衛放在一隻隻巨大罐子之中的水的水鳥。

太陽沒聽水鳥的吩咐，把一隻罐提到口邊，但它從手上滑下跌碎，水全倒翻。水鳥大怒。太陽和月亮逃跑，水鳥一直追到他們藏身的茅舍。

現在太陽變得非常熱。水鳥太靠近他而熱得難受，就搧起草編的扇子，引起大風，把太陽和月亮刮上了天，他們就一直待在了那裏（Colb.：3，第237～238頁；巴凱里人版本（M₁₂₀ₐ），見 von den Steinen：2，第482～483頁）。

　　其他關於太陽和月亮的神話表明了火如何被水毀滅：或者像在
M_{121}中那樣，通過向水獺的火撒尿(Colb.: 3，第233頁)，或者像在 M_{122}
中那樣，通過向人的火澆水(同上書，第231頁)。因此，這裏又是證明了
水先於火。㉘

　　光說在博羅羅人看來水是死亡的終極原因，而在謝倫特人看來，
火是死亡的有效原因，是不夠的。這個差別還伴以另一個差別，後者
體現在解釋栽培植物起源的對應系列神話之中。謝倫特人把栽培植物
的起源完全同火起源分離開來。同其他熱依人部落不同，他們把栽培
植物神話納入到描述太陽和月亮這兩個文化英雄在地球上的冒險經歷
的宇宙起源演化循環之中(M_{108})。相反，博羅羅人把栽培植物起源作爲
傳說而不是神話的題材。他們所關心的，不是解釋作爲文明技藝的農
業起源，而是確定每個氏族在多大程度上能合法地聲稱擁有某種植物
甚至用一物種的某個變種作爲其命名物。這種特優權可以追溯到氏族
英雄作出的犧牲，他們志願走上火柴堆(破壞性的火 ≠ 燒煮用火)。因

㉘一系列關於火起源的博羅羅人神話說，火的熄滅是由於雨(M_1)、溢出的水
　　(M_{122})和尿(M_{121})。在解釋栽培植物起源的那組神話中，謝倫特人神話(M_{108})
　　說，木薯因母親溢流的奶汁而發芽。這就給出了下述轉換：

　　（火系列）$\left[\ 尿 \rightarrow 火\ (-)\ \right] \rightarrow$ （植物系列）$\left[\ 奶 \rightarrow 植物\ (+)\ \right]$。

　　說來很有意思，一個源自納亞里特地區的墨西哥人神話(M_{123})提供了一種相反
　　的轉換，使得能夠從第二項出發而達到第一項：鬣蜥已把火帶到天上，所以鴉
　　和蜂鳥沒法取回火。負子袋鼠因謊稱他只想用火暖身而取得成功(回到 M_{56}，經
　　由負子袋鼠 → préa 的轉換)。但是，它讓火落到地上，世界著了火。然而，地球
　　成功地用它的奶撲滅了火(Preuss: 2，第一卷，第169～181頁)。
　　我已指出過 (第186頁注⑮)像博羅羅人一樣，巴拿馬的庫納人也把火起源變成
　　水起源：雨熄滅了一切火爐，除了一個以外(參見 M_1、M_{61})，或者尿熄滅一
　　隻火爐 (M_{121}、M_{61})。

此，從各方面來看，博羅羅人和謝倫特人關於從自然向文化的轉變的神話占居著極端的位置，而其他熱依人羣體的神話則處於中間區域。博羅羅人和謝倫特人都把火和水結合起來，儘管他們賦予它們以相反的功能：水＞火／火＞水；外在化的水／內在化的水；天上的、邪惡的水／地上的有益的水；烹飪的火爐／葬禮的火柴堆，等等；以及他們引用的那些主要事件時而處於社會和傳說的水平，時而處於宇宙學和神話的水平。最後，博羅羅人和謝倫特人都強調復活而不是壽命縮短。

如我們已在別處看到的，其他熱依人羣體把燒煮的起源（同火有關）跟栽培植物的起源（同水有關）分離開來：這兩個題材被作平的和獨立的處理，而不是構成同一個神話系列中的一個非對稱對偶。並且，他們把栽培植物同腐敗的東西聯結起來；不是像博羅羅人那樣同燒焦的東西聯結起來；也不像謝倫特人那樣同新鮮的東西聯結起來。

這一切關係可以用一個圖（圖8）來表示。

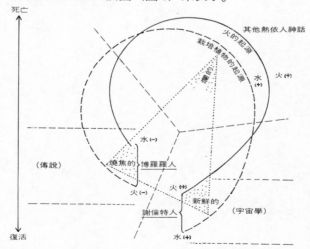

圖8　博羅羅人和熱依人關於火或栽培植物的起源的神話的整合

【第四篇】調律良好的天文學

I　三聲部創意曲(Invention)

　　我們現在約定把在兩個或多個神話中保持不變的那些性質的總體
稱爲**骨架**；每個神話賦予這些性質的功能的體系稱爲**代碼**；特定神話
的內容稱爲**消息**。現在如果回到我在第三篇最後提出的那些意見上來，
則我就能這樣來精確說明博羅羅人神話(M_1)和謝倫特人神話(M_{12})間
的關係：當我們從一個神話到了另一個神話時，**骨架**保持不變，**代碼**
轉換，**消息**則反轉。

　　如果能夠通過某種回歸過程（這將是一種反向證明）達致同樣的
對立結構，那麼，這種分析的結果就肯定是有效的。

　　我們現在假定有兩個神話, 稱之爲 Mx 和 My, 它們結成下列轉換
關係：

$$Mx \underset{(f)}{\longrightarrow} My$$

　　如果承認 My＝fMx, 那麼, 是否存在一個神話 Mz＝fMy, 而對
於它, 我們可以證明, 它借助同由 Mx 產生 My 的轉換相對稱的, 但沿
相反方向的一個**轉換**重構了 Mx 呢?

　　換句話說, 在確定了一個關於火起源的謝倫特人神話(My)是一個
關於水起源的博羅羅人神話(Mx)的轉換之後, 我們現在能否找到一
個解釋水起源的謝倫特人神話(Mz), 它把我們帶回到作爲我們出發點
的那個博羅羅人神話, 同時還確證下列同構:

$$\left[\mathrm{Mz} \xrightarrow[(f)]{} \mathrm{Mx}\right] \approx \left[\mathrm{Mx} \xrightarrow[(f)]{} \mathrm{My}\right]?$$

事實上，謝倫特人那裡存在這樣一個神話：

M_{124}. 謝倫特人：阿薩雷的故事

從前有個印第安人，他有一個妻子和許多兒子。除了最小的兒子阿薩雷之外，他們全都是成年人了。有一天，這父親出去打獵，哥哥們派阿薩雷去接母親來，帶到這些單身漢的屋裡，叫她給他們理髮，打扮。但是，當她進屋時，她自己的兒子們抓住她強姦。

阿薩雷揭發了他們的所作所爲，這些罪犯被父親痛打了一頓。他們爲了報復，放火燒了這對夫婦住的茅舍。這雙親變成了那種喜歡在煙中飛的隼，逃掉了。

然後，兒子們遠走他鄉，在途中，阿薩雷渴得要命，哥哥們以 tucum 堅果（*Astrocaryum tucuma*）擠出的水不夠他解渴。於是，一個哥哥開始在山谷裡挖井，大量的水從井中湧出來，不管哥哥們怎麼慫恿他喝，他也喝不完。水越來越多，最後滙成了海洋。

這時，阿薩雷想起來，他特別珍愛的一支箭留在了對岸。他游了過去。找到了箭。他又往回游。在河中央，他碰到了一條鱷魚，它是阿薩雷旅行時殺死的一群蜥蜴生成的，被洶湧的水冲了過來。阿薩雷懇求鱷魚讓他坐在它身上。鱷魚不肯，阿薩雷就辱罵它，耻笑它的醜陋鼻子。鱷魚追逐他。這時，哥哥們看到那支箭在河面上漂浮，斷定他們的小弟弟已死去，於是往前趕路。

阿薩雷在鱷魚快追趕上時上了岸。他跑進了樹林，看到啄木鳥正在啄樹皮，想吃樹皮下的蟲子。應他的要求，啄木鳥用樹皮

把他蓋起來，用假象矇騙鱷魚。危險過去後，阿薩雷又上路。他又過了一條河，又遇上一條鱷魚，結果也一樣。他靠正在挖落花生(*Arachis hypogaea*)的鷗鴣的幫助，躲過了鱷魚，鷗鴣用稻草把他藏起來。當阿薩雷過第三條河時，又出現了同樣的情節，但這次他藏在猴子正忙著在吃的 jatoba 果子皮殼之下。有個生來喜歡多嘴的猴差點捅開了這個秘密，但另一個猴子掩住了它的嘴，使它默不作聲。

　　阿薩雷最後到了叔叔臭鼬那裡，後者無所畏懼。當鱷魚來到時，臭鼬向他噴臭液，鱷魚被惡臭薰死。臭鼬叫小 inhambus(鷸鴕，種名 *Tinamus*)把這屍體拖進河裡。阿薩雷則留下來和叔叔在一起。①

　　當海洋形成時，阿薩雷的哥哥們馬上就想洗澡。甚至在今天，兩季快結束時，人們在西邊還能聽到他們濺潑水的聲音。後來，他們成為 Sururu 即「七星」（昴宿星團）出現在清澈明淨的天空中（Nim.: 7, 第 185～186 頁）。

　　關於這個神話，有許多話要說。按照我已表明的意圖，我一開始先來證明，藉助一些影響內容或代碼的轉換，它忠實地重構了關於盜鳥巢者的博羅羅人神話(M_1)。

　　初始情境是一樣的：一個母親被她兒子（或兒子們）強姦。然而，要注意到兩個差別：在博羅羅人神話中，母親是在森林中被強姦的，她到那裡去執行僅由女人承擔的任務。這裡是父親深入到樹林中去打獵，即從事男性的工作，而強姦不是在村裡的某個地方進行的，而是

---

①臭鼬在本文中被認同為 *Mephitis suffocans* 即：Cangambá(Maciel，第 431 頁)。實際上，北美洲臭鼬在南美洲的等當動物為豬鼻臭鼬科的一種(參見以上第 207 頁注⑨)。

在男人房子裡進行的，女人通常不許入內。其次，M₁強調強姦犯是少年(尚未入會)，而 M₁₂₄說，強姦犯是已入會的成年人，必須留在男人的房舍裡。(參見 Nim.: 6，第 49 頁)

我剛才指出的兩個差異必然產生第三個差異。博羅羅人父親不知道他的不幸，通過調查去證實他的懷疑；一當得到證實，他就想殺他兒子。謝倫特人父親則立刻就得知發生了什麼，不過是他兒子要殺他。博羅羅人父親訴諸水來滿足他復仇的慾望(火在後來出現)；謝倫特人兒子爲了滿足復仇慾望，則利用火 (水在後來出現)。

謝倫特人父母通過變成隼而逃避了死亡，而隼喜歡炊火；博羅羅人兒子靠化成呈兀鷹形的救星逃過了死亡，而兀鷹是炊火的敵人 (因爲按照這個神話，它們以腐肉和生肉爲食物)。

垂直的離異 (低→高) 旣影響博羅羅人兒子也影響謝倫特人父母。另一方面，如果說在第一種情形裡兒子被垂直地——被空氣——同父母分離開，則謝倫特人英雄被水平地——被水——同其哥哥們分離開。

博羅羅英雄遠離村子，在爬上峭壁頂上後，遭受飢餓的折磨；謝倫特人英雄也遠離村子，在走過很長距離之後遭受乾渴的折磨。每個英雄都相繼嘗試兩種補救，而這兩個神話對它們作了對比。在 M₁中，首先是生的動物食物，它因爲太多而腐敗；然後是生的植物食物，它根本不夠，因爲英雄無法保留它。在 M₁₂₄中，最初是供給短缺的植物飲料，然後是非植物性的 (地府的) 水，它非常之多，英雄根本喝不了。在這兩種情形裡，數量上不足的修補都是植物性的和有益的 (棕櫚果汁、新鮮果子)，而數量上充足的 (甚至過剩的) 補救則都是非植物來源的、邪惡的 (腐敗的蜥蜴和海水，兩者都有致英雄於死地的威脅)。

博羅羅人和謝倫特人神話都採取解釋水起源的神話的形式；在前一種情形裡，水是雨即天上的水；在第二種情形裡，水是地府的，即

從地球中噴湧出來的水。

博羅羅英雄爲了取回禮儀樂器而必須涉水過河；謝倫特英雄爲了取回箭即打獵武器而過河。

謝倫特英雄三次遇見水漫地球之前被他殺死的蜥蜴所生成的一條鱷魚。博羅羅英雄爲了充飢，爲了儲備食物，也殺死了蜥蜴。正是因爲這種食物腐敗非常迅速，所以禿鷲攻擊他。

如果我們墨守 M_1 的本文，那麼這插段將無法理解。或者，更確切地說，如果我們決定找到一個解釋，那麼，組合背景的缺乏將導致我們去仔細研究全部美洲神話，而這將提供給我們窮於應付的眾多回答：對於庫本克蘭肯人來說，蜥蜴是一種文化食物（Métraux：8, 第 14 頁）；對於瓦勞人、查科人和庫納人來說（參見以上第 186 頁，注⑮），它是火的主人；在別處，它是睡覺的主人，因爲它沒有眼瞼；對於遠在北美洲的吉卡里拉阿帕切人（Jicarilla　Apache）和秘魯的阿穆埃沙人（Amuesha）來說，它是亂倫和巫術的象徵⋯⋯

然而，雖說對蜥蜴的詞源學——也可說是「神話素學」（myth-émologie)的研究顯得有些輕率，可是，對它的意義的研究現在還根本沒有。如謝倫特人神話明確地表明的那樣，蜥蜴是水生鱷魚的地上對應物。因此，M_1 和 M_{124} 兩者相互提示：一者發生在陸上，使英雄成爲以蜥蜴爲對象的獵人，而另一者發生在水中，出於同樣原因使鱷魚成爲「以英雄爲對象的獵人」。一個博羅羅人神話和一個熱依人神話對事物如此抱持互補的觀點，這個事實也許首先使我們能夠推廣利用一則對阿皮納耶人的評說：「據說，當一個阿皮納耶男嬰降生時，兀鷲感到高興，因爲將又有一個獵人給他們在灌木叢中留下死獸。而當一個女嬰降生時，蜥蜴感到高興，因爲女人的職責是準備 berubur 即做飯，而跌落的飯粒菜屑可供這些蜥蜴食用」（C. E. de Oliveira，第 67 頁）。

如果可以合法地外推，那麼我們可以說，我們正在面對一種雙重

對立：一個是 M_1 中的內部對立，即蜥蜴和兀鷹之間的兩價對立：
雌／雄，熟／生；②另一個是涉及 M_1 和 M_{124} 兩者的外部對立，即蜥蜴
和鱷魚之間也有兩價的對立：陸地／水中，熟／生。

　　最後，我們知道，謝倫特人認爲鱷魚是水的主人，花豹是火的主
人 (M_{12})。因此，完全順理成章的是，正像他們關於地上火起源的神話
(M_{12}) 中英雄遇到一頭花豹一樣，在他們關於地上水起源的神話
(M_{124}) 中他遇到一條鱷魚。同時，既然我們已經確定(第 253 頁及以後)，
火＝水$^{(-1)}$，所以，同樣順理成章的是，在這兩個神話中，動物和英雄
各自的行爲應當反轉。M_{12} 中的英雄對待向他提供幫助的花豹彬彬有
禮；M_{124} 中的英雄對待不肯幫助他的鱷魚則是蠻橫無禮。

　　我們現在停下來考察一下博羅羅人神話開端處和謝倫特人神話結
束處關於提供幫助的動物的插段。依效能遞減的順序，在博羅羅人神
話中這些動物爲蜂鳥、鴿子和蚱蜢。雖然謝倫特人神話沒有提到啄木
鳥和鷦鴣各自的能力，但它還是清楚地指出，猴最無效能，因爲它們
幾乎暴露了被保護者。因此，我們假設這兩個系列之間有下列對應關
係，以之作爲我們的出發點：

博羅羅人		謝倫特人	
蜂鳥	(1)	啄木鳥	(1)
鴿子	(2)	鷦鴣	(2)
蚱蜢	(3)	猴	(3)

　　但是，當我們試圖按高和低這兩個範疇來規定物種時，這對應關

─────────────
②也許還有植物／動物這個價，如果我們根據同一則資料的另一個提示深究下去
　的話。它把蜥蜴同蚱蜢、老鼠和兔子歸爲一組，作爲庭園寄生動物(C.E.de
　Dliveira，第 65 頁)。

係似乎倒轉了過來。在謝倫特人的系列中，猴吃果子(高)，啄木鳥啄樹皮（中），鷦鴣挖種子（低）。如果我們考慮到這樣的事實：在博羅羅人系列中，蚱蜢自然地占居低於鳥的地位，這三種動物各自使命是先獲取大響環和小響環（它們握在手中，因此相對地處於「高」域，但高度不等），然後獲取踝鈴（低），那麼，我們可以得到下表：

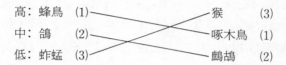

高：蜂鳥　(1)　　　　　　猴　　　(3)
中：鴿　　(2)　　　　　　啄木鳥　(1)
低：蚱蜢　(3)　　　　　　鷦鴣　　(2)

　　我們來看看能否克服這個困難。應當記得：謝倫特人的火起源神話(M₁₂)提供了又一系列三種動物，它們扮演水主人的角色。它們依下列順序：

兀鷹　　　(1)
「小鳥」　(2)
鱷魚　　　(3)

　　我們不知道這些「小鳥」是什麼，除非我們假定，它們是 inhambus，後者在阿薩雷神話中也被說成是「小的」。inhambus（像這個神話中的「鷦鴣」一樣）屬鶉鷄類，它們生活在地上，偶爾飛動，很笨拙。就高和低兩個範疇而言，它們也許處於兀鷹和鱷魚之間。另一方面，古代東海岸的圖皮人習慣於在上戰場時或準備處決囚犯時用取自這些鳥的、有黑斑的白羽毛裝飾他們的武器(Claude d'Abbeville，第 237 頁)。這個習慣顯然符合於阿薩雷神話中賦予小 inhambus 的「殯儀業者」角色（雖然這舊資料中提到的 inambu-tin 可能屬於較大的種）。

　　已考察過的這些神話多次提到鶉鷄類(鷉鴕科或鳳冠鳥科)，似乎總是(除了 M₁₄ 中的一個無關緊要的段落之外)說它們用處很少，甚至

乾脆就說是有害的。鶉雞類力量太小，搬不動火的餘燼，結果把它們散落了（M_8、M_9、M_{12}）。inhambu 是低級的雞，提供一種難吃的湯（M_{143}），用於交換一個較高級的獵物玉頸西貒的肉時未被接受（M_{16}）；它是男孩獨處時的唯一食物 (Murphy：1，第 74 頁；Strömer，第 133 頁)。夜空中的一個星座是鶊鴕科的母親（M_{28}）；花豹所以不攻擊屬於這個科的鳥，所以有夜間活動的習慣，其原因是，鶊鴕科給他水眼來取代已失去的火眼（M_{119}）。星星、黑夜和鶉雞類之間的聯繫無疑可以用謝倫特人的一個習慣來解釋。「白天根據太陽來計時，夜裡根據星星和 inhambu 的叫聲來計時」。(J. F. de Oliveira，第 394 頁)③

　　關於其他動物的語義價值，我們掌握了更確定的指示。按照下面要分析的熱依人神話（M_{163}），啄木鳥是破壞性火的主人，而這意味著，它們既同被我們已研究過的一個博羅羅人神話（M_{55}）說成是創造性火（燒煮用火）的主人的猴子相關聯，又同它相對立。不僅參照神話，而且一個謝倫特人神話（M_{138}）都證明，鴿是水的主人。M_{138} 表明，靠了鴿（*Leptoptila rufaxilla*）的屍體，一個家庭躲過了洪水：這屍體奇蹟般地越長越大，直至變成了又一個諾亞方舟 (Nim.：6，第 92 頁)。在「負子袋鼠及其女婿」神話的幾個本子（M_{97}、M_{98}）中，鴿子（女婿之一）通過把一個湖中的水喝乾而抓了魚（Murphy：1，第 119 頁；Wagley-Galvão，第 152 頁)。這鴿子必須征服或消除的水是由其負面性質來規定的，就像破壞性的火一樣。因此，我們可以確立這樣的原理：鴿和啄木鳥就水和火而言是同構的。

---

③伊海林（辭條「Inhambu」）就 *Grypturus strigulosus* 給出了關於這種信念的證據，後者指出其俗名為「Inham bu relogio」：報時鳥。亦見卡瓦爾坎蒂（Cavalcanti），第159～160頁：cujubim鳥（鳳冠鳥科之一種）報曉，而inhambu夜鳴。最後，mutum（它也屬於鳳冠鳥科）「在夜裏按規則的間隔時間啼叫，每隔兩小時可以聽到它叫一次……因此，在土著心目中，它是林間時鐘」。（Orico，第174頁）

　　博羅羅人神話(M₁)用低飛（類似於鷦鴣）刻劃蚱蜢(mammori: *Acridium cristatum*,《博羅羅人百科全書》第 1 卷, 第 780 頁), 低飛使它在執行使命過程中冒死亡的危險。因此, 在謝倫特人系列中, 蚱蜢一方面對應於猴(有一隻猴也幾乎暴露其使命), 另一方面對應於鷦鴣, 後者以小 inhambus 的形式同死亡發生（肉體上的而不是精神上的）聯繫, 因爲它們扮演掘墓者的角色。如果我們假定, M₁₂₄主要建基於這些對應關係的第二種, 那麼, 就只剩下蜂鳥（關於它的語義地位, 我們還知之不多）尚需解釋。熱依人神話很少談及蜂鳥; 我們必須放眼別處。

　　在圭亞那神話中, 蜂鳥作爲同 bunia 鳥旣相關聯又相對立的角色出現（參見以上第 247 頁）; 它們一起幫助一個困在樹梢上的人下來, 然後再幫助他找回村的路。可是, bunia 鳥是放臭味的動物, 它的糞轉變成蠕蟲(Roth: 1, 第 209, 371 頁), 而蜂鳥則發出可人的香味, 儘管它偶爾也被排泄物玷污（同上書, 第 335, 371 頁）。因此, 我們得到一個雙重對立: 難聞氣味／可人氣味以及玷污／被玷污。另一方面, 圭亞那神話通常賦予蜂鳥的作用是尋找烟草, 把它帶給人。烟草長在一個湖中央的一個島上, 而像博羅羅人神話中那樣, 蜂鳥成功地渡過了這湖; 這些神話說明了, 烟草將用來「提」精神, 倘若把它同禮儀響環結合使用的話(Roth: 1, 第 336 頁), 而博羅羅人神話中蜂鳥的任務正是把烟草帶回來。現在暫時撇開烟草的問題, 以後（在第 2 卷裡）我還要回到這個問題上來。我們現在要注意的是蜂鳥和水之間的關係, 而美國東南部的一些神話對這一點有所提示。這些神話我們已有好幾種版本: 納切斯人(Natchez)、亞拉巴馬人(Alabama)、科亞薩蒂人、赫奇蒂人(Hitchiti)、克里克人和切羅基人的版本。它們把蜂鳥和鶴相對立: 晝出夜息／夜間活動(在圭亞那, 按照一個瓦勞人神話, 這對立爲被玷污／玷污, Roth: 1, 第 335 頁); 另一方面, 它們解釋了蜂鳥如何把水和魚押在一次賽跑的結果上, 最後輸了: 由於這個緣故, 蜂鳥從來不飲水。(Swanton,

第 202、273 頁及各處）。

在巴西，博托庫多人（Botocudo）和卡因岡人講述了非常相像的故事：蜂鳥以前是世界上所有水的主人，後來其他動物從他那裡拿走了水。（Nim.: 9, 第 111 頁；Métraux: 6, 第 1 卷, 第 540 頁；Baldus: 1, 第 60 頁）一個克拉霍人神話給予蜂鳥以一種對水的負面關係，因為它是唯一能飛過火焰的動物。（Schultz, 第 127 頁）按照一個蘇魯拉人（Surura）神話，它通過使鱷魚發笑而造成火與水分離，從而它能從鱷魚口腔的內部奪取火，把火帶給人。（Becher, 第 105 頁）在一個托巴人神話中，它偷取了火。（Métraux: 5, 第 107～108, 110 頁）

如果我們同意把上述趨同細節加以推廣，以之作為一個工作假說，那麼，蜂鳥就可以用負面的方式定義為水的函項，並且它可以置於同鴿子（它是個狂飲者）相關聯也相對立的地位。④

於是，我們得到下列連貫的系統：

博羅羅人（M_1）	謝倫特人（M_{124}）
(1)蜂鳥　　（≠水）———	(1)啄木鳥（≡破壞性的火）
(2)鴿　　　（≡水）	(3)猴（≡創造性的火）
(3)蚱蜢　　（生／死）	(2)「鷓鴣」（生／死）

在這裡，我們又一方面有水和火的對立，另方面有某個元素跟從生到

---

④屬於亞利桑那的皮馬人（Pima）的一個神話把蜂鳥同一個名叫埃爾培培多爾（El Bebedor）即「豪飲者」的神聯結起來，他引起了大洪水（Russell, 第 226 頁上的注）。如果把水的負面推到極限，則蜂鳥可能同破壞性火的主人啄木鳥相混淆。一個卡因岡人神話（M_{124a}）事實上就是這樣，在那裏，蜂鳥和啄木鳥一起盜花豹的火（Baldus: 4, 第 122 頁）。但是，令人矚目的是，這還是啄木鳥發生轉換：他先變濕，然後變成燒煮用火的主人——但並不完全，因為這火（它成為破壞性的）使地球燒著，還因為創造性（燒煮用）火被降低到作為次要因素的地位。

死的過渡的聯繫，而我們可以想起，這一點正是博羅羅人神話和謝倫特人神話各自提問題方式的特徵所在。

現在我們從另一種觀點來考察這個問題。動物襄助者在執行任務過程中都同某種東西發生聯繫：博羅羅人神話中的救生樂器、謝倫特人神話中用作爲同樣救生的掩體的物料：

博羅羅人(M_1)

蜂鳥：大響環
鴿子：小響環
蚱蜢：小鈴

謝倫特人(M_{124})

啄木鳥：樹皮
「鷓鴣」：稻草
猴子：皮殼

博羅羅人神話中的東西是**不應被聽見**的響亮東西。謝倫特人神話中的東西無疑是要阻止鱷魚**看到**英雄；但同時它們還給出了作爲廢食物即**不應吃的東西**的顯著特點。因此，它們是反食物，就此而言，它們構成一個系列，可同阿皮納耶人神話(M_9)中的系列相比擬：岩石、硬木和爛木，它們也是反食物，但像博羅羅人的樂器一樣，也可由耳朵（如果不是由口）來「消耗」。這次是通過 M_9 的媒介，M_1 和 M_{124} 之間的對稱性可再次得到證實。

像在 M_{124} 中一樣，在 M_1 中，除了三種動物的系列之外，還有一個人也提供了幫助：在一種情形裡是人外祖母，在另一種情形裡是動物叔叔（臭鼬）。外祖母通過借予魔杖來救英雄；叔叔通過釋放惡臭流體相救。我後面還要回到這兩個神話間的這個類比上來，它可以作各種不同的解釋（**參見以下第 354 頁**）。

最後，作爲這種比較的完成，M_1 提到雨的到來——旱季的結束；而 M_{124} 的最後幾行提到旱季的開始。

這樣，M_1 和 M_{124} 之間關係的存在已一直到細枝末節上都得到證實。實際上可以證明，如果 $My = fMx$，那麼，就存在一個神話 $Mz =$

*f*My，它同 Mx 的關係類似於 Mx 對 My 的關係。

　　這個論證還可推進。我剛才給出的論證是從一個具有雙重題材的博羅羅人神話出發的：天水的出現和燒煮用火的消失。我已表明，這神話同一個謝倫特人神話結成一種轉換關係，而後者的題材也是雙重的，並通過一個雙重反轉同前者形成對立，因爲這項問題在於**火**的出現和**水**的消失，同時水是**地上**的而非**天上**的。

　　我們可以進一步追問：有沒有一個涉及地水出現的謝倫特人神話，這樣一個神話會不會復現關於天水出現的初始博羅羅人神話的輪廓。在對這兩個問題都給予肯定的回答之後，我們便自動地進而提出第三個問題：有沒有一個關於天水之引入的謝倫特人神話，而一個博羅羅人神話也許反過來是它的一種轉換？

　　我們所以不知道這個神話，也許只是因爲尼明達尤碰巧沒有發現它。這也許還由於它在謝倫特人那裡的存在是不可思議的，因爲在他們看來，天空是由食人的神居住的(M_{93})，受太陽控制，而太陽亟望曬乾雨，毀滅地球。（參見以上第 256 頁和以下第 376 頁）另一方面，這神話存在於其他熱依人部落那裡，而他們的神話如我們已表明的那樣，占居著博羅羅人神話和謝倫特人神話之間的中間地位。

　　實際上，熱依人不是只有一個天水神話，而有兩個。看來，他們區分了兩種類型雨：一種是有益的，另一種是邪惡的。庫本克蘭肯人（Métraux：8，第 17 頁）和戈羅蒂雷人（Lukesch：1，第 983 頁）把好雨歸因於一個凡人的天體女兒，她引入了栽培植物 (M_{91})，她的父親直接造成暴風雨。既然參照神話也同暴風雨的起源有關，所以，我們關心的是父親，而不是女兒：

　　M_{125}.：卡耶波人：雨和暴風雨的起源

　　一次，一些獵人殺死了一頭貘。其中有個名叫貝普科羅羅蒂
(Bepkororoti)的被分配到取出內臟並分割之的任務。當他忙於在
河中洗內臟時，其他人把肉分光了，只留給他兩個爪(內臟，見 Lu-
kesch：1,2)。貝普科羅羅蒂提出抗議，但沒有用。當他回到村裡時，
他要妻子給他剃頭刮臉，用 urucu 膠和 genipa 汁給他塗上紅色和
黑色。然後，他告訴她發生的事情，並說他想上山。最後，他叫
她在看到烏雲時就躲起來。

　　貝普科羅羅蒂製成了弓箭和一根又長又重的棒，它的一端抹
上貘血。他帶了兒子一起上了山頂。當他到達頂峯時，他開始像
野豬群一樣地吼叫(當他們外出捕獵豬時，他們像人；Lukesch：2)。當
印第安人聽到這叫聲時，就跑來捕獵野豬。那時，一道電閃劃過
天空，接著是雷鳴大作，貝普科羅羅蒂打下一個霹靂，殺死了許
多人。他和兒子升上了天空。(庫本克蘭肯人版本：Métraux：8，第
16～17頁。戈羅蒂雷人版本：Banner：1；Lukesch：1，2)。

　有些戈羅蒂雷人版本($M_{125a、b}$)把對英雄的不公正同這樣的事實
聯結起來：他或者事前（由於不小心）或者事後（由於憤怒）帶著血
污的手出現在同伴面前。在到山頂（或某個別的高地）去之前，他發
明並給印第安人引入了剃頭刮臉與紋身的習慣以及應用 genipa 汁和
上戰場前給棍棒塗血的慣例。英雄從他的藏身處侮辱和蔑視他從前的
同伴；當他們攻擊他時，他就用閃電打倒他們。然後他就上了天，消
影匿迹。很快，發生了最早的暴風雨，伴以雷鳴和閃電。自那時起，
每當暴風雨欲來時，印第安人便拿起武器，身上塗上色紋，想用威脅
和叫喊來抵擋它 (Lukesch：1,第983頁；Banner：1，第46～49頁)。⑤

　　我們可以很容易地辨認出以這個卡耶波人神話作爲其一種轉換的
博羅羅人神話；它顯然就是那個貝托戈戈神話(M_2)；換句話說，一個

關於水起源的神話，不過這是地上的水而不是天上的水，是有益的水而不是邪惡的水。

下表表明了各個運作：

M₂	女人的 採　集	女人＋ 「貘」男人	「貘」男人 強姦一個女人	英雄放（貘）被害者血， 放得太慢
M₁₂₅	男人的 狩獵	男人＋ 貘（動物）	男獵人 殺死一頭貘	英雄放（貘）被害者血， 放得太快

//

M₂	失去母親的兒子	被同父親分離	被壓在樹下	蒙受恥辱的英雄
M₁₂₅	失去食物的兒子	同父親在一起	上到了山上	憤怒的英雄

//

M₂	地上水的 創造	樹消失在 水下	禮儀音樂 叫喊，聲音	裝飾和葬禮的起源
M₁₂₅	天上水的 創造	山升高 （到天空）	像野生動物	裝飾和戰爭儀式的 起源

//

M₂	殺人的印第安人	散布的人群
M₁₂₅	被殺的印第安人	

可以看出，若恪守我的方法，則我接受這樣的事實：甚至最微末的細節可能也是有關宏旨的。當提供給我們 M₁₂₅ 的那些人把貝普科羅羅蒂的叫聲同野豬（或獵豬者）的叫聲相比較時，他們並未放任無謂

的空想。因爲，特內特哈拉人也把他們寵愛的野豬同雷聯繫起來：「當塔皮拉普人殺了雷寵愛的野豬時，雷就勃然大怒，發出驟雨暴風，或者讓天空烏雲密布」。(Wagley，第 259 頁，注㉓)。博羅羅人神話中強姦女人的男人屬於貘偶族，這不是偶然的事實，因爲這動物在卡耶波人神話中也出現。我以後(第 355 頁)還要回到這一點上來。最後，博羅羅人神話中有一個細節當從組合關係的角度去看時仍無法理解，但當被同卡耶波人神話中的一個相應細節作比較時就變得一清二楚了。M_2 中的英雄殺他的對手（使他接連受傷，但只有最後一次證明是致命的）時的那種細緻精當，乃以反轉的形式（因爲這兩個神話的消息是逆反的）保留了 M_{125} 中的英雄的粗心而又倉卒的行爲，後者來不及洗淨因屠殺而被血玷污的雙手就坐下來吃東西(參見 M_{71})

　　這兩個神話之間的唯一差異在於博羅羅人神話的進行性，它把英雄的過失分成三個相繼階段，每一個都對應於卡耶波英雄所犯過失的一個方面：

M_2	英雄處置「貘」人太慢	他扼死妻子（未放血）	他被排泄物污染
M_{125}	英雄處置貘（動物）太快	他支解這動物，使其血流掉	他一直被動物的血玷污

⑤這裏又有(參見以上第 199 頁注②)一個神話，它在巴西中部作爲一個完全整體存在著，而在圭亞那只殘存一個挿段，它沒有任何結構功能，只包含一個英雄故事：馬庫耐馬(Makunaima)的故事(阿雷庫納人，M_{126})。這青年英雄殺死了一頭貘。但是，他的哥哥們認爲有權分割它，分享肉塊，只留給英雄內臟。馬庫耐馬大怒，用魔法把茅舍搬上了山巓，然後又把它搬下來(K.G.：1，第 43 頁)。

因此，我們在 M_2 中看到了一種污染的辯證法：

$$^1 〔血（＋）〕 \to ^2 〔血（－）〕 \to ^3 〔排泄物〕$$

這似乎是卡耶波人神話所沒有的；除非我們記得博羅羅人妻子被殺害的條件意味著對水葬的否定，因而把上列公式的第二項——避免放血——代換成另一項——避免水（這在卡耶波人神話中有對等物即避免沐浴），從而得以構成下列平行系列：

$M_2 =$ 血（＋）	水（－）	鳥糞（動物排泄物）
$M_{125} =$ 血（＋）	水（－）	genipa 染料（植物遺體）

由此可見，已作過比較的關於水起源的四個神話乃通過轉換關係聯結起來，而這些關係用交錯配列法確立了博羅羅人版本和熱依人版本之間的對立：

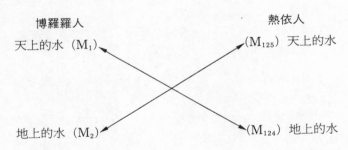

另一方面，如果我們記得，M_1 同時與水和火有關，而又有 M_{12} 存在，它也同時地與火和水有關，⑥那麼，我們就可以通過給它添加上前述神話來完成上表。於是，我們得到一組雙重扭曲的轉換。

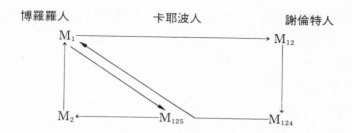

問題始終在於**加上**與**減去**一個元素，而後者可以是**水**或**火**。每個元素均可分析爲兩種模態即天上的和地上的（這組神話僅涉及燒煮用火，它同破壞性的、天上的火相對立。這一點後面還要加以確證，參見第 382～383 頁）；最後，這關鍵的事件是一種分離（可能是**垂直的**或**水平的**）的結果：

	M_1	M_{12}	M_{124}	M_2	M_{125}
加／減	＋／（－）	＋／（－）	＋	＋	＋
火／水	－／（＋）	＋／（－）	－	－	＋
地上的／天上的	－	＋	＋	＋	－
水平的／垂直的	－	－	＋	＋	－

值得指出，如果局限於表中所列的四組對立的元素，則 M_2 和 M_{124} 看來是相同的。然而，這兩個神話在內容上差異很大，以致它們之間的任何比較都顯得不可思議，除非通過 M_{125} 的媒介，而後者本身通過兩個轉換區別於這兩者：地上的→天上的、水平的→垂直的。

---

⑥況且，還和 M_{126} 一樣，如果我們記得盧克施（Lukesch）的提示（1，第 983 頁；2，第 70 頁）的話，按照它，印第安人從貝普科羅羅蒂那裏學到了通過捻轉棍棒來產生火的技術。

　　爲了考慮這種反常，應當強調，表中所列的對立元素僅同借助代碼發送的消息有關。代碼本身又包括語法和詞彙兩方面。我已通過分析證明了，這些代碼的語法骨架在我們已研究過的全部神話裡都保持不變。但是，對消息或詞彙來說，情況就不是這樣。同其他神話相比較，任何一個神話的消息都可能顯得或者經過某種程度的轉換，或者相同。但是，這些差別也影響到詞彙。同屬一組的兩個神話中，由於相應消息已發生深刻轉換，因此詞彙可能反而更保持相近似；如果轉換的範圍減小到消息的方面，那麼，這範圍將趨向擴大到詞彙的方面。因此，像我已做過的那樣，有可能按照下述法則把兩個部分地逆反的消息相加起來，從而恢復初始的詞彙。這法則是說，消息層面上的兩個半轉換等於詞彙層面上的一個完全轉換，儘管每個半轉換單獨來看一定比一個完整轉換對詞彙構成產生更大影響。消息的轉換越帶局部性，初始詞彙就變得越模糊。因此，當消息轉換使消息回到同一性狀態時，初始詞彙便成爲不可識別的了。

　　因此，第 279 頁上的圖還可加以完善，爲此只要指出：位於四邊形上面兩個角的神話利用同樣的詞彙給逆反的消息編碼，而在下面角上的神話用不同的詞彙傳達同樣的消息。

　　我已指出過，已考察過的所有部落都把火劃分成兩個範疇：天上的、破壞性的火；地上的(或燒煮的)、創造性的火。這點以後將變得明白得多；但是，根據上面已提到過的情況，我們知道，這兩種火之間的對立在博羅羅人神話(參見 M_{120})中只是輕描淡寫。相反，已爲我們掌握的謝倫特人神話對水的分析不如其他熱依人部落的神話透徹。在謝倫特人神話中，只認識到一種水即海洋，後者是內陸湖泊河流網的延伸，而不是像一根樹幹上伸出的枝椏。(關於栽培植物起源的查科人神話明確作出這種種表示；參見 Wassen: 1, 第 109 頁)其他熱依人部落的神話並

未賦予湖泊河流體系以任何特殊地位；但另一方面，他們區分了兩種天上水：暴雨和細雨，它們分別同雨的「父親」和「女兒」相聯結（M₁₂₅、M₉₁）。就博羅羅人而言，他們把水劃分成三個各異的範疇：湖泊河流體系形成的地上水（M₂）以及兩種天上的水：一方面是雷雨，另一方面是溫和的細雨：

M₁₂₇.博羅羅人：細雨的起源

博科多里—塞拉氏族的男人不堪母親和姊妹的虐待，變成了 xinadatau 鳥（galinha do bugre），消失在天空中。女人們只設法弄回了一個孩子。這些鳥對小弟弟說，如果他感到口渴或太熱，他只要模仿他們的叫聲，「toká, toká, toká, toká, ká, ká」，他們就會知道，他需要水，就會引來一片雲，它將帶來溫和的細雨。這種雨是同布陶多圭（Butaudogue）精靈相聯繫的，而伴以風和雷的大暴雨則同巴多格巴圭（Badogebague）精靈相聯繫。(Colb. : 3, 第 229～230 頁)。

我們在解釋這個神話時遇到兩個困難。首先，博羅羅語裡叫 xinadatau、葡萄牙本地語裡叫 galinha do burge 的這些鳥究竟是什麼？精通葡萄牙語名詞的伊海林也承認，他無法證認這物種。他認為，這種鳥可能是 jacamin 即喇叭鳥，*Psophia crepitans*。但是按他的標音，這鳥的叫聲為：「hu-hu-hu-hû，其最後的音節延長，彷彿由一個口技表演者發出」(辭條「Jacamin」)，同 M₁₂₇ 中描述的叫聲毫無相似之處。《博羅羅人百科全書》(第 1 卷，第 542 頁)，在「Cinadatáo」條下寫道：「一個擬聲詞（這鳥的鳴叫像是說 cinadatáo）：Cancan (*Nomonyx dominicus*)。」這個定義很簡短，但造成了好幾個困難。首先，如我剛才已指出的那樣，博羅羅人神話非常精確地描述了這鳥的鳴叫，它給

出的語音標音迥異於土著語詞，因此不可能是擬聲的。其次，在葡萄
牙本地語中，Cancan 亦指隼科之一種(Ihering, 辭條「Cancan」)；自然史
博物館的教授雅克・貝利奧茲(Jacques Berlioz)先生難得地解釋說：
Nomonyx dominicus 是埃里斯馬圖雷(Erismature)種群（雁鳥科
——尖尾線蟲亞科）的一種潛水鴨。因此，流行的分類不可能背理地
把名詞 galinha（「母鷄」）用於鴨。實際上，本地名詞 galinha do bugore
（「印第安人的母鷄」）似乎作爲委婉詞語而專用於 cancan，它是一種
不怕人走近的食腐肉鳥，或者也許專用於在土著心目中直接歸屬於鶉
鷄類的一種鳥。在這兩種情形裡，這鳥都構成野豬／鳥這對偶中的一
個項，而這或者是因爲上面指出的原因(第 269～270 頁)，或者是因爲它
們間的對立可還原爲趨性(technophile)動物和避性(technophobe)動
物的對立。

　　其次，我們不知道這神話中的「細雨」確切說來究竟指什麼。我
們已經看到，科爾巴齊尼把它歸因於布陶多圭精靈，但這似乎有悖於
稍前的一個說法：這同一些精靈「用寒冷、風和雨騷擾印第安人」。
(Colb.: 3, 第 229 頁)。在馬加拉埃斯的《詞滙》（第 26 頁）中，詞 butau
(布陶)的釋義爲「冬天，雨季」。按照《博羅羅人百科全書》（第 1 卷,
第 295～296 頁），Butao-dogé 精靈主宰從 10 月初一直到 4 月底的雨季。
一年的其餘時間爲旱季：boe ki「乾旱時期」或 erubutu「著火」(灌木
叢或大平原著火)。然而，在這種神秘語言中，這些精靈似乎同細雨相
聯結(《博羅羅人百科全書》第 1 卷, 第 975 頁)最後，《博羅羅人百科全書》
沒有提及巴多格巴圭精靈，而名詞 Baado Jebagé 在那裡只出現在社
會政治背景之中。(第 190～193 頁)。

　　儘管有這些不確定性，這神話還是明白地確定了，博羅羅人設想
了兩種天水，它們既相互聯繫又相互對立。一種是溫和的、細柔的，
另一種是強暴的；一種是有益的，因爲它提神解渴，另一種是邪惡的。

我已表明，卡耶波人和博羅羅人關於水，無論地上的水（博羅羅人，M_2）還是天上的水（卡耶波人，M_{125}）的起源的神話之間有一種直接的轉換關係。我們現在可以明白，卡耶波人關於邪惡天水起源的神話（M_{125}）和博羅羅人關於（有益）天水起源的神話（M_{127}）之間也有一種直接的轉換關係。在每種場合，我們都注意到垂直分離，它或是在一個單性功能群體（男性獵人）中遭受虐待的結果，或是在一個兩性親屬群體中遭受虐待的結果。經受分離的受害者或者變成一個敵人（卡耶波人），或者變成一個朋友（博羅羅人），視他的年輕對偶（兒子或兄弟）跟他一起上天還是留在地上而定。復仇的英雄通過模仿野豬（一種珍貴獵物）的叫聲引誘從前的伙伴；如果英雄模仿鳥（一種低劣獵物）的叫聲，則忠誠的伙伴就會被引向他。在一種情形裡，發生雷雨，招致死亡；在另一種情形裡，有細雨降下，保證康寧和生命。

　　同時我們知道，博羅羅人在另一種神話（M_1）中涉及了雨季。而我已表明，這神話同關於旱季開端的謝倫特人神話（M_{124}）相對稱。因此，在 M_{127} 中，所提到的不可能是雨季，而可能只是一次稀罕的陣雨，它對種植園極有益，這種陣雨有時發生在旱季的中期，其名稱因地區而異。它或者叫 Chuva de preguiça（因為只有這種精微的雨才能夠滲透進樹獺的毛皮）；或者叫 chuva de cigarra（因為這種雨正當蟬出殼的時候發生）(Barbosa Rodrigues，第 161 頁)；或者再往南，叫 chuvas de caju（因為這種雨使腰果壯大）。如果這個假說正確，則博羅羅人的水系統可表達如下：

　　　發生在旱　　　　　　　　　　發生在雨
　　　季的細雨　　　　　　　　　　季的暴雨
　　　（間歇的水）　　　　　　　　（日常的水）

　　　　　　　　　河流和湖泊
　　　　　　　　（永久的水）

蒙杜魯庫人似乎也有三元的水分類：(1)雨和風；(2)雷雨；(3)細雨。(Murphy：1，第 21 頁；亦見 Kruse：3，第 47 卷，第 1002～1005 頁)。

這裡，我們應當回到 M_1 中的一個細節上面。這個關於風和雨的起源 (因此相當於雨季，如我已通過同 M_{124} 作比較所表明的，也如我將直接加以證明的) 的神話以父親被殺害告終，他淹死在湖水中，或者更確切地說淹死在沼澤 (那裡長滿了水生植物) 的水中。凡是到過潘塔納爾的人都知道，在雨季 (這神話中的英雄是造成雨季的動因) 是無法通過這個地方的，不過在熱帶冬季 (4 月到 9 月) 裡有些區域變乾了。因此，湖泊河流系統和沼澤構成了一種雙重對立：流動的水／呆滯的水；非周期性的 (全年) 水／周期性的 (半年) 水。這個神話補充說，沼澤是食人精靈即 buiogoe 魚 (「比拉魚」) 的居所；而另一個博羅羅人神話 (M_{128}) 解釋說，英雄貝托戈戈創造的湖泊河流系統是不完整的，因為水中沒有魚。因此，派威氏族的一個名叫貝波羅 (Baiporo) (「茅舍的開口」) 的人致力於完成前人開始的工作，通過把各種植物的枝條拋入河中而創造了各種不同的魚 (這神話小心地排除了比拉魚)。(Colb.：3，第 211 頁)

因此，水的三種範疇相應於食物的三種類型：食人同沼澤相聯繫，而其本身是雨季的相關功能；打魚 (等於水中狩獵) 同永久的湖泊河流競相聯繫；植物食物同發生在旱季的間歇雨相聯繫。

水的這種三元劃分相應於某些反食物 (M_9)——岩食 (食人的逆反)、硬木 (肉的逆反) 和爛木 (栽培植物的逆反)——發出的呼聲，如我在第 203～204 頁及其後各頁上所表明的。我還已證明，這三種反食物相應於謝倫特人地上水起源神話 (M_{124}) 中的三元組，而後者又同參照神話 (M_1) 中的三種樂器的初始三元組一致。

II　二重轉位卡農(Double Canon Renversé)

「還有第三種類型卡農，不過它很少見，因爲它難度太高，還因爲它通常並不動聽。它的唯一價值是，它很難創作。我所指的這種卡農可以稱爲**二重轉位卡農**，因爲在歌唱時不僅聲部之中有轉位，而且各聲部之間也有轉位。這種**卡農**有高超的技巧，因此，不管按自然順序唱各個聲部，還是轉位而按逆行順序唱，其結果都使開始變成結束，低音變成高音，和聲保持優美，卡農合乎規則。」

J.-J.**盧梭**(Rousseau)：《音樂辭典》(*Dict. de Musique*)，辭條「Canon」

現在我們回到阿薩雷神話(M_{124})，但它的一個基本方面暫時撇開不論。大家記得，這神話以這樣的揷段結束：英雄的哥哥在西邊的水中嬉戲，後來「他們成爲 Sururu 即『七星』(昴星團)出現在淸澈明淨的天空中。」尼明達尤在關於謝倫特人的專著 (6，第85頁) 中闡明了，阿薩雷是獵戶座的 X 星，土著的思想中獵戶座的 X 星是同昴星團相對立的：前者同奉爲神聖的太陽和屬於希普塔托偶族的「外來」氏族普拉斯(Prase)相聯繫；昴星團同奉爲神聖的月亮和屬於斯達克朗偶族的「外來」氏族克羅察克(Krozake)相聯繫 (關於火起源的神話 M_{12} 中的對抗者之間也存在這種對立，參見以上第105頁，在那裡我已表明，姻兄弟中的哥哥屬於斯達克朗氏族，弟弟屬於希普塔托氏族)。然而，由 M_{124} 可知，這兩個星座同雨季和旱季間對立結成的關係是相同的，因爲它們的回歸

同後者的開始相重合。這神話中的一個未得到解釋的細節證實了這種聯繫：阿薩雷的哥哥徒勞地試圖通過砸開 tucum 棕櫚（*Astrocaryum*）的堅果，使他能飲裡面的水來解渴。更往西南方向（南緯 18°到 24°），約在 18 世紀中期，卡杜韋奧人總在 6 月半進行重大慶典，而這同昴星團的回歸有關，並且按照一份 19 世紀初年的資料，這也同棕櫚（*Acrocomia*)的成熟有關（Ribeiro：1，第 68 頁）。⑦

　　查科人部落那裡昴星團儀式的高度發達提出了一些問題，不過，我在這裡不去解決它們。我提到這一點，只是以之作爲又一個證據，進一步證明在整個熱帶美洲昴星團和季節之間存在聯繫（關於這個問題，參見 von den Steinen：1)。

　　就謝倫特人而言，我們擁有非常詳確的提示，它們有助於我們理解 M_{124} 的本文，後者從天文學觀點看來不無費解之處：

　　　「他們用月球周期計算月份，他們的年開始於六月昴星團出現的時候，這時太陽正離開金牛座。他們稱昴星團爲 Sururu，所有巴西土著都知道這個星座。謝倫特人還知道，大約一星期後出現畢星團的 pluvias 和獵戶座的帶(baudrier)。當這些星在早晨出現時，據認爲這是風的徵兆。關於昴星團，印第安人有各種傳說。他們觀察了它們的偕日升(lever héliaque)（在太陽之前）以及它們的宇宙升(lever cosmique)（同太陽一起）。謝倫特人計算在 Sururu

───────────

⑦卡杜韋奧人有兩個不同的關於 nibetad 即昴星團的起源的神話。它們據說原來是兒童，因爲在黃昏後玩耍太吵鬧，結果遭懲罰而變成星（比較 M_{124} 中阿薩雷哥哥洗澡時發出的噪音，以及後面第 392 頁上的 M_{171})；或者是一顆雄星，從天上下來娶了一個凡人，他給她玉米和甘薯，那時它們一種下去就成熟(Ribeiro：1，第 138 頁)。星向男人的轉變是北美洲神話的典型特徵，而這也見諸南美洲卡拉雅人(M_{110})和烏莫蒂納人(Umotina)（Baldus：2，第 21～22 頁)。

的兩次這種升起之間有 13 個月（13 個 oa-ité），這構成一年＝oá-
hú（hú＝滙集？）。」

「他們把年劃分成兩部分：(1)旱季 4 個月，約從 6 月到 9 月；
(2)雨季(á-ké-nan)9 個月，從 9 月到 5 月。在旱季的前兩個月，砍
伐掉一片林地的大樹，爲栽培作準備。在接著的兩個月裡，焚燒
灌木，開墾土地，然後播種，以便利用 9 月和 10 月末的雨水。」
(J.F. de Oliveira，　第 393〜394 頁。)

生活在差不多緯度（南緯10°）但更往西一些的塔皮拉普人(Tapi-
rape)那裡也可看到類似情況：「昴星團……隨著雨減少而令人焦急地
注視著，因爲它們在 5 月裡消失於西方地平線上，標誌著雨季的結束。
這是舉行一年中最盛大慶典的時節。雨下得最多的時期(11 月到 4 月)
裡的許多儀式的日期根據昴星團的位置確定」(Wagley，第 256〜257 頁)。
當日落後在西方地平線上可以看到昴星團(Krot)時，蒂姆比拉人（南
緯 3°到 9°）開始爲 9 月到 4 月的雨季作準備；這是到種植園裡工作的
恰當時機。當天快黑的時候，在同一方向上已看不到昴星團的時候，
所謂的「雨季」偶族控制的時期便開始了 (Nim.：8，第 62，84，163 頁)。
對於博羅羅人來說，將近 6 月底時，昴星團在拂曉前出現在地平線上，
而這標誌著，旱季已過去很多時候。(《博羅羅人百科全書》第 1 卷，第 296
頁)

在亞馬遜，昴星團在 5 月消失，6 月又重現，由此預報洪水、鳥脫
換羽毛和植被更新(Barbosa Rodrigues，第 221 頁注②)。按照這作者的說
法，土著認爲，昴星團在其短暫的不可見時期裡隱藏在一口井的底部，
口渴的人可以到那裡解渴。這井使人回想起阿薩雷的哥哥們（他是昴
星團的化身）爲了給英雄解渴而挖的那口井。

更往北（北緯 3°到 5°）的陶利潘人相信，昴星團的消失預兆著雨

和豐足的食物；它們的消失則預兆著旱季的開端。(K.G.：1，第12頁和第
3卷，第281頁及以後) 在法屬圭亞那 (北緯 2°到 5°)，「土著盡人皆知昴
星團……，他們興高采烈地歡迎它們回歸地平線，因爲這回歸同旱季
的開端相重合。它們消失於 5 月半前後，其時伴有新雨勃發而阻障航
行」。(Crevaux，第 215 頁) 昴星團對於生活在海岸的古代圖皮納姆巴人
同樣具有重要意義。泰夫寫道：「他們也知道，昴星團是使他們的木薯
生長的星座，而它們又產生麵粉」。(Métraux：1，第 51 頁，注③) 關於 17
世紀圖皮人，有人寫道：「*Annos suos numerant ab exortu Heliaco*
Pleiadum quos Ceixu vocant atque ideo annum eodem nomine
denotant: accidit autem is ortus mense nostro Maio」。(Piso，第 369 頁)
⑧

　　儘管以上所有說明都強調昴星團的重要性，但它們之間還是有分
歧的。我們剛才已看到，在陶利潘人那裡，昴星團的出現是同旱季的
開始相聯繫的；生活在相同緯度的帕利庫爾人(Palikur)利用它們來
預測雨季的到來。(Nim.：14 a，第 90 頁) 事實上，各種本文都沒有確切
提到觀察在夜間進行，也沒有確切提到那些被認爲具有重要意義的情
況（它們的宇宙升或偕日升、日落後在西方地平線上可見或不可見，
等等）⑨。但是除了這一點之外，我們還必須考慮到各種生活方式。
陶利潘人所說的豐足是說河裡魚豐富，這不一定同地面獵物或植物產

---

⑧昴星團的初次升起和旱季的燃燒之間的聯繫無疑解釋了爲什麼負子袋鼠選擇這
　個時候燒他的尾巴 (Barbosa Rodrigues，第 173～177 頁)。
⑨實際上，文獻中罕見如下所引的詳確說明：「入夜，星星可見之後，昴星團從東
　方升起，這對於他們〔奧雷諾克(Orenoque)印第安人〕來說意味著新的一年 (雨
　季) 開始了……」(Gumilla，第 11 卷，第 281 頁)；或者，「整個圭亞那地區從
　東到西，從奧雷諾克人到卡耶納人(Cayenne)，12 月裏日落後不久昴星團即『七
　星』在東方地平線上的重現標誌著年的更替」(Roth：2，第 715 頁)。

品的豐富相吻合。在圭亞那地區，土著實際上區分四季而不是兩季：一個「短的」和一個「長的」雨季，以及一個「短的」和一個「長的」旱季(Ahlbrinck, 辭條「weyu」)；這些分期只有相對的價值，因爲雨一年下到頭，只是雨量不同而已。最後，切不可忘記，在巴西，當從東北海岸到中部高原，從北海岸到南海岸時，雨情反轉過來（圖9）。

即使如此，我還是打算在此局限於阿薩雷神話(M₁₂₄)所提出的那些特定問題。這個神話關涉獵戶座的一顆星以及昴星團。在這個神話中，它們同時地旣相互關聯——它們是兄弟——又相互對立——一個兄弟是淸白的，其他幾個則是有罪的，並且儘管它們是兄弟，但卻屬於不同的偶族。這種雙重關係在舊大陸也得到證實。然而，在舊大陸，這兩個星座的出現不可能有同樣的氣象學涵義，因爲當從一個半球到另一個半球時，季節發生反轉。

在古代人看來，獵戶座同惡劣季節相聯繫：「Cum subito adsurgens fluctu nimbosus Orion」〔Virgil：《埃涅伊德》(Énéide), I, 535〕。同時，瀏覽一下拉丁文詩人用來修飾獵戶座和昴星團的形容詞，就可以明白，從氣象學的觀點看，這兩個星座是密切關聯的。獵戶座是「nimbosus」，「aquosus」，「nubilus」，「pluvius」；昴星團是「nimbosae」，「aquosae」，「pluviae」，甚或「udae」，即潮濕的；「imbriferae」，引起雨；「procellosae」，暴風雨的。通過引伸，它們甚至可以用來標示暴風雨：「Haec per et Aegaeas hiemes, Pliadumque nivosum Sidus」〔Stace：《拉丁文詩集》(Silves), I, 3, 95, 載 Quicherat〕。事實上，儘管春和昴星團的拉丁文名字（「vergiliae」，源出「ver」，春）之間看來存在詞源上的聯繫，但海員們還是認爲，這星座帶來雨和暴風雨。

這兩個星座儘管在象徵層面上密切相聯繫，但在命名的深層構想上卻往往大相徑庭。例如，這在法語措詞上就很明顯。「Les Pléiades」——以前爲「la Pléiade」——是集合名詞，包括彼此無差異的幾顆星。

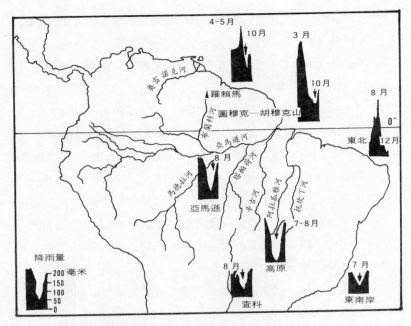

圖 9　熱帶美洲總的年平均降雨量〔採自 P.古魯 Gourou)：《古典地圖集》
(*Atlas Classique*)，第 2 卷，巴黎，阿歇特(Hachette)，1956 年〕

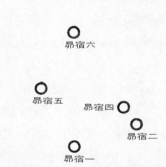

圖 10　昴星團（各顆星的半徑同其亮度成正比）

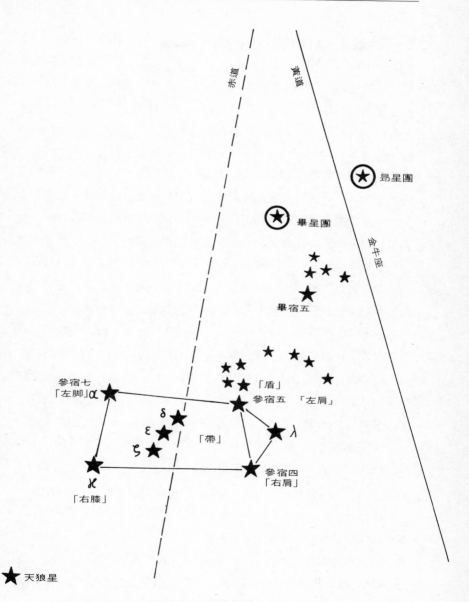

圖 11 獵戶座

這星座的俗名也是這樣：les Chevrettes, la Poussinière；義大利文「Gallinelle」；德文「Gluckhenne」……另一方面，獵戶座則分割成各種不同部分。這些星或星群以其同個人、身體各部分或物體的聯繫而相互區別：右膝、左腳、左肩；以及盾、劍、帶或耙——德文「Jacobs-stab」；西班牙文「las tres Marias」或「los tres Magos」。(Hoffmann-Krayer, 第 677～689 頁)

令人矚目的是，這種對立也見諸許多南美洲語言：「在巴凱里印第安人看來，這顆星（天狼星）同畢宿五和昴星團一起構成一個星群。獵戶座是個曬木薯用的木框架；各主要的星是支柱的頂端。例如，天狼星是豎直地支撐這框架的一根橫樑的端末。昴星團……代表撒在地上的一撮木薯粉」。(von den Steinen：2, 第 461 頁)沿西北海岸居住的圖皮人總是把他們稱爲 seichujura（「蜜蜂的腳手架」）的一個星座同昴星團聯繫起來：「這星座包括 9 顆星，它們排列成柵格形狀，預示著下雨」。

「我們在這裡又碰到了昴星團，他們很熟悉它，稱之爲 Seychou。它僅在 7 月半前後開始在他們的半球出現，而一旦它出現，他們就預計要下雨了，而實際上雨也眞的很快就下了。」(Claude d'Abbeville, 第 316 頁)，馮·登·施泰南 (von den Steinen) (1, 第 245 頁)給出的圖皮人的昴星團名字不是 Seichu，而是兩個語音相似的名詞：eischu, eiruçu,「蜂群」。

按照馬庫希人(Macushi)的說法，獵戶座的帶由一具支解了的屍體的 3 塊肉構成。(Barbosa Rodrigues, 第 227～230 頁)塔馬納科人(Tamanako)稱昴星團爲「灌木叢」；庫馬納戈托人(Kumanagoto)和查馬人(Chayma)稱昴星團爲「網眼籃子」(同圖 12 中的解釋相比較)；莫若斯人(Mojos)稱之爲「小鸚鵡」。(von den Steinen：1, 第 243～246 頁)卡拉雅人稱昴星團爲 teraboto「長尾小鸚鵡」，稱獵戶座爲 hatedäotä,「小塊焦土」(即樹木已砍伐掉的、並已爲了開始種植而焚燒過的林地的一部分)。(Ehrenreich, 第 89 頁)阿茲特克人(Azteque)稱昴星團爲「堆」

或「集市」。(Seler, 第 1 卷, 第 621 頁)霍皮人把它們同獵戶座的帶相對比，分別稱它們爲「星堆」和「星串」〔弗里古特(Frigout)；特瓦人(Tewa)：哈林頓(Harrington)，第 50 頁〕。至於博羅羅人，我們掌握的資料是自相矛盾的。獵戶座或獵戶座的各部分似乎被稱爲「龜殼」(von den Steinen: 2, 第 650 頁；《博羅羅人百科全書》，第 1 卷，第 612～613 頁)。「涉水鳥」(B.de Magalháes, 第 44 頁)或「候鸛」(Colb.: 2, 第 220 頁)、「大馬車」(同上)和「白杖」(Colb.: 3, 第 219 頁)；而昴星團則取名類似「花束」或「白茸毛」。(實際上它們是一回事：akiri「茸毛」在這種神秘語言中意指大平原上的花，參見《博羅羅人百科全書》第 1 卷, 第 975 頁)不管這些捉摸不定的情況意味著什麼(我們後面還要回到這一點上來)，在這一切情形裡總是顯而易見的是，對立的形式保持不變。⑩

　　所有這些名字，不管歐洲的還是美洲的，因而都指以不同形式體現的同一個對立：一方面，昴星團被稱爲「小山羊」、「鷄籠」、「長尾小鸚鵡」、「蜂群」⑪、「龜頸」、「一撮撒布的粉」、「灌木叢」、「網眼籃子」、「白茸毛」、「花束」；另一方面是「耙」或「帶」(「劍」、「盾」等等)、「框架」、「焦土塊」、「腳手架」、「杖」等等。這就是說，一方面，我們碰到這樣的名字，它們歸結起來是描述相關程度不等的元素之隨機分布的一個集合名詞；另方面則是一些分析的名詞，它們描述顯然

---

⑩可以同北美洲給獵戶座取的許多名字作比較：「懸繩」〔祖尼人(Zuni)〕，白令海峽的愛斯基摩人那裏：「伸張生皮條的杆」；這兩個名字同昴星團的名字，如「一窩幼狐」(Nelson, 第 449 頁)相對立。阿拉斯加的愛斯基摩人也用一個集合名詞稱昴星團：「獵人」(Spencer, 第 258 頁)。

⑪一個當代天文學家就昴星團寫道：「望遠鏡顯示，這一個包括至少數以上千計的星的羣落，看上去有如蜂羣。如果說這些星的表觀運動可以加速幾億倍，那麼，這類比就更見允當，因爲可以看到，每顆星都向四面八方衝刺，而這蜂羣本身卻保持凝聚性」(Limber, 第 58 頁)。

個體化的元素的系統排列，而這些元素往往是製造物和合成物。有些
類比甚至更令人矚目。例如，圖庫納人把昂星團同一群人相比，這些
人披著貘皮一直上升到了天上(M₈₂)，而古代人常常把星座說成是「商
人的布」（還被這樣地理性化：據說商人用昴星座預卜冬天將很寒冷，
他們可以賣掉許多布）。同樣，獵戶座之分析爲「肩」、「膝」，在圖庫
納人那裡也有其相對應的東西：venkiča 這個詞標示獵戶座，它還意
指用於在茅舍牆上懸掛廚房用具的 N 形鉤。有一個圖庫納人神話
(M₁₂₉ₐ)提到昴星團，它講述了，神 Venkiča 的膝如何因麻痺而彎曲（這
解釋了鉤形），成爲獵戶座即「天上的鉤」。(Nim.: 13, 第 15, 142, 149 頁)。
另一個圖庫納人神話(M₁₂₉ᵦ)把獵戶座說成是獨腿英雄(Nim.: 13, 第 147
頁)：⑫這使人一方面想起圭亞那神話（其中有一個即 M₂₈，我們已討
論過），另一方面也想起北美洲，尤其上密蘇里（曼丹、希達察）的農
村部落用一隻切斷的手來證認構成帶的 3 顆星和帶下面的星，而他們
的神話講述了有關的故事。(Beckwith, 第 41～42 頁)

---

⑫這個神話很晦澀，但特別令人感興趣。它開頭說有兩個兒子，大的對待一個魔
　鬼舉止謙恭，小的則粗魯。這使人回想起 M₂₈，它也關涉獵戶座的起源。但同時
　這裏問題實質上又在於燒煮的歷史：弟弟的過失在於吃了魔鬼燒煮過的甜土
　豆。一個多嘴的甜土豆把事情告訴了魔鬼，於是後者就讓罪人深眠，他哥哥怎
　麼也喚不醒他，哪怕用熊熊火把燒他，也無濟於事。於是，這魔鬼撕下他的一
　條腿吃了。
　儘管已殘廢，這獨腿男子仍證明是一把打獵好手，甚至是個神奇獵人，因爲，
　他只要從殺死的獵物身上取下幾小塊肉就夠了，當他回到村裏時，這些小碎片
　就會變大，使他妻子心滿意足，她原先看到這麼少一點點時神情頓時沮喪。
　這英雄最後殺死了一頭貘，把它送給了鸚鵡，條件是他們要帶他上天，他在那
　裏變成了獵戶座（Nim.: 13, 第 147 頁）。
　因此，在這個神話中，一切似乎都顛倒了：魔鬼成了燒煮過的植物的主人，餐
　在被吃掉後會說話，單腿人比有兩條腿時跑得還快，廚娘被埋在她應當放在罐
　內的肉食的下面……

　　我並不認爲，我剛才說的這種對立——最簡單地說，就是把昴星團歸入連續的範疇，獵戶座歸入不連續的範疇——普遍存在。我們只考察南美洲，就此而言，可能在伊普里納人(Ipurina)那裡還存在這種對立的較弱形式，他們把昴星團看做一條蛇，把獵戶座看做一隻甲蟲。烏拉布人(Urubu)用的詞語更爲複雜，但在一定程度上符合於我的假說，因爲他們把昴星團稱爲「多事的祖父」，把獵戶座稱爲「三隻眼睛」；但他們又認爲昴星團的每顆星「實際上都是一個戴羽飾的人」。(Huxley，第 184～185 頁)托巴人和查科人的其他部落稱昴星團爲「祖父」或「孫兒」(圖 12)，他們把獵戶座看做 3 個坐在家裡或庭園裡的老嫗(圖 13)。

　　然而，還有其他一些不同剪裁。馬塔科人構成了一個單一大星座，他們稱之爲「大鸛」，所取構元爲昴星團（頭）、畢星團（身體）和我們所稱的獵戶座的帶(腳)。在其他地方，北斗七星和獵戶座被想像爲狀如一個獨腿人或動物。(Lehmann Nitsche: 3，第 103～143 頁)

　　這最後的插段顯然是圖皮人火起源神話的反面：英雄送給鸛鶔一頭剛殺死的貘，而不是把自己變成一頭「該死的」貘（儘管他未躲過被火把燒死，而後者是對燒煮用火的反烹飪的和「食人的」應用）；作爲報酬，他被送上了天空成爲一顆星(天上的火)，而不是把到那時爲止一直完全用於食人用途的燒煮用火帶回地球。因此，問題在於沿天—地軸的分離，而這軸的原點在於一個烹飪悖論（魔鬼像文明人那樣地以植物塊莖爲生），而在圖皮人神話中，燒煮手段是從作爲沿天—地軸的結合的結果而從食人兀鷹那裏奪取過來的。在一種情形裏，英雄爲了被新鮮地吃掉而實際上被支解；在另一種情形裏，英雄假裝獻出沒有觸動過的自己，以便（不）被腐敗地吃掉。

　　當從這個觀點來看這兩個神話時，就應當承認，它們的轉換只能從一個方向來考慮。可以認爲，M_{129b} 可能通過倒置全部元素而從 M_{65} 產生。相反的假說將引起一些不可克服的困難。因此，這裏我們看到了一個典型例子，它說明了，結構的分析，甚至在最形式水平上進行時也能對民族間具體的歷史的關係作出說明。

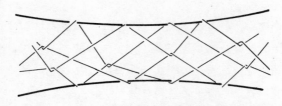

圖 12　托巴印第安人玩的線繩遊戲，代表昴星團〔採自勒曼-尼切(Leh-
mann-Nitsche,)：5，第 183 頁〕

　　圭亞那印第安人似乎奉行另一種原則。僅僅說在他們看來獵戶座
的帶代表一條砍斷的肢體，是不夠的。這個細節只是一個複雜的事件
序列的組成部分：昴星團表示想捉住她丈夫（畢星團）的一個女人，
這丈夫的一條腿剛被砍下（帶）(M_{28}）；甚或，昴星團是一個被一頭貘
誘姦的女人，畢星團代表這貘的頭，畢宿五代表他的眼睛，而丈夫（獵
戶座）追擊這姦夫淫婦（Brett，第 199～200 頁）。最後，按照陶利潘人，
昴星團、畢宿五和獵戶座的一部分構成了同一個人，而它們分別對應
於頭、身體和一條殘餘的腿。(K.G.：1，第 57 頁)。⑬

　　儘管有這一切例外，這一切不應忽略的差異和這一切必要的修正，
我還是認為，在全世界都可以看到獵戶座和昴星團處於旣相互關聯、
又相互對立的關係。這種關係經常地而且在非常廣大的區域裡可以看
到，足以使人認識到它具有重要價值。這種重要意義似乎起因於這些
星座所呈現的兩個顯著特徵。總起來看，獵戶座和昴星團可以用存在
或不存在來歷時地加以定義。另一方面，在它們可以看見的時期裡，
它們相互對立——這次是同時地——而成為一個井然有序的體系和一
個雜亂無章的總體，或者如果喜歡的話，也可以說成為一個輪廓清晰
的視野和這視野中的一個模糊形體：

⑬圭亞那人的歷時追擊圖式亦見諸中部愛斯基摩人。參見博厄斯(Boas)：1，第
　636，643 頁。

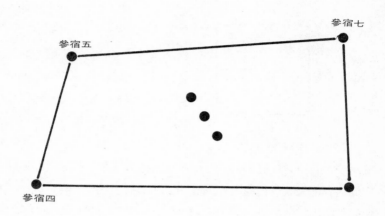

圖 13　按照托巴印第安人的獵戶座（採自勒曼-尼切：4，第 278 頁）

圖 14　澳大利亞格魯特島土著的樹皮畫，代表昴星團（左）和獵戶座（右）（採自《澳大利亞土著繪畫——阿納姆地方》（*Australia Aboriginal Paintings-Arnhem Land*），紐約美術學會—聯合國教科文組織，1954 年，圖版 XXX）。注意所應用的對立之複雜：會聚／發散、圓的／有角的、連續的／不連續的。這些對應於神話層面上的各種對立：女人／男人、被動／主動等等〔參見：Ch. P. 蒙福德(Mounford)：《蒂維人的藝術、神話和儀式》(*The Tiwi: Their Art, Myth and Ceremony*)，倫敦-墨爾本，1958 年，第 177 頁和圖版 62 B〕。

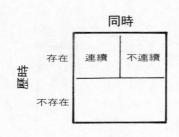

這第二個對立把第一個對立內在化，同時又加強後者。它把獵戶座—昂星團對偶變成爲表示季節更迭的一種特優能指。這個對偶經驗地同這季節更迭相聯結。這種符號標示則可以不同方式加以概念化，視具體區域和社會而異：夏季和冬季、旱季和雨季、穩定的天氣和捉摸不定的天氣、工作和閑暇、豐足和饑荒、肉食和素食，等等。只有對立的形式保持不變，但解釋對立的方式以及賦予對立的內容則因人群而異，也因哪個半球而異。在後一種情況下，甚至對於相同內容的對立，獵戶座和昂星團的共同功能也顯然被倒置。

然而，如果不明白這一點，我們就會面臨一個奇怪問題。古典時代把獵戶座同雨和暴風雨相聯結。而我們已經知道，在巴西中部，獵戶座也被同水——但係地上水而非天上水——相聯結。在古希臘羅馬神話中，獵戶座引起雨水**降落**。作爲阿薩雷這個口喝的英雄，獵戶座使水從地球深處**升起**。

不難理解，既然明顯的宇宙學事實是，引起北半球降雨的同一個星座也是南半球赤道和南回歸綫之間內陸地區的乾旱的預報者，所以，雨季大致相應於我們的秋季和冬季，旱季大致相應於我們的春季和夏季。阿薩雷神話忠實地表現了這事實眞理的「南方」版本，因爲昂星團和接踵而來的獵戶座據說預兆旱季的開始。迄此爲止，還沒有看到什麼驚人的東西。然而，這神話要走得遠得多：它把水這個題材劃分爲兩部分——後退的天上的水／前沖的地上的水；這就是說，一方面是旱季的來臨；另一方面是海洋以及湖泊河流系統的創生。就後一方面而言，阿薩雷神話力主獵戶座在北方同水（但係逆轉的水）相聯結。

所以說，在一個半球，獵戶座被按照氣象學經驗同天上的水相聯

結，而在另一個半球，在不可能建立起同經驗的聯繫的情況下，却藉助獵戶座和起源神祕的水即被設想爲似乎上下顛倒的天上水之間的一種不可思議的聯繫而保持了對稱性，這怎麼可能呢？

可以提出一個初步的假說，而首先又應排除它。前史研究者揣測，美洲印第安人來自舊石器時代中期的舊大陸；我們可以認爲，與獵戶座有關的神話可追溯到那個時期，這神話被他們傳到美洲。印第安人可能只是對這種神話作了修整，使之適合於南半球新的天文和氣象狀況。相反的，二分點歲差(précession des équinoxes)提出的問題不會造成嚴重困難，因爲全球周期爲 2 萬 6 千年數量級，而這同新大陸最早出現人的時間大致吻合(至少就我們目前的知識而言)。因此，在那個時期，這些星座在黃道帶(zodiaque)上的位置和今天接近相同。另一方面，毫無證據證明——倒是有大量證據反駁——這樣的假設：當時南美洲的氣象狀況和今天一樣，或者這些狀況在一切時代保持不變。尤其是，我們考察的這個解釋遇到了又一個遠爲嚴重的困難。爲了把獵戶座同地上水的起源相聯繫，謝倫特人的遠祖大概不止必須把這星座的氣象學象徵倒過來，他們想必還不得不弄明白地球是圓的，然後（邏輯上說，也只有在這個條件之下）把舊大陸從天上降下的雨變成爲新大陸從地球深處升起的水。

於是，我們不得不回到這個唯一可以接受的解釋上來。謝倫特人的獵戶座神話（按照它，這些星所履行的功能是同北半球賦予它們的功能關於水對稱的)應當還原爲另一個屬於南半球的神話的一種轉換，後一個神話中，英雄所扮演的角色同獵戶座在另一個半球裡所扮演的角色完全相同。那麼，這樣一個神話是存在的，而我們非常熟悉它，因爲正是關於博羅羅盜鳥巢者的參照神話帶來暴風雨、風和雨的創生；地中海地區給獵戶座取的綽號「nimbosus」（暴風雨前的烏雲的載體）也完全適用於這個英雄。普林尼(Pliny)還把獵戶座叫做「可怖的星」。

這個博羅羅人神話的英雄名叫 Geriguiguiatugo，我已討論過這個名字的可能詞源。(參見以上第 186 頁)我在那裡指出，那兩個撒肋爵會神父提出的詞源解釋終將得到證實。他們把這名字分解爲 atugo「花豹」(上面已強調過這個細節的重要意義，因爲博羅羅人英雄像熱依人神話中的花豹一樣也占居著火主人的地位) 和 geriguigui「陸龜」，後者也是南方星座烏鴉座(Corbeau)的名字。因此，很可能 Geriguigui-atugo 就是烏鴉座，正如阿薩雷就是獵戶座 X 星一樣。

科爾巴齊尼本人在單獨或與阿爾比塞蒂合作撰著時，多次引用 geriguigui 這個詞，而取其意義爲：「烏鴉座、Cágado：陸龜」。(Colb.: 1, 第 34 頁；2, 第 219, 254, 420 頁)阿爾比塞蒂編纂的《博羅羅人百科全書》突然拋棄這個原始意義，改而取義指稱位於獵戶座緊鄰的另一個星座，從而似乎回復到了馮·登·施泰南以往給獵戶座的一部分注的一個舊讀法即「jaboti 的殼」。(Jabuti-Schildkröte: 2, 第 399 頁，德文原版)事實上，按照馬托-格羅索人方言，名詞 jaboti 和 Cágado 的使用有一定自由度，偶爾相交疊。(參見 Ihering：辭條「Cágado」；《博羅羅人百科全書》第 1 卷，第 975 頁；在這種神秘的語言中，jaboti 讀作「大 cágado」)按照《博羅羅人百科全書》，jerigigi 這詞不僅意指「一種 cágado」(第 185, 689 頁)，而且意指包括 5 顆星的、狀如龜的一個小星座，這龜頭由參宿七代表(612 頁)。順便應當指出，這星座可能和科赫-格林貝格 (Koch-Grunberg)描述的一個星座相同：「由參宿七和四顆位於北面和南面的小星組成」，圭亞那印第安人稱它爲「齊利卡韋(Zilikawei)的長凳」，齊利卡韋是他們神話中由獵戶座代表的英雄。(K.G.: 1, 第 III 卷，第 281 頁)

對那兩個撒肋爵會神父在資料上的這種歧異，人們作了一些評論。首先，馮·登·施泰南在 80 年前指出，博羅羅人「對於這些星座的意義並非總是意見一致」。(2, 第 650 頁)我已援引過(第 291～292 頁)一些重

要例子，說明天文學詞彙上的這種不穩定性，而這已為某些命名的現代性所證明：北斗七星稱為「大馬車」(Colb.: 2，第 220 頁)，另外兩個星座稱為「大輪」和「小輪」。(《博羅羅人百科全書》，第 1 卷，第 612～613 頁)由此可見，一種命名並不一定排除所有別的命名，而對較晚近的命名，應當用懷疑的眼光審視。在闡明了這一點之餘，我還要補充說，似乎令人不可思議，科爾巴齊尼竟然固執地把南方的星座烏鴉座同獵戶座的一個部分相混淆，而兩者差距超過 100°。(赤經分別為 12 時和 5 時)。科爾巴齊尼在他的第一本書裡宣稱還能識別烏鴉座以外一些適中星座，如望遠鏡座(Télescope)、南船座(Argo)和孔雀座(Paon)，而他的後人似乎始終對它們認識不清，胡亂混淆。例如，他們給科爾巴齊尼宣稱事實上就是南船座的星座定位「在獵戶座的鄰域」，儘管事實上它們各自赤經之間有 3 時差距，赤緯也相差 60°。

由於這一切原因，我毫不懷疑，50 年前，給科爾巴齊尼提供神話的人用 geriguigui 指稱南方的星座烏鴉座。然而，後來這意義消失了，其原因或者是標示龜的各個不同種的語詞相混淆（這可以獨立地加以證明），或者是烏鴉座的原名移用於獵戶座的組成部分。第一個假說決不排斥第二個假說，反倒增加它的可信度。

Geriguiguiatugo 神話(M_1)和阿薩雷神話(M_{124})之間現在顯現出一種新的聯繫。我已經獨立地證明，這兩個神話處於相互轉換的關係。它不單是把這論證推廣到另一個領域的問題，因為它現在還包括天文學上等當的東西。我們還得到了兩個重要結果。

第一，現在可以明白，為什麼謝倫特人把獵戶座作為地上水的起源或標誌。如可以想見的那樣，舊大陸的民間天文學和新大陸的民間天文學之間沒有直接的聯繫；然而，這中間存在一種間接的聯繫，而且是一種完全可信的聯繫。希臘和拉丁種族出於經驗的原因把獵戶座同雨季相聯繫。我們只要先假定：博羅羅人在他們的半球按照類似程

序把烏鴉座同雨季相聯繫；其次假定：獵戶座和烏鴉座在不同時期支
配南方天空，而這是下述三種情形的結果：兩個神話像 M_1 和 M_{124} 那
樣系統地對立，即使它們採用同樣的語彙；一個神話關涉天上的水的
起源，另一個神話關涉神祕的水的起源（參見第278～279頁上的圖表）；
一個神話關涉烏鴉座，則另一個就必然關涉獵戶座，只要土著思維中
的確認爲這兩個星座相對立。

　　上述解釋是有條件的。不過，它的證實將導致另一個甚至比第一
個結果更爲重要的結果。因爲，說到底，我們認識到，我從開始以來
所採取的全部步驟都是可以客觀地加以證實的（這過程的各個部分已
形成一個邏輯序列）。我已發現的在這兩個神話之間的各種轉換關係迄
此還屬於解釋的問題。它們的實在性現在取決於一個假說，也只取決
一個假說：南方的星座烏鴉座能在南半球完成跟獵戶座在北半球或在
過去完成的作用一樣的作用。這假說按兩種方式加以證明。可以用種
族志的方法，即確定巴西的印第安人事實上的確按這個想法觀察烏鴉
座；或者，當這種方法行不通時，可以檢驗一下，烏鴉座和獵戶座之
間在南方天空的行程上是否存在大致相當於季節差的時間滯後。

　　就第一點而言，很可惜，南美種族志研究並未提供豐富的、詳確
的提示，不像對幾個差不多緯度的太平洋島嶼倒提供過足夠豐富的詳
確提示，據之可證明，在那幾個島上，烏鴉座看來起著我的假說所假
定的作用。例如，在加羅林群島，Sor-a-bol（「Corvi」）字面意義爲「芋
頭時節的觀察者」，因爲這星座在芋頭旺季可以見到(Christian，第
388～389頁)；在馬克薩斯群島，me'e (Corvus)也許同 mei 有聯繫，mei
指雨季收穫的麵包樹的果子，這個時期也正當魚汛期(Handy，第
350～352頁)；在普卡普卡群島，Te Manu (Corvus)是一種鳥，它在早
晨出沒，預兆著集體揚帆打魚季節的到來(Beaglehole，第350頁)。在波
利尼西亞，昴星團起的作用類似於南美洲印第安人賦予它們的作用。

有鑒於此，這些細節就更其令人感興趣了。也是在波利尼西亞，我們發現一些解釋某些星座之起源的神話，它們的骨架和美洲神話相同。（參見以下第316頁）

　　就熱帶美洲而言，我們必須滿足於較含糊的資料。我們也許永遠不會知道，巴西東北部雨季可以看到的心形星座（古代圖皮人一般稱它爲「兀鷹」）（Claude d'Abbeville，第51章）是不是烏鴉座。作者支持的證據，我們可以指出這樣的事實：里奧內格羅河右岸支流沿岸的各部落也用鳥名「飛蒼鷺」來命名這星座。（K.G.：0，第60頁）；因此，他們設想兩兩連接處於四邊形頂點的星的對角線，而不是連接處於邊上的星，博羅羅人就採取後一種做法，克勞德·達貝維爾（Claude d'Abbeville）自己在談論「龜殼」或「心」時也這樣做。然而，我們切莫匆匆下結論，因爲我們在前面（第291頁）已看到，生活在沿岸的圖皮人跟生活在內陸的謝倫特人不同，他們把昴星團同雨季相聯結，也許對獵戶座也這樣做。另一個居住在更靠北幾度的海岸部落帕利庫爾人（Palikur）認爲，四個星座是「雨的主人」。其中兩個星座可能是獵戶座和天蠍座（Scorpion）；另兩個還沒有證認出來。（Nim.：4 a，第90頁）

　　在圭亞那卡里布人的宇宙學裡，烏鴉座以 Pakamu-sula-li「魚烤架」（*Batrachoides Surinamensis*；Ahlbrinck，辭條「pakamu」）爲名扮演一個重要的但隱晦的角色。它的出現——無疑在黃昏——據說同赤道地區的「短」旱季（二月中到5月中）相吻合，在某些很不確定的條件下，它的周日運行的中天（Culmination）被認爲預示著現世的結束和新世的降生。（Penard，載 Goeje，第118頁）⑭

　　在圭亞那的內陸地區，土著給負責創造暴風雨和用閃電毀壞樹的壞心眼神取名陶納（Tauna）。可以看到陶納在天空中處於他的兩個魚烤架「tauna-zualu」（它們分別由北斗七星和烏鴉座的四顆主星構成）之間。（K.G.：1，第Ⅲ卷，第278頁及以後）這則資料對於我們來說有三重

意義。第一，它明確提到烏鴉座，後者像在博羅羅人那裡一樣被同風、暴風雨和雨聯繫起來。其次，用龍捲風和閃電懲罰人類的男性神陶納使人立即想起熱依人神話（M_{125}、M_{125a}、M_{125b}）中的貝普科羅羅蒂，而如我已表明的，這神話在別的基礎上同參照神話結成轉換關係（參見以上第274～280頁）。如果這個相應於熱依英雄的圭亞那英雄像博羅羅英雄一樣也代表烏鴉座（或者包括烏鴉座的一群星座），那麼，這個事實構成了支持我的重構的一個補充論據。最後，這個圭亞那傳說強調，北斗七星的四顆主星（它們位於四邊形的頂點之上）和烏鴉座中起同樣作用的四顆主星有著幾乎相等的赤經（差值只有幾分）。因此，很可能我們應當把處於這兩個星座之間的陶納看做為一些星或一個星群，它們有著和這兩個星座相等的赤經，跟這兩者的差別只在赤緯上，其赤緯大約在北斗七星的赤緯（＋60°）和烏鴉座的赤緯（－20°）之間。因此，滿足這兩個條件的后髮星座（Chevelure de Bérénice）在這些神話中應適合於扮演烏鴉座的組合變體的角色。這樣，正是這個小星座在圭亞那卡利納人那裡占居重要地位。但是，似乎自相矛盾（這個矛盾很快就可以解決），它看來被同「長」旱季相聯結（甚至命名後者），而不是像根據它在黃道帶的位置可以預期的那樣同雨季相聯結。（Ahl-

---

⑭乍一看來，人們會對接受如下事實遲疑不決：土著能指認一個星座的周日運行的中天，似乎它是一種可觀察現象，然而，無疑由於實際鍛鍊，他們觀察之敏銳遠勝於我們。例如，博羅羅人據說具有「驚人發達的視覺……這使他們能夠在明朗日光下向同伴指點金星的位置」（《博羅羅人百科全書》第1卷，第285頁）。我詢問過一些天文學家，他們對此表示懷疑，根本不相信烏鴉座有周日運行的中天。然而，沒有必要認為，為了明白這些神話如何能夠訴諸這類概念，就應實際觀察到這中天（第285～286頁上提到的昴星團的宇宙升也是這樣）。只要比我們老練的眼光能知覺金星〔據貝克爾（Pecker）先生說，它比烏鴉座亮600倍〕之類星的周日運行位置，因而公認土著思維有權在畫空認定一些事件，而我們自己只能在夜空中辨認出這類事件，也就足夠了。

brinck，辭條「Sirito」，5c;「weyu」，8)

　　爲了解決這個困難，我們必須作更縝密的考察。這長旱季從 8 月半持續到 11 月半，而在卡利納人居住的區域，后髮星座在 10 月份可以看到（Ahlbrinck，辭條「Sirito」）──即在旱季臨近結束時可以看到。在卡利納人那裡，這星座被稱爲 ombatapo，意爲「臉面」。起源神話（M_{130}）解釋了一個飢餓的老嫗如何從她女婿的魚網裡偷取了一條魚。這使女婿很惱火，他叫 pataka 魚（*Hoplias malabaricus*）把她吃掉。儘管只剩下頭和上胸部，這女嫗仍成功地游到了岸上。她決定到天上去，變成一顆星。作爲一種報復，她決心滅絕一切魚：「旱季來臨時，我就出現，造成沼澤和坑窪，讓魚在那裡乾涸。魚將統統死掉。……爲了讓它們付出代價，我要成爲太陽的右手」（同上書，辭條「ombatapo」）。根據這些各不相同的指示，我們可以知道：(1)后髮星座在它於晨間升起時，同旱季相聯結；(2)這種聯結指稱旱季已進行很久，因而池塘和沼澤乾涸，魚兒死去的時期；這離開雨季開始已不遠。因此，可以設想，兩個相鄰群體對同一個星座可能抱不同的看法。在一個群體看來，它可能是帶來毀滅性浩劫的長期乾旱的象徵；在另一個群體看來，它可能是雨季的徵兆。正是作爲雨的徵兆，后髮星座可能是烏鴉座的組合變體。

　　上面的分析因圭亞那存在兩個系列對立而得到進一步證實，而這兩個系列對立可以用打魚的語彙來規定。我們將看到，獵戶座和昴星團預兆著魚汛（M_{134}、M_{135}），並且我們已經證實，一個取代烏鴉座的星座在同一區域裡的作用是標示魚的消失。所以，我們有：

烏鴉座：獵戶座：：　$\begin{array}{l}\text{（博羅羅人─熱依人）} \\ \text{（圭亞那人）}\end{array} \begin{bmatrix} \text{雨季（＋）：雨季（－）} \\ \text{魚（－）：魚（＋）} \end{bmatrix}$：：（＝前瞻的雨：後顧的雨）

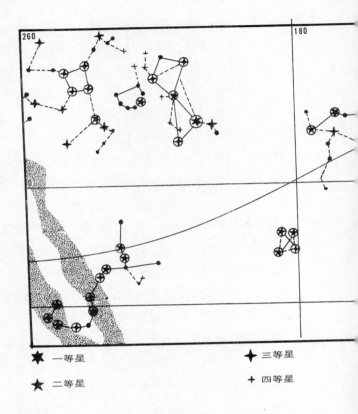

圖15　**赤道的天空**（據 K.G.：0）自左到右：武仙座（Hercule）（「pacu 魚」）
　　　和包圍南冕座（Couronne boréale）（「犰狳」）的牧夫座（Bouvier）（「比拉
　　　魚」）；左下方是天蝎座（「大蛇」），右邊繼之以烏鴉座（「飛鷺」）；然後是獅
　　　子座（「Lion」）（「蟹」），接著是雙子座（Gémequx）、大犬座（Grand Chien）
　　　及其下的天鴿座（Colombe），再沿銀河系長度向上，是獵戶座和波江座

這轉換是可以理解的，因為旱季和雨季的對立在赤道地區既不如巴西
中部明顯，又比那裡複雜；這導致這轉換被從純氣象學的軸轉移到取
決於氣候之生物學和經濟學特徵的軸，在後一條軸上，可以再省力不
過地建立起另一種對立，它在簡單性上可以同前一種對立相比。並且，

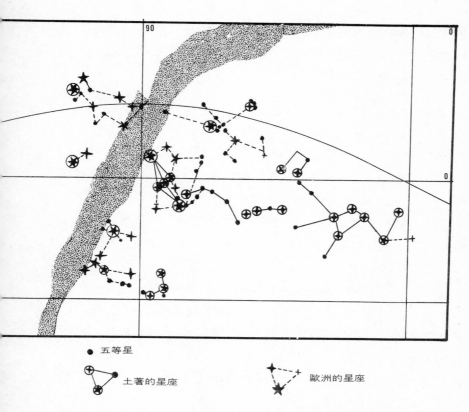

● 五等星

土著的星座

歐洲的星座

(Eridan)（「舞斧」）。在印第安人看來，這星群(小波江座)由 5 頭水瀨構成，它們忙於偷取由帶著一種網(伸展在參宿七、參宿四和獵戶座的 3 顆星之間)的一個漁夫放在一個烤架(天鴿座)之上的魚。右上方是畢星團和昴星團（「小男孩」、「黃蜂群」）；最右邊是鯨魚座(Baleine)（「花豹」）。銀河用點表示；中間靠右邊的那部分是這些神話所涉及的。

切莫忘記，儘管魚的到來是同洪水一致的，但打魚却是當湖泊河流中水較少時來得容易。然而很明顯，當我們從博羅羅人的烏鴉座起源神話(M₁)過渡到卡利納人的后髮星座起源神話(M₁₃₀)時，某些結構要素仍保留了下來。在這兩種情形裡，都有一個有罪伙伴（男性或女性）

被魚吃掉。男人的**內臟**升到了水面上，停留在那裡；女人的頭飄浮著，然後升入天空。這個對比提出了一個問題，我後面還要回到它上面來。（以下第 316～320 頁）

　　這樣我們收集到了一定量的證據，它們證明，在土著的心目中，雨季和烏鴉座之間存在著直接或間接的聯繫。現在剩下來要做的事，是按照另一種方法來探討這個問題，即嘗試發現烏鴉座和獵戶座為一方，季節更迭為另一方，兩者之間客觀上存在怎樣的聯繫。這把我們帶回到已經提到過的一個困難，即二分點歲差所引起的困難上面。大致說來，希臘—拉丁傳統和美洲傳統有文字記載的時期之間有二、三千年的空缺。這個空缺也許是可以忽略的，因為在這兩種情形裡神話都一定早得多就形成了。此外，僅當我們分別考察舊大陸的神話或新大陸神話時，僅當我們想通過研究神話內容和季節演替間的關係來對這些神話之古老形成大致觀念時，二分點的歲差才真正造成困難。就新大陸而言，有兩個變量現在尚屬未知：過去一、二萬年裡南半球的氣候演變情況(雖然地質學對這個問題已有所說明)，以及尤其在這大陸的整個幅員裡今天的和以往的群體的遷移情況。甚至在過去三個世紀裡，熱依人和圖皮人部落也已有了很大遷移。

　　不過，我們不需要提出這些問題。我們不想弄清楚一個星座的升起時間或中天時間和某些氣象條件之間在一個特定時期和一個規定區域裡可能有怎樣的關係。我們只想發現一個星座 a 在一個半球裡的行程和一個星座 b 在另一個半球裡的行程之間的關係。不管我們選擇什麼時期來考察，這關係都保持不變。為使我們的問題有意義，我們只要假設，從一個很早的時期（它對全人類大致相同）起，人就掌握了初步的天文學知識，用它來規定季節。看來，事情也極可能就是這樣。我對傑出天文學家讓-克勞德・佩克(Jean-Claude Pecker)先生感

激不盡。他慨允為剛才提出的問題提供一個解決。為此，他繪製了三張圖，如圖 16 所示。我們可以由之推知：(1)公元前 1000 年前後，將近 10 月底時就再也觀察不到獵戶座的黃昏後升起，而這個時候同冬季的開始相吻合（其後，當黃昏後這些星星變得可以看到時，獵戶座早已經升起了）；(2)當獵戶座獲得其充分的氣象學意義時，它同烏鴉座有著明顯的相位對立，正像今天能觀察到的那樣。這意味著，今天在南半球，烏鴉座完全有資格履行——但以其早晨升起——以前在北半球賦予獵戶座的作用。

最後，如果我們考慮到下述事實：無論在哪個時期進行觀察（只要每次在相同時期進行），獵戶座和烏鴉座之間的相位關係總是約為120°，這個關係在巴西中部相當於旱季和雨季的相對持續期（分別為 5 個月和 7 個月，而更經常地按土著計算為 4 個月和 8 個月），那麼，將會看到，天文學給促使我（第 278～279 頁）建立神話 M_1 和 M_{124} 間對立的那些內部論證提供外部的證實。實際上，根據這一切數據可知，如果可以把獵戶座同旱季相聯繫，那麼，就可以把烏鴉座同雨季相關聯。與此相關地，如果烏鴉座同天上的水相聯結，則獵戶座和水之間的關係必將是同天上水的對立面即從下面升起的水建立起來的關係。

這第二個推論可以按另一種方式證實：致力於獲得一個補充映像，把它附加到我們的鏡面組已捕捉到所有映像上去。我們已認識到，南美洲的烏鴉座是同獵戶座對稱的。我們也已看到，當我們從北半球過渡到南半球時，獵戶座的作用沿兩根軸反轉：季節軸，這星座規定其為潮濕的或者乾燥的；和高／低軸(天和地)；前面的值關於它是可交換的，因為同樣真實的是，獵戶座始終標示水——當這星座預示雨季時是從上面來的水，或者當它預兆旱季(M_{124})時是從下面來的水。

現在我們再前進一步，以便提出一個新的問題。如果在南美洲大陸上烏鴉座履行同獵戶座相反的作用，如果當我們從一個半球過渡到

另一個半球時，賦予獵戶座的作用也反轉了過來，那麼，就應當有這樣的結果：當從一個半球到另一個半球時，獵戶座和烏鴉座各自的作用也重現。

我現在來證明這一點。為此，我們把舊大陸的獵戶座神話同新大陸的烏鴉座神話進行比較。不過，這種論證能否進行到底，引出其邏輯結論呢？或者更明確地說，烏鴉座在舊大陸履行著同熱帶美洲印第安人賦予獵戶座的作用相對應的作用嗎？

《十九世紀大百科全書》(*Grande Encyclopédie du XIXe siècle*)上的一則引文說：「古代有人在這星座中看到了烏鴉座，後者被阿波羅罰罪忍受永久乾渴……。這使我想起我的同事 J.-P. 韋爾南(Vernant)先生的博學。他曾惠贈我下述資料。首先，阿拉托(Arato)的《現象》(*Phénomènes*)中的一段話把 3 個相鄰星座長蛇座(Hydre)(水蛇)、巨爵座(Cratère)和烏鴉座連接起來：「在（長蛇座的）漩旋渦的中心是巨爵座，在其邊緣是烏鴉座的影像，後者像是用嘴咬長蛇座」。〔Arato 的《現象》, J. Martin 編,《高級研究叢書》(*Biblioteca di studi swperiori*), 第 XXV 卷, Firenze, 1956 年, 第 172 頁〕有一個很古老的傳說〔韋爾南先生提示我們, 羅斯(Rose)版亞里士多德著作殘篇 29 中提到過它〕說明這種聯結, 這傳說有 3 個異本。這些異本見諸：偽埃拉托色尼(Pseudo-Eratosthenes)：《災變》(*Catasterismoi*), 41；埃利努斯(Élien)：《論獸性》(*De nat. an.*), I, 47；狄奧尼修斯(Dionysios)：《鳥美人》(*Peri Ornithôn*)〔載 A. Cramer：《希臘逸話》(*Anecdota Graeca e codd*), 巴黎皇家圖書館手稿, 1, 25, 20〕。儘管情節各異, 但問題總是阿波羅要烏鴉去取水, 可是它却在一片綠油油的麥田裡或者在一棵無花果樹旁停下來了, 一直等到麥子或無花果成熟後, 才去完成任務。阿波羅因此懲罰它, 讓它整個夏季一直乾渴不堪。韋爾南先生還對這則資料作補充, 他指出, 在許多本文和某些儀式中, 都把烏鴉（以及山鳥和塞鴉）作為天氣鳥、

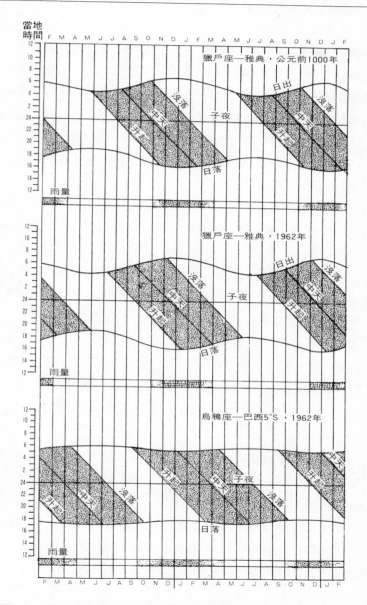

圖 16　獵戶座在舊大陸的行程同烏鴉座在新大陸的行程的比較

時令標誌, 尤其雨的徵兆。

　　M₁₂₄的英雄阿薩雷被印第安人看做爲獵戶座中的一顆星. (我最後一次提請讀者記住這一點)。像他一樣, 希臘神話中的烏鴉即以其命名的那個星座的原型也受**乾渴**折磨。甚至**成熟的**果子也不能解阿薩雷的渴; 於是不得不挖一口井, 而由之產生了海洋。這希臘烏鴉挖開一個噴泉, 從中噴湧出來的水也是地上起源的; 它固執地一直等到穀穗或果子**成熟**; 因此, 它永遠不得解渴。

　　在一種情形裡, 果子在雨季末成熟 (在雨季, 果子膨脹, 充滿了水); 在另一種情形裡, 果子因長期日曬的作用而在旱季結束時成熟。這有助於解釋, 在古希臘烏鴉作爲同旱季相聯繫的星座如何也能預示雨季。這鳥呼喚在缺的天上水, 因爲它乾渴; 它所以乾渴, 是因爲它蔑視可以得到地上水, 表現出極度渴望多陽時節的好處。可以回想起來, 阿薩雷蔑視雨季的好處(堅果裡面的水), 爲了緩解他的極度乾渴, 地上的水不僅不得出現, 而且豐足有餘, 結果, 這英雄在進入旱季之前完全解了渴, 渾身精神抖擻。另一方面, 因爲旱季, 烏鴉變得聲音沙啞, 口乾唇燥。這個希臘神話的一個異本中, 烏鴉責難一條蛇, 後者是噴泉的主人, 阻止它接近泉水。這正是巴西神話中也是水主人的鱷魚所試圖做的。

　　由此可見, 像我假定的那樣, 這兩個神話──一個屬於舊大陸, 另一個屬於新大陸──相互映現。表面上的倒逆僅僅起因於這樣的事實: 雖然這兩個神話都同旱季有關, 但一個神話關涉其開端 (在兩季之後), 另一個神話關涉其結束 (在雨季之前)。因此, 在舊大陸以及在新大陸的南部區域, 關於獵戶座和烏鴉座的神話構成了相對立的、按照好季節和壞季節關係同樣地組織起來的一些對偶:

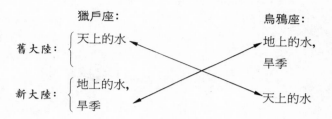

　　因此，四種類型神話形成一種交錯配列，每一種類型都被定義爲下列三組對立的函項：舊大陸和新大陸、旱季和雨季、烏鴉座和獵戶座（圖 17）。

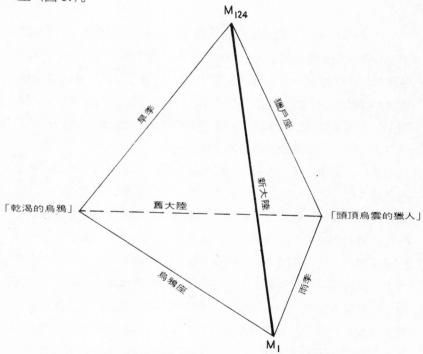

圖 17　舊大陸和新大陸神話中獵戶座和烏鴉座各自的位置

III　托卡塔(Toccata)和賦格曲

1 昴星團

　　我承認神話具有天文學意義, 但我決不打算回到 19 世紀太陽神話志(Mythographie)所特有的種種錯誤觀念。我認為, 這種天文學背景並未提供任何絕對參照; 我們不能以為只要把神話同這個背景關聯起來就解釋了它們。神話的真理並不存在任何特別的內容。它在於邏輯關係, 而這些關係是被剝離了內容的, 更確切地說, 它們的各個不變性質窮盡了其運作價值, 因為在大量不同內容的元素之間可以建立起比較關係。例如, 我已表明, 一個具體主題, 例如短暫人生的起源出現各個看起來內容判然不同的神話之中, 而說到底, 這些差異可以歸結為代碼不同, 這些代碼則借助各種不同感覺範疇──味覺、聽覺、嗅覺、觸覺和視覺……構成。在前幾頁, 我們無非只是確定了另一種代碼的實在, 它也是視覺的, 但其詞彙由對立的對偶構成, 這些對偶取自一個時間─空間總體, 後者一方面包含年的歷時周期性, 另一方面包括星星在天空中的同時排列。這種宇宙學代碼並不比任何別的代碼更真實; 它也不比它們更優越, 除非從方法論觀點來看, 因為它的運作可以從外面加以控制。不過, 並非沒有可能, 生物化學的進展有朝一日也提供達到這種準確度的客觀標準, 作為對用感官語言表述的代碼的精確性和連貫性的檢驗。這些神話根據可感知性質的某種邏輯

建立起來，而這種邏輯並不截然區分開主體性狀態和宇宙性質。不過，切莫忘記，這種區分曾經符合於並現在仍在較小程度上符合於科學知識發展的一個特定階段，而這個階段不說事實上，也在道理上注定會消失。就此而言，神話思想不是前科學的；倒是應當認爲，它預示了科學的本來狀態，而科學的過去發展和現在趨勢表明，科學始終沿這個方向進步著。

不管怎樣，天文學代碼在某些南美洲神話中的出現鼓勵我去檢驗一下，在其他神話中是否也可能存這種代碼(明顯的或潛在的)，而我們在考察這些神話時沒有發現它。毋庸贅言，上面已分析過的博羅羅人星起源神話(M_{34})有其天文學方面；不過，是否可能通過把這神話的表觀內容更具體地限制於昴星團的起源(在 M_{34} 中，星只是籠統地提到) 而來更精確地規定它呢？那些導致植物食物過剩的兒童 (他們拚命吃)可能是阿薩雷的哥哥們(M_{124})在垂直分離上的對應者，而那些處於水平分離狀態的哥哥們造成了「礦物」飲料過剩，他們慷慨地分發它，但堅持不給他們的弟弟留下一滴。

鑒於下述事實，這種聯繫更其令人可信：一個馬塔科人神話明確提到昴星團，而它的骨架酷似博羅羅人星起源神話 (M_{34}) 的骨架。

M_{131a}. 馬塔科人：昴星團的起源

從前，印第安人總是利用大樹爬上天空。他們在那裡發現豐富的蜜和魚。一天，他們從天上返回時，在樹脚下遇見了一個老嫗。她向他們討一點食品，但他們拒絕了。爲了報復他們的貪婪，老嫗放火燒了這棵樹。那些還留在天空的印第安人變成了星星，成爲昴星團。(Campana, 第 318～319 頁)

我已經提到過，按照別的查科人神話，昴星團是在兒童們黃昏後

玩耍太吵鬧而被帶上天的時候產生的。現在，南美洲還廣泛存在對夜
食的禁忌。上亞馬遜的好些部落用這樣的信仰解釋這禁忌：整夜滯留
在腹中的食物是無法消化的；因此養成了早上用羽毛搔觸喉嚨來引發
嘔吐的習慣。圭亞那的阿拉瓦克人認爲，任何人在日沒後再進食，都
會變成野獸。(Roth: 1, 第 295 頁；參見神話，同上書，第 184～185 頁)。

過度的噪音和過度的飲食等價的假說在昴星團的情形裡從一個馬
庫希人神話得到證實。這神話酷似博羅羅人星起源神話，而同時又重
複了查科人昴星團起源神話，只是把吵鬧的(博羅羅人＝貪吃的)兒童
轉變成貪得無厭的兒童。

M₁₃₁ᵦ. 馬庫希人：昴星團的起源

一個男人有七個兒子，他們不停地哭鬧，要東西吃。母親叱
責他們說：「孩子們，我總是給你們東西吃，可你們從來不感到滿
足。你們太貪吃了！」爲了寧靜，她從笆子上拿過一隻貘爪，⑮擲
給他們。飢餓的孩子們抗議說，這點東西不夠吃。他們把這肉給
了最小的弟弟，然後都決定變成星星。他們手挽手地唱歌跳舞，
開始向天空爬去。母親看到了，向他們喊道：「你們到哪裡去？給
你們吃的東西在這裡！」孩子們解釋說，他們沒有怨恨，但他們主
意已定。他們的身影漸漸消沒了。(Barbosa Rodrigues, 第 223 頁)

這個圭亞那形式神話現在充當了博羅羅人神話(M₃₄)和關於昴星
團起源的幾個北美洲神話之間的聯環，這些北美洲神話是同那個博羅
羅人神話嚴格對稱的，但在語義上是倒逆的（孩子被父母弄得飢餓，

---

⑮這也許代表畢星團；參見羅思：1, 第 266 頁；和戈杰(Goeje)，第 103 頁：「印
　第安人把畢星團叫做『貘爪』……」。

而不是使父母飢餓），而這是可以料想到的，因爲半球變了。以下是溫達特人(Wyandot)版本：

M₁₃₂. 溫達特人：昴星團的起源

七個男孩一起在樹蔭下玩耍，跳舞。一會兒，他們感到餓了。有個男孩回到家裡，要點麵包吃，但老嫗什麼也不給他。他們繼續玩耍，不一會兒又有個男孩回家要麵包吃，這老嫗又不肯給。有個孩子做了一個鼓，他們開始圍著這棵樹跳舞。

他們一邊跳舞，一邊往高空升。他們不斷地跳舞，同時向天空上升得越來越高。老嫗四下張望，發現他們在樹的上空跳舞。於是，她拿著食品追去，但是太晚了。他們不聽她的話。她現在願意給他們食品，但他們甚至根本不看她，繼續邊向天空升去邊跳舞。老嫗絕望了，開始哭泣。

這七個男孩得不到任何食物，因此他們變成我們現在在天空中看到的 Hutinatsija「星團」。(Barbeau,　第 6～7 頁) ⑯

在波利尼西亞的哈維群島，有一個幾乎一樣的神話，只是它係關於天蠍座(Andersen, 第 399 頁)。在亞馬遜和圭亞那地區，天蠍座被同昴星團聯結在一起，用來預報 11 月和 12 月的降雨以及它們引起的洪水突發。(Tastevin: 3, 第 173 頁)

同樣很可能的是，參照神話（其英雄我們已看到和烏鴉座同名）隱匿地指示另一個天文學客體，這次是昴星團。可以記得，在這神話

---

⑯熱帶美洲神話以及北美洲中部和北部地區的神話之間的轉換關係屬於另一本書的題材。因此，我現在只是順便提一下，有一個黑足人(Black foot)關於昴星團起源的神話存在，它提供了我剛才研討的那種類型神話和阿薩雷神話之間的過渡(Wissler-Duvall，第 71～72 頁)。

結束時，已變成一頭鹿的英雄把他父親拋入湖水中，後者在那裡被食
人魚比拉魚吃掉。只有他的內臟留下，漂浮在湖面上，變成水生植物。

　　這個題材在整個美洲廣為流傳，就是阿拉斯加的愛斯基摩人那裡
也有幾乎一樣的神話(M_{133})。五兄弟中長兄的妻子恨最小的弟弟，把他
殺了。當兄弟們發現他的屍體時，它已長滿蛆。他們於是決定，這女
人也應遭到同樣的厄運。他們把她拖到一個鹹水湖邊上，假裝叫她參
加一次繞湖賽跑。可是，這女人跑不過她丈夫，當他從後面追上她時，
把她推入水中。其他兄弟在水中用肉做誘餌，把蛆引來；這些蛆都爬
到這女人身上，吃她的肉。很快，她就只剩下肺葉漂浮在水面上。
(Spencer, 第73～74頁)⑰

　　在愛斯基摩人那裡像在博羅羅人那裡一樣，漂浮內臟的題材似乎
也沒有任何天文學意義。但在中間地區就不是這樣。祖尼人相信，「小
星」發源於一個被支解魔鬼的肺部。(Parsons：1，第30頁)相反，與他
們相鄰的納瓦霍人(Navaho)說，水生動物產生於一頭大熊的沉沒在水
中的內臟(Haile-Wheelwright，第77～78頁)一個圭亞那神話並列了這兩種
解釋：。

M_{134}. 阿卡韋人(Akawai)(?)：昴星團的起源

⑰說來甚至更令人奇怪，我們發現在澳大利亞也存在水、內臟和水生植物之間的
　同樣聯繫：「就睡蓮（它們多在水流深凹處）而言，土著所以吃這些花，是因為
　他們相信，它們的生長得益於屍骨」(Spencer和Gillen，第546頁)。另一方面，
　在維多利亞省的西南部，土著習慣上把親屬的屍體烤了吃掉，除了要害器官和
　內臟而外，它們被同屍骨一起埋葬(Frazer：2，第4卷，第262頁)。這些觀
　察同美洲的資料相結合，便提示了內臟和骨骼之間在解剖水平上存在一種重要
　對立，還提示了這對偶同水與火相關聯，即火克服這對立(內臟和骨骼相結合)，
　而水實現這對立（骨沉入水底，內臟留在水面作為水生植物，兩相分離）。

　　一個男子垂涎他兄弟的妻子，於是殺了他兄弟，把他的殘臂給弟媳婦看，作為他兄弟已死的證據。她答應嫁給他。但是，聽到鬼魂呻吟聲的告誡，她立即明白了真相，遂拒絕了那個罪人。後者因此把這個不幸女人及其小孩囚禁在一棵中空的樹中，讓她們在那裡死去。那夜，兄弟鬼魂向這男人顯靈，解釋說，他對這罪人沒有怨恨，因為他妻子和兒子已變成動物（分別為 acouri 和 adourie）⑱，從今以後平安無事。另一方面，鬼魂要求哥哥妥善埋葬自己的殘廢屍體，許諾保證他得到豐足的魚，條件是他只埋葬身體，而把內臟散布各處。

　　這兇手照他的要求做了，看到內臟漂浮在空氣中，升向天空，變成昴星團。從那時起，每年當昴星團出現時，河裡就充滿了魚。（Roth: 1，第 262 頁）

　　一個個關於昴星團的陶利潘人神話（M₁₃₅）的英雄也喊道：「當我到達天空，那裡將暴風雨大作。然後，魚群就會出現，你們將有的是魚吃！」(K.G.：1，第 57 頁)。昴星團和漂浮內臟間的聯繫也見諸下述神話：

M₁₃₆. 阿雷庫納人：吉利喬艾布（昴星團）殺死他的岳母

　　吉利喬艾布(Jilijoaibu)的岳母總是給她女婿吃從她子宮取出的魚。他發覺了她的惡作劇。於是，他打碎石英，把碎片拋到他岳母習慣去的岸邊，小心地用香蕉樹葉子把它們遮掩起來。岳母絆倒在地；石頭割碎了她的手臂、腿和整個身子。她死了。這些

---

⑱Acouri 是刺鼠（*Dasyprocta agouti*）；　adourie 可能指豚鼠科的一種小種（Goeje，第 67 頁），或者按照羅思(2：第 164 頁)；指 *Dasyprocta acuchy*。參見 M₁和 M₅₅及以上第 137～138 頁。

石頭又跳入河中，變成「比拉魚」，後者因此一直是食人的。這老嫗的肝臟跌入水中，漂浮在水面上。現在還可看到它呈 mureru brava 狀，這是一種水生植物，葉子紅色，其種子是那老嫗的心。（K.G.：1，第 60 頁）

毋庸贅言，這神話（其英雄爲昴星團）完全符合於參照神話（其英雄爲烏鴉座）的最後挿段。並且，按照博羅羅人的看法，烏鴉座司雨，而圭亞那印第安人把這功能賦予昴星團。

上述各個神話表明，作爲一種代碼項，漂浮內臟的題材履行兩種不同的功能；從某種意義上說，它是二價的。在「水中」代碼中，內臟同魚和沼澤植物相一致。在「天上」代碼中，它們同星，尤其昴星團相一致。如果說在博羅羅人兩個世紀前佔居過的、他們現今仍居住在其中部（南緯 15°到 20°、西經 51°到 57°）的那個地區裡，昴星團在旱季中期出現，那麼，原屬正常的是，關於星（＝昴星團）起源的神話(M_{34})也應當是關於野生動物起源的神話。其表面上的指稱是狩獵，因爲旱季特別適合於在雨季很難通行的區域進行這種活動。另一方面，關於雨季的神話借助漂浮內臟的題材而明確利用水的代碼，但它避免直接提及昴星團。

這裡我們又碰到神話思維的兩個基本特徵，它們旣相互補充，又相互對立。第一，如我已在另一個例子中所證明的（第 74 頁），神話的句法在其自己的規則的範圍裡決不是絕對自由的。它必然要受地理的和技術的亞結構制約。在從純形式觀點看來是理論上可能的所有運作中間，有些肯定從一開始就要排除掉，而這些空洞——猶如打孔機在一張桌面上打出孔來，而這桌面不然的話是規則的——從反面描繪出一個結構之中的一個結構的輪廓，而爲了獲得實際的運作系統，這兩個結構必須一體化。

其次——也不管剛才說過些什麼——神話思維中一切都這樣進行：能指符號系統對於所指事物必定遭受的外來侵害有其內在的抵抗力。當客觀條件消除掉了這些事物中的某一些時，相應的能指符號卻並未自動消滅。至少在一定時間裡，它們繼續標定著缺失項的位置，而這些項的輪廓因而以凹影出現，而不是鮮明地凸現出來。在圭亞那地區，漂浮內臟題材可能有雙重意義，因為昴星團在天空的出現客觀上同魚在河中出現相吻合。這種吻合並不一定在一切其他境遇中都得到證實。

今天，在博羅羅人那裡，昴星團的黎明前升起發生在旱季的中期即將近 6 月底或 7 月初的時候。土著以所謂的 akiri-dogé e-wuré kowudu，即「燒昴星團的腳」的節日來慶祝：而這是為了減慢這星座的行程，從而延長適合游牧活動的旱季（《博羅羅人百科全書》第 1 卷，第 45 頁）。由此可見，像謝倫特人一樣，博羅羅人也把昴星團同旱季聯結起來，儘管它們看來不是在相同時間觀察到這星座——但又和謝倫特人不同，他們賦予這星座的出現以負面的意義。

然而，在阿拉斯加的愛斯基摩人和巴西中部的博羅羅人那裡，這個不再被正面加以標示的事物（昴星團）仍在能指符號系統中保留有潛在的位置。⑲事情僅僅在於，一種代碼消失了，而另一種代碼變成潛在的，似乎是為了掩蓋它們之間的同構跡象。最後，這兩種現象都伴有詞彙變化：在愛斯基摩人那裡是等值轉換，即內臟→內臟；在博羅羅人那裡則是不等值轉換，即內臟→水生植物（≠動物）。

---

⑲在希帕耶人那裏，情形似乎也是這樣，不過呈甚至更弱的形式。參見尼明達尤：3，第 1033 頁。

2 虹霓

我們現在轉到另一個博羅羅人神話（M$_5$）上來，它在上面已被分析過。它那裡似乎也毫不涉及天文學。不過我們首先得說幾句離題的話。

在南美洲，虹霓有雙重意義。一方面，像別處一樣，它也宣告雨的結束；另一方面，它被認爲司疾病和各種天災。以其第一種能力，虹霓導致天與地分離，而它們原先通過雨的媒介相連接。以其第二種能力，虹霓正常的有益結合代之以不正常的邪惡結合——它通過取代水而自己在天和地之間造成的結合。

這第一個功能顯然由蒂姆比拉人的理論得到證明：虹霓（雨人）有兩個處於兩條 sucuriju 蛇的開口之中的端末，這兩條蛇本身也產生雨。當人們看到虹霓時，它成爲雨停止的徵兆。當虹霓消失時，兩條鱔魚狀的魚 pupeyrē（葡萄牙語爲「muçum」）升向天空，它們在那裡跌進一個水孔之中。當下大雨時，它又跌進地上水之中。(Nim.：8，第234頁)

從圭亞那一直到查科都證實了虹霓的第二個功能：「每當虹霓在天上找不到東西吃時，就讓卡里布人生病。……當他們在地上看到它時，他們就躲到家裡。他們認爲，它是個怪異的、難駕馭的精靈，想殺人」。(La Borde，載 Roth：1，第268頁)。在查科，維萊拉人有一個神話（M$_{173}$），它係關於一個膽小的孤獨男孩。他習慣於獵鳥，後來變成一條多色彩的致命的毒蛇即虹霓。勒曼-尼切（Lehmann Nitsche）（他發表過這神話的各種版本）也表明，在南美洲虹霓每每被認同於一條蛇。(Lehmann Nitsche：2，第221～233頁)最後，這個作者接受這樣的思想：圭亞那和查科神話中的長食物的樹（參見以上第244頁及以後）可以認同於銀河。這將給出下列等價關係：

⑴銀河：虹霓::生：死。

對於整個新大陸神話來說，這等價關係肯定不成立，因爲有充分的理由可以認爲，在許多北美洲神話系統中，這等價關係反轉了過來。然而，就赤道美洲而言，它的有效性似乎從塔斯特萬（Tastevin）的一些見解得到間接證實。他在一篇關於亞馬遜河流域虹霓的神話表現的論著中強調，據提供神話的人說，Boyusu 蛇在白天呈虹霓的形式出現，在夜晚作爲銀河中的一個黑點出現。（3，第 182～183 頁）因此，虹霓的夜間對應物大概是在銀河通常本應出現的地方它卻不存在。所以有方程：

⑵虹霓＝銀河$^{(-1)}$

它證實了前面的方程。

在作了這些預備性解釋之後，就顯而易見，即使 M_5 的本文沒有具體地這麼明說，這疾病之母也可以轉換成虹霓。就疾病而言，兩者資格相似，因爲它們都引起疾病。這神話的最後插段加強了這假說。可以記得，這罪婦的兄弟把她屍體割成兩塊，他們把一塊扔入東面的一個湖中，把另一塊扔入西面的湖中。⑳現在我們看到，蒂姆比拉人把虹霓的兩端同兩條蛇相聯結，虹霓的這種「雙重」相在南美洲神話（無論簡單形式的還是本身就雙重化的）中占有重要地位：「卡塔維希人（Katawishi）區分兩種虹霓：西邊的馬瓦利（Mawali）和東邊的蒂尼（Tini）。蒂尼和馬瓦利是孿生兄弟……他們引起了淹沒全世界並淹死了全部活人的大洪水，只有兩個姑娘被他們救出來，成爲他們的伴侶。正視這兩個人中無論哪一個，都是不明智的。正視馬瓦利，要變得軟

---

⑳在圭亞那，人們總是以類似方式防禦神秘的 camudi 蛇，這種蛇放出惡臭氣，使受害者窒息而死。「因此，人們從來不單個行走，總是至少兩個人結伴而行，以便當 buio……，攻擊一個人時，另一個人就能用毛髮或樹枝拍打驅逐他的同伴和這猛獸之間的空間」（Gumilla，第 2 卷，第 148 頁）。

弱、懶惰、狩獵和打魚時運氣不佳；正視蒂尼，使一個人愚笨不堪，因此他每前進一步，總要被路上的障礙絆倒，脚被撕裂，或者揀起一把利器時總要傷著自己。」(Tastevin: 3, 第191, 192頁)㉑莫拉人(Mura)也相信，有兩種虹霓存在，一種是「在上的」，一種「在下的」。(Nim.: 10, 第3卷, 第265頁)同樣，圖庫納人區分開東方的虹霓和西方的虹霓，他們相信它們是水下的妖魔，分別是魚和陶土的主人。(Nim.: 12, 第3卷, 第723~724頁)塔斯特萬評論過後一種聯結。(3, 第195~196頁)同時，圭亞那印第安人，建立起了陶土和疾病之間的一種直接聯繫：「印第安人堅信，只有在滿月開始的第一個夜裡才可以提取陶土……大群人那夜聚在那裡，破曉時分帶著大量陶土回村。這些印第安人深信，用任何別的時候獲取的陶土做的陶罐不僅有易碎的缺陷，而且還給吃用它們盛的東西的人帶來大量疾病。」(Schomburgk, 第1卷, 第203頁；Ahlbrinck, 辭條「orino」也採取這個意義。)

我們現在停下來考察一下這些亞馬遜人的觀念。兩個虹霓是魚——水生動物和陶土的主人，而陶土也屬於水的模態，因爲圖庫納人神話總是小心地詳確說明，陶土是從河床挖取的。(Nim.: 13, 第78, 134頁)並且，這已爲種族志的觀察所證實：「在圖庫納人居住區裡的所有河流中，常常可以發現優質的塑性陶土。」(同上書, 第46頁；亦見Schomburgk, 第1卷, 第130, 203頁)孕婦是嚴禁從事挖取這種陶土的工作的。

博羅羅女英雄是孕婦的反面，因爲她是幼兒的母親。她像圖庫納人的西方虹霓一樣也扮演（更確地說是僭取）魚的女主人的角色。她是個壞母親，把孩子留在樹上（因此處於一個外部位置，而孕婦的孩子在內部），使他變成蟻群即堅硬、乾燥的土，是河流中的柔軟、濕潤的陶土的反面。在她爲了給漂浮在水面上的死魚餵食而和水發生形體

㉑也有證據表明，在查科人那裏也存在這種信念(Grubb, 第141頁)。

接觸的同時，她製造了天和地的分離，這神話以兩種方式說明這一點。在一棵樹上的，因此處於高位的孩子被極化爲土的形態；他以乾燥的模式採取這種土的職能，因爲正是憑藉其乾燥和堅硬，由蟻群構成的土才成爲陶工用的土的反面。可以記得，在熱伊人神話中，蟻群的遺體是人在以原始狀態生活時的食物來源之一；另一方面，陶土構成了文化的原材料之一。最後，已在土和水、乾和濕、自然和文化等關係之下相對立的這兩種土也在生食和熟食的關係之下相對立。人在原始狀態下生活時用作爲食物的蟻群遺體是生的，因爲它們同火沒有聯繫。另一方面，陶土必須烘焙。就這最後一個關係而言，卡耶波人的虹霓理論處於博羅羅人信念和圖庫納人信念的中間。戈羅蒂雷人把虹霓看做爲「大土爐」，暴風雨主人貝普科羅羅蒂的妻子(M_{125})用這爐子燒煮木薯餡餅。相反，博羅羅人的疾病之母則吃生魚。

　　說來奇怪，博羅羅人疾病起源神話的這一切各不相同的線索都通向一個托巴人神話(M_{137})，它們在那裡滙合，但構成一個雜亂糾纏的線團，而想解開它，那將是冗繁複雜的冒險。在這個托巴人神話中，文化英雄是個自私的魚主人。狐狸要求和他競爭，又要當他的接班人。爲了整治狐狸的傲慢，虹霓引來了大洪水。狐狸躲到樹枝上，在那裡變成一個被人破壞過的白蟻窠。因此，人受到疾病流行的威脅。(Métraux：5, 第 137～138 頁)所以，疾病、虹霓和白蟻窠在這個托巴人神話中明明白白地相互聯繫。

　　我將侷限於考察這個博羅羅人神話，這尤其因爲關於它的潛在天文學代碼的假說可以以另一種方式加以證明。這個神話的女英雄表現出兩種形相。第一，她是個壞母親，因爲她爲了大吃魚而拋下孩子；其次，她把魚作爲殺死大量人類的疾病從身體中排放出去。

　　我在前面已用兩種模態表徵負子袋鼠，這兩種模態可以同剛才提到的那些模態相比擬。我已說過，負子袋鼠是個好的哺乳母親，同時

她放臭氣。如果我們把這兩種模態分別記爲(1)和(2)，那麼，我們便得到在下述雙重條件下負子袋鼠向博羅羅女英雄的轉換：

$$(1) \longrightarrow (-1)$$
$$(2) \longrightarrow (2^n)$$

換句話說，博羅羅女英雄是這樣的負子袋鼠，其正面模態轉換成了對立面，而其負面模態升到一個高的但不確定的冪。她這個負子袋鼠以其臭氣（對整個人類是致命的）完全抵消她作爲哺乳母親的品質。

這樣，更其令人矚目的是，圭亞那印第安人把虹霓稱爲 yawarri「負子袋鼠」（種名 Didelphys），因爲它的毛皮是紅色的，並且很花梢，如同「虹霓的色彩」。(Roth: 1, 第 268 頁)不論這種理性化的起源怎樣——它很可能是土著作出的——這解釋並不怎麼深刻。[22]這負子袋鼠被歧義地表徵：作爲一個哺乳母親，它維護生命；作爲一個放臭氣的或邋遢的動物，它預示著死亡。爲了獲得負子袋鼠的極值，使之同本身被認同於大毒蛇的虹霓的正常值相融合，只要把這兩個對立屬性按相反方向加以變換即可。我在下一卷裡還要回到問題的這個方面上來。

----

[22]這裡賦予色彩的語義值尤其令人感到奇怪，因爲北美洲的負子袋鼠名字（Didelphys virginiana, Kerr）是從弗吉尼亞印第安人的一種方言派生的，在那種方言中，apasum 這個詞意指「白動物」。特拉華印第安人稱負子袋鼠爲 woap/ink，它的意義完全一樣(Mahr, 第 17 頁)。人們傾向於把這種負子袋鼠色彩值的倒錯同當從南美洲過渡到北美洲時有時似乎出現的虹霓和銀河各自象徵功能上的類似反轉相比擬，如果還不能確定下述一點的話：北美洲的負子袋鼠一般是灰的，有時是白的，眞正的白變種則偶爾發現(Carter, 第 209 頁)。作爲對下述假說的佐證：南北美洲之間負子袋鼠色彩值反轉的背後存在某種邏輯必然性，我們可以援引波尼人(Pawnee)的神話，那裡同虹霓相聯結的是臭鼬，而不是負子袋鼠（然而，我已表明，它們構成一對對立面）。相應地，波尼人神話給予臭鼬以起死回生的獨特能力；這是赤道美洲神話中屬於負子袋鼠所有的使人失去長生不死的能力的逆反(參見 Dorsey, 第 71～73, 342 頁)。

目前，我只想指出，天文學代碼賦予某些神話以一個附加的維度，通過從這個視角考察這些神話，我們就能把它們同其他神話聯結起來，而它們的明顯天文學代碼因此就顯得並非偶然。我們把負子袋鼠的語義值加以反向變換，也就把負子袋鼠轉換成了虹霓。我們已經知道，如果也使它們相互倒逆地轉換，但按對立的方向，則我們便把負子袋鼠轉換成了一顆星。同一個凡人結婚的這顆星是個「超級乳娘」（栽培植物的恩賜者），也根本不施放毒氣，因爲這個次級負子袋鼠——或同一個負子袋鼠，但因被強姦而改變了本性——完全擔負起了剝奪人的長生不死這種負面功能：

星	負子袋鼠	虹霓
$(f$ 最大$)$ ◄——— f 乳娘 ———► $(f$ 負面$)$
$(f$ 負面$)$ ◄——— f 放臭氣 ———► $(f$ 最大$)$

謝倫特人沒有提到充當乳娘角色的雌星（＝木星，M_{93}），他們在一個按同樣模式建構的神話中很強調她的其他功能。在這個神話中，一顆雄星（＝金星）因此佔居著恰在星負子袋鼠（所有其他熱依人神話）和氣象負子袋鼠（博羅羅人）之間的位置：

M_{138}. 謝倫特人：金星

金星（男性人物）曾呈人形生活在人間。他渾身全是惡臭的潰瘍，他身後跟著一群鳴叫的蜂。當他走過時，人們全都轉過臉。當他請求留宿時，沒有人答應。

只有印第安人瓦考拉（Waikaura）歡迎這個可憐蟲，給他一張新蓆子坐。他問客人從何方來，要到哪裡去。金星解釋說，他迷了路。

瓦考拉叫人拿熱水來給金星洗潰瘍，他不管客人的異議，堅

持在茅舍內而不是戶外洗。他甚至命令還是處女的女兒讓金星坐在她赤裸的大腿之間，在這個位置上給金星洗。於是，這客人康復了。

　　入夜，客人問瓦考拉：「你想要什麼？」當瓦考拉不明白時，他解釋說：「你想活還是死？」——因爲太陽對印第安人自相殘殺甚至用箭射小孩很惱火。金星叫恩人偷偷準備離開。不過，他先要去殺掉鴿子(*Leptoptila rufaxilla*)。

　　當瓦考拉殺鴿子回來時，金星宣稱趁他不在時強姦了他的處女女兒，並提出給予補償。但瓦考拉拒絕接受任何東西。

　　金星用鴿子遺骸造了一艘大船，讓瓦考拉和他的家人乘上。金星動身走了，一陣旋風把他刮上天空。立刻，人們聽到遠處隆隆作響。於是，洪水來臨，沖擊村子，很快人們全都淹死，凍餓而死。(Nim.: 6, 第91~92頁)

這個神話可以作兩種不同的考察。

　　第一，如我在上面所已指出的，M_{138}可以同M_5進行比較，它增加了負子袋鼠的負面功能，使之達於極致。㉓不過，有一個差別。在M_5中，放臭氣是朝外進行的：在攻擊主體自己之前先以疾病形式攻擊他人。M_{138}中的情形則相反，金星因爲自己已先患病而給鄰人帶來麻煩。只有前者以隱喻方式表達了動物學實際：負子袋鼠不受它自己的臭氣侵擾，並且臭氣也不產生於致病狀態。由此可見，在成爲內在的之前先是外在的臭氣預設了一個「女」負子袋鼠（參見M_5和熱依人關於跟一個凡人結婚的星的神話系列），而在成爲外在的之前是內在的臭氣蘊

_____

㉓另一方面，將可注意到，博羅羅人似乎把金星同自然美聯繫起來（《博羅羅人百科全書》，第1卷，第758頁）。

涵著一個轉換：女性→男性,同時全部項都作相關的逆轉換。M_{138}的特點爲用作爲地上女主人的一個處女代替作爲天外來客的處女，而這神話有趣地描述了她的各個功能，這些功能同通常跟一個哺乳母親的功能構成某種交錯配列：$M_{87}-M_{92}$的雌星是主動的哺乳母親；M_{138}中的印第安人少女則是被動的乳娘。前者扮演的角色必須從隱喻的意義去理解：她通過強迫人類利用栽培植物而「哺育」他們。後者扮演的角色藉助身體接觸：她讓男病人坐在她赤裸的大腿之間。

事情還不止於此。被強姦的星處女成爲一個污損源：引入了死亡。在 M_{138} 中，這天體既改變了性別，又改變了功能：他先被所患的潰瘍污損，繼而強姦了一個處女，拯救了保護過他的人的生命。最後，雌星用水殺死了親屬，而這水就來源或目的地來說是內在的（它是她放下的毒藥或她吐的致死唾沫）；她饒恕了其他人。雄金星則用外在的水（洪水）殺死了其他人，饒恕了親屬。

其次，我們已通過阿薩雷神話(M_{124})的媒介而考察了 M_{138}〔如我們剛才所看到的，它係屬於「星結婚」神話組($M_{87}-M_{92}$)〕，儘管乍一看來這神話沒有提供什麼和其他神話的相似之處。如果我們能夠證明，存在一個更大的神話組，阿薩雷神話組和星妻子神話組構成它的兩個亞組，那麼，這種考察方法就將回顧地被證明是合理的。由於一個克拉霍人神話，這證明是可能的。這神話似乎恰恰處於這兩個亞組的交點上：

M_{139}. 克拉霍人：奧特克西皮里雷(Autxepirire)的故事

一個印第安人因妻子不貞而決定離開她遠走他鄉。他帶了兒子們和女兒一起走,這女兒是他所有孩子中最小的。剛進了森林,爲了較快地前進,男人們都變成了鹿,可是那小姑娘學不來像他

們那樣化身。他們遇到了魔鬼奧特克西皮里雷，他正在用 timbo
（一種毒餌）捕魚。爲了偷去他的魚，這些男人又變成了潛水鳥。
小姑娘又模仿他們不成，卻冒失地撞見魔鬼。他對她一見鍾情，
向她求婚。他想化裝得和未婚妻一樣美麗。男人們説，他爲此必
須到火上烤。他答應了，結果被燒死。

這小姑娘發現，她把一隻葫蘆（在另一個版本中是手鐲）留
在火旁了，於是跑回去取。她撥開了餘燼，拿出魔鬼一塊陰莖肉。
這時，魔鬼快要從灰燼中復生起身。這姑娘趕緊逃跑。這妖怪緊
追不捨。

有兩條河擋著她的去路。她騎在一頭鱷魚背上一一一渡了過
去。他答應給她擺渡的條件是，事後這小姑娘應當馬上侮辱他（原
文如此）。儘管許諾在先，他還是追逐她，要吃她。這女英雄先得
到三趾鴕鳥(ema)的庇護，然後又得到黃蜂的保護，他們把她藏在
蜂巢裡。最後她又重和家人團聚。食人精奧特克西皮里雷想到他
們躲藏的樹上攻擊他們。他們成功地割斷了這害人精正在攀援的
繩子。後者跌到地上，變成了蟹。他們終於全逃過了食人精。

到達一個屬於叫鶴、兀鷹和禿鷲的村子時，這小姑娘又迷失
而被丟棄了。她躲藏在一個泉的旁邊。她向這些鳥用來取水的葫
蘆吐唾沫，結果把它們全部都打碎了（參見 M_{120}）。爲了報復，這
些鳥結成團伙，對她進行輪姦，連她的眼窩、耳孔、鼻孔或腳趾
縫也不放過。……經過這般撫弄，這姑娘「腐敗」而死去。這些
動物就支解她的屍體。它們每一個都取一塊陰戶肉，把它吊在一
根栖木上，同時口唸咒語。每塊肉立即長大，布滿茅舍屋頂。鷹
第一個享用，揀了一塊最好的，給兀鷹剩下最小的一塊，又是乾
瘋的（參見 M_{29}, M_{30}）(Schultz, 第 144～150 頁；Pompeu Sobrinho, 第
200～203 頁)。

　　我對這個神話在此只作了非常簡要的扼述。我不打算對它作全面的分析。我對這個神話最感興趣的是，它徑直貫穿前面已經提到過的其他神話，在各個不同地方證實它們。第一部分顯然是阿薩雷神話的轉換。兩者都開始於一個家屬集團的水平轉移，繼之以水（M_{124}）和火（M_{139}）爲導火線的事件。男英雄阿薩雷在回去找箭時遭到刦難；他在 M_{139} 中的女性對應者在回去尋找葫蘆或手鐲時也遭到同樣命運。兩人都渡過河流，在那裡碰到鱷魚。我已經給出了（第 268 頁）法則，據之可以把這個插段轉換成 M_7 到 M_{12} 這個神話組中遇見花豹的插段：

M_7- M_{12} ｝一頭花豹	向英雄 提供幫助，	條件是他受到 到禮遇	垂直軸： 高—低
M_{124} M_{139} ｝一頭鱷魚	拒絕幫助 英雄； 向女英雄 提供幫助	因此，受到 無禮對待 條件是他受到 無禮對待(!) ｝	水平軸： 水—地

　　顯而易見，M_{139} 中的鱷魚提出的那些要求在組合水平上來說是荒謬的，但從聚合研究的觀點來看卻是連貫一致的，因爲它們相當於第三個單元的各元素的換位，而這換位按假說應不同於其他兩個換位。㉔

㉔在一個晦澀、殘缺的卡拉雅人版本中，鱷魚要求女英雄答應滿足他的慾望，但她成功地騙過了他（Ehrenreich，第 87～88 頁）。這組神話（我們在北美洲又可以看到）還包括其他轉換。這裏僅限於赤道美洲：一頭鱷魚要英雄狠狠罵他，使他能吃掉後者（特姆貝人，Nim.: 2，第 299 頁）；他怪罪英雄責罵他，以之爲藉口吃掉英雄（卡耶波人，Métraus: 8，第 31 頁）；當他已無能力吃掉人時，英雄眞地侮辱了他（蒙杜魯庫人，Murphy: 1，第 97 頁），等等。「暴躁擺渡者」神話組提出的各個總體性問題將在另一卷裏就北美洲例子加以研討。

　　至於 M_{139} 的第二部分，這個轉換包括兩方面。一方面，它是關於**女人們**起源的神話的轉換，而像其結論所證明的，這轉換完全符合於 M_{29} 和 M_{30} 的轉換，並且就原原本本而言，稍遜地也符合於這組神話的其他神話（M_{31} 和 M_{32}）的轉換。另一方面，它是**女人**起源神話的轉換：她或者是下凡的星（M_{87} 到 M_{92}），或者是經過變形的腐敗果子（M_{95} 和 M_{95a}）。不過，這裡轉換又是建基於一種三元反轉。在 M_{139} 中，這女人從一開始就存在——並且她徹底地而又完全地是人，因此她不能像父親和哥哥們那樣地採取動物形態——只是在結束時才倒退到腐敗狀態。因此，這神話關涉的是女人的消失，而不是女人的起源。並且，這消失影響了動物（鳥），而在別處女人的突現有益於人。這樣的話，就可以理解，爲什麼這個描述女人消失的神話應當遵從邏輯規律，即作第三個反轉：M_{29} 的最後挿段的反轉，在這個挿段中，第一個女人的肉塊懸吊在茅舍**內部**，給每個男人產生一個妻子、每家爐灶一個主婦，而在這裡，這些肉塊懸吊在茅舍**外部**，所產生的唯有新的屋頂而已，即爐灶的消極保護者而已。

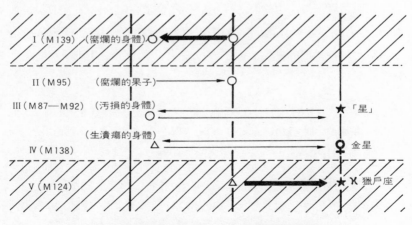

圖 18　關於一顆星的化身的神話的體系

因此，不過是對於已指出的那些轉換而言，M_{139}的骨架一半假借自阿薩雷神話(M_{124})——小男孩被從水中救起，因而免於腐敗，後來變成一顆星——另一半假借自圖皮—圖庫納人神話(M_{95}、M_{95a})(關於一隻爛果子，它變成一個女人，而這女人也被救而免於腐化)。我們發現，當把這兩個殘篇銜接起來時，它們構成關於一個天體變成一個人(男人或女人)的那些神話的骨架，但僅在這樣的條件下：它會腐敗。只要看一下上面的圖，立刻就可以明白這一點。這圖表明了：1)M_{124}和M_{139}成反對；2)它們的性質可通過反轉符號而相加，因為結構Ⅰ和Ⅴ相加便構成結構Ⅱ、Ⅲ和Ⅳ的全域。

IV　變音曲

　　新大陸的四面八方到處可以看到關於一個超自然生靈的神話，他裝扮成一個老人、跛子或者某個別種可憐蟲，他考驗人的仁慈心。這裡只要提一下赤道美洲，從哥倫比亞和秘魯(Davila, 第 125～127 頁)到查科都有這種性質的神話。我們已經見到查科印第安人的一個神話(M_{107})，它的英雄是月亮，渾身是不治的潰瘍，夾在一個存心不良的妻子和一個富有同情心的女兒中間，左右為難。(Wassen：1, 第 110-111 頁)在一個相應的托巴人神話中，英雄是條癩皮狗，它得到一個慈善家庭的保護，而為了報恩，它把他們從洪水中救出。(Lehmann-Nitsche: 5, 第 197～198 頁)這些異本證實了第 328～329 頁上引入的等價關係：

　　　　(臭氣)
　　　　　　　[外部的：內部的]::[女的：男的]

　　能否為這個關係提出理由呢？

　　博羅羅人神話(M_5)中的疾病之母出現在一次集體漁獵遠征過程之中，這在法屬圭亞那叫做 nivrée，即用毒物捕魚。這種方法在於把各種植物、通常為藤蔓植物(*Dahlstedtia, Tephrosia, Serjania, Paullinia* 等等)的碾成粗粒的莖梗投入水中，把魚窒息而死。溶解的汁液據說會切斷對魚的呼吸系統的供氧。用來捕魚的毒物分為兩類，分別稱為「timbó」和「tingui」。為了避免這兩種毒物之間討厭的同音異義，我們方便地把所有毒物都稱為 timbó，它也是最常用的。

　　還不能有把握地確定，在巴西中部，利用 timbó 的打魚是不是專由

男人從事的工作，女人的任務只是把魚帶回村去，以避免給漁夫帶來壞運氣。後一種做法在圭亞那似乎是強制性的(參見 M_{28})。就實際的捕魚活動而言，女人很可能被禁止積極參與，如下述關於蒙杜魯庫人的說明所提示的：「向水中投毒的男人往上游去，而其餘男人以及隨從的女人和兒童則等待昏死的魚游到下游。」還說：「女人通常用手網舀魚，而男人用漁箭刺穿魚或用棍子打它們」。(Murphy: 2，第 58 頁)

關於這一點，博羅羅人神話包含一個奇妙的說明。其本文表明，漁獵遠征在祖母被殺害前一天開始，在那天，印第安人回來吃魚。只是在翌日，女人才到河裡找剩餘的死魚，而正是在這女人和水相結合的時機，女英雄不是像同伴那樣運魚回村，而是當場吃魚，然後回村排放疾病。如果我關於 timbó 打魚中的兩性分工的假設是正確的，那麼，可以推知，在 M_5 中，疾病的出現必定同違犯禁忌相關。㉕但在作進一步研討之前，我得離題插一段話。

卡耶波一戈羅蒂雷人有一個關於疾病起源的神話，它不同於博羅羅人神話，但也包含用毒捕魚的題材。這個神話(M_{140})係關於一個水鳥（白鷺），它被捕獲，馴化。它的神秘性質在一次暴風雨期間暴露出來：襲擊的閃電被利用來使替這鳥在古老灰泥中造的池塘中的水沸騰，以水蒸汽包圍這鳥，但不驚擾它。不久之後，等在水邊收集男人在上游毒死的魚的女人們發現，這鳥棲止在一根樹枝上。突然，它向她們潛

㉕像博羅羅人慣用的 timbó 打魚方法是一種非常有效的方法。但是魚必須立即烹調；否則，魚要變質，吃了就有危險。當土著離開村子很遠時，他們就非常機巧地加工捕到的魚，使之在多日內保持良好的保藏狀態(Colb.：1，第 26 頁)。情形並非總是如此，因為人們這樣說到法屬圭亞那的奧耶納人(Oayana)（也更好地符合博羅羅人神話的精神）：「加工過的魚保藏不好，可能引起嚴重流行性中毒，這種情況尤其發生在大規模 nivrée 之後不久。這種流行病常常採取痢疾的形式，可能導致死亡」(Hurault，第 89 頁)。

游過來，儘管它沒有傷害一個人，但這些女人「像中毒的魚」那樣死去。疾病就是這樣發生的。這 akranre 鳥尤其引起瘧疾伴有的關節僵硬以及地崩。(Banner：2，第 137 頁)在戈羅蒂雷人那裡，kapremp 這詞的意思兼指疾病和地崩。(Banner：1，第 61～62 頁)亞馬遜印第安人相信，虹霓不僅引起疾病，而且使峭壁崩塌。(Tastevin：3，第 183 頁)

　　無論由於缺乏異本和沒有任何種族志背景，因而這神話顯得多麼晦澀；我們還是可以發覺，它的骨架建基於一種雙重等價關係：一方面是同火相結合的（沸騰的）水和同致死毒物相結合的（因 timbó 的起泡沫的汁液而起泡沫的）水之間的等價關係；另一方面是「無需傷害而殺害人的」毒物和疾病之間的等價關係。這個解釋可從南邊的瓜拉尼人的下述信念得到一定程度的佐證：積澱在人體之中的實體疾病和積澱在木頭中的實體火之間存在一種相似關係。凱奧瓦(Kaiova)—瓜拉尼人把發燒看做爲支持這個概念的一個論據。(Schaden：2，第 223 頁)

　　對這神話再作進一步的分析，大概很危險。因爲，這提出了一個微妙的種族志問題。易洛魁人(Iroquois)有個神話逐字逐句地復述了這樣的信念：被水流冲出溝渠的山坡所以沒有植被，是因爲一種超自然的鳥起著破壞作用：「這鷹（露鷹）強大無比，它的巨翼遮天蔽日，著陸時，它那向前推進的雙爪在地面上犁出巨大的溝槽，留下了道道狹谷」。(Fenton，第 114 頁)

　　從醫學性質的觀點來看，易洛魁人的鷹是和卡耶波人的白鷺相對稱的：鷹治病；白鷺殺人。尤爲意味深長的是，爲了詳確說明卡耶波人提到的疾病的精確性質，爲了在這些疾病和有溝渠的山坡之間建立起更密切的聯繫，班納爾（Banner）運用了「驚厥和其他這類現象」等語 (1，第 62 頁)，而在易洛魁人那裡鷹舞主要是爲了治療「作爲鷹的始飛方式之象徵的驚厥」。(Fenton，第 114 頁)

　　如果我們沒有從其他資料獲知，這個卡耶波人神話可以解釋爲其

中出現鷹舞的那個易洛魁人神話的一種直接的簡單轉換，那麼，這一切也許純屬巧合。㉖易洛魁人神話(M_{141})訴述一個年輕獵人，他躲藏在一棵中空的樹裡，被一頭鷹帶著穿過雲霧上了最高天。因為他答應當小鷹的養父——用他的燧石刀把這鷹帶回的獵物切割成細小碎塊——所以這鷹最後又把他帶回人間，於是這英雄教他們舞蹈儀式。(Fenton, 第80～91頁)這樣，我們得到下列轉換組：

M_{140} { 同水相結合的白鷺	被一個人帶走，放在中空的樹裡(其中充滿水)	在村裡(離異：水→地)	通過煙或蒸汽(熱)而同水相結合的火(天空)
M_{141} { 鷹，同火(最高天空)相結合	帶走一個藏在中空的樹裡(其中充滿空氣)的人	遠離村子(離異：地→天)	通過雲霧(冷)而同地相分離的火(天空)

//

M_{140} { 河邊的女人成為殺人者的幫兇(她們揀起不是她們殺死的魚)；	女人病死	白鷺犯殺人罪
M_{141} { 天空中的男人成為養父（切割不是他殺死的獵物)；	男人征服疾病	鷹作為治療者

　　事情還不止於此。儘管在其他熱依人部落那裡還沒有發現這個卡耶波人神話的某種異本，但它同關於一個(或兩個)超自然食肉鳥（它們為了吃人而捕獲人或者用翼擊落人頭）的阿皮納耶人和蒂姆比拉人神話有著不可否定的親緣關係。在阿皮納耶人版本(M_{142})中，神秘的孿生兄弟肯庫塔(Kenkuta)和阿克雷蒂(Akreti)在獨居了一段時間之後

㉖這決不是巴西中部心臟地區出現的易洛魁式神話的唯一例子。參見關於烟草起源的蒙杜魯庫人神話，載克魯澤：3，第46卷，第918頁。

（神話確立了入會儀式的一個階段），在非常特殊的境況裡，殺死了那
兩隻鳥：他們沿一條小河溯流而上，在水中沐浴，然後走上一根橫跨
這條河流的粗大圓木。翌晨，擔心他們失踪的祖父出去尋找他們，先
順流而下，然後溯流而上，他終於在那裡發現了他們。兩兄弟稱，他
們打算留在這根樹幹上；祖父遂用木杆在邊上搭起一個柵格，其上架
一個平台，恰在水面之上。每天他把食物放在那裡，兩兄弟長得結實
強壯。(Nim.: 5，第 171～172 頁)在另一個版本中，這枝條結構代之以建
在水中椿柱上的茅舍 (C. E. de Oliveira，第 74～75 頁)；在另一處，代之
以人類房屋的原型。(Pompeu Sobrinho，第 192 頁)不管這個細節如何處理，
這個題材看來總是（易洛魁人）空心樹和（卡耶波人）充水灰泥題材
的一種轉換：

M_{140}	空心樹 水在裡面	垂直結合： 天→水	模稜兩可的女英雄 （犯殺人罪的母親）
M_{141}	空心樹 空氣在裡面	垂直離異： 地 ⫽ →天	模稜兩可的英雄 （人作為養父）
M_{142}	實心樹 水在外面	水平離異： 順流 ⫽ →溯流	模稜兩可的英雄 （英雄的養子）

⫽

M_{140}	水平離異： 溯流 ⫽ →順流	白鷺作為殺人者
M_{141}	垂直結合： 天→地	鷹作為治療者
M_{142}	垂直離異： 天 ⫽ →地	鷹（加上）殺人者

所以，空心樹幹作爲一個居間者出現，處於水和天之間(M_{140})或者地和天之間(M_{141})，而實心樹則充當地和水之間的中介(M_{142})。

現在我們回到博羅羅人關於疾病起源的神話(M_5)上來。當把這個神話同關於 timbó 起源的那些神話加以比較時，它的各個細節就會充分顯示其意義：

M_{143}. 蒙杜魯庫人：漁毒的起源

從前有個印第安人，他打獵從未交過好運。他帶回給妻子的只是 inhambu 鳥（參見 M_{16} 和第 210 頁），做的湯很難吃。一天，他偷聽到妻子在埋怨，於是跑進森林，碰見一群捲尾猴（種名 Cebus）（由兒童變成）。他想先抓一隻雌的，再抓一隻雄的。他去抓它們的尾巴。可是，猴子一起向他撲來，把他殺了吃掉，只剩下一條腿。它們然後裝成人形，把這腿作禮物送給那遺孀。然而，這寡婦沒有聽信來客的謊話：他們籃子裡裝著一塊普通獵物的肉。她認出了這腿，但不露聲色：她帶小女孩逃了。

當猴子追她時，她先後遇見了一條毒蛇、一隻蜘蛛和森林中的所有動物，但它們沒有一個願意幫助她。最後，一個螞蟻叫她去找一個巫蛙（他名叫 Uk'uk，因爲他在夜間叫著「uk'uk」）。後者以其身體給這兩個逃亡者做了個掩體，並用弓箭殺死了猴子和其他想吃掉這兩個不幸者的動物。

屠殺完後，蛙命令這女人去剝下死者的皮，加工保藏它們的肉，然後焚燒這些皮膚。這麼多皮一起燒，這女人被濃煙完全薰黑了。蛙叫她到河裡去洗，但告誡她臉朝溯流方向，不要回頭往後看。

這女人照他的吩咐做了。她身上的污物把河水染黑了，產生

和 timbó 一樣的效果。魚升到水面，用尾巴拍打河水三次後便死去。一陣噪音驚動這女人四下張望，看看這聲音來自何方。魚立即起死回生，游走了。這時，蛙來收死魚了。它發現什麼也沒有，就問這女人，她供認應受指責。蛙給她解釋說，如果她聽從他的指示，印第安人就不用到森林去艱苦地尋找 timbó。㉗如果他們用女人沐浴洗下來的髒物毒魚，魚本來就會更容易地殺死。(Murphy：1，第 112～113；Kruse：2，第 618 頁；關於這最後一個版本，參見以下第 360 頁注㊳)。

M₁₄₄. 瓦皮廸亞納人：漁毒的起源

一個女人把她的孩子交給一頭狐狸撫養。但是，因爲這孩子吵得厲害，狐狸爲了離開他，把他交給了一頭雌貘。當這孩子長大後，貘就同他成婚。她馬上就懷孕了，求丈夫用箭射，好把孩子從她身上弄出來。這男人照她的話做了。他發現，每當他把這孩子放在河裡洗時，魚就死掉。這孩子死後變成了 timbó-aiyaré，從中可以提取漁毒。(Wirth：1，第 260～261 頁)。

這個神話的一個遠爲詳盡的版本源自另一個圭亞那部落：

M₁₄₅. 阿雷庫納人：漁毒 aza 和 ineg 的起源

一個女人被孩子的吵鬧激怒，一氣之下把他給了狐狸。後者把他領回家，餵他，撫育他，但一頭雌貘把他偷走了。這孩子成長著，身上滿是扁虱，那是這貘的唸珠。

㉗這個細節很重要，因爲除了野生藤蔓植物之外，蒙杜魯庫人還利用在他們的種植園裏生長的灌木(Murphy：2，第 57～58 頁；Frikel：2，第 12 頁)。托坎丁斯（第 122～123 頁）已指出，蒙杜魯庫人栽培過 *Paullinia pinnata*。

當他長大成人時，這雌貘就把他當丈夫。她教他明白對貘來說一些動物和東西所具有的不同意義：毒蛇是火爐，而狗是毒蛇。……

結果這雌貘因爲懷孕而讓屬於她公婆的種植園荒蕪了。於是，她要他去拜訪他的親戚，但叫他保守他們結婚的秘密。這男孩受到歡迎，但家人感到驚訝，他怎麼渾身都是扁虱。他力陳，這是因爲他在樹林中迷路的緣故。

翌晨，他們發現種植園已被毀壞，可以看到貘的踪跡。於是，他們決定殺死這貘。因此，這青年供認，她是他的妻子，她已懷孕。他們可以殺掉她，但要小心別傷著她的腹部，而只要傷及她的手臂、頭或腿。他還要他母親跟這些獵人一起去，以便一當貘死去，就從它身上取下孩子。

果然如這英雄也曾預告的那樣，這母親發現，每當她給這孩子在河中洗澡時(按照她兒子的吩咐，偷偷地進行)，總有許多魚死去。因此，每當缺食物時，她就去洗這孩子。

可是，這英雄的親戚(姊妹的丈夫們)對魚的奇多感到詫異，於是派孩子去監視岳母。這樣，他們發覺了這老嫗的秘密。從此之後，洗澡和收集魚就公開進行，人人相助。㉘

於是，食魚鳥也知道：當在河裡洗孩子時，就會有多得出奇的魚。tuyuyu鳥(*Mycteria mycteria*，一種朱鷺)要求這父親替它們謀利來給這孩子洗澡，並建議不要在河裡進行，而要到瀑布下的池塘裡去洗，那裡魚更多。這父親很害怕，抗議說：「你會殺死我的孩子！」可是，這鳥堅持要求這樣做，因此，由於厭倦戰爭，

㉘這是這神話的實際措詞。科赫-格林貝格提議把提供神話的人的話：「這老嫗邀請全部親戚都來收集魚……」修改爲：「這老嫗邀請……吃……」(K.G.：1，第71頁注①)。我們沒有理由要贊同他這樣做。

這父親、孩子和全家就跑去察看那池塘。

在那裡，他們發現了那些已安排好聚集在現場的鳥，池塘裡充滿了魚。父親命令兒子潛入水下，但兒子害怕水深。父親一定要他下水。這孩子憤怒至極，一頭跳入水中，反覆潛入水下。於是父親對他說：「夠了，我的兒子！死魚已經有許多了。現在回來吧！」可是，這孩子惱怒了，拒絕聽從。死魚開始堆集起來。最後，這游泳者到達池塘中央的一塊岩石上，躺在那裡，臉朝下，一聲不吭。他冷了，因為當他潛入水中時，他怒火中燒，出了一身汗。當人和鳥忙於收集魚時，他無聲無息地死去了。實際上，事情發生在他有一次潛入水下時，克耶梅(Keiémé)——化成巨大蛇形的虹霓——用一支箭把他射傷。克耶梅是水鳥的祖父，他的地下居所的入口就位於進行這致死捕魚的池塘的底部。

滿腔怨恨的庫勒文特(Kulewénte)（這是那父親的名字）怪罪這些鳥，說它們對他兒子的死負有責任，要它們為之復仇。這些鳥輪流試圖潛入池塘底，但都沒有成功。接著地上的鳥和四足動物也來嘗試，結果也都失敗。

還剩三隻鳥（一隻鶉雞，種名 *Grypturus*，兩隻潛水鳥，種名 *Columbus*）留在後面，因為它們未向這父親提過要求，對這孩子的死不負有責任。然而，它們同意干預這事。它們潛入池塘底，殺死了克耶梅。這些人和動物一起用一根藤蔓繫在這妖怪的頸脖上，成功地把他拖上了岸。他們剝去他的皮，把肉體切成碎塊分掉。每種動物依據所分得的那個部分的性質和顏色，得到了各自從此所特有的叫聲、解剖學特徵、毛皮或羽毛。

庫勒文特把兒子的屍體放在一個籃子裡，然後走掉了。祖母拿起這籃子，帶著走了，邊走邊唱。血從籃子裡滲出來，然後腐

敗的肉一塊塊落下來，結果產生了 timbó，從中可以提取漁毒。骨
頭和性器官產生較弱的品種，屍體其餘部分則產生較強的品種。
祖母最後變成一隻朱鷺，吃被人用作魚餌的蚯蚓。(K.G.: 1，第
68～76 頁)

這裡是又一個圭亞那人版本：

M₁₄₆. 阿拉瓦克人：漁毒的起源

　　一個喜歡打魚的老人一天帶了兒子一起去到河邊。凡是這少
年游過的地方，魚便死去。他就放心地吃魚。

　　這父親天天帶這少年去河中沐浴。魚終於識破他的詭計，遂
決心打敗他。它們決定殺死這孩子。它們不敢在水中攻擊他，因
此選擇一根圓木作爲殺人場所，那男孩在游泳後要在那裡曬太
陽。㉙魚在那裡攻擊了他，土魟使他受了致命傷。父親帶著兒子
進了森林。當垂死的青年看到自己的血滴在地上時，告訴父親說，
在他的血浸漬的地方都會長出奇怪的植物，他預言，這些植物的
根會替他的死復仇。(Brett，第 172 頁)

　　一個小孩洗下的髒物產生漁毒的題材也見諸南瓜拉尼人的神話
(Cadogan，第 81 頁)。相反，圖庫納人講述過關於一個處女的故事
(M₁₄₆ₐ)，她被一根 timbó 根授孕，生出了一個孩子，而只要他一浸入
水中，魚就死掉。看來，這是一種古老的圖庫納人禮儀：爲了確保打
魚的遠征豐收回來，用 timbó 溶液洗妙齡少女。(Nim.: 13，第 91～92 頁)。

　　這些神話是複合性的，因此必須把它們分解成片段來各個解決，
這裡暫時擱置對 M₁₄₅的第三部分（羽毛、毛皮以及各種動物種的叫喊

㉙像 M₁₄₅中的岩石一樣，這裡的樹幹也可同 M₁₄₂中的樹幹相比擬。

的起源）的分析。

我一開始先確定：儘管這神話構思不同，但還是和蒙杜魯庫人的 timbó 起源神話（M₁₄₃）屬於同一組。這轉換可通過一個奇怪的亞馬遜人神話的中介來實現，而這神話也許發源於里奧內格羅河左岸：

M₁₄₇. 亞馬遜人：阿毛(Amao)的故事

從前有個名叫阿毛的處女。一條偶然進入她的陰戶的魚使她受孕，她後來生了個男孩。當這嬰兒長到兩個月時，一次她在捕捉小魚的時候，他不巧跌在一塊石頭上。將近中午時，她來抱這孩子，但他已死去。

她整夜哭泣。翌晨，這孩子開始說話，解釋說，這些動物通過恐嚇殺死了他。如果她母親想躲過它們的攻擊，她就應當用燒樹脂的煙薰它們，直到它們變成石頭。

夜幕降落時，阿毛埋葬了兒子。半夜裡，所有動物都變成了石頭，除了巨蟒、土釭、野豬和貘，它們朝這孩子在那裡死去的那個泉的方向跑去。

阿毛去到那裡，殺了野豬和貘，把它們切割開，把所有的肉都扔入河中，除了每個動物的大腿而外，她把這些腿放在它們石化的岩石上。

接著，她用一個套索捕獲巨蟒和土釭，它們正在河床上吃東西。她借助樹脂使它們變成石頭。

然後，她回到同胞中間教他們燒煮和文明的技藝。此後，她便消失了，誰也不知道她去了哪裡。(Amorim，第 289～290 頁)

孩子躺在河邊石頭上，被敵對動物（其中之一是巨蟒）殺死這個題材把上述神話同 M₁₄₄-M₁₄₆ 這組神話連接了起來。它還通過烹飪的

題材同 M₁₄₃相關聯，不過在這裡烹飪又分爲反烹飪（使東西像烹飪本身一樣變黑）和眞正烹飪（那時之前一直還不知道）。

一個簡短的亞馬遜人神話(M_{148})甚至更接近於 M_{143}，它訴說，木妖庫魯皮拉(curupira)如何殺死一個獵人，去掉他的肝，然後喬裝成被害者的模樣，把這肝僞裝成獵物帶著去見受害者的妻子。這妻子產生疑心，帶著兒子逃了。母子兩人得到一隻蛙的保護。這蛙用從它身上提取的樹脂塗抹一棵樹。庫魯皮拉爬這樹時被粘住而死。(Barbosa Rodrigues, 第 63~74 頁)

給我們提供上述神話的著作者還描述了樹栖癩蛤蟆 cunauaru (Schomburgk, 第 2 卷, 第 334~335 頁, 事實上是樹蛙: *Hyla venulosa*)的奇怪習性:「爲了築巢，這種兩棲類動物採集 breu-branco (*Protium heptaphyllum*)樹脂，製成一個漏斗頂的圓筒，它在裡面產卵。水通過下部出口流入，保護卵。據認爲，樹脂取自癩蛤蟆自身，因此，它被叫做 cunauaru icica 即 cunauaru 樹脂。它被用作解除頭痛的熏劑。(Barbosa Rodrigues, 第 197 頁注①)

這解釋通過對一個神話(M_{149})作評論的方式給出，而 M_{149}直接回復到盜鳥巢者神話組(M_1、M_7-M_{12})。一個單身漢同他的姻姊妹有姦情。有點像男巫的丈夫捉住一隻金剛鸚鵡的尾巴，把它放進一根中空樹幹裡。然後，他叫妻子讓情敵把這隻鳥抓來，以便她能飼養它。這男人爬上這棵樹，但被一個「壞東西」——一個鬼——逮住。他徒勞地求助於他的兄弟，結果變成了一隻 cunauaru 癩蛤蟆 (Barbosa Rodrigues, 第 196~197 頁)。

探究這條返回通道，尤其令人感興趣。因爲，有一個關於短暫人生的阿雷庫納人神話(149 a)，它的英雄不是偷鳥，而是偷蛙。正當這蛙在樹梢上被捕捉時，它帶著這男人一起游到一個島上，把他丟棄在那裡一棵樹的腳下。這可憐男人無法離開這樹，因爲這島太小，兀鷹

的糞便把他給遮掩住了。金星和月亮先後都拒絕幫助他。只有太陽答
應幫忙，溫暖地，洗他，給他衣服穿，還把一個女兒嫁給他。但是，
這印第安人對她不忠，同兀鷹的一個女兒好上了。結果，他的靑春和
俊美都注定是短暫的。(K.G.：1，第51～53頁)

　　然而，爲了不加重闡釋的負擔，我在這裡只討論那悖倫性的獵蛙
人。他由於像 M_9 中那個尋找金剛鸚鵡的男人那樣聽從腐敗的甜蜜呼
喚而喪失了永恆的靑春。我瀏覽這組「蛙」神話，只有一個目的：確證
有一個副烹飪系列存在，它的項包括樹脂煙、燒煮過量脂肪產生的濃
黑鳥煙、人體的污物和 timbó。爲了使這系列自身內部臻於完善，我們
只要承認這樣的可能性：M_{143} 中的「蛙」是 cunauaru。在這個神話中，
蛙殺死了通過射箭追逐母子倆的那些動物。這 cunauaru 向約一碼遠處
噴射無味的苛性分泌素，它觸及身體便引起水疱，使表層皮膚脫落
(Chermont de Miranda，辭條「Cunauaru」)。因此，它是樹脂和毒的產生者。
㉚

　　現在我們回到漁毒上來，瓦皮廸亞納人神話(M_{144})非常簡略地回
溯了它的起源。儘管簡短，或者說正因爲簡短，這個瓦皮迪亞納人版
本彌足珍貴。它提供了蒙杜魯庫人 timbó 起源神話(M_{143})和另一個神
話之間的中間階段，關於後一個神話，我們已佔有無數版本（蒙杜魯

㉚「……這種動物被抓住時，讓白色的汁液從耳孔中流出。在趕蚊子時，這汁液
　沾到了我的臉皮上，引起劇烈灼痛。翌晨，這些斑點變成黑色，幾天後，整個
　皮膚剝落，(Schomburgk，第2卷，第335頁)。德・戈杰（第48，127～128
　頁）的功績無疑在於看出，cunauaru 提出了一個問題。不過，他未能明白爲何
　神秘的動物成爲狩獵的主人，實際的動物用作爲狩獵的法寶。這方面的原因牽
　涉到土著對待毒物態度的整個問題。參見以下第359頁及以後，412頁及以後各
　頁。這可以得到進一步的證實，只要把 M_{143} 同兩個圭亞那人 cunauaru 神話（載
　Roth：1，第213～215頁）作比較，後者本身是 M_{177} 的異本，後面（第403頁）
　還要討論有關的問題。

庫人、特內特哈拉人、圖帕里人、阿皮納耶人、卡耶波人、克拉霍人、奧帕耶人、托巴人、塔卡納人等等)。我指的是關於貘的情婦、尤其以貘做情人的女人的神話。她們的丈夫在發現了秘密之後殺死了貘並懲罰她，其手段爲讓她吃貘的陰莖，或者用這陰莖做工具，粗暴地捅入她的陰道來殺死她。

　　只有援引上述神話，才可能解釋蒙杜魯庫人的漁毒起源神話。從它們各自的結論已可看出，它們是對稱的。關於漁毒起源的神話把這毒看做爲熱衷於烹飪的一個女人身上蒙著的一層髒物的代表——幾乎可以說是代用品，而不是看做爲淫蕩的代表(像貘的情婦那樣)。如我們已看到的那樣，M_{143}的女英雄因抱怨烹飪之苦而惹怒丈夫，不適當的烹飪造成她受污損。在「貘作爲誘姦者」的循環中，通姦的女人所以疏遠丈夫，是因爲性慾亢進，而這動物能更好地滿足她。她們的骯髒是道德上的，正如一個土著在提供神話時用葡萄牙土語所說：貘的情婦 semvergonha muitosuja(「無恥的、非常髒的」)。(Ribeiro：2，第134頁)甚至今天，通俗法語也把這種女人叫 une saleté (髒物)。被貘填塞(通過口或陰道，視版本而異)的女人通過變成魚進行報復。她們在有些神話(M_{143})是打魚用的植物性手段，而在另一些神話中成爲打魚的動物性對象。

　　現在我們來詳細考察這兩種類型神話。它們嚴格地相互對應。M_{143}中的丈夫是個窮獵人。貘的情婦是窮廚娘，她們不管孩子。「貘作爲誘姦者」的神話的蒙杜魯庫人版本(M_{150})中，女英雄急匆匆地回到情人那裡，以致忘了給嬰孩餵奶。這孩子便變成一隻鳥，飛走了。[31]

　　同時，M_{143}中有一個插段說，憤怒的丈夫遇到一群猴子，便爬上一棵樹想抓住一頭雌猴的尾巴，後者吼道：「放開！它要抽你！」他又藉此去抓一頭雄猴的尾巴，後者把尾巴捲起來刺他的鼻子。這個插段只有參照貘誘姦者才能理解：女人在沐浴時 (蒙杜魯庫人、卡耶波人；

阿皮納耶人帶轉換：貘→鱷魚）在樹脚下（克拉霍人）遇見這貘，或
把它從樹梢上叫下來〔圖帕里人（Tupari）〕，並且許多版本都強調它的
巨大陰莖。爲了證明這解釋是合理的，我們只要考慮 M_{143} 中的猴子所
屬的物種。按照這個神話，它們是捲尾猴，葡萄牙語爲 macaco prego
（釘猴）：這個名字的命意在於這種動物的陰莖幾乎始終處於勃起狀
態，而其頂端平如釘頭。就下流而言，捲尾猴同貘處於同等水平，這
爲土著的解釋所證實。圖帕里人甚至在洗澡時也不除去他的那裏得特
別緊的陰莖包衣，而他們把裸體洗澡連陰莖也暴露的文明人比做「貘
和猴子」（Caspar：1，第 209 頁）。

　　殺死這貘的男人讓女人和孩子吃貘的肉，或者他們用陰莖懲罰有
罪的女人（M_{150}-M_{155}）。殺死這丈夫的猴子割下他的腿，作爲獵物送給
他的妻子（M_{143}）；並且，似乎是爲了更淸楚地突顯眞正的意義，這隱喩
性的換位還以另外三個換位爲前導：雌猴的尾巴被人抓住，而這尾巴
容易抽打人；雄猴子遭受同樣的對待，通過穿刺獵人的鼻子來報復
……在「貘作爲誘姦者」的循環中，女人所以同男人分離，或者因爲
她們在水中變成魚（M_{150}、M_{151}、M_{153}、M_{154}），或者因爲她們到很遠地
方開闢一個新村（M_{155}、M_{156}）。在蒙杜魯庫人的 timbó 起源神話（M_{143}）
裏，她們採取飛行作爲達到同猴子和其他追逐她們的森林動物從地面
上分離的方式。M_{143} 中的女人幾乎成爲殺魚的 timbó；但由於她自己
的過失，她又回復到成爲女人，而其功能僅僅是揀起不是她殺死的魚。
貘的女主人想成爲魚，但一旦她們被男人抓住，她們就又變回成女人。

　　無怪乎一個 timbó 起源神話應當建基於一個魚起源神話的反轉。

──────────────
㉛試比較 M_5：
　　$\begin{cases} M_{150}：女人變成魚：母親（水）／孩子（天）\\ M_5：魚「變」成女人：母親（水）／孩子（地）。 \end{cases}$
　　還可記得：在 M_2 中，貝托戈戈妻子的誘姦者是屬於貘氏族的一個男人。

魚是一種食物，當它們被 timbó 抓住時，它們就成爲特別豐饒的一種食物。㉜就 timbó 本身而言，一個蒙杜魯庫人神話明確地規定它位於包含一切食用產品的語義域的邊際：它是獲取食物的手段，但本身不是食物：

M₁₅₇. 蒙杜魯庫人：農業的起源

從前，旣沒有種植園，也沒有栽培植物。

一個老嫗被她的小姪子糾纏不休。他飢餓不堪，向她討當時還不存在的農產品。

她開墾，焚燒了一片樹林，告訴所有男人在那裡種上玉米、甜馬鈴薯、甘蔗、香蕉、甜薯、cara macaxeira、甜瓜、腰果、印加荚果、菜豆……她解釋了，每種植物該在什麼時候收穫，怎麼烹飪，如何調味。

不過，她還說明了，timbó（漁毒）是毒的，不可以吃。男人應把它拔出來，放在水中磨，邀大家都來共享死魚，它們和 timbó 不同，是可以吃的。

她把自己埋在種植園裡，從她身體上長出了所有這些植物……〔Murphy：1，第 91 頁；同一個神話還有一個有重要差異的版本，載 Kruse：2，第 619～621 頁，和 3，第 919～920 頁，我將以另一種背景加以討論（第 2 卷）〕

所以，漁毒被納入到植物性食物的範疇內，儘管人們可能稱之爲不可食用的食物。奧帕耶人那裡也有關於人同貘結婚的神話的兩個異

㉜「這種打魚技術非常有效。我妻子和我參加過一次這種捕魚活動……有來自四個不同村子的一百多個人參與，大約殺了兩噸魚」（Murphy：2，第 59 頁）。

本；它們特別令人感興趣，因爲它們提供比其他神話遠爲直接的同食物和植物題材的聯繫，還因爲各自伙伴的性別從一個異本到另一個異本發生反轉。

一個異本(M_{158})裡，問題是一個靑年娶了一個貘女人有了一個女兒（因此，這版本酷似 M_{144} 即瓦皮廸亞納人版本）。他回到同胞中間生活，向他們說明，多虧了貘，他們才像他一樣地能享用大量食物（這使人想起圭亞那人神話 M_{114}-M_{116}，在那裡貘是生命樹的主人）。然而，女人們都是謹小愼微的園藝匠，不能容忍貘的存在，它們使種植園荒蕪，還弄髒了道路。（在塔卡納人版本中，男人對食物極其挑剔；參見 Hissink-Hahn，第 297 頁）這男人和他的貘家屬爲此而沮喪，失踪了。人類於是永遠失去了豐裕的食品。（Ribeiro: 2，第 128～129 頁）

第二個異本(M_{159})描繪了，有一個時期裡，男人專幹狩獵，把農活留給女人。然而，有一個印第安女人不管園子，也冷漠地拒絕丈夫的求愛。他於是注意她的行動，發現種植園中間有一個滿是糞便的貘窩。這女人每天到那裡與情人幽會。然而，她似乎更熱心於以烹飪取樂，勝過以撫愛取樂。在姻兄弟幫助下，這丈夫殺死了貘。這女人成功地保留下了陰莖，以便獨處時用它取樂。她在這樣做時被人發現了，人們在她洗澡時燒了茅舍，這陰莖被徹底燒毀。這女人抑鬱而死。（同上書，第 133～135 頁）

因此，第一個版本以拒絕食物告終；第二個版本以性的拒絕告終。現在我們更仔細地考察一下這個食物的方面，以那些在這方面表現最明顯的版本爲對象。

瓦皮廸亞納人和阿雷庫納人關於漁毒起源的神話，描述了人如何獲得一種植物性但不可食用的（儘管歸類爲食物）物質。

第一個奧帕耶人版本訴述了，人如何被拒絕得到大量最適合食用

的植物性食物。

關於魚起源的那些神話描述了人如何獲得一種可食用的動物性食物，而這種食物本身是一種不可食用的植物性食物(timbó)的一種功能，後者確保了前者的豐足。

那麼，我們怎麼來限定蒙杜魯庫人關於 timbó 起源的神話呢？Timbó 不是被取消，而是被留下；拒絕所及的係關涉極端形式的毒物：女人的污物。它又因其某些特徵而區別於 timbó：它來源上是動物性的，因為它來自人體；同時它的成因是文化上的，因為這污物是一個女人因其作為廚娘的功能而獲得的。

因此，從食物的觀點來看，我剛才作了比較的那些神話可以按四組對立概念加以分類：

	M_{144}、M_{145} timbó 的起源	M_{158} 豐足食物 的喪失	M_{143} 豐足 timbó 的喪失	M_{150}等等 魚的起源
可食用的/不可食用的	−	+	−	+
動物性/植物性	−	−	+	+
文化的/自然的	−	−	+	−
獲得的/拒絕的	+	−	−	+

除了這個食物性方面之外，這一切神話還呈現出性的方面。像全世界的情形一樣，南美洲語言也證明了這樣的事實：這兩個方面密切相關聯。圖帕里人用來表達交媾的話的字面意思是「吃陰道」(kümä-ka)，「吃陰莖」(ang ka)。(Caspar: 1，第 233~234 頁)蒙杜魯庫人也是這樣(Strömer，第 133 頁)。巴西南部的卡因岡人方言有一個動詞，其意思兼指「交媾」和「吃」；在有些語境下，為了避免歧義，則可能不得不

用「一用陰莖」加以修飾。(Henry, 第 146 頁)一個卡希博人神話(M_{160})
講述了，人在被創造出來的同時就要求食物；於是太陽敎他如何播種
或種植玉米、香蕉樹和其他可食用植物。然後人問他的陰莖：「你喜歡
吃什麼?」陰莖回答說：「女人的性器官」。(Métraux: 7: 第 12～13 頁)

　　然而，值得指出，在剛才討論的那些神話中，性代碼只是在指稱
男性時才是明顯的：貘的陰莖被明確提到，並被詳盡描寫。當關涉女
性時，性代碼便變成潛伏的，掩藏在食物代碼的下面：捕魚的手段
(timbó)和捕魚的對象（魚）被獲得；豐足的食物或豐足的毒物喪失
……

　　爲了理解兩種代碼間對等性的這種缺失，我們必須考慮到一個種
族志事實。巴西印第安人在性生活中對女人身體的氣味特別敏感。圖
帕里人相信，一個老年女人的陰道氣味會引起男性伙伴患周期性偏頭
痛，只有年輕女人的陰道氣味才不會帶來有害後果。(Caspar: 1, 第 210
頁)烏拉布造物主梅爾(Mair)看到一隻充滿蛆的爛果子就大聲說：「那
會成爲一個漂亮女人!」這果子立刻就變成一個女人。(Huxley, 第 190 頁)
在一個塔卡納人神話中，花豹在聞到一個印第安女人陰戶的氣味之後，
決定不強姦她，他覺得那像是爬滿蛆的肉發出的惡臭。(Hissink-Hahn,
第 284～285 頁) 前面已引過的一個蒙杜魯庫人神話(M_{58})說，在那些動
物給最早的女人造了陰道之後，犰狳用一隻爛堅果摩擦每個陰道，使
它們帶上特有的氣味。(Murphy: 1, 第 79 頁) ㉝

　　因此，我們又遇到惡臭和腐爛，不過這一次它們以解剖學代碼表
現，我們前面已經確定，惡臭和腐爛的內涵爲同文化相對立的自然。
無論在哪裡，女人都代表自然，甚至在母系制的、從母居的博羅羅人
那裡也是如此，在那裡，男人的房舍嚴禁女人入內，它用作爲宗教活
動的聖所，包括向活人展示亡魂社會景象的宗教活動。正像處於自然
狀態時人食用腐爛的、因此不可用的木頭一樣，也正像漁毒——它

本身也屬於不可食用的食物——可能等當於小兒的髒物（如果這小兒是人和動物即自然直接結合的產物）或者女人的髒物（如果後者產生於烹飪，即作爲女人和文化直接結合的產物）一樣，惡臭也是女性的自然表現（採取不可食用的形式），而其另一種自然表現（乳汁）則提供了可食用的方面。因此，陰道氣味是哺乳功能的對應物：這氣味是在先的，從而提供了逆反的形象，並且可能有充分理由得到保護，因爲它在時間上占先。這樣，解剖學和生理學的代碼重構了一種邏輯圖式，而我們最初用食物的代碼表現這圖式，按照它，負子袋鼠等價於人在引入農業前食用的腐爛東西，因而可能成爲農業的起源（第244頁）。㉞但是，問題在於這時是處女負子袋鼠。實際上，女人正是成爲了母親之後，才可同哺乳負子袋鼠相比擬。當她開始過性生活時，她就成爲邪惡的了。

博羅羅人疾病起源神話(M_5)隱含地肯定了這一切。我們已經看到，貪吃魚的死亡引人者年輕女英雄可以從負子袋鼠轉變成人，而其屬性可通過推廣到極限加以改變(第255頁)。就此而言，她強化了她的已死去的外祖母，後者向外孫放屁，從而履行臭鼬的功能。(參見以上第185頁）這後一種同化從阿薩雷神話(M_{124})，也從它和盜鳥巢者神話(M_1)(後者和M_5屬於同一個組)所成的對稱性得到間接證實。放屁殺人的臭鼬也出現在托巴人和馬塔科人神話之中。(Métraux：5，第128～129頁；3，第22～23頁)這種臭鼬在奧帕耶人神話(M_{75})中成爲死亡

㉝無疑，由於同樣的理由，一個瓦勞人神話讓臭鳥bunia(參見以上第247及以後各頁）去留心改造最早女人的陰道（Roth：1，第131頁)。相反，造物主馬庫納馬在嚐原先無味的inaja棕櫚(*Maximiliana regia*)的果子的味道時，用這些果子擦他的陰莖（K.G.：1，第33及以後各頁)。

㉞可以注意到，在星女神話(M_{89})的各個克拉霍人版本中，星女被強姦和弄髒，而她用唾沫或類似timbó的製劑樹皮浸液毒害有罪的姻兄弟。

的起源。

我們已經證明了 M_1 中和 M_{124} 中的提供幫助的動物之間的對應關係。這裡我們指出了，在每個神話中，最後都還有第四個人物活下來，而他再也不是個簡單動物，而是個長輩：M_1 中的是外祖母，她的行為是積極的，把一根魔杖給英雄；M_{124} 中的是叔叔，他的行為是消極的，用有毒流體殺死鱷魚，因為這叔叔是個臭鼬。因此，我們看到從一個神話到另一個神話時發生了一個轉換：

(1) $^{(M_1)}$ 提供幫助的外祖母（人）$\rightarrow$ $^{(M_{124})}$ 提供幫助的叔叔（動物＝臭鼬）

此外，我們同樣證明了，M_1 和 M_5 是對稱的，同樣，也不奇怪，借助 M_{124} 現在可以證明下述轉換：

(2) $^{(M_1)}$ 提供幫助的外祖母（人）$\rightarrow$ $^{(M_5)}$ 敵對的外祖母（人三臭鼬）

指出了這一點，就可以明白，這疾病起源神話在其兩個相繼插段中說明了，一個女人為了不作為母親行事，可以設想採取兩種方式。一種是肉體的，如果是一個祖母，即一個超過育齡的女人的話；一種是道德，如果是一個已做母親的年輕女人的話，她因貪吃而置嬰孩於不顧。一者是以換喻方式用其唾沫（身體的組成部分）殺害人；另一者未能夠利用她以隱喻方式排放的疾病來傾吐出攝入的食物。這兩種解決不管差別如何，都僅僅關涉同一個論證：撤除女性的母性，保留惡臭。

上面只是用一種新的方式來施行「負子袋鼠證明」。（第 178～191 頁）我們現在再從其他一些方面來考察阿雷庫納人神話。由於別的原因，我們的考察迄此始終圍繞同一點，或者略微偏離一些。

我們一開始從另外提出一個細節著手，這樣，我們可以按不同於

前面的方式來組建「貘誘姦者」神話組。毋庸贅言，這組神話值得加以專門研究，不過這裡我們僅僅滿足於勾勒其輪廓。㉟

　　當 M_{145} 中的印第安人決定殺死使他們的種植園荒蕪的雌貘時，那英雄——這貘正是他的孕妻——嚴正地懇求他們說：「如果你們想殺死這貘，那麼就用箭射它的腋窩，不要射腹部……你們可以射殺它，但不要射腹部！你們可以瞄準頭部或腳爪，但不要瞄準腹部！」(K.G.：1，第 70 頁)這裡列舉可以瞄準射箭的身體各種部分，並指出但有一個顯著例外。這種企圖使我們立刻想起一個博羅羅人神話中的一個類似段落，這個神話在本書開頭部分已作過扼述，(M_2，第 66～68 頁)並且我還曾提

㉟例如，為了闡明 M_{144}-M_{145} 的「狐狸」的語義功能，就必須建構一個神話組，它儘管表面上看起來很簡單，但以配合的方式利用了相當多的對立：幽閉／排斥；食物／反食物；人／動物；生母／養母；乳娘／女魔；母親／妻子；臭鼬／狐狸；timbó／魚：

M_5　{嬰孩(1)被幽閉………………代理母親的反食物＝臭鼬 　　　嬰孩(2)………………………		人母的排斥—反食物，貪吃用 timbó 捕獲的魚。
M_{144}- M_{145}　{嬰孩被排斥…………代理母親的食物＝狐狸………………		動物性植物(貘)的採集→富有捕魚用的 timbó 的妻子。

此後，就應當追蹤從亞馬遜（參見 M_{109c}，它係關於一頭雌負子袋鼠）到這個大陸的南端，「雌狐」的各種轉換。在雅馬納人(Yamana)那裏，孿生兒——通過把一個因吵鬧不休被遺棄的孩子分成兩個部分而產生——的養母雌狐打算吃掉他們；土著對這種態度的解釋是，狐狸喜歡吃屍肉。(Gusinde，第 2 卷，第 1141～1143 頁)

請讀者注意它的重要意義(第 276～277 頁)。爲了向一個強姦他妻子的印
第安人報復，貝托戈戈用幾支箭瞄準他喊道：「我將傷你的肩膀，但不
會讓你死！我將傷你的手臂，但不會讓你死！我將傷你髖部，但不會
讓你死！我將傷你的臀部，但不會讓你死！我將傷你的腿部，但不會
讓你死！我將傷你的臉部，但不會讓你死！我將傷你的脇部——你就
死吧！」。(Colb.：第 202～203 頁)，⑯還可以記得，這受害者是個屬於貘
氏族的男人，因此，他也是「一個貘誘姦者」。我在把 M_2 (一個關於
地上的、有益的水的起源的神話) 同關於貝普科羅羅蒂的卡耶波人神
話(M_{125})關聯起來加以對比時，也利用過這個論據。M_{125}係關於上天
的、邪惡的水的起源，在那裡，旣是動物又是獵物的貘被殺害，剝皮
和切碎，這種粗暴乾脆的做法同 M_2 中貘男人遭受的長時間折磨適成
對比。阿雷庫納人神話完善並豐富了這種對比，因爲它包含一個這種
類型挿段，且像博羅羅人神話一樣也描繪了一個貘誘姦者 (但是雌的
而不是雄的；是動物而不是人)。因此，在 M_{125} 中，貘(保留其動物性，
且爲了便於同 M_2 和 M_{145} 作比較，可以說經受了一次同一的即與自身
同一的轉換) 是粗拙謀殺的受害者；而在 M_2 和 M_{145} (它們相互構成雙
重對比：雌／雄，人／獸) 中，貘是精心實施的謀殺的受害者，但出
於迥異的目的：或者要在殺死它之前先傷害其身體的每個部分
(M_2)，或者(M_{145})在傷及一個特定部位 (腹部，那裡嬰兒有性命被害
之虞) 之前先殺死它：

---

⑯科赫—格林貝格 (1，第 270 頁及以後) 已就其他神話強調了這種敍述手段的主
題價值。探究一下，他作爲例子援引的那些神話和我們按同一關係加以比較的各
個神話是否也構成一個組，是很有意思的。此外，在科爾巴齊尼〔2，第 (25) 頁
注②〕那裏也有幾個應用這種敍述手段的例子。

$$M_{125} \quad (貘→貘) = f \, (粗拙的謀殺)$$

$$M_2 \quad (貘→人) = f \, (精心實施的謀殺：傷害＞殺死)$$

$$M_{145} \quad (人→貘) = f \, (精心實施的謀殺：殺死＞傷害)$$

爲了證明這個方程組是合理的，我們只要闡明，M_2中屬於貘氏族中的那個男人可以還原爲由一個人承擔的「貘功能」，而M_{145}中的貘女人可以還原爲由一個動物承擔的「人功能」（母親和妻子）。

現在我們繼續討論M_{145}（阿雷庫納人版本）和M_{144}（瓦皮廸亞納人版本）的第二個方面：爲什麼漁毒的起源同貘作爲誘姦者的題材相聯繫？因爲我打算表明，它們之間的聯繫預設了一種關於植物性毒物在創造物系統中的地位的非常特別的觀點，所以，我先來引入一個新神話：箭毒起源神話，這種毒物用於狩獵而不是打魚。它來源於生活在特隆貝塔斯河和卡舒羅河中游流域的一個操卡里布語的小部落：

M_{161}. 卡丘耶納人(Kachuyana)：箭毒的起源

　　從前有個年輕的單身漢，住在一所孤獨的茅舍裡，遠離部落的同胞。有一次，他打獵特別成功。回家後，他把所有獵物都燒煮吃掉了，只剩下一隻雌吼猴（種名 *Alouatta*），他把她熏過夜。然後他上床睡了。

　　翌晨醒來，他決定動身打獵前吃這吼猴。他看到這屍體毛髮已燒盡，於是心緒劇變，繼而變得憤怒：「這雌猴讓我怎麼啦？我餓了，却不能吃她！」他仍讓它熏著，出去打獵了。

　　晚上，他吃白天殺死的獵物。他說：「明天我要吃這雌猴。……」但是第二天，又出現同樣情景；他只得看這雌猴一眼，於是吃她

的食欲頓消。她看上去那麼豐滿，那麼漂亮。他最後又看了一眼後嘆息著說：「她能變成我的妻子就好了！」

當他打獵回來時，飯已做好──肉、湯、烙餅……翌日當他打魚回來時，情形又是一樣。這印第安人大惑不解，環顧四周，最後發現一個迷人的女人躺在他的吊床上；她告訴他，她就是他希望做妻子的那個雌猴。

度過蜜月之後，這男人帶這女人到村裡，把她介紹給親屬。然後又由這女人把丈夫介紹給她的同胞──一支猴子家族，它們的茅舍在樹梢上。這女人幫助這男人爬上茅舍；翌晨她同其他猴子一起出去。她和它們都再也沒有回來。這男人失去幫助爬不下來，被困在樹梢上。

一天早晨，兀鷹王恰巧經過。他問了這男人，後者訴述了自己的遭遇，解釋了自己的困難處境。這兀鷹說：「等一會兒」，一邊強自打噴嚏。他鼻子裡淌出了（鼻）涕，一直拖到地上，變成一枝藤蔓。然而，這藤蔓非常柔弱，所以這人說它可能會被壓斷。於是，兀鷹喚來了角鷹（葡萄牙語 gavião-real），後者也打噴嚏，其涕流形成一根較強的藤蔓，這英雄於是就能順著它滑下來。（參見 M₁₁₆—M₁₁₇），角鷹在離開前還教他怎樣報復。他應當割下稱爲「角鷹之箭」的藤本植物，按它的指示製備。在乞求保護人保佑如儀之後，他出去獵吼猴了。

這男人按照角鷹的吩咐行事。吼猴全被殺盡，只有一頭小的倖免，今天的猴就是它的後裔。(Frikel：1，第 267～269 頁)

關於這個神話有許多話要說。卡丘耶納人打獵用的毒物（以前也許用做戰爭武器）是從一種藤本植物提取的。它的製備要求長時期戒絕同女性身體的任何形式接觸，由於這個原故，年輕單身漢常常被託

付這個任務。土著相信，角鷹是另一個世界中最強有力的巫師。㉟最後，儘管這毒物今天主要用於獵蜘蛛猴（它們的肉被認為比較好吃，在儀式上食用），但土著用由長鬚吼猴硬毛做的刷子把這毒物敷在箭上。(Frikel：1，第 269～274 頁)這種猴似乎具有毒和腐敗兩方面的特徵。像其他種猴一樣，吼猴通常也被毒箭獵獲。不過，「甚至身受重傷，bugio（＝guariba）也仍待在樹上，用尾巴懸吊著，身體在空中晃來晃去。據說這種狀況能保持好幾天，直到身體已經半爛才落到地上」。(Ihering，第 33 卷，第 261 頁)可見，吼猴由於中毒而腐爛，而熱依人神話中的負子袋鼠則相反，無論腐爛還是弄髒，都本身成為毒物。即使如此，我還是打算只研討這個複雜問題的少數幾個方面，以便我們不迷失目標，即弄清楚關於植物性毒物之起源的那些神話的共同特徵。

　　第一個特徵一目了然：毒總是產生於一種身體污物：女人污物（M_{143}）、嬰兒污染（M_{144}-M_{146}）和鼻涕（M_{161}，在那裡，鳥庇護者打噴嚏流出的鼻涕產生了兩種藤本植物，儘管應當明白，沒有迹象表明，毒物也產生於同一來源）。並且，在各主要神話中，這髒物是假設性的：它是過度的烹飪活動的結果（M_{143}）；它屬於一個孩子所有，而這孩子是雙重地「自然的」（非婚生的，一個野獸的兒子：M_{145}）；或者屬於一隻鳥所有，這鳥是魚的主人，其粘液被說成（用另一隻產生的粘液相對比）特別多（M_{161}）。

　　最重要的一點是，為了最終達到毒物，這些神話似乎全都必須通過一種狹道，其狹窄之甚大大減小了自然和文化之間、獸性和人性之

㉟蘇里南的土著為了解釋兀鷹在他們神話中占居的地位，說「在這另一個世界裏有著關於這種鳥的一整門科學」(Van Coll，第 482 頁)。巴西並沒有真正的鷹（Aquila），那裏用 gavião-real 這名詞通常指稱四種角鷹之一種，即 *Spizaetus* 屬（亦稱 gavião pega-macaco）的兩個種，以及 *Morphnus guianensis* 和 *Thrasaetus harpyia*，它們的翼跨距大到 2 米（Ihering，辭條「Harpia」）。

間的隔閡。

　　蒙杜魯庫女人(M_{143})接受一隻蛙的庇護，當它的廚娘——即充當一種文化的動因。阿雷庫納英雄(M_{145})聽任一頭雌貘勾引；卡丘耶納英雄(M_{161})聽任雌猴勾引。在這些場合，自然總是模仿文化世界，但按相反方向。蛙所要求的那種烹飪同人類的烹飪方法相反，因爲蛙命令女英雄把獵物的皮剝掉，把肉放在烤肉架上，把皮放在火中燒；這違背常識，因爲通常獵物都連皮放在木柴燒的文火上煮。38在阿雷庫納人神話中，混亂的狀態甚至更形嚴重：雌貘用扁虱代替珍珠蓋在她兒子的身上：「她把它們圍住他的頸脖、腿、耳、睾丸、腋窩和全身」，(K.G.：1，第69頁)，在她看來，毒蛇是一塊可以在上面烤木薯餅的板，狗是一條毒蛇……卡丘耶納英雄被一頭雌猴的熏過的屍體的人貌纏住。

　　因此，先說在這些神話中，自然和獸性被反轉而成爲文化和人性，是不夠的。自然和文化、獸性和人性在那裡變得相互滲透。從一個領域到另一個領域可以毫無阻礙地自由通行：兩者之間不是有一道鴻溝，而是非常密切地相互聯繫，以致屬於一個領域的任何一個項都立即就引出另一個領域中的一個相關項，而這兩個項能夠相互標示。

　　很可能是某種毒物概念激發人洞見自然和文化之間的相互穿透性，它在 M_{161} 的飢餓英雄的行爲中得到詩意的表達：他無法令自己吃獵物，因爲其外貌使他聯想起他所想往的迷人妻子的姿色。毒物引起了自然和文化間的某種短路。它是一種自然物質，而它本身被引入打獵或打魚這類文化活動之中，使之極端地簡單化。毒勝過人和他所發明的一切其他技術手段；它放大了人的行動，預示這種行動的後果；

38在克魯澤2中，M_{143}缺失這個插段，在那裏，所有的項全都向人類方向移動：猴是變態的兒童；蛙是呈人形的巫師，它以其特徵性的叫喊暴露自己的眞正本性。

它的作用更爲迅速，也更爲有效。所以，我們切勿感到奇怪，倘若土著思維把毒物看做自然對文化的入侵的話。前者暫時地侵入後者：在短時間裡有一種結合的運作展開，以致無法分辨兩者各自所起的作用。

如果說我已正確地解釋了土著的哲學，那麼，毒物的應用表現著直接由一種自然性質產生的一種文化行爲。在印第安人所考察的問題中，毒物因此規定了自然和文化之間的同構之處，作爲它們相互滲透的產物。

可見，這種直接體現在文化過程之中，但偏轉其進程的自然實體**是誘姦者**在被專就其本身加以描述時的形象。這誘姦者是就行爲而言被剝奪掉社會地位的一種存在物——不然的話，他本來就不會專門是誘姦者——僅僅按照其自然秉性、形體優美和性能力行事，以便擾亂婚姻社會秩序。因此，他也代表自然對文化核心的粗暴入侵。果然如此的話，我們就能理解漁毒如何能成爲一個貘誘姦者的或至少一個雌貘誘姦者的兒子。因爲，主要是父系制社會拒絕承認，一個男人之誘姦一個女人等價於一個女人之誘姦一個男人。如果自然和文化之間的對立對應於雌和雄之間的對立（全世界的情形事實上都是如此，我們這裡關心的那些群體無疑也是這樣），那麼，一個女人之被一個雄性動物誘姦便必然按照下述方程導致一個自然產物：

(1)自然＋自然＝自然

而且，因此，被一頭貘誘姦的女人變成魚，而一個男人之被一個雌動物誘姦可以表達爲：

(2)文化＋自然＝（自然三文化），

其產物爲漁毒：一個特別含糊的合成物，阿雷庫納人神話（M_{145}）把他說成是小孩、明顯是男的，但他的睪丸未臻成熟，只產生一種弱的毒物。不過，第一種運作未把女人變爲任何動物，因此可以明白，這兩種運作屬於同一組。作爲魚，她們重建了同 timbó 的互補性關係。她們

是它的作用對象。㊴

打漁的技巧也遵從這種神話互補性，因爲男人和女人有不同的功能。男人起主動作用，製備和操持 timbő，同活魚接觸。女人起被動作用；她們聚集在下游不遠處，等待死魚順流飄浮下來，只是把它們揀拾起來。㊵這就是說：

神話層面　　　　經驗層面

(1)　(M_{143})　　(M_{145})

$$\frac{\text{女人}}{\text{魚}} : \frac{\text{男孩}}{\text{timbő}} :: \frac{\text{男人}}{\text{timbő}} : \frac{\text{女人}}{\text{魚}}$$

這個交錯配列產生於這樣的事實：在神話層面上，女人之轉換成魚是一種積極的實現，男孩之轉換成 timbő 則是被動的承受；而在經驗層面上，男人起著積極的作用，女人則起被動作用。

M_{143}的蒙杜魯庫女英雄所犯的錯誤證明了這一點。如果她目光牢牢地盯住溯流方向，以致無法看到身邊還活著的魚，換言之，如果她遵從支配兩性打魚地點分配的原則的話，她本來就會保留住她那寶貴的生理毒性。她因爲順流看去，目睹魚死而違反這條原則；處在上游活魚之中的男人可以順流看去，而女人只能沿溯流方向看死魚順流向

㊴漁毒是貘的孩子這個事實說明了關於這種動物的習性的一種特別信念：「當貘發現一個魚充沛的池塘時，他就朝水中解大便。然後他潛入水中，用脚拍打糞便；魚被氣味吸引過來覓食，被麻醉而浮於水面，遂被貘吃掉。克雷奧爾人（Creole）識破這種計謀，就守候在池塘邊，獲取他留下的魚。」有人解釋說（(Pitou，第2卷，第 44 頁)：「他的糞便同馬糞相像，作爲魚的麻醉劑，魚特別喜歡吃它。」這是由於誤解一個神話而歪曲的一個驚人事例。

㊵例如，參見一個蒙杜魯庫人神話的下述插段：「佩里蘇亞特（Perisuát）在旅程第五天遇見在一條小河裏用timbő打魚的一對花豹夫婦。丈夫在上游下毒物，女的在下游遠處捉魚。」(Murphy：1，第99頁。亦參見Krouse：2，第644～645頁。)

她們漂浮而來。對男人特權的這種侵占帶來三重結果：毒物從動物變成植物性；從文化的變成自然的；從作爲女性所有物變成作爲男性所有物。

　　還可注意到，由於在阿雷庫納人神話(M_{145})中男人和女人以及上游和下游這兩個對立得到加強(在那裡，兩個對立項不是男人和女人，而是人和食魚鳥)，所以，方程

　　　　　經驗層面

(2)　　　　　　(男人：女人：：上游：下游)

仍然成立。在 M_{145} 中，食魚鳥之和人的關係一如打魚中女人之和男人的關係；另一個圭亞那人神話描述水鳥如下：「凡今天生活在污濁池塘沿岸、在泥土之中的鳥都食魚和腐敗的肉」。(K.G.：1, 第 262 頁)。tuyuyu 鳥 (大型涉水鳥，*Mycteria* 屬的亞馬遜名字，再往南也叫 jabiru 和 jabwu) 作爲水鳥的使者在 M_{145} 中起著決定性的作用，對一個物種擬人化，這物種的成員在洪水過後成千上萬地飛下地面襲擊擱淺的魚，把它們吃掉，而這些魚數量極多，據以爲以致若沒有這些鳥，大氣就會全被有機物的腐敗毒化。(Ihering, 第 XXXVI 卷，第 208～209 頁)。因此，等待魚死去以便吃它們的鳥轉換成爲在打魚遠征中等待魚死 (被男人設法殺死) 以便揀拾它們的女人。訴述鳥要求捕魚應在深水中進行的插段可以用下列轉換解釋：

(3) (男人／女人)：(上游／下游)：：(人／鳥)：(河／瀑布腳下池塘)

　　這個方程很重要，因爲它證明了這樣的事實：M_{145} 中起源於人的 timbó 所以失去，其原因和 M_{143} 中相同。在這裡，擁有 timbó 的女人所以失去其能力，是因爲她自己錯誤地置自身於男性的地位。在那裡，擁有 timbó 的兒童所以死去，是因爲他由於鳥(乃由女漁夫轉換而成)的過失而占居低的位置(在瀑布腳下)，而這低位置是和下游也即女性地位相一致的。這兩個神話所共有的一種圖式的這種反轉還伴以它們

各自結論的反轉：特異 timbó 失去（M_{143}），尋常 timbó 產生（M_{145}）。

現在我們回到毒物所提出的那些問題上來。阿雷庫納人神話把毒物的起源歸因於虹霓的介入，我已提出這樣的見解（第 323 及以後各頁）：博羅羅人的疾病起源神話（M_5）的女英雄（她大吃用 timbó 捕獲的魚）和虹霓之間可能存在一種聯繫。這個博羅羅女英雄是疾病之母，我已表明，在整個赤道美洲，疾病、至少流行病一般都被歸因於虹霓。現在我們來更詳盡地分析這種觀念。

和老齡、事故與戰爭不同，流行病造成人口網出現巨大缺口。這個特點是流行病和漁毒所共有的。如我們已看到的那樣，漁毒給河中動植物所帶來的浩刼，其程度是能用別種手段得到的後果所無法比的。疾病和漁毒之間的這種聯繫並非純屬臆測，因為它構成了一個圭亞那神話的題材：

M_{162}. 卡里布人：「疾病和漁毒的起源」

在遠古時代，人不知道疾病、苦難和死亡。也沒有爭吵，人人幸福。林中的妖精那時和人一起生活。

一天，一個妖精裝成一個哺乳嬰孩的女人，走訪印第安人。後者給她吃滾燙的、加濃重佐料的燉煮菜餚，以致這超自然女人口燥得「揪心」。她馬上討水喝，但存心不良的女主人聲稱她一點水也沒有。因此，這妖精跑到河裡去解渴，把嬰孩留在茅舍裡。她一走，一個惡女人馬上就把這嬰兒扔進正在火爐上煮沸的罐中。

妖精回到茅舍後，到處尋找她的嬰孩。當她經過罐旁時，不經意地用勺攪其中的菜餚，看到小屍體升上表面。她大哭起來，痛罵印第安人，對他們說，他們的孩子從此之後也要死去，因此

他們也會大哭。女人在生孩子時還要蒙受痛苦。至於男人，他們再也不可能只要用葫蘆盛器舀光河中的水便可揀取到魚，然後再注滿河水，又可有大量的魚。從此之後，他們不得不辛勤勞作，努力地用根毒化河塘。最後，這林中妖精殺死了那個罪婦，並為了加罪小孩而粗暴地損害他們母親的記憶。只是當恰巧有人發出「甜薯」這詞時，這妖精才消失，因為妖精怕這種塊莖。(Roth：1，第179頁；關於這神話的分析，參見以下第400及以後各頁)。

在博羅羅人神話(M_5)和卡耶波人神話(M_{140})(兩者都關涉疾病起源)中，從事集體打魚遠征的一個村子的村民成為最早流行病的集體受害者。兩個博羅羅人神話(M_2、M_3)使文化的出現取決於一個群體的殘殺。通過研究這兩個神話，我推知(第68～75頁)，按照土著的思維，從自然到文化的過渡相應於從連續到不連續的過渡。

如我已指出的那樣，漁毒提出的各個問題引導我得出這樣的結論：這種毒物從語義角度來看處於這樣的地位，即在該處，從自然到文化的過渡不會或者幾乎不會消除連續性。可以說，按照土著關於植物起源的毒的觀念，自然和文化之間的間隔儘管像一切其他背景中一樣也存在，但減小到了最低限度。因此，捕魚或打獵用的毒物都可以被規定為引起最大不連續性的最大連續性，或者，願意的話，也可以被規定為決定自然和文化分離的兩者之結合，因為一者取決於連續量，另一者取決於離散量。因此，並非偶然，阿雷庫納人關於漁毒起源的神話(M_{145})應當包括一個插段(我這裡只是簡單地提到它，後面還要回到它上面來)，它把虹霓的片段說成是生物種之解剖學不連續性的原因——一種動物學秩序出現的原因，而這像其他界域的秩序的出現一樣，也確保文化對於自然的優越性(L.-S.：8和9，各處)。在各個似乎不相稱的題材並置的背後，我們隱約感知到有一種短間隔和長間隔的辯證

法，或者假借方便的音樂術語來說，一種變化音和自然音的辯證法在
起作用。受悲觀情緒驅使、以自然音為取向的南美洲人似乎認為：變
音性帶有原初的邪惡，即產生長的間隔，而這在文化那裡對於文化的
存在是不可或缺的，在自然那裡則對於自然之於人「可以思議」是不
可或缺的；同時，這種變音性只能是一種原始連續性的自我破壞的結
果，而今天這種連續性的力量仍可以在它殘存著的少數場合讓人感受
到：或者對人是有利的，採取人已學會駕馭的毒物的形態；或者不利
於人，採取人無法駕馭的虹霓的形式。

　　毒物的變音性屬於意識形態，因為它依存於這樣的概念：自然和
文化的間隔非常短。虹霓的變音性是經驗的、可以察知的。不過，如
果按照剛才所作考察的路線，我們承認這樣的事實：就其作為人類理
智的一個範疇而言，變音性蘊涵著對一種色彩圖式的自覺或不自覺的
領悟，那麼，讓-雅克・盧梭（Jean-Jacques Rousseau）關於變音性的
意見就更其令人感興趣了：「變音性這個源自希臘文 $Xp\tilde{w}\mu\alpha$，意為**顏
色**。這或者是因為希臘人用紅色或別的顏色標記這種風格；或者按照
有的著作家的意見，是因為變化音風格介於兩種別的風格之間，正如
顏色介於黑和白之間；或者按照另一些著作家的意見，是因為這種風
格通過半音賦予自然音以美感和變化，而後者在音樂中產生的效果如
同色彩之於繪畫」。〔《音樂辭典》，辭條「變化音」（*Chromatique*）〕

　　無需強調，像 G. 魯熱（Rouget）（他在最近一篇文章中給原始變音
性問題作了精彩表述）一樣，我也在短間隔的應用的很一般的意義上
使用變音性這個詞，並保留它對於音樂和繪畫兩者共同的意義。我將
進一步引用盧梭的話來表明，南美洲人的變音性觀念——首先是用視
覺代碼構想的——既不令人感到怪異，也不讓人感到是域外來的，因
為自柏拉圖和亞里士多德以降，西歐人一直和巴西印第安人同樣疑慮
地看待這個詞（即使在音樂層面上），同樣地賦予其歧義性，把它同苦

難和生離死別聯繫起來:「變化音風格很適合表現悲哀和痛苦: 隨著它的音沿向上音階增強, 催人從心裡滴血。它在向下音階上同樣力量不減; 這時, 其音聽來宛如真有人在哀嘆。……不過, 這種風格儘管很有效, 但應當慎用。這就像美味佳餚, 暴食了會讓人倒胃口, 有節制地享用才會魅力長在。」(同上) 利特雷 (Littré) 援引過盧梭的這個辭條的開頭部分, 他給上文作補充說:「在交談中, 變化音、變化音的意味著含情脈脈的、傷感的、憂鬱的話語」(同上)。

　　現在可以適時地提醒讀者, 在圭亞那, 虹霓用負子袋鼠的名字冠稱。我沿著同我們此刻相迥異的思路前進, 結果把虹霓和負子袋鼠的這種等同看做是負子袋鼠在這些神話中履行的兩種邏輯上對立的功能即作為生命給予者和死亡給予者 (第 324~325 頁) 被隔開非常短間隔而產生的一個效應。因此, 負子袋鼠也是一種「變化音的」存在物。它在 M_{89} 中給誘姦它的人吃毒藥, 而在同一組神話中的其他神話裡, 它本身就是毒物。

　　我不準備走得很遠, 以至提出伊索爾德 (Isolde) 也可以還原為一種「負子袋鼠功能」。但是, 既然我們通過分析南美洲神話而走向把漁獵用的毒物看做為誘姦者 (社會秩序的毒害者) 的一種組合變型, 把毒物和誘姦者兩者看做為自然和文化之間短間隔的兩種模態, 那麼, 我們可以下結論說: 由於簡單情形以外的其他種種原因, 春藥和毒藥是可以互換的, 因此我們可以重新思索《特里斯坦與伊索爾德》(*Tristan und Isolde*) 中的變音性的深刻原因。

【第五篇】

質樸的三樂章交響曲

　　你們自己會相信，這些故事同詩人和其他寓言作家經常編選的那些浮華寓言和無謂小說毫無共同之處，這些人像蜘蛛一樣挖空心思胡編亂造，毫無內容和主題卻又貌似記敘事件，包含深奧的問題。數學家說，虹霓只是我們視覺景象被雲折射而成的各種彩色圖景的現象而已，同樣，這些寓言也是某種理性的現象，而這理性令我們的理智回過頭去重新考察別的眞理。

　　　　　　　　普魯塔克(plutarque)，《論愛西絲和奧西里斯》

　　　　　　　　　　　　　　　　(*De Isis et d'Osiris*)，　§ X

I　民間主題的怡情曲(Divertissement)

　　現在我們回到參照神話，估量一下我們處於什麼地位。

　　我們已經證明，博羅羅人神話(M_1和M_5)和熱依人神話(M_7-M_{12})屬於同一組，通過某些轉換運作，可以從一個神話過渡到另一個神話。這些轉換的原則處於原因論層面，因爲以盜鳥巢者爲英雄的神話都表現爲關於水起源的神話(M_1)或者關於火起源的神話(M_7-M_{12})。博羅羅人神話是前一種情形的例子；熱依人神話則屬於後一種情形的例子。我們一定還記得，它們不是關於任何種類的火或任何種類的水。這火是家用火爐中的火，這水則是以暴風雨形式撲滅家用火爐的水。

　　這水／火對立還伴以另一種對立。在所有這些神話中，英雄之成功地向水主人精靈之國（博羅羅人）或火主人花豹家（熱依人）遠征，皆直接或間接地依從於某些關於噪音的警告：他切不可引起噪音，或者爲噪音所動；或者，把問題說得更加簡單，他必須像**啞巴**或者**聾子**

般行事。甚至表面上沒有這個題材的謝倫特人神話(M_{12})在結束時也
涉及它，不過借助一個附加情節：當英雄帶著烤肉回到村裡時，他對
村民們提的問題**充耳不聞**，只是說，這肉僅靠太陽燒煮(第 100 頁)。因
此，他的耳聾是博羅羅英雄所力主的沉默的對應物，而阿皮納耶英雄
(M_9)有著過分敏銳的聽覺(他能聽到腐爛木頭的呼喚)，蒂姆比拉人神
話(M_{10})的英雄在吃東西時發出過多噪音。當從這個角度來看待這些
神話時，分界線發生位移，它把熱依人神話組分割開來，置博羅羅人
和蒂姆比拉人神話爲一方(或大或小程度上有效地戒絕說話)，阿皮納
耶人和謝倫特人神話爲另一方 (也是程度或大或小的耳聾)。

　　所有這些神話都必定從負面和正面同食物燒煮的起源有關。它們
把這種營養方式同其他兩種方式相對比：肉食動物吃生肉，食腐肉動
物吃腐肉。不過，這裡我還有第三種差異——這些神話提出各種不同
形式的食人：博羅羅人神話中空中的 (兀鷹) 和水中的 (比拉魚)；熱
依人神話中地上的，不過這又包括時而是自然的，這時肉是生的 (肉
食動物)，時而是超自然的，這時肉是燒煮過的 (阿皮納耶女魔)。

　　在這樣對博羅羅人神話和熱依人神話作了分類之後，要不是還有
兩個困難存在，我本來可以認爲任務已經完成。

　　第一，博羅羅人把暴風雨 (反火) 的起源同亂倫的後果聯繫起來，
而熱依人神話中並沒有對應的題材。這是什麼道理？當然，也不是根
本沒有這種題材，因爲父子 (在母系制社會裡他們是姻親) 的對抗代
之以兩個姻兄弟 (其中一個是成人，一個是兒童) 的對抗。但這不是
我們所期望的直接反轉，①而只是作爲這組神話的一個常項的那段對
立，即以一個女人爲中介的兩個不同輩份男人的對立的一種弱化。

　　其次，在幾乎所有的版本中，食物的燒煮和對噪音的態度之間總

---

①下面第 301～302 頁上將可看到，這種反轉是存在的，但採取間接形式。

是存在奇妙的聯繫。我們悉心解釋這一點。

事實上，這兩個問題是一回事。一旦認識到這一點，問題也就迎刃而解。問題是這種論證比較棘手，而採取一種不怎麼正規的方法倒是上策：我打算暫時撇開巴西神話，不妨到一般神話和民間傳說的領域裡作短暫考察。這好像是在繞圈子，但實際上是在走捷徑！

如果有人突然問一個種族專家：風俗在哪些場合要求不受限制的噪音，那麼，很可能他立即援引兩個事例：歐洲傳統的逗鬧，以及許多所謂原始的（及開化的）社會現在或歷來用以向日蝕或月蝕致敬的喧囂。我現在來逐個考察它們。

狄德羅和達朗貝編纂的《百科全書》(*Encyclopédie*)把「逗鬧」定義如下：「這詞……意指和表達用碟、釜、盆等等在第二或第三次結婚者或年齡懸殊的結婚者的門前於新婚之夜弄出嘲笑性的喧鬧聲。

「這種有傷大雅的風俗曾經風靡一時，甚至王后再嫁時也不能倖免」〔辭條「逗鬧」(*Charivari*)〕。

范熱內(Van Gennep)列舉了這類場合和為逗鬧提供理由的人：夫婦年齡差異很大的婚姻；鰥夫再婚；被妻子毆打的丈夫；拒絕名聲良好的求婚者、接受富翁、老翁或外國人求婚的姑娘；自甘墮落的放蕩姑娘；未婚先孕的未婚妻；貪錢而向一個女人「出賣自己」的男青年；犯私通罪的已婚女子；把一個有婦之夫當情人的姑娘；怕老婆的丈夫；不尊重血緣禁忌的婚姻。按照迪康熱(Du Cange)的說法，可以通過付報酬給「青年頭領」來求得免受逗鬧。按照范熱內的說法，在絕大多數場合，遭受逗鬧的是男人，不是女人。〔Van Gennep（以下縮寫為 V.G.），第 2 卷第 1 篇，第 614～620 頁〕

至於在一次蝕期間進行的喧囂，則表面上是為了嚇退想吞吃這天體的動物或鬼怪。全世界都記載有這種風俗：中國、緬甸、印度和馬

來西亞；非洲，尤其達荷美和毗鄰地區；美洲，從加拿大經過墨西哥
到秘魯。自從李維(Livy)和塔西陀(Tacitus)提到它之後，希臘人和羅
馬人也知道了；似乎一直到相當晚近的時期，在義大利、斯堪的納維
亞甚至德國還流傳著這樣的解釋性的信仰(傳統形式或簡化形式)：蝕
因一頭狼攻擊月亮或太陽所致。

　　這兩種情形有什麼共同之處，人們希望通過弄出噪音來達到什麼
目的呢？

　　乍一看來，這問題似乎很容易回答。逗鬧懲罰該受譴責的聯姻，
而蝕似乎是一次危險結合——貪吃的鬼怪把一個天體占爲獵物的結
果。關於一次蝕期間發生的喧囂的這種流行解釋似乎證明了這樣的信
念：這噪音據認爲在一種情形裡是爲了驅趕吃太陽或月亮的宇宙學鬼
怪，而在另一種情形裡是爲了驅趕「呑吃」他或她的同樣無辜的獵物
的社會學「鬼怪」。然而，我們只要瀏覽一下范熱內舉的那些例子，就
可以明白，這解釋並非對於一切場合都是適用的。有時，逗鬧的矛頭
所向，是針對據認爲的受害者，而不是行爲不軌的男女。

　　因此，我們現在嘗試更精確地說明這情境。困難產生於這樣的事
實：根據我們考察的這些事例來判斷，噪音似乎是在宣判該受譴責的
結合或危害很大的分離有罪。但是，這結合難道不構成原初現象嗎？
無論結婚還是蝕的情形裡，它都首先可以從負面加以定義：它代表確
保日月、晝夜、亮暗和炎涼按規則順序更替的一種秩序之被破壞；或
者在社會學層面上，則是就社會地位、年齡、財富等等而言處於匹配
關係的男女的更替秩序被破壞：

　　a,b,c,d,e,……f,g,h,……l,m,n,……

喧囂所懲罰的不是組合序列中的兩個項的簡單結合即下列情況：

a,b,c,d͡e······f,g,h,······l,m,n,······

而是某種遠爲複雜的東西，它一方面是這組合序列的**破壞**，另方面則是一個外來元素對這個序列的**入侵**，它**占用**或試圖占用這序列的一個項，從而引起這序列離解。

占用的概念使我們得以克服分離和結合間的背反，尤其倘若我們認識到：它可能影響一個潛在對偶的一個項，或者影響作爲這潛在對偶的兩個項間的中介的一個項。

P·　福蒂-博利厄(Fortier-Beaulieu)就逗鬧習俗寫過一份調查報告，但未發表。民間藝術與傳統博物館館長喬治-亨利·里維埃(Georges-Henri Rivière)先生慨允讓我利用。它對我的分析提供了經驗證據。儘管它提到的逗鬧緣由包括夫婦年齡懸殊、一方行爲不軌、姑娘未婚先孕而結婚，以及拒絕用狂歡作樂來慶祝婚禮，但是引人矚目的是，所考察的情形中有 92.5%屬於年齡或財富懸殊、雙雙年邁或者寡鰥期間行爲不軌者的**再婚**。無疑，這種再婚是不正常的。但是，它說明了再婚的根本性質，即始終在於由一個已結過一次婚似乎本應退出循環的人占用一個配偶，而後者就不再可以普遍爲人們所用了，其不適當的婚配打斷了婚姻結合序列的理想連續性。這篇調查報告所援引的一個提供神話者(d'Eyguières,B du R.)就是這個意思，他說，逗鬧的目的在於「報復正在使年輕姑娘或小伙子中失去了一個單身漢或獨身女的鰥夫或寡婦。」

上述論證等於一條引理，它使我們得以確定逗鬧和蝕的期間賦予

噪音的真正功能，以之作為一個預備步驟。噪音的功能是引起人注意
一個組合序列之展開中的反常。這序列的兩個項處於一種分離狀態；
相關聯地，其中一個項與另外一個項發生結合，儘管後者是這序列以
外的。

那麼，這個結果跟我們有什麼關係呢？

在本著作中，我常常提到性別對立和天地對立之間實際上普遍存
在的等價關係。關於星即凡人之妻的熱依人神話(M_{87}-M_{93})把女性內
涵賦予天，男性內涵賦予地。在北美洲的相應神話，有時甚至在南美
洲的神話(例如參見 M_{110})中，這個關係反轉了過來。只有這方程的形
式保持不變：

$$天：地:: \quad x性：y性。$$

按照我們正在研討的這一切神話，燒煮的發現對以往存在於天地
之間的關係產生了深刻的影響。人在知道火和食物燒煮之前，只是把
肉放在**石頭**上，讓**太陽**光線來曬(絕妙的地上的和天上的屬性)。[2]因
此，肉是天對地的接近、太陽對人類的接近的徵象。有一個神話明確
不過地說：「很久以前，特內特哈拉人沒有火。肉由**那時離地球較近的**
太陽燒煮。」〔著重號(編按，即黑體字)由我所加；Wagley-Galvão，第 133 頁〕

並非偶然，隱含地提出這種假說的熱依人有一個部落同時又篤信
太陽對地球的接近。謝倫特人相信，旱季是因為太陽對人發怒而造成
的。為了平息太陽的惱怒，他們總是舉行一種儀式。這個儀式又長又
苦，被列為他們所有儀式的首位。在歷時三個星期裡，成年人齋戒，

---

[2]這個方法論假說並不是不言而喻的。北美洲的俄勒岡州和華盛頓州的部落對方
　法論問題的表述和熱依人的表述驚人地相似，他們說，在文明英雄盜火之前，
　人們總把肉放在腋窩之下，或者坐在它上面，使它熱起來。但是，英屬哥倫比
　亞沿湯普森河同他們毗鄰的部落採取和熱依人一樣的理論，而南美洲的吉瓦羅
　人、圖庫納人及蒙杜魯庫人則把這兩種理論結合起來。

幾乎不停地唱歌，也不睡覺。他們還不可以清洗，或者更確切說，不可以利用水。在這個節食期結束的時候，已憔悴不堪、骯髒、被太陽光曬得黝黑的懺悔者據說看到並聽到了兩隻帶箭的黑蜂。全體村民立即低頭，搗著臉；但若懺悔者中有一個人未看到黑蜂，齋戒便又得繼續下去，直到黑蜂重新出現。

從這以後，黑蜂的出現日見頻繁，它們撒下小小的箭，讓懺悔者拾取。當每一個人都得到一支箭時，就進行第一次沐浴，然後理髮，以及滿足爲了恢復茅舍家庭生活而產生的其他身體需要。

接下來的幾個階段包括集體狩獵、分配食物和「圓木」比賽。此外，在夜間豎立起一根 10 米高、40 厘米粗的圓杆，稱爲「通天路」。第一個爬到杆頂的男人總是希普塔托偶族的庫澤(Kuze)氏族的成員（參見以上第 104～105 和 285 頁），他乞求太陽賦予火，他捧著的一小撮纖維隨即燃燒起來。這些纖維然後用於重新點燃村裡的全部火爐。然後，男人們輪流爬上圓杆，每個人都向他在頂杆上看到的他的已故親屬的亡靈詢問，他還得活多久。(J. F. de Oliveira, 第 23 頁)，每個人還都從杆頂丟下一個東西———一根羽毛、一張葉子、一顆種子等等，說明他轉世所呈的形態。最後一個爬上去的人通過天使得到太陽的回答：太陽對儀式進行的有條不紊表示滿意，保證降雨以示憐憫。

翌日拂曉前撤除圓杆，扔進水中。然後，懺悔者最後一次按偶族分組集合。一個首領已把象徵靈魂的東西收集在一個葫蘆中，在神話的剃髮儀式開始時，通過把它們放入每人體內而物歸原主。(Nim.: 6, 第 93～98 頁)。卡耶波人還把太陽看做爲從前對人類的迫害者。(Banner: 1, 第 49 頁)。

這儀式有兩個方面特別值得注意。懺悔者分成兩大組：awakboni-kwa 和 aimbati, 還有一個附加的小組，由九個老人組成。後者只要齋戒五天。他們主要職能是每天早晚給懺悔者提供一點水。這群老人名

為 asaré，而這令人想起 M₁₂₄ 中的口渴英雄的名字。需要的話，這個事實證明了，儀式和神話之間存在密切聯繫。此外，在土著記住的最後「大齋戒」結束時，太陽使者的角色由獵戶座 x 星也即阿薩雷（Asaré）充任。

　　其次，由三個分別代表金星、木星和火星的人把水分配給聚集在圓杆周圍的人。前兩個人提供清潔的水：一個人用一種種名 *Lagenaria* 的葫蘆盛水；另一個人用種名 *Crescentia* 的葫蘆。不過，飲水者拒絕飲火星用一隻帶羽飾的杯子供給的汚水（*Lagenaria* 葫蘆用棉花裝飾）。金星和木星屬於希普塔托偶族；火星屬於斯達克蘭偶族。這裡這儀式又關涉一種社會結構和已討論過的神話（M₉₃ 和 M₁₃₈）。

　　I. 德・凱伊羅（I.de Queiroz）先生仿效尼明達尤，從這儀式中看到了下述事實的證據：謝倫特人以往居住的區域比今天他們占居的領地，旱情更為可怕。然而，這忽視了一個關鍵之點：邪惡太陽危險地向地球行進，從而引起乾旱乃至普遍火災的題材也存在於亞馬遜（Amorim，第 459～460 頁），尤其蒙杜魯庫人那裡（Strömer，第 136～137 頁），並且，這題材在加拿大東部和西部的土著即蒙塔格奈-納斯卡皮人（Montagnais-Naskapi）和夸扣特爾人（Kwakiutl）以及密蘇里的所謂村民部落〔波尼人（Pawnee）和曼丹人（Mandan）〕的神話思維中也占居頭等重要的地位，而他們全都不可能體驗過同這種信念相應的氣候條件。

　　最重要的一點是，謝倫特人的「大齋戒」似乎遵從這樣一種圖式，它通過儀式的實際進行展現出來，建基於對「善」火和「惡」火的區別。只有第二種火產生於太陽對地球的直接作用。因此，人必須說服太陽遠離，在通過各種節食活動達致這結果之後，他們又必須趨近太陽到適當距離（通過爬杆），以便太陽可以賦予人兩種能作為天地之中介起作用的互補元素：一個是獲自燃燒纖維的燒煮用火，用於點燃各

家各戶的火爐；另一個是太陽許諾賜予的雨。博羅羅人神話和熱依人
神話正是旨在解釋這兩種元素的起源：前者係關於火，後者係關於水；
它們無論對於火還是水，都歸因於一個爬上杆頂的小孩。……像謝倫
特人儀式中爬杆的男人一樣，盜鳥巢者在復生而回到同胞中生活之前
也遇到過一種象徵性的死亡。

　　一組尙未硏討過的熱依人神話提供了證明這種對「大齋戒」的解
釋的證據。這些神話也說明火的起源，但這次不是關於有益的燒煮用
火，而是關於邪惡的火，因爲它燒地球。這些神話從屬於兩個文明英
雄太陽和月亮的循環。而如我們已從一個克拉霍人版本（M_{11}）看到的
那樣，它們在燒煮火起源方面也起作用：當它們決定拋棄人時，從人
那裡拿走了這火。因此，這兩組神話之間存在著實實在在的聯繫。許
多熱依人版本彼此酷似。因此可以方便地把它們彙總起來扼要綜述如
下：

M_{163}. 中部和東部熱依人：破壞性的火

　　還在人存在之前很久的時候，太陽和月亮就早已生活在地球
上了。一天，太陽來告知他哥哥而去到大平原（或乾草原），一直
到了「天空腳下」（卡拉霍人）。在那裡他聽到啄木鳥用喙啄樹皮
而發出的特有的聲音。有一隻啄木鳥正在用紅羽毛做頭飾，它熠
熠發光，如同火焰。太陽向這鳥討這頭飾，後者答應給；但告誡
太陽說，他將從樹梢上扔下它，太陽必須在它落下時接住它，不
讓它落在地上。

　　這紅羽冠盤旋而下，明亮地閃爍不停，猶如眞正的火。太陽
接住了它，把它從一隻手到另一隻手來回拋，直到它變冷。

　　很快，月亮在太陽藏這飾物的地方發現了它。於是，他央求哥哥給他也弄一個。太陽不怎麼情願地領月亮去見啄木鳥，後者答應再提供一個飾物。但是，當太陽準備接住它時，月亮堅持要自己來接，盡管太陽怕闖禍而警告他不要這樣。月亮仍是笨手笨腳的。當太陽說這飾物要燒燙手時，他讓它跌在地上，整個大平原都著火了，動物統統被燒死。(蒂姆比拉人：Nim.: 8，第243～244頁；阿皮納耶人：Nim.: 5，第160～161頁，C.E. de Oliveira，第82～86頁；克拉霍人；Sohultz，第57頁及以後；Pompeu Sobrinho，第204～205頁)。

　　燃燒頭飾的題材流傳極廣；古代圖皮納姆巴人和古代墨西哥人的宇宙發生學說中都可見到它。啄木鳥所起的造火作用也見諸北美洲、尤其祖尼人、卡多人(Caddo)、維奇塔人(Wichita)、吉卡里拉-阿帕切人(Jicarilla Apache)和梅斯卡萊羅-阿帕切人(Mescalero Apache)那裡，並始終處於「笨拙主人」(Bungling Host)循環之中，而前述神話正是這循環的一個南美洲範例。在英屬哥倫比亞的好些神話中，啄木鳥都是火的主人。(例如參見Boas: 2，第894～896頁)眾所周知，絕大多數動物種都頭上戴紅羽毛飾。我已提到過啄木鳥的職能(第270頁)，而它正是以此職能——並且無疑還以其「木食者」的秉性——而同「飲水的」水鳥相對立。無論怎樣，上面已引用過的一個博羅羅人神話(M$_{120}$)要說明的正是這個意思，它關涉也由一個笨拙行動——這裡是潑出水而不是散落火（第257頁）——引起的太陽和月亮之遠去（而不是天火的趨近）。

　　降臨笨拙主人頭上的這種滑稽的、有時甚至是猥褻的災禍的背後，可以清楚地辨認出一些形而上學的命題，例如謝倫特人用悲劇性儀式所表現的那些命題。③天上的火切不可同地上的火相結合，因為如果

它們相接觸，便將引起全面大火，而乾旱便是其溫和的但經驗上可證實的初始徵象。燒煮用火（它是雙重地「馴化的」）作為上天和下地之間的中介起作用而出現：它在下界體現了天火的品行，但又寬恕人對它的違反和濫用；同時又使太陽遠離地球，因為加熱食物不再需要太陽和地球的接近。然而，在這之前，人類的原始狀況摹擬了天和地的趨近（即使他們並不設想有這種趨近）。

謝倫特人害怕太陽和地球的災難性會合，而克拉霍人似乎主要關心相反的危險（順便指出，謝倫特人心目中也有這種危險）：(Nim.: 6, 第87～88, 93頁) 他們害怕(M₁₆₄)，每次日蝕可能象示著向古代曾發生的「長夜」回歸，那時人又要回復到吃樹皮和樹葉，生命受到各種動物——甚至蚊子和蚱蜢的威脅，以致許多人寧肯死，也不願抵抗怪獸。(Schultz, 第159頁)

因此，燒煮用火以兩種方式在太陽和人類之間起中介作用。燒煮用火以其存在而避免了完全分離，因為它把太陽和地球**聯結**起來，把人從如果太陽真的消失則他就會陷入的**腐爛世界**中救出來；但是，它的存在又具有**干涉性**，就是說，它避免了完全結合的危險，而後者會導致一個**被焚毀的**世界。太陽和月亮的奇遇把這兩種不測事件結合了起來：在世界大火被熄滅之後，月亮證明不能燒煮他的食物，於是不得不吃腐爛的、出蛆的肉；他交替地成為臭鼬和負子袋鼠（第236～237頁），在**焚燒過的肉**和**腐爛肉**這兩極之間游移不定，根本無法通過燒煮食物來找到破壞性火和也具有破壞性的火之不存在之間的平衡。

我們現在著手來弄明白，為什麼在我們所研討的這一切神話之中，

---

③因此可以理解，某些美洲部落緣何相信，屬於「笨拙主人」循環的那些傳說特別神聖（Swanton, 第2頁）。〔那些傳說可以比做一種質樸的《勒納爾韻文小說》（*Roman de Renart*），後者主要為了取悅於年輕人和老人。不過，《勒納爾韻文小說》又僅止於此嗎？〕

燒煮用火的獲得都取決於對噪音採取謹慎態度，而這態度正好同面對一次蝕所引起的宇宙混亂或者該譴責的婚姻所引起的社會混亂時所要求的態度恰恰相反。當問題在於獲得燒煮用火時，噪音是危險的——不管主體發出噪音還是感受噪音。燒煮和噪音的這種不相容性甚至在西方世界也可證之於傳統的箴言：一部十二世紀法國論著〔Hughes de Saint-Victor:《論新制度》(*De Institutione Novitiarum*), Franklin 引，第 154 頁〕說：「餐間須沉默」。因此，爲了解釋 nause（拉丁文）＞noise（古法文）這個方程，不必像有些語言學家那樣去冥思苦想，也不必訴諸複雜的語義演化研究〔例如，參見施皮策(Spitzer)〕。味覺和聽覺範疇間的同構在對 gargote（低級飯店）這詞的輕蔑應用中得到直接的、同樣強烈的表達，它用來標示一個烹飪令人作嘔的地方，因爲這詞源自 gargoter，原義爲「吵鬧地燒煮」。

現在我們撇開歐洲，由新墨西哥回到赤道美洲，目的唯在於再增添最後一個例子。祖尼印第安人在石板上燒煮玉米餅（這是他們的主食）。燒煮時，一邊給餅塗上油和樹脂，一邊逐漸加熱石板。在這個主要運作期間，「切不可說一句話，除了低聲耳語。……如果現場任何人發出比耳語響的聲音，這石板就會碎裂」。(Stevenson, 第 362 頁)

如果說燒煮用火之在太陽（天）和地之間起居間作用要求沉默，那麼順理成章的是，噪音便標誌相反的情境，無論它發生在本來的意義上（太陽和地球分離）還是在擬人化意義上（由於一個該譴責的結合，兩個因其在正常婚配網絡中的地位而眞正應當結合的人結果卻相分離）：在一種情形裡，用喧囂向蝕致敬；在另一種情形裡，組織進行逗鬧。然而，切莫忘記，如我已表明的那樣，「反烹飪」情境可以兩種方式出現。實際上，這就是天和地之間不存在中介的情境，而這種不存在可以被認爲是一種缺乏（兩極分離），也可以被認爲是一種過分（結合）：

		由於缺乏：
中介不存在： 由於過分： 　　　　　　完全結合， 　　　　　　「焚毀的世界」		完全分離， 「腐爛的世界」

燒煮用火被

中介存在：　　　　　　　插入：

結合＋分離

　　所以，總共有三種可能性：一種包含中介，另兩種排除中介。只有第一種可能性要求沉默。④另一方面，如剛才已證明了的，每當兩個成對項（天和地或者一對潛在的配偶）處於分離狀態時，就召喚噪音。我們已經明白，同土著自己和後來的種族志家的理性化解釋相反，喧囂的眞正功能與其說是驅趕占有者（吃天體的鬼怪或者不正當的求婚者），不如說是象徵性地塡補占有者留下的空缺。可是，第三種情形即中介之無有乃是成對項過分接近所使然，又怎麼樣呢？

　　謝倫特人儀式在這方面特別富有啓示，因爲它旨在結束這種情境，或者試圖避免之。參與儀式的人以三種方式這樣做：他們齋戒（除了一點點玉米餅，他們什麼也不吃）；他們只讓自己喝兩口水（早上一口，晚上一口）；他們還幾乎一刻不停地唱歌。前兩種行爲不成什麼問題。它們直接產生於據認爲會進行這儀式的情境，這些情境用假設排除燒煮用火和雨，因爲太陽和地球即將結合。只是在太陽答應遠離而去之後，家用馴化的火和雨才重新回到人那裡。

　　第三種行爲顯然是聲學性質的。既然因爲已給另兩種行爲分別作

---

④試比較迪梅齊爾關於拉丁沉默女神的假說：「原始的安琪羅娜（Angerona）難道不是通過沉默、通過嚴格戒絕說話來完成多至約束期間期望她所做的工作的嗎？」（第52～53頁）

了規定，所以沉默和噪音在這第三組情境中同樣地不適當，那麼，懺悔者除了唱歌，還能做別的什麼呢？因此，他們不得不訴諸可以說介於沉默和噪音之間的一種發聲行為。這種行為以兩種形式存在：構成其世俗模態的說話；以及作為其神聖模態的唱歌。⑤博羅羅人在其盜鳥巢者神話的版本（M₁）中，沒有明白表現出烹飪的方面。另一方面，他們強調亂倫的行為，而熱依人又只是以弱化的形式暗示這種行為。在熱依人神話中，對抗是在兩個不同輩份的姻兄弟之間的，而不是父和子之間的；但是他們仍是以一個女人為媒介而聯繫在一起的兩個男人，而這女人是一個男人的母親、另一個男人的姻親。熱依人強調燒煮用火的發現和征服。所以，在一種情形裡，初始情境是類似於蝕的亂倫，它是把火起源題材反轉過來的一個神話中的前烹飪情境的反面（因為它旨在解釋水的起源）；⑥在另一種情形裡，初始情境是前烹飪情境，它是明確關涉火起源問題的一個神話中的蝕的反面。這初始的結合在博羅羅人那裡是社會性的（母親和兒子會合），而在熱依人那裡是宇宙學的，因為在他們看來，在燒煮用火存在之前，這結合在於天和地通過把肉直接暴露（＝亂倫）於太陽的熱而相會合。⑦然而，為了把這一切各不相同的方面編織成神話，熱依人出於邏輯的考慮，努力地把亂倫也包括進去，但像可以預期的那樣，採取逆反的形式：在英雄成為花豹的養子之後，把花豹的妻子殺掉。這只是使人甚至更加

---

⑤可惜不可能純粹用組合背景來解釋黑蜂挿段。然而，奇怪的是，黑蜂首先作為發嗡嗡聲的昆蟲出現，提供神話的人仔細描述了這種昆蟲特有的噪音：「Ken!-ken!ken-ken-ken-ken!」（Nim.：6，第95頁）。尤其是，我們還可指出：在圭亞那，另一種不知名的昆蟲，可能屬於膜翅目或半翅目〔太陽蜂、瓦蒙（Wamong）蜂〕，因為「聲音有力」而參與薩滿的入會儀式，以使後者成為一個優秀歌唱者（Butt）。參見以下第410頁注⑰。

⑥赫克斯利用另一種方法也得出了這種關於亂倫和水一致的假說（同上書，第145頁）。

注意到：已反轉的這個挿段在博羅羅人盜鳥巢者神話中重現時應作進一步的扭曲，即父親通過被魚（水中的而不是地上的食人）吃掉（眞正的吃而不止是威脅）而被兒子殺害。因此，這些神話以一種負面化形式重建在各自的軸上：食人功能是火的女主人（火的起源）、也是水的主人（水的起源）的一個固有特徵。

我剛才說的話似乎是猜測性的和思辨性的。然而，有一個神話確立了蝕和亂倫之間的直接等價關係。它流傳很廣，遍及整個美洲，從巴西和玻利維亞南部經過亞馬遜和圭亞那到白令海峽（以及更遠到亞洲北部區域、俄羅斯北部和馬來群島）。⑧這是一個關於太陽和月亮起源的神話；它的下述愛斯基摩人版本源自白令海峽地區：

M₁₆₅.愛斯基摩人（白令海峽）：太陽和月亮的起源

很久以前，一個男人和他的妻子住在海邊的一個村裡。他們有兩個孩子，一個姑娘和一個男孩。孩子長大後，男孩愛上了姊姊。他時時大獻殷勤地追逐她。結果，她最後躲到了天上，變成月亮。從此，這男孩仍以太陽的形態不停地追逐她。有時他趕上

---

⑦一個相關的事實是，在非洲，燒煮是同夫婦間的交媾相聯繫的：「把燃料放入火爐內再吹它，就是夫婦同居；爐石是屁股；燒鍋是陰戶；鍋勺是陰莖」(Cory，第87頁)。關於類似的細節，參見迪埃特倫(Dieterlen)和卡拉姆-格里奧爾(Calame-Griaule)，各處；在北美洲，在普埃布洛人(Pueblo)那裏，撥火棍象徵男性生殖器官。

⑧巴西南部：尼明達尤：1，第331頁；14，第148頁；博爾巴(Borba)，第69頁；卡多甘(Cadogan)，第77～80頁。巴西東北部：赫克斯利，第165～166頁。圭亞那：羅思：1，第256頁；科赫-格林貝格：1，第54～55頁。委內瑞拉：奧斯本(Osborn)，第79～80頁，等等。玻利維亞：卡爾杜斯，第78頁。

了她，想擁抱她，於是，引起了月蝕。

　　在孩子們離開之後，這父親變得消沉了，對人類充滿仇恨。
⑨他周遊世界，到處撒布疾病和死亡，吃掉罹病的人；他逐漸變
得極其兇殘，但這樣做仍不能滿足他的欲望。於是，他開始也殺
健康人吃……。（Nelson，第 481 頁）

　　在一個印加利克人（Ingalik）版本（M_{166}）中，這姊姊自己預言疾病
將會降臨；（Chapman，第 21 頁）而在加利福尼亞的莫諾人（Mono）那裡
（M_{167}），亂倫的姊姊變成食人者（Gayton-Newman，第 59 頁）。一個愛斯基
摩人版本（M_{168}）說，這姊姊狂怒之下剝奪了弟弟的食物，把自己割下的
乳房給他：

　　「昨夜你想我，所以我把我的乳房給你。如果你要我，就吃
它吧！」但是，這男孩拒絕了。這女人升上了天空，變成太陽。他
變成月亮，追逐她，但根本無法追上她。這月亮因爲沒有東西吃，
慢慢因飢餓而虧下去，直至完全看不見。因此，太陽伸出手來，
從姊姊已放進她的乳房裡的菜碟中拿出東西給他吃。月亮進食之
後，又逐漸變圓，直至成滿月，此後它又挨餓。這樣，就產生了
月亮的盈虧。（Nelson，第 482 頁。參見 Rink，第 236～237 頁；亦見南美
洲的一個弱得多的版本，即陶利潘人版本，載 K.G.：1，第 55 頁）

　　這個神話（我還可以援引好幾個版本）不僅建立了亂倫和蝕之間
的聯繫，而且像博羅羅人神話和熱依人神話一樣，也引入了第二個同
食人（這是疾病出現而導致的終極結果）的等價關係。

───────────

⑨可以記得，卡耶波人（M_7）正是用這種話來描述花豹在人盜取他的火之後的情
　感。

　　熱依人和許多其他民族一樣，也相信蝕和流行病之間存在聯繫。
1918 年西班牙流行性感冒的流行使許多南美洲土著喪生。謝倫特人把
這歸因於一次日蝕，它發出的致命黏液傳遍整個地球。(Nim.: 6，第 93
頁) 這種信仰也見諸查科人：「日蝕或月蝕預示著疾病。當太陽或月亮
對人發怒時，它便自我遮掩。爲了使它現容，就必須擂鼓，叫喊，唱
歌，弄出各種各樣噪音。當太陽被遮掩時，這是天花的徵兆」。(Métraux:
3，第 97 頁)

　　這些意見並未使我以前就虹霓和疾病關係說的話（第 364 頁）歸於
無效。實際上，我已表明(第 322 頁)，虹霓有兩種形相，一個是晝間的，
另一個是夜間的，夜間的虹霓可以說占居天空中一個負輪廓的空間：
銀河中心的一個黑區域，即恆星的蝕。因此，無論白晝還是黑夜，虹
霓都以現象間最顯著的吻合爲表徵。在白晝，顏色使光變得豐富；在
夜間，局部無光加強黑暗。這樣，蝕和虹霓間的一致就得到了證實。

　　其次，我剛才提到的黏液和後面還將引用的其他事例似乎用黑夜
代碼提供了一種可觸知的東西，它同虹霓在晝間負責標示的表現色彩
相等價。存在一個關於可觸知東西的精細分度的標尺，從麵糰似的東
西到黏膠性的東西，從黏膠性的東西到黏膩性的東西，從流體到揮發
性的東西……因此，色彩並未被黑暗消除；它被從一種感覺範疇換位
到另一種感覺範疇。當我們說，黑夜是厚的，或者，霧可以用刀切割
時，我們是在認識到這樣的事實：光之不存在並不下於彩虹色，同樣
地迫使人形成短間隔的概念。這些古人無疑已認爲：「……明亮和日光
是一回事，是簡單的；且如平達 (Pindare) 所說，我們通過純粹空氣看
太陽，而黑夜空氣是由幾種光和幾種力合成的混和物……」。(Plutarque,
§ Xlii)

　　從燒煮的神話起源的問題出發，我走向訴諸關於血緣親屬間亂倫、
蝕起源的神話，來證實我們對家用火爐的解釋，即把它說成是天和地

之間的中介。這論證從下述事實得到加強：知道這神話的各民族都認為，蝕、烹飪用具、食物和家用火爐之間有著直接的關係。現在我先來舉幾個北美洲的例子。

　　下育空地區各群體相信，當發生月蝕時，一種瀰漫的香氣、一種邪惡的影響在地球上播散開來，如果一個小微粒偶然落在某個厨房用具之中，則疾病就接踵而來。⑩因此，一旦一次蝕開始，女人們便趕緊把所有鍋、桶和盤倒過來放(Nelson, 第431頁)。當一次日蝕或月蝕發生時，俄勒岡的阿薩亞(Alsea)印第安人就把他們準備的飲用水倒掉：「所有水桶通常都被倒置，因爲人們不希望每當太陽被殺害時，水就沾有血腥氣」。(Frachtenberg, 第229頁)在一次日食和月食之後，加利福尼亞的溫圖人(Wintu)扔掉他們的全部食物、甚至水，如果它們被太陽或月亮的血污染的話。(Du Bois, 第77頁)在南邊的塞拉諾人(Serrano)那裡：「人們相信，這種現象(太陽或月亮的蝕)是由吃天體的死人精靈引起的，因此，在這種時候禁食一切東西，因爲吃的行爲會幫助這些精靈」。(Strong, 第35頁)

　　在南美洲，在圭亞那，「洛拉卡(Lolaca)和阿塔巴卡(Atabaca)印第安人……相信，如果月亮眞的死掉，那麼，一切家用火爐就將統統熄滅。女人們哭泣著，尖叫著——同時男人們也鼓譟著——每人奪過一個火把，把它藏在砂裡或地裡。被她們的眼淚和哀求所感動，月亮又變得可以看見了；於是人們立即把隱藏的火把取出來。但是，如果月亮眞的死掉，那麼，埋在地下的火棒將繼續燃燒」。(Gumilla, 第2卷, 第274頁)相反，一個希里瓜諾人(Chiriguano)神話(M_{169})說，一次延長時間的日蝕將引起半燃著的圓木重又變綠而發芽。當事情發展到這樣

────────────

⑩在夏威夷羣島，在伴隨閃電的暴風雨期間，人們把一切盛水器具都蓋起來(Handy-Pukui, 第118頁，注19)。

的地步：因爲已無死木而不得不燃燒葫蘆時，這就意味著「長夜」即將來臨。(Métraux: 2, 第 158 頁) ⑪

⑪我以爲，似乎可以認爲，蝕和烹飪用具之間的這種自然不相容性是器物向它們主人反抗的題材的弱化形式。愛斯基摩人說明了這兩種題材之間的過渡：當一次蝕發生時，印加利克人立即把他們所有器具都收集起來，因爲他們認爲，它們會飛走(奧斯古德，第 65 頁)。在美國的西北部，操薩哈普廷語(Sahaptin)的部落及其鄰族認爲，家用器物的造反發生在世界走向秩序之前由月球引起渾沌的時期。玻利維亞的塔卡納人相信，這種造反發生在月球死亡之後 (Hissink-Hahn，第 84～85 頁)。巴西北部、里奧內格羅河上游的巴雷人(Baré)相信，月球具有建立秩序的功能(Stradelli，第 753～762 頁)。梅特羅 (2，第 128 頁) 已指出，像瓦羅奇里的古代居民 (Davila，第 110 頁) 一樣，奇里瓜諾人也把家用器物的造反同日蝕聯繫起來。這種聯結也見諸塔卡納人(Hissink-Hahn，第 85 頁)。如果我的假說是正確的，那麼事情很可能是，這種信仰在廣大中間區域裏所以不存在，其原因可從這樣的事實得到解釋：在南部和北部，它爲一種弱形式 (蝕和烹飪用具不相容) 所取代，在中部，取代它的信仰相當於關於家用器物造反的神話的反面——關於「自動工作農具」的神話。在美洲，這神話主要見諸從美國東南部 (納切斯人)，經過墨西哥 (基切人)、圭亞那 (陶利潘人) 和巴西北部與中部 (特姆貝人、蒂姆比拉人、阿皮納耶人)，一直到查科〔昌涅人 (Chane)〕的廣大區域。這個重大問題的討論需要一部專門的論著。

II　鳥協奏曲(Concert)

　　藉助上面最後一段引文，我們走的圓圈也就完成了。一個關於暴風雨起源的神話(M_1)引導我達到關於火和食物燒煮之起源的幾個神話(M_7-M_{12})。通過各種考察，我確定，這一切神話屬於同一組。這些考察中，最意味深長者，當推所有這些版本都賦予噪音或噪音之無有的功能。當從這個角度來看時，噪音問題導致該受譴責的結合（受逗鬧的懲罰）的問題——這種結合在博羅羅人神話 M_1、M_2 和 M_5 中的出現已引起我們的好奇心——並導致引起製造噪音的蝕的問題。現在，先後經過亂倫、烹飪用具和製備食物，蝕又把我們帶回到家用火爐。

　　不過，還剩下一個問題。這兩大製造噪音儀式分布區域的廣度極為懸殊。這是怎麼回事呢？嚴格意義上的逗鬧屬於歐洲民間傳統。聖蒂夫(Saintyves)為推廣這種制度所做的努力似乎收效不大。隨著比較基礎的拓展，種種這類風俗便失去它們的同質性。最後，也無法肯定是否存在一個類群。另一方面，發生蝕時的製造噪音却實際上是普遍存在的，它的分布區域包括逗鬧的遠為狹窄的區域。

　　這是個困難的問題，因為它的解決需要用反證法。不過，我還是要大膽提出，在無文字的社會裡神話噪音範疇被賦予了過分崇高的意義，這範疇的象徵力度過分強，因此，人們不可能泰然地把它應用於鄉村生活和私人瑣細層面而不受懲罰。這樣做從某種意義上說等於「小題大作」即弄出過分大的噪音——當然不只是為了一點細故。因為，該受譴責的結合常常招致宇宙的懲罰，但至少是就人能夠利用像噪音

這樣强的力量而言的。只有當神話思維在很大程度上被世俗化時，噪音才可在一切情境中加以應用，才完全受人類支配。支持這個假說的一個論據是：甚至在逗鬧習俗已不再存在的地方，相反噪音却仍在一定程度上保留其一般功能。在二十世紀的歐洲，科學知識已極爲廣泛地傳播，因此，用製造噪音來向蝕致敬，已成爲不可思議的事。然而，在宇宙學序列中出現斷裂或有這種危險的場合，但僅當這種間斷被看做爲社會事件而非宇宙事件時，這種習俗仍存留著。在立陶宛，甚至到本世紀，人們仍告訴兒童：爲了在蝕期間驅趕邪惡精靈，應當用棒敲打盤子和其他金屬器具，春天的各個節日也仍以喧鬧爲標誌。在耶穌受難日，青年人砸家具，如桌子、床架等等來製造喧囂。過去，人們習慣上砸亡故者的家具來產生大量噪音。人們相信，噪音、水和火能起驅逐邪惡的作用(Gimbutas, 第 117 頁)。這些風俗是一個全球性制度的組成部分，而這制度的明白無誤的殘迹今天在西方國家仍留存著——例如義大利在除夕打碎瓷器，燃爆煙火，泰晤士廣場、皮卡廸利廣場和愛麗舍田園大街用汽車喇叭協奏曲迎新年……。

順便指出，有一組美國神話，它們明白無誤地證明了社會秩序和宇宙秩序之間存在聯繫。它們大都源自太平洋北岸：

M₁₇₀. 欽西安人(Tsimshian)：納爾克人(Nalq)的故事

　　在古代，年輕人總是晚上在屋後相會。他們總做喧鬧遊戲自娛，直至深夜。天被這喧囂激怒，於是派下一根有魔法的美麗羽毛。一個青年想趁它降落時拿到它。可是，一當他抓住這根羽毛，他就被誘拐上了天空；於是所有其他人都跟著形成一根長鏈，因爲每個人都想吊住前面一個人的脚而把他或她拉回來。這些人全被這根羽毛帶到天上；最後，他們全都跌下來摔死。没有一個人

倖存。

　　然而，有一個年輕女人待在屋裡，因爲她一直在勞動。她生了許多神童。在告訴他們家裡遭到的厄運之後，她告誡他們不要到戶外玩。但是他們又沾惹老天派那根羽毛下凡。他們拿到了它。他們用它作爲法寶，登上了周遊世界的旅程，到達了空氣之都，最後娶了東風、南風、西風和北風的女兒；他們規定這些風如何刮和什麼時候刮。(Boas：2，第 125～131 頁)。

我們非常簡略地扼述這神話，因爲我們只是爲了替它的發源地遠離熱帶美洲作辯解。然而，沒有它的幫助，我們就很難確定一個巴西神話的地位，因爲這兩個神話雖相距很遠，但十分相似：

M₁₇₁. 卡杜韋奧人(Caduveo)：鳥的彩色

　　三個小孩總是在茅舍前嬉戲到午夜以後。父母親也沒有留意他們。一天夜裡，夜已經很深了，他們正在玩耍，從天上掉下來一個陶罐。它裝飾得漂亮極了，裡面盛滿了花。

　　孩子們看到了這些花，想拿它們。可是，他們剛伸手，花就退到罐的另一邊。因此，爲了拿到花，孩子們不得不爬進罐裡面。

　　這罐開始升上天空。當母親看到這情形時，她只是設法抓住她的一個孩子的腿。這條腿斷了，從傷口流出的血滙成一個湖，湖裡的鳥 (它們當時全是白色的) 大都全部或部分羽毛沾上了血，因而它們帶上了今天所具有的各種不同顏色的羽毛。(Ribeiro：1，第 140～141 頁)

這兩個加拿大和巴西神話的相似，使我們能夠在這裡引入一組重要的南美洲神話，它們也講述鳥的彩色羽毛，而我們因此能夠提出一

種解釋。我們已經遇到過其中一個——阿雷庫納人關於漁毒起源的神話(M_{145})，而我曾說過我以後還要回到它的倒數第二個揷段上來。(參見第 340～343 頁)。在虹霓蛇被鳥殺死之後，所有動物都滙聚攏來瓜分這彩色皮膚。按照每個動物所分得的那塊皮膚的特定顏色，這些動物獲得了各自特有的叫聲、皮膚或羽毛：

M_{145}. 阿雷庫納人：漁毒的起源 (續)

白鷺拿到了一塊皮膚，就唱了起來：「ā—ā」，直到今天它仍是這樣叫。maguari(*Ciconia maguari*，一種鸛)也這樣，發出難聽的聲音：：「á (o)—á (o)」。Soco (*Ardea brasiliensis*，一種鷺) 把它的一塊放在頭上和翼上 (那裡有彩色羽毛)，唱著「koró-koró-koró」。翠鳥(種名 *Alcedo*)把它的一塊放在頭上和胸部，那裡的羽毛變成紅色，唱著：「sê-txê-txê txê」。然後是鶲鶲，它用它的一塊蓋住胸腹部 (那裡的羽毛成白色和紅色)。它說：「Kión-hé, kión-hé-hé」。還有一小塊粘在它的喙上，後者變成黃色。接著是mutum (種名 *Crax*，一種鳳冠鳥；它把它的一塊放在喉部，唱著「hm-hm-hm-hm」，還剩下一小條變成它的黃鼻孔。再後來是cujubim(種名 *Pipile*，一種發高音的赤雉)，它的一塊使它的頭、胸和翼都變成白色；它唱著：「krrr」，從此之後它每天早晨都這樣叫。每種鳥都「認爲自己的笛發出悅耳妙音，守住不放。」

金剛鸚鵡羽毛色彩艷麗，因爲它搶到一大塊皮膚，蓋住了全身；鸚鵡和長尾小黃鸚鵡也模仿它。oazabaka 鳥 (一種不知名的大平原鳥) 獲得了一種迷人的叫聲：「oazabaka-oazabaka-ku-lu-lu-lu-lu」。包括 jacu 和夜鶯在内的一切鳥都以這種方式得到它們的羽毛和「笛子」。

　　然後是地面獵物：貘、水豚(*Hydrochoerus Capibara*)和鹿。每
種動物都選擇一塊皮。鹿得到的那塊變成它的長枝的角。事實上，
森林動物的多叉角以前屬於大平原動物所有，反之亦然；因爲鹿
爲多叉角太大所累，它們要被藤蔓和樹枝纏住，於是這兩類動物
決定掉換角。

　　刺鼠(*Dasyprocta aguti*)在其胸部和腹部獲得紅色和白色的
皮毛，它的小「笛子」發出「kin-kin」聲；天竺鼠也是這樣。貘
發出警報聲，有如警笛。玉頸西猯(*Dicotyles torquatus*)把這皮膚
披在肩上，這是它毛髮黑的原因；它也得到了「hx-hx」的叫聲；
西猯（＝白唇西猯：*Dicotyles labiatus*）則說「rr-rr」。最後，大食
蟻獸(*Myrmecophaga jubata*)讓這皮膚覆蓋於手臂和背部，那裡的
皮毛變成黃色，它分得的叫聲是「rr-rr」（比西猯的帶喉音和啞音
的「rr-rr」更清晰）。每一種猴也都得到了一種叫聲。這樣，一切
野獸就都得到了它們的彩色皮毛和「笛子」。(K.G.：1，第73～75
頁)。

　　這是種族動物學(ethno-zoologie)上的精彩一章，科赫─格林貝格
以其對種族志材料的敏銳洞察力，保留了生動而又豐富的細節。像他
自己所建議的那樣，應當把這同另一個圭亞那那版本作比較：

M₁₇₂. 阿羅瓦克人：鳥的彩色

　　人和鳥協力消滅巨水蛇，後者把所有動物都拖進了窩裡。但
是，這些進攻者都很害怕，一個一個地驚叫著，借口說它們只能
在旱地上戰鬥。最後，潛鳥(K.G.：一種潛水鳥)勇敢地潛入水中；
他使這潛在水底圍繞一棵大樹根部盤旋的怪獸受到致命傷。人一
邊發出恐怖叫聲，一邊把這蛇拉出水面，殺死了它，剝下了皮。

潛鳥要求得到這皮，作爲勝利的代價。印地安人首領嘲諷地説：
「當然可以！拿走就是！」「太好了」，潛鳥回答説，一邊告訴其他
鳥。它們一起飛撲下地，每一個都口啣一塊皮膚，飛走了。印地
安人怒不可遏，從此之後，與鳥爲敵。

　　鳥兒們躲到一個僻靜地點分配這皮膚。它們一致贊同，每個
鳥都保留自己口中啣的那塊皮。這皮膚色彩繽紛——紅、黃、綠、
黑和白，並且帶有從未見到過的斑紋。一當每隻鳥都得到了名份
應有的那塊皮膚，奇蹟出現了：以前一切鳥的羽毛都色澤黯淡，
但現在突然變成白色、黃色和藍色。……鸚鵡披上綠色和紅色的
羽毛，金剛鸚鵡披上紅色、紫色和鍍金的羽毛，這是前從未有的。
給勞苦功高的潛鳥，只剩下黑色的頭皮。但它説已很滿足。(K.G.：
1，第 292～293 頁；Breitt：173～175 頁；Im Thurn，第 382、383 頁；
Roth：1，第 225～226 頁)

查科的玻利維亞地區的維萊拉人(因此他們和卡杜韋奧人很接近)
有一個類似的神話：

M₁₇₃. 維萊拉人：鳥的彩色

　　一個寡婦只有一個兒子，他喜歡捉鳥、尤其蜂鳥。這是他的
唯一工作，他極其迷戀這事，因此夜裡總是很晚才回家。他母親
爲此而心煩心亂，預感會帶來災禍，但他毫不在意。

　　一天，他在河邊看到一些顏色各異的小石頭。他把它們小心
收集起來，想鑽孔爲自己製一條項鏈。他戴上這項鏈，就變成了
一條蛇。此後他就以蛇形躲在樹梢上。他漸漸長得又長又肥，變
成一個食人怪物，開始滅絕一個一個村莊。

　　一個印地安人決定殺他。他們之間發生了戰鬥。儘管有鴿子

相助，這人仍快要屈服。於是，所有鳥都聚在一起來幫助他。「它們按科編成組，一起唱歌，因此據說歌是鳥的語言，所有鳥都能說。」

　　直到一個強大的鳥科矮鵂鶹（*Glaucidium nannum* 王）⑫加入這個爭端（在此之前，他一直在幕後），這些鳥發動的進攻才取得成功。他向這妖怪發起攻擊，發出「not, not, not, pi」，把它眼睛弄瞎。其他鳥把它殺死，取出它體內的內臟，放掉受它害的人，其中有許多人還活著。於是，這些鳥撤退，每個科都朝一個確定方向飛掉。

　　不久，天下起雨來了。那妖怪的屍體以虹霓的形態出現在天空中，從那時起它就一直存在著，並將永遠存在。（Lehmann Nitsche: 2, 第 221～226 頁）

這些神話的發源地各不相同，因為 M_{170} 屬於加拿大的西北部，M_{145} 和 M_{172} 屬於圭亞那，M_{171} 和 M_{173} 屬於熱帶美洲的西南地區。然而很顯然，它們全是一個題材的異本，這題材就是一種既是氣象學的又是動物學的自然秩序的建立。欽西安人神話的英雄判定風的方向也即季節的周期性；並且，他們把亡故父母的骨架笨拙地放在一起，而這解釋了人類類型的現有的（解剖學的）多樣性。這兩個方面也出現在卡杜韋奧人神話中，它解釋了鳥的多樣性（動物學秩序），但在其中被支解的孩子的血按小一個版本（Ribeiro: 1, 第 141 頁）解釋了雨季結束時、旱季開始前的天空的特定顏色，而按照另一個版本（Baldus: 4, 第 124 頁）解釋了虹霓的顏色。圭亞那人神話也把虹霓同鳥的彩色羽毛聯

⑫*Glaucidium* 種包括很小的鴟鴞：*Glaucidium brasilianum* 的翼展不超過 13 厘米。和其他鴟鴞不同，它們是晝行鳥，並且，「儘管它們是這科的矮小種，却是很好鬥的獵人」（Ihering, 第 XXXIV, 第 516～517 頁）。

繫起來；然而，維萊拉人神話（它也是關於虹霓）按照一種聲學的而非視覺的判據規定動物學秩序：鳥按照歌聲劃分成不同類別。我為了簡短起見而略去的那些吉瓦羅人版本也是這樣做的（karsten：1，第327～328頁；Farabee：2，第123頁）。我們已經看到，阿雷庫納人神話同時也解釋了不同種類皮毛或羽毛以及不同的鳥鳴聲和動物叫聲。托巴人版本(M₁₇₄)在亞馬遜（Amorim，第277～279頁）和圭亞那（Ahlbrinck,辭條「nomo」）那裡有其嚴格對當的版本，它在其他一些方面可同欽西安人神話相比較，因為虹霓對它的水被一個行經姑娘喝過而遭污染大發雷霆，引發一場大洪水，使所有印地安人喪生：「屍體變成黃色的、綠色的或黑色的，各種顏色包括黑色、白色和綠色的鳥都飛走了。」（Métraux：5，第29頁）因此，同虹霓相聯繫的動物學秩序被就人和鳥雙重地加以規定。

　　為了解釋鳥的彩色羽毛的起源，托巴人和馬塔科人有一個神話，它同上述神話似乎毫無聯繫。這就提出了一個無法迴避的問題。

M₁₇₅. 馬塔科人：鳥的彩色

　　　　造物主和騙子陶克斯瓦克斯(Tawkxwax)沿一條河的岸邊行路，在那裡過夜。當他醒來時，他餓極了；他繼續趕路，約在中午時分，他到達一所房屋，它被許多盛滿水的罐圍住。一個老嫗住在那裡。陶克斯瓦克斯上前問她要水喝。老嫗指了指那些罐罎，叫她暢懷喝去。

　　　　可是，陶克斯瓦克斯把水弄得很燙，因此叫老嫗到河裡去弄點冷水來。這老嫗很關心她正在哺育的孫女，所以陶克斯瓦克斯勸她把這小孩放在吊床裡。然後，他口唸咒語，使老嫗的罐子總

是盛不滿水，他就可以有時間吃完這小孩子。老嫗到了河邊，徒
勞地汲水。陶克斯瓦克斯拿過小孩，炙烤後吃了。然後，他把一
塊石頭放進吊床（托巴人版本：狐狸把嘴對住嬰孩的肛門，把裡
面所有東西都吸空，只剩下皮囊）。然後，他撤除符咒，罐子便汲
滿了水，老嫗也回來了。

　　她看到了石頭，便嚎啕大哭，怒不可遏。這老嫗是所謂 moro
-moro 種的野蜂（另一個版本：一種石蜂）。她使這騙子沉沉睡
去，趁他睡著時，她用蠟堵塞他身上所有的孔——口、鼻孔、眼
孔、腋窩、陰莖和肛門；她還塗抹了他手指和脚趾間的空隙。

　　當這造物主醒來時，他意識到他正在危險地腫脹著。鳥兒們
（那時都是人）來幫助他，想用斧即喙打開各個孔，但蠟封得太
緊牢了。只有一個很小的啄木鳥成功地把孔弄穿了。造物主的血
從孔中噴濺出來，使鳥兒們沾上了美麗的紅色，只有鳥鴉被肛門
排出的污物弄髒。（Métraux：3，第 29～30 頁；5，第 133～134 頁；
Palavecino，第 252～253 頁）

　　在解釋這個神話時，我們面臨兩類困難。如果我們只考慮組合序
列，即故事的展開則它在結構上顯得不連貫，也很隨意。而如果我們
試圖把這神話納入由其他關於鳥的彩色羽毛的神話（包括 M_{174}，儘管
它也源自托巴人和馬塔科人）構成的聚合整體，那麼，我們解釋上的
阻力仍未稍減，因爲它所講述的故事似乎截然不同。[13]

　　我們現在開始來研究後一方面。解釋鳥如何獲得其彩色羽毛的那
些神話乃關涉一個食人妖怪的皮膚分配。在我們剛才研討的那個神話

───────────────

[13]由於我已提到的那些原因（第 184 頁，注②），我不打算把這個現代神話同古代
　　秘魯人〔達維拉人（Davila）〕的神話和波波爾—維人（Popol-Vuh）神話的一個段
　　落加以比較（Reynaud，第 50～51 頁）。

中，那騙子事實上正是扮演了食人妖怪的角色，因爲他吃了一個活孩子。眼下我們只考慮這神話的最後部分，於是，得到下述轉換：

M_{145} 等等 $\begin{cases}食人妖怪 \\ 被剝皮\end{cases}$ $M_{175} \begin{cases}食人妖怪 \\ 被堵塞\end{cases}$	敵對的鳥瓜分皮： 鳥幫助打開他的孔：	（離心的 作用） （向心的 作用）	$\Big\}$鳥的彩色羽毛

難道我們因此就得下結論說：M_{175}的第一部分的唯一目標就在於以其精細的結構和表面上無謂的豐富細節替這騙子作爲食人妖怪的功能辯護嗎？這結論似乎是不可避免的，如果我們只考慮組合關係的話。但是，我所以要對這個神話作相當詳盡的討論，正是爲了舉例說明這種結構方法的一個基本法則。

純粹就其本身而言，每個組合序列都必須看做爲無意義的：或者乍一看來沒有意義；或者我們認爲我們能夠識別出一種意義，但不知道是否正確。爲了克服這個困難，我們只能訴諸兩種方法。一種方法在於把這組合序列劃分爲一些可疊合的片段，證明它們構成同一個題材的各個異本。(L.-S.：5, 第 227~256;6)另一種方法同第一種方法互補，它在於把一個組合序列作爲總體即一個完整神話疊加到其他神話或神話片段。由此可見，在這兩種情形裡，我們都在用一個聚合整體取代一個組合序列；其差別在於，在前一種場合，聚合整體被從這序列取除，而在第二種情形裡，却是這序列納入到這整體之中。不過，不管這整體由這序列的一些部分構成，還是這序列本身被作爲一個部分，這原則都保持不變。孤立地看，不包括確定意義的兩個組合序列，或同一序列的兩個片段，僅僅由於它們是對立的這個事實而獲得了意義。既然正是在這對偶構成之時這意義才變得清楚起來，所以，它以前並

不存在，但潛藏地以惰性殘餘的方式存在於孤立地考察的每個神話或神話的每個片段之中。這意義完全處於一種動態關係之中，而這種關係創造了幾個神話或者同一神話的幾個部分，並且由於這種關係，這些神話或神話部分獲致理性的存在，並作為同一組轉換的一些對立對偶而構成總體。在我們研討的情形裡，這證明因下述事實而變得更有力：它需要兩個階段，而兩個階段都重複另一個階段，都有助於闡明另一個階段。

實際上，我們已經知道了一個神話，它的組合序列可以說「解釋」了托巴人—馬塔科人神話的組合序列，因為它處處與之對立。我是指圭亞那卡里布人關於漁毒和疾病起源的神話(M_{162})，以上（第364～365頁）已給出了它的扼述：

M_{175}	一個男騙子走近一條河，河不遠處有個茅舍；	茅舍的主人是個正在照料一個嬰兒的祖母；	茅舍的主人沒有掩藏她儲存的水，而是慷慨地供給這水。
M_{162}	一個誠實女妖造訪一個茅舍，其不遠處有一條河；	造訪這茅舍的女人是個正在哺育嬰兒的母親；	茅舍的女主人隱藏她儲存的水，自私地拒絕人分享這水。

//

M_{175}	妖精要求喝水（儘管他是飢餓）；	造訪的妖精把給他喝的水弄得很燙；	茅舍的女主人去到河裡打冷水給造訪的客人，而把她的嬰兒留在茅舍裡。
M_{162}	妖精接受食物（但她感到口渴）；	茅舍的主人（人）把提供的食物弄得很燙；	造訪這茅舍的女妖自己到河裡打冷水，把她的嬰兒留下。

//

（參見第 399 頁）

M$_{175}$	妖精把茅舍女主人的嬰兒炙烤吃了，或者生吃了；	……〔M$_{175}$〕……	鳥的彩色羽毛的起源。
M$_{162}$	茅舍女主人煮（而不是吃）妖精的嬰兒；	……〔M$_{145}$〕……	漁毒的起源。

　　以下(第 422～425 頁)還要舉一個逆反轉換的例子，它在一種情形裡終結於毒物，在另一種情形裡終結於鳥的彩色。眼下重要的是，M$_{175}$的第一部分和 M$_{162}$同構，而第二部分和 M$_{145}$這個判然不同的神話同構。因此，我們可以問，M$_{145}$和 M$_{162}$之間是否有某種聯繫；如果有的話，又是怎樣的聯繫。

　　M$_{145}$和 M$_{162}$兩者都是關於漁毒起源的神話，但是它們沿相反途徑來完成共同的使命。M$_{145}$把漁毒的起源歸因於虹霓，而我們研究過的其他神話把虹霓說成是引致人類中間流行災害和死亡的食人精。另一方面，M$_{162}$從描述一個尚不知道災害和死亡的時代開始。一個超自然生命即雄的食人蛇為一個充當乳娘的雌妖所抗衡。這蛇迫害人（和 M$_{172}$中的鳥）；這雌妖則對人表示親善。以一個兒童為化身，人成為蛇之邪惡的受害者(M$_{145}$)；也是以一個兒童為化身，雌妖成為人之邪惡的受害者(M$_{162}$)。蛇虹霓生活在它所有的水的底部。雌妖被剝奪了水，渴得要命。在 M$_{145}$中，虹霓和消滅它的鳥（空中生命）相互深惡痛絕；M$_{162}$中的妖精像它的一切同類一樣，也極其嫌惡甜薯（神秘的生命?），只要提到的這個詞，它就聞風而遁。⑭

　　顯然，M$_{162}$佔有特殊的地位：它是對 M$_{145}$的「批判」（在康德的意義上），因為這神話提出並加以解決的問題可以表述如下：為誘使一個

超自然存在（他是虹霓的對立面）酷似虹霓那樣行事，總共需要哪些條件？儘管我的分析關涉形式，但我還是可藉之提出關於這兩個神話各自時代和它們的基本功能或派生功能的一個假說：爲使這些組合序列成爲可以理解的，M_{145}必然早於M_{162}，而這第二個神話必定是對第一個神話的一種沉思（無疑是無意識的）的結果。相反的假說大概毫無解釋價值。同樣，M_{175}看來對於M_{145}和M_{162}是派生性的，因爲它預設了後兩者，並且它的獨創性僅僅在於這樣的事實：它把它們並置，同時把它們反轉過來。但是，反轉的方式在各個場合裡是不同的：M_{175}通過直接的詞彙反轉傳達和M_{145}一樣的消息（鳥的彩色）；它藉助一種保留的代碼傳達和M_{162}相反的消息。通過一半履行虹霓的功能（基本上是邪惡的），一半履行妖精的功能（基本上是善良的），這既善又惡的騙子以多種方式從形式層面展現其兩面性：通過達致兩個神話之間「穿越」（crossing over）；在其中一個神話的情形裡，採納它的逆反的版本；這個版本的獨創性反轉；採納另一個神話的一個「直接」版本；這個直接版本的一個獨創性反轉（但在另一根軸上）。

---

⑭我坦率承認，這後一解釋是虛弱的。不過，它可以從另一個也源自阿拉瓦克人的圭亞那人神話（M_{176}）得到佐證。它講述一個漁夫俘獲女水妖，娶她爲妻的故事。此後諸事順遂。但是，後來婆婆喝醉酒，揭露了她兒媳的超自然出身，從而打破了這女妖祕密發下的誓言。女妖遭到侮辱，決定離開人，同丈夫一起回到水中住地。但在出走前，她用一罐 cassiri──用木薯和「紅薯」（*Dioscorea*?）釀的啤酒──和她從水下帶來的甜薯取代魚（她把這魚慷慨供給她的人的家庭）。在吃完這些補給之後，印第安人把空罐和甜薯的皮擲回水中。女妖再把酒罐變成一條巨大的魟（種名 *Silurus*），把甜薯變成 imiri（*Sciadeichthys*），後者是小的矮胖的魚。由於這個原因，阿拉克瓦人稱魟爲「漁夫的水罐」，稱 imiri 爲「漁夫的甜薯」。（Roth：1，第246～247頁）如果我們接受這樣的事實：魚之同水的關係一如鳥之同空氣的關係，那麼，這神話所假定魚和甜薯間的等價關係可以推廣如下：

（甜薯：地）∷（魚：水）∷（鳥：空氣）。

　　儘管上述結論很複雜，但這決沒有窮盡一切。有一個卡拉雅人神話(M_{177})〔我這裡爲了簡潔起見，不想分析它，儘管它在某些方面看來是卡丘耶納人箭毒起源神話(M_{161})的一個逆反版本〕，它講述一個英雄的潰瘍被一條蛇治癒了，而這蛇另外還給了他魔箭，他用它們消滅了吼猴中一類食人猴。這些箭並沒有毒；相反，必須給它們糅入一種有魔力的軟膏，否則，它們會反過來加害於使用者。(Ehrenreich，第 84～86 頁；krause，第 347～350 頁)可以注意到，這個神話的一個細節和 M_{175} 之間有一種奇妙的對稱性。我們剛才已看到，M_{175} 也是關於毒物起源的那些神話的一個逆反（但以另一種不同方式）。M_{177} 中，英雄被教會模擬同一隻蛙（他必須得到它的幫助）交媾，即把他的陰莖放在蛙的手指和腳趾間的空間中摩擦，也即把後者當做孔口。⑮相反，在 M_{175} 中，蜂或黃蜂堵塞了口孔，填充由關節形成的褶皺，也把它們當做口孔似的。

　　另一方面——現在是比較 M_{175} 和 M_{162}——還可記得，M_{162} 的超自然女英雄儘管是虹霓的反面，但以其行爲如同虹霓而告終，因爲她作爲引入死亡、疾病和漁毒的責任者出現。相應地，M_{175} 的女英雄當以人形出現時同虹霓相一致——作爲水的女主人，她最終證明一隻黃蜂或 moro-moro 蜂：這名詞源自克丘亞人(Quechua)，在他們的語言中，muru-muru 一詞意指「多色的」，而這事實本身不無意義。像 M_{177} 中的蛙一樣，這蜂不區分關節形成的褶皺和孔口，而得到了相反的結果：這蛙想像，有人將能夠「刺穿」他的關節所形成的褶皺；這蜂在試圖堵塞別的動物的孔口時，成爲相反幻覺的受害者。像虹霓一樣，蛙也同水相聯繫；M_{162} 以一開始就以乾渴而聯繫乾旱描寫它的女英雄，因

---

⑮這些細節又是指 *cunauaru*（參見以上第 346～347 頁），它的身體「覆蓋有一層氣味難聞的粘物質，而要去除嵌在脚趾間的這粘塊，特別困難」(Schomburgk，第 2 卷，第 335 頁)。

爲她被剝奪了水。如果我們繼續應用這同樣的轉換法則，則我們可以由它們推斷，M_{175}的蜂或黃蜂（其行爲方式和M_{162}中的蛙相反）具有「乾旱的」內涵，而這預先就證實了我將就黃蜂在謝倫特人儀式中的語義功能要說的意見。（第 410 頁注⑰）

　　現在我們暫且回到欽西安人版本（M_{170}），它是本討論的出發點。這版本本身所以令人感興趣，是由於兩個原因。在我引入它之前，我們已經看到，噪音的製造是在兩種迥異的背景中進行的：在社會學層面上（逗鬧）和在宇宙學層面（蝕）上。M_{170}的獨創性在於，它把這兩者結合起來：這神話從描述年輕人行爲不軌即一種社會紊亂著手，而這社會紊亂標誌著一長系列冒險活動的開始，這些冒險活動以建立一種氣象學的和宇宙學的秩序告終。

　　現在當我們仔細地考察它們時，我們注意到，卡杜韋奧人和維萊拉人神話（M_{171}和M_{173}）完全是一回事。前者把兒童的吵鬧行爲同晚霞和虹霓的色彩聯結起來。在這個維萊拉人神話的兩個已知版本中，這英雄的罪行或者在於回家太晚，或者在於躲避和他同齡的少男少女社會。（Lehmann Nitsche：2，第 226 頁）這種反社會行爲最終導致虹霓的出現和鳥之劃分爲不同類別，而這些類別顯然是按照習慣和叫聲規定的。

　　其次，M_{170}同一個龐大的複雜的神話組相聯繫，這裡不可能研究這組神話，它關涉判定犯行爲不軌過失的年輕人該受什麼懲罰。有些神話同噪音有關：夜間的騷擾、對星星的侮辱或對天空的侮辱（因爲天下雪），或對人的糞便的侮辱；另一些在美洲廣爲流傳的神話則關涉怎麼懲罰對食品採取的蔑視或輕視態度。如果我們採取這樣的工作假說：食物是地上的模態（這裡地既包括陸地，也包括水，也即同「高」相對立的「低」；參見 L.-S.：6），那麼，由這些神話所證實的事實即天空對噪音的反應**如同一種人身侵害**，便鼓勵我們設定一種等價關係（我在後面還要更詳

細地討論它）。如果說噪音是天的侵害，對食物（或飲用水；參見 M_{174}）不敬是對地（或水：我們只要回想一下前面援引的托巴人神話和利用形體化極毒物獲致的巨量魚）的侵害，那麼，由此可得：

〔噪音（＝對 x 的侵害）：天〕::〔對食物的侵害：地（或水）〕。

上述等價關係（以其尚存疑問的形式）可用兩種方式加以證明。我們爲了從噪音製造到蝕，從蝕到亂倫，從亂倫到無秩序，再從無秩序到鳥的彩色，把許多神話連綴了起來，走過了一條複雜路徑。然而，至少有一個巴西部落，它用一個神話就涵蓋這條複雜路徑：

M_{178}. 希帕耶人（Shipaya）：鳥的彩色

有兩兄弟，同他們的妹妹住在一間棄置的茅舍裡。其中一個愛上了這個小姑娘；他每夜同她睡覺，但未告訴她，他是誰。另一個兄弟發現妹妹已懷孕了，就叫她用精液擦夜間訪客的臉。當犯罪的兄弟明白了，那髒物暴露了他時，就同妹妹一起飛上了天。但到了那裡之後，他們吵開了；男人推了女人一下，如就像一顆流星似地帶著**很大噪音**落地〔著重號爲我所加（編按：即黑體字；參見 M_{172}，其中男人們把蛇拖到岸上，「發出恐怖的叫聲」，第 394 頁〕她變成了一頭貘，而留在天上的亂倫兄弟變成月亮。

另一個兄弟召來一些些勇士，命令他們向月亮射箭，殺死它。只有犰狳成功地殺了它。月亮的血五彩繽紛，男男女女都在這血流向地球時被濺污了。女人擦洗時從下向上進行，因此她們受月亮影響。然而，男人擦洗時從上向下進行。鳥兒們在顏色各異的池塘裡沐浴，因而每個種都獲得其特有的羽毛。（Nim.: 3, 第 1010 頁）

　　另一方面，回首我們已走過的路，我們可能會說，我們從英雄爲
盜鳥巢者的神話(M_1，然後是 M_7-M_{12})出發，至少眼下，我們到達了
關於鳥的彩色之起源的神話(M_{171}-M_{175}、M_{178})。爲了證明這個迂迴的
路徑是合理的，我只需表明，如果說盜鳥巢者的神話是關於燒煮的神
話，那麼，那些關於鳥的彩色的神話從社會學、動物學、氣象學或宇
宙學等角度提出了一個問題，而這問題從形式觀點看來同可以稱之爲
食物的秩序的出現所帶來的問題屬同一類型。這樣，我們回到了我前
面提出的關於燒煮用火是高和低之間、太陽和地球之間的中介的見解
(第 381 頁)。因此，盜鳥巢者(他屬於上面的天和下面的地的中間，並
且以其能成爲姻兄弟或女婿而成爲男人和女人的中介、姻親和血緣親
的中介) 可能是燒煮用火的引入者 (或取除者：總之是其主人)，而這
火從文化層面上建立起一種秩序，它同其他秩序——無論是社會學的、
宇宙學的或各種不同中間層面上的秩序相一致。

　　記住了這點，就會甚至更令人驚訝地發現：有些神話直接把盜鳥
巢者題材和鳥的彩色的題材並置起來。

M_{179} 帕林丁丁人(Parintintin)：鳥的彩色

　　　　兩個印第安老人是親密的朋友，他們決定到森林中老掏角鷹
(「gavião real」, *Trasaetus harpyia*)的巢中的蛋。他們臨時做了一個
梯子，其中一人爬上一棵樹，那裡有一個他們以前放上的巢。留
在樹脚下的老人看到同伴已發現一個雛鷹，就問道：「那隻小鷹是
什麼模樣的?」另一個老人回答説：「毛髮很好，像你老婆一樣
……!」⑯。這個名叫伊帕尼特格(Ipanitégué)的老人勃然大怒。他
砸壞梯子，走了。他的名字叫卡努雷胡(Canauréhu)的同伴在樹梢

---

⑯一種相同風格的巧妙回答，參見墨菲-奎因(Murphy-Quain)，第 76 頁。

上五天五夜没吃没喝，被黃蜂和蚊子(cabas e carapanans)折磨，它們日夜叮咬他。終於在中午時分，他聽到遠處傳來鷹的叫聲，它帶回樹獺肉給鷹吃。老人很害怕，爬到樹梢最高處，踡縮在那裡一聲不吭。這鷹飛到巢中。在它的小鷹吃東西時，它注意到了這個人。它感到驚奇，飛到附近一棵樹上問這個印第安人，後者說了經過。當這老人重述了他對同伴作的嘲笑性回答時，這鷹大笑起來。它表示想再靠近些，以便聽得更清楚。它堅決要老人再說一遍。但這老人怕鷹會殺死他。最後他得到保證，就又說了一遍。這鷹覺得太滑稽了，於是大笑，大笑又大笑。……

這鷹然後對卡努雷胡說，它要幫助他復仇。它抖落自己的羽毛蓋在他身上，直到他渾身全是毛，變成一頭鷹。變態完成後，鳥就教這人如何飛翔，如何折斷又長又堅硬的樹枝。

他們一起飛出去。為了引起注意，他們**發出很響亮的叫聲**〔著重點為我所加（編按：即黑體字）〕。他們飛到了村裡的廣場上，伊帕尼特格正在廣場中忙著造箭。這兩個鳥向他猛撲下去，用喙和爪攻擊他，把他帶走，一個抓住他的頭，另一個抓住腿。這些印第安人向他們射箭，但只傷著那受害者。他們想拉從箭鬆開的線頭來把他救回來，但沒有成功，因為箭立刻就折斷了。廣場上有一個血池，裡面充滿了內臟和腦漿。

兩頭鷹把這獵物帶回巢裡，邀請所有的鳥赴宴，條件是每個鳥都要「紋身」。它們用血給金剛鸚鵡塗畫。mutum 的喙和翼尖塗上腦漿，tangara-hú（一種小艷羽鳥）塗上血，鸚鵡和長尾小鸚鵡塗上膽汁，白鷺羽毛也塗上腦漿。surucua-hú（一種咬鵑）的胸部和 jacu-pémun-hú 的頸部塗上血……這樣，所有的鳥，無論大小，都被紋身；有的有紅喙或紅羽毛；有的有綠色或白色羽毛，因為這已被殺害的老人的血液、膽汁和腦漿裡什麼顏色都有。至於肉，

鳥兒們就把它吃了。(Pereira，第87～92頁)

尼明達尤把努湼斯·佩萊拉(Nunes Pereira)提供的材料和他自己從其他部落收集到的本文作比較，他指責佩萊拉的轉述有毛病，也不完整。(Nim：11，第3卷，第293～294頁)。我認為，下述討論將表明，不要匆促批評一個第一手得來的本文。在神話分析中，不能先驗地排斥各種版本間的差異。這個帕林丁丁人盜鳥巢者神話的鋪張版本的令人矚目之處是，它逐一地而又以一貫的精確性反轉相應的熱依人神話的每個細節，甚至結構，而這不可能是收集者的疏忽或講述者的興之所至的結果。

M_{179} { 兩個同齡的老人，	由友誼維繫，	獵鷹（食人的）；
M_7- M_{12} { 非同齡的兩個人 （成人和兒童），	由婚姻關係，	獵鸚鵡（食果的）；

//

M_{179} { 一個人通過一種不存在的社會關係（x 的妻子 ≠ y 的姊妹）傷害另一個人；	英雄被拋棄，受惡毒的⑰昆蟲迫害。
M_7- M_{12} { 一個人通過一種存在的自然關係（鳥是存在的，但聲稱不存在；蛋變成石頭）傷害另一個人；	英雄被拋棄，渾身沾滿糞便，爬滿寄生蟲。

//

M_{179}	以宇宙學結合的符號樹獺爲中介；⑱	鷹餵養它的幼仔，不收養英雄，但同英雄「結盟」；	英雄使鷹嘲笑他（笑的對象，＋）。
M_7-M_{12}	以社會學結合的符號玉頸西猯（M_8）爲中介（參見第124頁）；	花豹沒有孩子，收養並供養英雄；	英雄小心避免使花豹笑（笑的主體，－）。

//

M_{179}	鷹授予英雄以鳥的本性（羽毛）；	鷹給予英雄一種自然的能力（飛的能力，超人的力量），	鷹幫助他向一個朋友（他一直是人）報復。
M_7-M_{12}	花豹使英雄擺脫鳥類本性（糞便和寄生蟲）；	花豹賦予英雄一種文化力量（武器，燒煮用火），	花豹幫助他向一個已變成動物的親屬（母親）報復。

//

M_{179}	一種自然的和動物學的秩序的建立；	食人的餐，在村子的境界外用；	爲被聽到而製造噪音。
M_7-M_{12}	一種文化的和食物的秩序的建立；	燒煮過的肉的餐，在村子的境界內用；	不製造或不聽噪音。

　　我們現在可以問一下，有什麼理由可以進行這些各不相同的反轉。

　　我已經界定了一大組神話，其中各神話的共同特性在於，把同一種相關功能賦予各種不同的對待噪音的態度，或者賦予可以看出是這

種態度的轉換的各種態度。這些神話的語義功能在於證明這樣的事實：
兩種類型秩序之間有同構關係，而這兩種類型秩序可以是宇宙學秩序
和文化秩序，也可以是宇宙秩序和氣象秩序，也可以是上述秩序之一
和對它們來說處於中間層面的動物秩序。在博羅羅人的盜鳥巢者神話
（M_1）中，氣象秩序是明確表達的（風和雨的起源），文化秩序（燒煮
的起源）則是隱含的。屬於同一組的熱依人神話那裡，情況就相反。
不過，這些神話中無一涉及動物秩序，而這種秩序在查科和圭亞那的
神話中占據十分顯著的地位（就這些神話而言，我們因而又證實了，
以骨架方面來說，它們彼此的接近超過它們同巴西中部和東部神話的
接近，儘管這個地區處於查科和圭亞那的中間）。我們現在可以明白，
帕林丁丁人版本起著連接兩方的作用，其中一方是巴西中部和東部的
版本，另一方是查科和圭亞那的版本。利用假借自盜鳥巢者循環的代

---

⑰這個令人矚目的對立證實了謝倫特人大齋戒儀式中的黃蜂插段已提示的解釋
　　（參見第384頁注⑤和第404頁）。如果說寄生蟲標示「腐爛的世界」，那麼，
　　惡毒昆蟲必定標示「燒焦的世界」（在我賦予這些詞的意義上，第381～383頁）。
　　大齋戒旨在使人類擺脫燒焦世界的威脅，而黃蜂的出現預示著這世界的末日。
　　因此，黃蜂是這個世界的使者，不過它有雙重能力，既是「歌手」（由唱歌的人
　　傳授），又是微型箭的提供者，這箭原是它們的刺，從同人類敵對的自然形態轉
　　變成服務於人類的文化形態。這很可能象徵著燒焦世界的馴化或歸化。班納爾
　　（2，第20，27～28頁）最近敍述了一種卡耶波人儀式遊戲：有時由兒童模仿的
　　成年人對黃蜂作戰，後者的土著名字意為「敵人」。
⑱關於樹獺的這種功能（它在這裡只有間接的意義，我也不會再去單獨地規定它），
　　主要可以援引玻利維亞的塔卡納人的神話。在那裏，樹獺是焚燒世界的破壞性
　　火的主人；如果它無法在地上通便，而不得不以樹梢通便，那麼，它的糞便就
　　「獲得彗星的力量，能粉碎這個世界，滅絕一切生物」。（Hissink-Hahn，第
　　39～40頁）這種信念的一種回響見諸圭亞那，那裏把下述的星稱爲「樹獺星」；
　　它在漫長旱季開始時出現在地平線上，被認爲降落到地球上來履行其自然功能
　　（Ahlbrinck，辭條「kupirisi」）。

碼，這個帕林丁丁人版本「傳送」屬於鳥的彩色循環的消息：

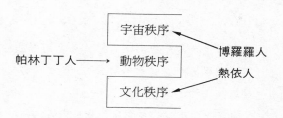

　　但是，爲了實現這種反轉，M₁₇₉必須成爲對於其他版本的一種漫畫化。既然它旨在描述一種自然秩序，所以家庭關係和社會規程（其詞彙傳承自博羅羅人和熱依人版本）被作了負面化的處理，或者弄得滑稽可笑。兩個姻兄弟——一個是少年，另一個是成年——代之以兩個老人，他們僅僅是「朋友」，不是親屬，也不是姻親，換言之，它們由最弱的而非最強的社會關係相聯結。然而在以其妻子（她不是一個姊妹，因爲這兩個老人僅爲朋友）爲替身而殺害同伴時，M₁₇₉的這個可笑英雄顯示了這種缺失關係的邏輯力量。這種引喻的表現形式後來也出現在那個把鳥的特定著色（屬於一種自然秩序）說成是「紋身」的神話之中，這個神話因此把這些著色吸收進文化秩序的示差標誌之中。在由人盜鳥巢者（巴西中部和東部）和人捕魚者（圭亞那）所構成的雙連的中間，這個帕林丁丁人神話插入了鳥捕人者，作爲第三連。

　　操一種圖皮語方言的蒙杜魯庫人構成屬於熱依族的東方部落和西方帕林丁丁（像蒙杜魯庫人一樣，也操圖皮語）之間的一種過渡。他們的地理和語言位置也許說明了，他們關於鳥的彩色的神話爲什麼審愼地避免提及盜鳥巢者神話。可以說，蒙杜魯庫人神話被完全地「去人性」；它僅處於兩個層面上：動物學的（明顯的）和宇宙學的（隱含的）：

M₁₈₀. 蒙杜魯庫人： 鳥的彩色

一個鷹王后同她的孩子一起住在樹梢上。一天，它飛下去抓河面上的一隻龜；但這龜非常重；它把這鳥拖到水底給淹死了。

失去母親的小鷹的叫聲引起一頭黑鷹注意。它起先關心這小鷹，但很快就感到厭倦，飛走了。一頭「rapina」鷹取代了它。小鷹長大後，它的兩個保護者訓練它舉起樹幹，樹幹的分量不斷加重，以致它甚至能舉起大龜，可以爲死去的母親報仇。

準備好了之後，它就等待那龜。那龜浮到了水面，渾身沾滿死鷹的羽毛，引來了這小鷹。這鳥潛下水去，抓住這龜，而這龜想把它拖進水裡。但是，其他龜把這龜推向水面。這鳥帶著獵物飛回巢中。

這鷹邀來所有的鳥吃這龜。首先得砸開龜殼。巨嘴鳥鷄鵁試了一下，它的喙被弄扁了，就成了現在的樣子；啄木鳥成功了。然後鳥兒們用紅色血液、藍色膽汁，和黃色脂肪塗抹自己。鷄鵁在眼睛四周塗藍色，尾巴端部塗黃色，胸部塗一條黃帶。它還把血塗在尾巴上。啄木鳥頭上塗紅色；pipira 渾身塗上藍色。mutum 用血塗腿和喙。爲了不讓 galsa (garça?——「一種涉水鳥」，Murphy：1，第 143 頁)用上動物染料，mutum 提出使用白粘土。galsa 照 mutum 的意見做了，但當輪到 mutum 時，它飛走了。galsa 只能抓住它的尾梢，而這尾梢直到今天仍是白的。

爲了答謝，鷹王把龜的頭給了「rapina」鷹，後者用它做了個小號，發出「Toc,toc, poat, poat」的聲音。tawato 鷹〔種名 *Astur*(?)，參見 Ihering, 辭條：「Tauatu pintado」〕好妒忌，儘管它得到一大塊，但還是尖利地叫著。它堅持要求掉換。自從那時起，tawato 鷹就一直粗聲粗氣，而「rapina」鷹吱吱地叫：「Iii-iii-iii」(Murphy：1，

第 128～129 頁)

這個神話很難分析，因爲三個「鷹」種及其在土著分類中的地位皆不明。按照墨菲（Ⅰ，第 143 頁），「rapina」鷹是 *Cerchneis sparverios eidos*，tawato 是 *Hypomorphnus urubitinga urubitinga*。另一個版本分別叫它們 ii 和 uayuptauhu 或 puatpuat（Kruse：2，第 633 頁）。一個來歷不明的亞馬遜人版本中，沒有相助的鷹。（Barbosa Rodrigues，第 167～171頁）。因此，我只想強調這樣的事實：M_{180} 和 M_{179} 在很大程度上是同構的。M_{179} 中的人和 M_{180} 中的鳥練習舉起和敵人一樣重的木頭；鳥在被拋棄時大聲呼喚救助；人則不吭一聲；M_{179} 中披滿羽毛的人同 M_{180}中的沾滿羽毛的龜相對應；在前一種情形裡，「在上面的」攻擊者大聲叫喚著，侵害「在下面的」敵手；在第二種情形裡，情況相反：鷹保持沉默，等待龜來惹它，再侵害之；最後，受害者的人伙伴試圖拉他回去（M_{179}），而動物伙伴把受害者推向水面（M_{180}）。從把頭給予功勞最大的動物這個插段中，可以看出同圭那亞版本（M_{172}）的聯繫。

尤其明顯的是，和帕林丁丁人神話不同，蒙杜魯庫人神話完全在動物界中進行，儘管像帕林丁丁人神話一樣，它也涉及食肉的鷹，而不涉及被逐出巢的鸚鵡：它們是好鬥的而不是愛好和平的鳥；吃肉而不是食果的鳥；在蒙杜魯庫人神話中，鳥同水相聯繫，而鸚鵡同旱地相聯繫，它們在旱地上生長的樹上尋找食物。這最後一個對立在博羅羅人那裡是一目了然的，他們的祭司有時被認爲變成了鳥，以便幫助尋找食物：作爲金剛鸚鵡，他們採集果子，作爲角鷹，它們捕捉魚或者殺死其他鳥。（Colb.：3，第 131 頁）

III　婚禮

si si on lui fai- sait un en- fant

elle en vau- drait deux fois, fois au- tant

（如果，如果她生了一個孩子，則她也可能身價倍增。）

伊戈爾·斯特拉文斯基（Igor Stravinsky）：
《婚禮》（*Les Noces*），第四場

　　我們已考察過的所有虹霓神話都把這現象同漁毒和疾病相聯結，或者同鳥的彩色相聯結。但是，引入虹霓的方式因所選擇的連接類型而異：它可能一是個主動者，也可能是對它所施的一種行動的被動對象。

　　活虹霓所以引起毒物和疾病出現，直接或間接地是因爲它的邪惡：它作爲道德的原因起作用。對於鳥的彩色來說，它僅僅是物理原因，因爲鳥只是在先期殺了虹霓，分掉其皮膚之後才獲得它們各自獨有的羽毛。我們也可以換用一種詞彙說，虹霓意指毒物和疾病，但當它用於鳥的彩色時，它的邏輯功能就從能指變爲所指了。

　　當我們最初遇到這個問題時，我們訴諸短間隔和長間隔的辯証法來解決它。我們已經看到，疾病和毒物呈現雙重性。兩者都意味著，生和死、自然和文化結成可傳遞的關係，從一者到另一者的轉變漸進

地發生，看不出有什麼中間階段。並且，疾病和毒物本質上是「變化音」的實體，產生可以說是「自然音」的效果；因爲漁毒像流行病一樣也在被它感染的人群中造成很大的空隙。玻利維亞的瓜拉尤人從漁毒和流行病的相似性中引出了一個合理的結論：他們相信，一切疾病都是中毒的結果，如果人不會中毒，他們也就決不會死。(Cardus, 第 172 頁)。

　　因爲毒物和疾病可以看做爲「變化音」的實體，所以它們和虹霓有一個共同特點，而這使虹霓適合於意指它們。另一方面，它們引起人們對浩劫作經驗的觀察，而這導致了這樣的推論——或者說証實了這樣的假說：連續包含不連續，甚至產生不連續。但是，一旦虹霓不再被看做爲一個主動者，而轉變爲行爲的對象，上述關係就會反轉過來。一種能指的變化音即自然音秩序的負面形式（因爲這秩序僅僅是一種被破壞的連續的殘餘）讓位於一種所指的變化音：可用以建構一種秩序（也是自然音的）的正面原材料，並且它像另一者一樣也將被歸於自然。實際上，任何特定群體的大量減員（無論被流行病殺害的人類群體還是被毒物殺害的魚），是同這些物種的總的不連續性相對稱的：兩者在任何一個屬的內部都是同構的。我前面已通過另一種論証得出這個結論。(第一篇, I, 4)。

　　我們回想一下M₁₇₃的維萊拉英雄變成一個變化音實體的情境,「這實體的色彩即使在黑夜裡也可從遠處看到發出閃光」。(Lehmann Nitsche: 2, 第 222 頁)這轉換發生在他在河邊揀起一些顏色各異的石頭，給自己做項鏈之後，換句話說，這項鏈是由以前散布的元素構成的一個多色實體，而一旦這些元素串在一起，它們的間隔就變得非常小。我認爲，在從熱帶美洲採集的任何種族志收藏中，都很難找到符合這種說明的項鏈，因爲，那裡土著戴的項鏈，顏色非常素淨，式樣也規則齊一。⑲因此，這神話中所說明的過程就更其耐人尋味。實際上，熱

帶美洲土著的項鏈幾乎總是用黑白珠子做的，這些珠子是用水生軟體
動物的貝殼或棕櫚殼雕刻成的小圓片。種類繁多的手藝珠子在相當程
度上被忽視了：黑白相間仍是最受珍視的顏色。另一種顏色即藍色有
時被採用來製造單色項鏈，例如當這種顏色（土著語言很少把它同黑
色相區別）具有宗教意味時。(Huxley，第 47 頁；Nino，第 197 頁)。我曾
同七、八個部落的土著一起生活，我從未看到他們利用我們分配給他
們的各種（完全充裕）珠子 (L.-S.：3,第 260 頁) 製造多色項鏈，像維萊
拉人神話中的魯莽英雄所做的那樣……

　　應當指出，博羅羅女人以前不情願接受別人給她們的帶條紋的或
花形圖案的織物：「起先我們怪罪於時尚或任性。後來，我們知道，她
們的態度是由宗敎觀念決定的。祭司……解釋說，帶條紋的或花紋圖
案的織物屬於靈魂世界，由於這個原因，婦女被禁止接受它們，即使
作為禮物也不行，除非用它們作為在喪禮期間代表已故男人的人的服
飾，或者用來酬謝被委託念咒招亡魂的祭司；甚至後者也只有在他告
訴亡魂他想這樣做後才能穿它們。」這個作者還說，博羅羅人規定使用
淺色或素色織物。(Colb.：3，第 131 頁；《博羅羅人百科全書》第 1 卷，第 174
頁)1935 年，土著用同樣論據給我們解釋，為什麼他們的陶器是深色的，
並絲毫不加裝飾。[20]無疑，如此憎恨多色彩，在南美洲實屬絕無僅有。
然而，博羅羅人僅僅把他們同其他群體共同的一種態度貫徹到極端，

---

[19]奇里瓜諾人那裏甚至也是這樣。他們生活的地方距維萊拉人不遠。按某些旅行
　家所說，他們的項鍊用珊瑚和孔雀石做；然而，這個論斷遭到 B. 德•尼諾（B.
　de Nino）（第 197 頁）的否証。有可能的是，維萊拉人神話的奇妙發明是由安
　第斯山人（Andine）的古老項鍊啓發土著的。不過，彩色石頭的題材也出現在
　圭亞那，在那裏，這題材同虹霓精靈相聯繫（Goeje，第 33 頁），並且我們從其
　他資料獲知，卡里布人的虹霓名字也標示負子袋鼠(參見以上第 326 頁)，所以，
　看來這題材的起源事關思辨而非經驗。

而他們以更爲微妙的方式顯示這種態度。圖庫納人在他們的一個神話(M_{181})中說，儀式用的樂器總是被塗上齊一的紅色。一個神命令文明英雄改用「各種不同顏色的粘土」，這土可在離一條河的不遠處找到，但他不得用手碰它。他就用吹箭筒來採集土。他不斷把吹箭筒插進地裡，直到取得每一種土的樣品。此後，他通過用一根杆出清筒內的土來提取顏料，然後用它們塗畫。這神話還說，這種塗畫是影響樂器禁忌的主要原因，按照這禁忌，女人不准看樂器。另一個神話(M_{182})解釋說，一個女人爲了滿足自己的好奇心而躲在一棵樹上。但是，一當樂器出現，她就被樂器的裝飾弄得神魂顛倒。她錯把一支小號當做一條鱷魚：「她小便失禁，啪！跌了下來。」樂師們向她衝過去，把她剁成碎片，還加工處理。他們甚至強迫她母親和姊妹參加吃。(Nim.：13，第77～78，134頁)。

　　這些故事需要作幾點評論。首先，可以記起，圖庫納人把兩個虹霓之一看成陶土的主人。(參見以上第323及以後各頁)。其次，強加於英雄的這種十分特殊的顏料製備方法似乎不可避免地導致部分的混合，以致樂器上的顏色相互混雜，就像虹霓的顏色。最後，罪婦之死的描

⑳古埃及人似乎也利用彩色和單色的對比，但發展出了一種同博羅羅人相反的服裝禮拜儀式：「至於聖服，愛西絲的衣服是染色的，色調也多樣；因爲，她的力量完全作用於物質，而物質採取一切形態，構成一切事物，如光亮和黑暗、日和夜、火和水、生和死、開始和結束。但是，奧西里斯的聖服沒有色調，也沒有多樣的色彩，而只有一種單純的、像光似的顏色。因爲，初始因和原初要素是完全單純的，所以是精神的、可以理解的：由於這個原故，這些服裝一旦被使用過，就被放置起來，包藏起來，不讓人看到，不讓人觸摸。相反，愛西絲的服裝常常使用。因爲，可感覺東西是在日常應用中而爲我們熟悉的，它們提供給我們許多機會來顯示它們，從其各種變態中觀察它們；但是，對精神的和理智的東西的純眞、虔誠的理解，則像一道閃電讓靈魂一瞥。」(Plutarque，§xli)。

繪——她坐在樹枝上神魂顛倒，然後撒尿，最後跌地——完全符合於一個猴子被一支帶箭毒的箭射中時發生的情形，正如我自己在納姆比克瓦拉人那裡親眼目睹的那樣；並且，這事實還爲我們利用的資料所獨立地証實：「（毒物）對受傷動物的作用是立即引起大小便失禁，動物隨即在三分鐘左右之內跌地。」(Nim.: 13, 第 30)這裡，我們又遇到了虹霓、色彩和毒物的三元組合；博羅羅人和圖庫納人的差別在於，後者似乎把彩色裝飾的毒效限制於女性。

　　圖庫納人的陶器是在白底上粗糙地裝飾上棕色圖案；這些圖案是幾何形的或者動物形狀的。尼明達尤並不認爲，這種裝飾曾經達到較精緻的水平。(13, 圖版 6 和第 47～48 頁) 這對其他亞馬遜部落來說並不成立，他們總是製造出非常美麗、精緻的多色陶器。這種技術的和藝術的技藝伴帶著虹霓神話的一種重要傾向：

M₁₈₃. 亞馬遜人（特夫爾湖）：彩陶的起源

　　　　從前有個年輕女人，她沒有任何手藝，她做的陶器不成形制。她的妯娌爲了嘲笑她，用粘土模製她的頭，再叫她把它烘焙成陶器。

　　　　一天，一個老嫗出現，這年輕女人便向她訴述了自己的不幸。這老嫗是個慈悲心腸的妖怪，她教這年輕女人如何製造精美陶罐。這老嫗離開時對這年輕女人說，她以後以蛇形出現，不要怕和它擁抱。這女英雄照她說的做了，這蛇立即變成一個妖怪，向這被保護人演示了如何給陶罐塗畫：「她取了些白粘土，均勻光滑地塗抹在罐子全身。然後，她用黃色粘土、棕色粘土和 roucou (urucu: *Bixa orellana*)畫上美麗的、變化多端的圖案，並對這年輕女人說：有兩類圖畫：印第安圖畫和花卉圖畫。畫蜥蜴的頭、

「大蛇」的形迹、木蘭樹枝條、虹霓巨蛇博尤蘇(Boyusu)的乳房等等的那類畫，我們稱之爲印第安畫，另一類就是畫花卉的畫。

然後，這妖怪拿來黑的清漆，用它裝飾許多葫蘆，給它們上光，在它們裡面畫上各種各樣圖案：陸龜的殼、雨絲、曲折的河流、魚鉤和無數美麗圖案。……」。(Tastevin：3，第192～198頁)

因此，在一種產生多色陶器的文化中，虹霓帶有含糊的多重意義。它的令人敬畏的力量可能成爲保護性的和放縱的。就其第二方面而言，毒物（由虹霓以其另一個方面蒸餾而成）可以說倒退到了切不可認爲是令人討厭的糞便狀態：用於棕色顏料的棕土稱爲「大蛇的糞」。(同上書，第198頁)。爲了找到啓示，如果說陶女引來了喬裝成老妖怪的虹霓，那麼男人則成爲性愛的對象：虹霓在他們看來是妖媚的情婦。(同上書，第197頁)。㉑因此，這裡我們又看到一種運動，它同引導我們（以上第360及以後各頁）從誘淫魔藥到致死魔藥、從誘姦動物到毒物的運動相反。這種相反運動是一種區別於博羅羅人而同色彩㉒相調和的美感的特徵。

但是，熱帶美洲有一個地區，那裡似乎普遍地、毫無保留地採納多色彩。我現在是指羽飾，博羅羅人提供了豪華的例子。㉓但是，不

㉑至少令人好奇的是，按照一個瑪雅人(Maya)傳說（它無疑是某個古老神話的遺存），有一個被遺棄的未婚妻，其名可能意爲「虹姨」，她在死後變成一個欺詐的神。她勾引旅行者，然後變成一條帶叉尾的蛇，她把叉尖插進被害者的鼻孔，同時她把身子壓在後者上面(Cornyn)。這種逆反的交媾實際上同 M₉₅中就一個負子袋鼠神描述的交媾行爲相對稱。由此可見，在墨西哥，蛇、虹霓和作爲誘姦者的負子袋鼠（在這裏轉變成一個反抗誘姦的處女，然後變成一條雌蛇，她誘姦男人，一如一頭雄負子袋鼠誘姦女人）三者是相聯繫的。順便指出，衆所周知，臭鼬——同鼬鼠和蜍蜋一起——在古代墨西哥人的宗教繪畫中占有一席之地，(參見 Seler，第 IV 卷，第 50 頁)作爲普通人死後轉生的形態之一。

無道理的是，世界的這個地區的神話首先(M_{145})或專一地(M_{171}、M_{172}、M_{173}等等)通過訴諸鳥來提出物種多樣性的問題。羽毛的實用無疑提出了一個理論困難，而這些神話有助於克服它。

　　有人可能提出異議說，按照某些圭亞那神話，一條蛇的被燒焦的和支解的屍體不是引起被賦予獨特羽毛的鳥，而是引起植物性護符。(Roth：1，第283～286頁；Gillin，第192～194頁；Orico：2，第227～232頁)這些護符主要是各種杯芋，其中每一種都被賦予一種特定的魔法功能。所以，這裡又是把特定多樣性用於表達重要對立的問題。科學植物學的術語把許多種類天南星科植物(它們帶有光彩的、變化多端的葉子)歸於雙色杯芋(*Caladium bicolor*)這個名下，以此獨特方式強調這些葉子的最顯著特徵，而這些特徵可以看做為羽毛的植物等當物。所以，儘管表面上這是個例外，但問題始終以羽毛為中心。

　　選擇羽毛製做飾物，似乎受一種真正的色彩狂感召。綠色變成黃色，然後變成橙色或紅色，最後通過突然回歸綠色或通過紫色的中介而以藍色告終；或者藍色融合成黃色，而黃色又淡化成煙灰色。可能性最小的轉換是：從藍色到橙色，從紅色到綠色，從黃色到紫色。……當羽毛顏色齊一時，藝術手腕就可通過機智地粘貼或配置各種不同色調的羽毛來彌補這種缺陷(D. 和 B.Ribeiro)。然而，有這樣的神話存在，它們斷定物種的普遍不連續性對於每個物種所特有的色彩的內部連續

㉒這裏可以回想起蒙田(Montaigne)〔《散文集》(*Essays*)第1篇第30章，Florio譯〕引過的那首動人的巴西情歌：「小毒蛇，好毒蛇，你停一停，我妹妹可能要照你的彩色外衣的圖案畫花樣，做美麗的花邊，因為我要送給我的情人；因此，你的美麗、機智或氣質最受人垂青，一切其他蛇都黯然失色。」亦見德·戈杰(第28頁，注24)：朱里馬瓜人(Jurimagua)的女人總是召喚蛇來，描摹它們的皮膚上的圖案，用來裝飾陶罐。

㉓它們是男人專用的。多色陶器則不同，無論在哪裡總是看做為女性專有物。關於在博羅羅人那裏的這種對立，參見以上第65頁。

性的優先性。和藝術愛好者不同，印第安人並不把一根羽毛看做為必須加以描述的、每一個細枝末節都得加以分析的審美對象。相反，每種類型羽毛都作為整體去理解；在這總體中，每個特定物種的示差同一性都用可感知的東西來傳達，以致它不可能同任何別的物種相混淆，因為自從虹蜺身體被分裂成片段之後，每個物種都必須按照它在這支解中所起作用來確定。

因此，每當神話中出現顏色時，我們都必須考察涉及哪種類型多色彩：是各種顏色相互滲透，以致無法說出一種顏色在哪裡開始，另一種在哪裡結束呢，還是相反，鮮明的顏色或混合色的組合構成一系列相對比的顏色組呢？一個亞馬遜人神話（M₁₈₄）描述了毀滅人類的大洪水的前兆，從而提供了第一種類型的一個給人鮮明印象的証例：「太陽和月亮變成紅色、藍色和黃色；野獸、甚至花豹和其他猛獸無畏地在人群中行動……」。（Barbosa Rodrigues, 第 214 頁）。蒙杜魯庫人在訴述蛇莫尤蘇（Muyusu）即虹蜺因渴望教人如何寫，所以通過模仿各種各樣動物的叫聲來引起人們注意的時候，用圖和聲學語彙說明這種短間隔占優勢的情形。（Kruse: 2, 第 623 頁）順便指出，值得注意，當土著模仿書寫時，他們畫一些波紋線，似乎書寫的不是形狀各異的字，而是一系列流動（圖 19）。另一方面，一個蒙杜魯庫人神話（M₁₈₅）誇示地選擇一種視覺代碼來說明另一種類型多色彩，後者用長間隔表達；它講述了，造物主如何通過給人塗畫上各種顏色——綠、紅、黑和黃——而把他們劃分為各個部落，把其中有些人變成動物。（Barbosa Rodrigues, 第 245～251 頁）按照博羅羅人的有一個傳統，他們是一種鱗翅目昆蟲（他們稱之為 aororo 或 aroro）的幼蟲的後裔。而因為這種幼蟲以三種鮮艷奪目的顏色——紅、黃和黑——為標誌，所以，博羅羅人採取這三種顏色作為他們的特殊標誌。（Colb.: 1, 第 51 頁；《博羅羅人百科全書》第 1 卷, 第 175 頁）。每種類型多色彩都相應於混淆或分化。

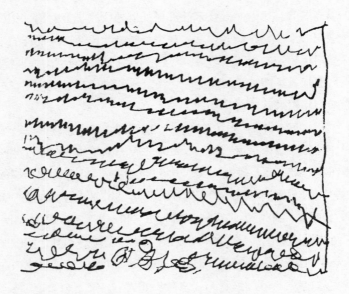

圖19　一個納姆比克瓦拉印第安人的「一頁習字」(L.-S.: 3, 第314～315頁)

　　作爲長間隔和短間隔的這種辯証法的實際狀況的一個附加証明，我們可以引用一個關於鳥的顏色的起源的圭亞那神話。(M_{186}；Brett, 第29～30 頁；Roth: 1, 第 212 頁)。可惜，像科赫-格林貝格淸楚地認識到的那樣，(1, 第 278 及以後各頁)要分析這個神話，非得把它放在一個巨大泛美神話組之中不可，這個神話組稱爲「訪問天空」。但這項工作需要專門一卷著作。無疑，我們應當得出這樣的結論：一個男人和一個兀鷹女人，她「渾身布滿臭蟲」(Van Coll, 第 482 頁)或者用她的糞便弄髒茅舍的地板(Wirth, 載 Baldus: 2, 第 23 頁)的結婚可以解釋爲一個凡人和一個負子袋鼠星的結婚的一種轉換，因爲兩個妻子具有同樣的天體本性和同樣的歧義性。一個來源不明的亞馬遜人神話(M_{187})似乎自發

地進行了這種比較，它講述了一個故事：一個女人蔑視一個可憎的求婚者，稱他爲「負子袋鼠」。但當後者堅持求婚，最終誘姦她時，他被証實原來是個兀鷹，而女人被他的惡臭氣味授孕。按照這個神話，兀鷹一心用毒物捕魚，同時食用充滿蛆的腐肉。(Amorim，第 435～440 頁)。

　　雖然我不打算探討訪問天空的神話，但我至少可以比較 M_{186} 和 M_{161}，以便表明，關於鳥的顏色的前者是同解釋狩獵用的 (以及無疑也用於戰爭；參見以上第357～359頁) 毒物的起源的後者完全對稱的。因此，這種比較証實了我們按照「間隔辯証法」先驗地推演出來的結論：一個關於鳥的彩色的神話以其反轉形式重構了一個關於毒物起源的神話；因此，從辯証法的觀點來看，短間隔領域和長間隔領域是可以相互轉換的。

M_{161}	英雄娶一個猴女人；	他拜訪他的父母（人）；	他在拜訪他的岳父母（動物）時被遺棄在樹梢上。
M_{186}	英雄娶一個兀鷹女人；	他拜訪他的岳父母（動物）；	他在提議拜訪他的父母（人）時被遺棄在樹梢上。

//

M_{161}	他能借助粘性藤蔓爬下來，	得到被捕獲的鳥（三兀鷹）幫助；	他被鳥收養。
M_{186}	他能不顧樹幹帶刺而爬下來，	得到蜘蛛和鳥（无兀鷹）幫助；	他成爲鳥的領袖。

//

			他饒了猴子的一個兒子的命。
M_{161}　他的妻子已永遠地離開他；		他用毒物消滅猴子；	
M_{186}　他盡一切力量和妻子團圓	他被他的兀鷹兒子殺死；	他用火消滅兀鷹；	

//

M_{161}　通過同意和鷹一起去打獵，人得到了箭毒；	打獵用毒物的起源。
M_{186}　通過就戰利品的分配進行爭吵，鳥得到它們的羽毛；	鳥的彩色的起源。

　　在本第五篇的開頭，我研討了沉默和噪音間的對立。一旦以這個角度提出噪音問題，我便走向思考：習俗從哪些環境條件規定噪音。那時我指出，這些條件同社會秩序或者宇宙秩序有關。這兩種類型秩序之間立即出現作為中間項起作用的第三種類型秩序，這就是動物學秩序。我已表明，這秩序在另一層面上也是中間性的，它無異於引起紊亂的東西即虹霓、流行病和捕魚用或打獵用毒物，除非通過擴大它們的構成項之間的偏差。因此，生物學不連續性以兩種方式體現在神話之中——一種是正面的，另一種是負面的：作為動物學不連續性，它提供了宇宙秩序和社會秩序間的過渡；作為人口統計學的不連續性，它在秩序和紊亂之間履行這種同樣的功能。在我們沿這兩根新軸看到了那兩個神話（我已出於迥異的理由對它們作過比較）之間的新聯繫的同時，我們也發現了一些出乎意外的捷徑，它們把我們帶回到

我們的出發點即英雄爲盜鳥巢者的神話。這樣，我確証了，我們從外部考察神話思維時必須費力地加以重構的那些圖式客觀地存在於神話思維之中。

　　就沉默和噪音而言，我們遇到了一個困難，它同製造噪音的儀式在無文字社會中和在西方民間傳統中分布不均衡有關。後者不加區別地把這些儀式運用於宇宙或社會情境；前者則似乎把它們局限於宇宙情境。因此，我提出這樣的見解（第390頁及以後）：在無文字社會中所以對該受譴責的結合不用逗鬧加以懲罰，其原因可解釋爲噪音範疇不適合於這種下賤的用途。這些社會的人似乎擔憂：人這樣地對噪音作倫理化的利用可能構成一種過分的濫用。

　　然而，有一些事例明白地顯示了沉默和噪音間的對立。在澳大利亞的瓦拉蒙加人（Warramunga）那裡，當一個病人臨終時，規定他死前噪音大作，死後保持沉默（Spencer & Gillen，第516～517，525～526頁）。相應地，博羅羅人的靈魂造訪這種重大儀式（它是先人的一種象徵性的、暫時的復活）在黑夜、絕對沉默和一切火都熄滅之後這些條件下開始。亡靈害怕噪音；但當他們到達時，就爆發巨大噪音以示敬意。當在打獵殺死的一個動物被帶回村，薩滿巫師召喚精靈來占有它時，情形也是這樣。（Colb.：3，第93，100～102頁）

　　另一方面，噪音有其對立面：沉默。不僅在西方的民間傳統中，而且在相當多的無文字社會中，沉默都被用來標誌某些種類社會關係。我特別想到弗雷澤（Frazer）在兩處（1，各處；2，第4卷，第233～237頁）提到的一組習慣，即強制寡婦或鰥夫、甚至更經常地還有新婚夫婦過一段沉默的時期。

　　在澳大利亞、大洋洲和非洲的各個地區，年輕夫婦必須保持沉默一個時期，從兩個月到一年不等，因地而異。在美洲、高加索和撒丁也可看到類似風俗。通常在頭胎孩子出生時禁止說話。弗雷澤在討論

這種風俗的意義時下結論說：「妻子在頭胎孩子出生前一直保持沉默，這可能出於對她初次懷孕的某種迷信，而我們還不理解這種迷信。(2，第 4 卷，第 236～237 頁)。

　　這裡問題不在於懷孕而在於出生。像我在別處已試圖表明的那樣，(L.-S.：2 和 4，各處)如果說每次結婚都破壞了社會集團的平衡，只要家庭局限於丈夫和妻子，保持無孩子的狀況（因爲結婚雖是重大聯姻棋戲的一部分，但總要暫時先從棋盤上撤去兵卒，到後來才以子孫的形式恢復他們），那麼，由此可知，一個男人和一個女人的結合乃是一個小規模的、在另一個層面上的事件，它可以象徵性地說有些類似於天和地的可怕結合。一個孩子（他是一個潛在的、可同另一個家庭裡生育的一個未來配偶相匹配的配偶）只不過是証明了一個家庭重又進入了聯姻交換的系列之中，而只要這個家庭不生育，它就一直處於這個系列之外；這出生標誌著第三個項出現，它作爲兩個極之間的中介起作用，它在它們之間建立了某種**距離**，而其結果是這集團被賦予了社會的和心理的雙重安全。孩子（尤其頭胎）在丈夫和妻子間所起的作用有如燒煮用火在天和地間所起的作用。無中介的夫婦是不諧和的，製造噪音對他們來說是合適的，就像新婚之夜的喧鬧慶祝所証明的。因此，夫婦本身必須沉默，直到沉默和噪音的對立通過頭胎孩子的出生（這重建了對話）而可被超越。這至少在一定程度上解釋了，爲什麼逗鬧由年輕人進行，爲什麼「靑年修道院長」被委託擔負籌集爲取得豁免所必須付的款項的任務。

　　好多事實証明了，尙未生育的一個婚姻以及頭一次(或最近一次)生育的是同天文現象同構的。初次生育之前的沉默可能相應於古老的拉普人(Lapp)信仰：新月和北極光切不可讓任何噪音惹惱 (Hastings，第 7 卷，第 799 a 頁)。相反，在美洲的各個群體中，以製造噪音爲標誌的蝕也是孕婦和年輕母親所特別關心的事。一次蝕期間，加拿大東部

的密克馬克人（Micmac）讓女人到茅舍外面去照看孩子。（W. D. &R. S. Wallis, 第 98 頁）在杰美茨，在新墨西哥的一個印第安人村莊裡，人們相信，蝕會引起流產，因此孕婦必須待在室內；如果她們非得出去不可，則她們必須在腰帶上縛上一把鑰匙或一個箭頭，防止月亮吃掉胎兒，或者防止嬰兒患上兎唇；按照帕森斯（Parsons）的說法，這種信念起源於西班牙，不過在前哥倫比亞時期，印第安人也害怕，孕婦在蝕期間輕易外出，可能產下怪物。（Parsons: 2, 第 1 卷，第 181 頁，注①）甚至今天，操瑪雅語的波孔奇人（Pocomchi）也還有在蝕期間必須遵從的下述規則：「首先你得把頭遮蓋起來。如果你是個（懷孕的）姑娘甚至剛結婚而有妻子的男孩，你就應當進屋去。……在月亮進行搏鬥時去觀察它，是不妥的。」提供神話的人評述說，「新月時節不宜一切種植。……種植最好在滿月時進行。……當月亮開始轉虧時，不宜種植，因為會被蟲蛀」（Mayers, 第 38～39 頁）。

　　因此，存在一些場合，其時，無文字社會通過規定沉默來標示某些社會情境，或者反過來，由此來建立某些社會情境和要求製造噪音的宇宙現象之間的聯繫。歐洲傳統社會也不是對它們的社會風俗的形而上學的和宇宙學的表現漠不關心。一個鮮明的事實是，逗鬧期間唱的歌有時利用隱喻，類似於所謂原始人用來解釋蝕的隱喻。在布列塔尼，人們總是叫喊：「逗鬧吧，一個老貓和一個小鼠！」（V.G.；上引著作，第 626 頁）還可以引証一個迥異的觀念：鈴聲在古代被認為能消彌天災。

　　如果一個小兒子或小女兒比大孩子先結婚，則這婚姻要遭到冷遇，儘管並未眞的引起逗鬧。另一方面，作為最小孩子結婚的標誌，則要舉行特殊的慶祝。一個這樣的慶典可按照上述考慮加以解釋，儘管我明白，它的文獻基礎相當薄弱。「在旺代的森林地區及其北部，當最小兒子結婚時，在婚禮日早晨，親友們在婚禮隊伍去教堂的沿途種上一

棵樘木樹。他們用樹葉和野花做的冠裝飾這樹，並用一捆捆枝條和柴把圍住它。樹梢上放著一個充滿水的大氣球。在從宗教儀式返回時，年輕的新娘被要求點火，丈夫則必須用槍射破氣球。如果他第一或第二發子彈就成功，則他就和年輕妻子一起打開這球；不然的話，第一個跳舞的榮譽就歸於男儐相」。(V.G., 上引著作, 第639～640頁；這個作者還提到, 這種風俗在昂儒、旺代和普瓦圖到處都有, 但也許在一切婚禮中都可看到, 參見第484～485頁)

　　和被逗鬧的該受譴責結合不同，最小孩子的婚姻特別讓人稱心如意，因為它標誌著一個循環的閉合。它是再婚的對立面。再婚不是完成正常聯姻交換循環，而是把一個伙伴從這循環中逐出。最後的婚姻則確保了應當結婚的一個男人或女人的結合，尤其因為他或她是家庭中在哥哥和姊姊之後仍處於分離狀態的最後成員。范熱內描述的儀式把這種稱心的社會結合同元素水和火間的結合連結起來，而人們傾向於賦予後一種結合以宇宙學價值。無疑，在旺代的風俗中，水在上方，火在下方。但是，法國社會顯然是父系制的，熱依人則不是這樣，只是其中的謝倫特人是唯一例外，但不能說他們的父系制和我們法國的一樣明確。這個差異解釋了，為什麼法國風俗中男人負責充水的氣球，水處於樹梢的天空位置，代表天空，而女人負責火——在熱依人那裡也是在地上的——但在這裡還要低一點，實際上是冥府的，因為被點燃的木頭處於一頂裝飾有野花的綠葉冠的下面，而這冠代表地及其植被裝飾：

　　完全有理由提出下述詰難：我剛才對遠為複雜的關係作了極其簡化的表述。只要回顧一下關於和一個凡人結婚的星的神話(M$_{87}$-M$_{93}$)就足可證明，在所有熱依人部落那裡，無論母系制的還是父系制的，女人都處於天上位置，男人都處於地上位置。亞結構強加的反轉處處都有：謝倫特女英雄從作為人類的女恩人和栽培植物的引入者變成一

個食人女王。在其他本子中，她討嫌前園藝時代的人吃腐爛食物，而這裡它是男人，在到達天上時看到熏烤過的屍體而感到惡心。因此，我已強調指出，在謝倫特人那裡，另一個神話關涉栽培植物的起源（M_{108}），在其中母親的奶

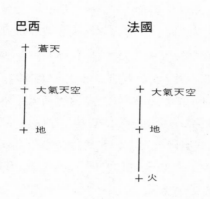

表現爲一個隱含的對立面對偶中的一個關項；而克拉霍人神話（M_{89}）中姦污處女所導致的血是另一個項（參見第 241～242 頁）。

相反，如果我們比較兩個父系制社會，如北美洲的易洛魁人和曼丹人，他們的生活方式兼含農業和狩獵，則我們首先驚訝地發現，儘管他們共有這些特點，但他們各自的神話體系把高和低同對立的兩性極相聯繫：

	天	地
易洛魁人	○	△
曼丹人	△	○

但是，引起人類誕生的原始運動的方向在每個系統中都被相應地反轉了：對於易洛魁人來說，它是下降或降落；對於曼丹人來說，它是上升或出現。因此，把這兩個圖式相結合，你們就可以證實：表面上的矛盾在一個獨特公式即○＞△的範疇中得到了了解決。

因此，自然而然地可以設想：神話想像和社會結構之間始終地、在一切境況下都存在一種簡單聯繫——這種關係用同樣的對立表達；例如，狄俄斯庫里（Dioscuri）神話是雙重組織的正常伴奏；或者，在父系制社會中，天空必定是男性的，地必定是女性的，而在母系制社會中，自然地流行相反的關係。

　　這樣的論證首先忽視了一個事實：神話思維所應用的對立的數目不是固定不變的，因組而異。有些神話組僅僅對比天和地、高和低。另一些神話組把這些單位範疇再分爲一些亞組，它們應用後者來表達和前者同樣基本的對立。例如，男／女這個對立可能完全屬於「高」這個範疇，而這兩個要素以月亮和太陽（如果這些天體被賦予不同的性別）、暮星和晨星、大氣天空和蒼天等等形式在其中共存(至少在其中相衝突)。或者，男／女對立完全移入「低」的範疇：地和水、植被和冥府，等等。在這些系統中，高和低的對立（它在其他場合是必不可少的）可能不再是相關的，或者僅僅作爲其他對立的一種轉換起作用，因而這裡相關性只出現在各對立構成的組或「束」的層面上，而不出現在這些對立各自單獨被考察的層面上。

　　人們往往沒有充分考慮到：相對於群體的生活和思想的其他表現，神話系統有其獨立性。在一定程度上，一切都是相互依從的，但它們的相互依從性並未導致強制在各個不同水平間作自動調整的僵硬關係。問題倒是在於長期的約束，而在這約束的範圍內，從某種意義上說，神話系統可以同它自己對話，達致辯證的深化：總是評述它介入實在的比較直接的模態，不過這評述往往採取贊成或否定的形式。因此，一個神話系統如果包含某種智謀，那麼，它很少不是動用一切可能代碼來傳達一個消息，即使爲此需要從表面上把某些符號反轉過來。

　　同一個群體或者一些地理上、語言上或文化上密切相關的群體有時制定一些神話，它們在系統地解決一個特定問題時用一個一個異本系統來考察許多可以設想的解決方法。例如，以彌賽亞(Messiah)到摩尼教(Manichean)對偶，中間通過雌雄同體、騙子和狄俄斯庫里等中介的問題：或者，狄俄斯庫里主義本身的問題可以通過逐次嘗試一切可能方案來解決：一個可分身的英雄、相同的兩個人、敵對的兄弟、一

個祖母和一個孫子或者一個老巫師和一個年輕英雄；或者再如兩性的雙重性問題的解決，可採取按許多相繼關係轉換男女兩要素的方法：天和地、上升和下降、主動和被動、善良和邪惡、植物和動物，等等。

難道我們不得不下結論：既然這樣，就不能進行結構研究了嗎？因爲，如果一個社會的各個神話接納所有這些組合，那麼，這組神話作爲整體就成爲一種無冗餘的語言；既然一切組合同樣地有意義，所以必要時每一種組合都能設法傳達我們想傳達的一切。因此，神話藝術可以歸結爲言語不清(glossolalie)的一種形式。

只要讀一些聲稱研究神話的著述，就會相信，這個困難是實在的。但是，事實上絕大多數作者都沒有認識到有三條方法論法則：它們使人得以重新發現神話語言的不可或缺的冗餘性，而沒有這種冗餘性，就不可能有這種語言的語法或句法。然而，這種冗餘性必須到它實際存在的地方去尋找。

首先，這些差異甚大的異本（它們往往看起來相互牴觸）並不全都處於相同的神話思維層面。它們必須理出一個秩序來，而這秩序本身因特定背景而異，只不過是這特定社會的一個「自然」性質。在印第安人村莊那裡，可以容易地分辨出三個層面：第一是起源和突創的神話，從理論上說，它們是一個群體全體所共有的，儘管每個宗敎團體都按照其職能特點給予它們略爲不同的意義，還儘管也存在一些秘傳的或公開的異本；其次，是遷移神話，它們更帶傳說的性質，應用同樣的題材和人物，但作了機巧的調整，以便解釋個別氏族的特權和義務；最後是村民故事，它們像第一組神話一樣也是共同遺產的一部份，但在那裡，重大的邏輯和宇宙的對立被減緩，被還原到社會關係的尺度上。人們常常注意到，當我們從第一組到第二組，從第二組到第三組時，高—低軸變得可同其他軸互換：先是北—南軸，然後是東—西軸。同樣，在博羅羅人和熱依人那裡，月亮和太陽循環仍區別於

其他偉大文化英雄的循環，並且互換制式，對於每個循環也不盡相同。

其次，對每個版本作了形式分析，我們就能確定它所應用的變項的個數以及它的相對複雜程度。因此，所有這些版本皆可按一種邏輯觀點來整理。

最後，每個版本都提供了一幅特定的實在圖像：社會和經濟的關係、技術活動、對世界的關係，等等；而種族志的觀察應當判明這種圖像是否符合事實。因此，外部的批判使我們至少作爲工作假說，可以用一種絕對秩序來取代我們已經得出的那些關係秩序。這種絕對秩序是按照下述法則建構的：其內容直接表現被觀察實在的神話是第一級的神話，其他神話則是第二級、第三級和第四級等等的神話：離開邏輯上最簡單的神話類型（因爲這裡沒有歷史在先性的問題）越來越遠，因爲它們爲了回到簡單的類型，必須經受大量轉換——也可以說是解開的作業。可見，冗餘性根本不像人們每每相信的那樣由神話內容表現，而由還原或批判體現出來，每個版本的形式結構都爲這還原或批判提供了原材料，而這形式結構只有通過內容和背景的有條理的比較才能揭示出來。

在作了這些關於方法的論述之後，我可以更有信心地繼續比較所謂的原始風俗和傳統風俗。我們從法國各個地方採集到了證明同樣風俗的證據，這種風俗催促獨身太久的青年男女，這些人是「貝托戈戈」（按照我在第 77～78 頁上表明的這詞的意義）。范熱內對這種風俗感到大惑不解。在十九世紀初，在聖奧梅爾地區：「如果一個小女兒先結婚，那麼這對於她的可憐的姊姊來說是一個悲哀的日子，因爲在慶典期間的某個時候，她不管是否願意，都要被人托起來放在爐子頂上，以便把她烘熱，據說她對愛情太冷漠了。拿破崙三世時期，一種類似的風俗也存在於瓦夫蘭、里爾地區……」，在索姆地區，加來海峽、北

部、埃諾、布拉邦特-瓦隆，以及阿登的比利時部分和盧森堡，「就只剩下一個因地而異的成語：人們說，這姊姊應當『danser sur le cul du four』（在半爐上跳舞）或者必須『portée sur la voûte』（被放置在拱架上）或『sur la culotte du four』（在半爐上）。這些詞語在加來海峽和北部幾乎到處都在用，儘管現在沒有一個人能解釋它們的起源。」范熱內不無理由地拒棄聖蒂夫(Saintyves)所提出的色情解釋，而傾向於接受另一種解釋，後者的根據在於爐頂用於存放棄置的東西。(V. G., 上引著作, 第 1 部第 2 卷, 第 631~633 頁)，在英格蘭的許多地區，懲罰是不同的：未婚姊姊必須赤脚跳舞；(Frazer: 3，第 2 卷，第 288 頁；Westermarck，第 1 卷，第 373~374 頁)，然而在法國，在上福雷、伊澤爾、阿爾代什和加爾地區，未婚兄姊被強迫吃由洋葱、蕁麻和根菜或由三葉草和燕麥做的色拉；這被叫做「讓他們吃色拉」或「讓他們吃蕪菁」。(V.G.，第 2 卷，第 630~632 頁；Fortier-Beaulieu: 1，第 296~297 頁)。

　　在我們能夠找出這些風俗的共同特點，可望理解它們之前，我應該做的不是分別解釋它們，而是把它們加以比較和對比。它們似乎全都明顯程度或大或小地取決於熟食（火爐）和生食間的對立或自然和文化間的對立，而這兩個對立在語言上往往是混淆的。在十八世紀的語法裡，赤脚跳舞可能這樣說：「dancer à aru」（生跳舞）；試比較「chausser des bottes à cru」（生穿靴，即「赤脚穿靴」，和「monter à cru」（生騎馬，即「騎無鞍馬」）。在英語裡，赤膊睡覺今天仍說是「To sleep raw」（生睡覺）。

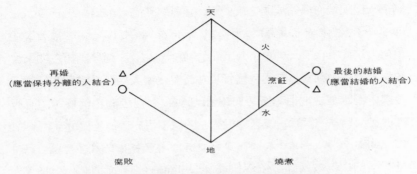

圖 20　腐敗和燒煮狀態的宇宙學和社會學內涵

　　另一方面，也許應當把未婚姊姊的象徵性「烤燒」同異國社會中流行已久的其他信仰和風俗關聯起來。在柬埔寨（以及在馬來西亞、暹羅和印度尼西亞的各個地區），一個剛分娩過的女人被安放在下面燒著文火的床或升高的烤架上。相反，一個少女在度過其最初時期必須「去到陰影裡」，保持避開陽光。(Porée-Maspero, 第31, 39頁)在美洲，印第安村婦在熱砂堆上分娩，這也許是為了把產兒變成「熟人」，即同作為「生人」的自然生物和自然物體或人造物體相對立。(參見 Bunzel, 第483頁)，加利福尼亞的各個部落習慣上把剛分娩過的女人和青春期的姑娘放進在地下挖空而成的火爐中。在蓋上蓆子和熱石頭之後，她們從意識上被「燒熟了」；順便指出，尤羅克人(Yurok)用「燒煮痛苦」這個說法來指一切治療儀式。(Elmendorf, 第154頁)這種習俗還連帶著其他一些甚至流傳更廣的習俗。例如，青春期姑娘要求使用梳子和搔頭具，以免她們的手接觸頭髮或臉，以及使用飲水管和夾子來揀食物。

　　各種風俗本應系統地加以編目和分類，這裡只是匆匆作了扼述。不過，這至少使我們能夠給出一個嘗試性的定義：被「燒煮的」個人是深深捲入某個生理過程的那些人，即新生兒、剛分娩的女人、青春

期的姑娘。社會集團的一個成員同自然的結合，必須以燒煮用火的介入作為中介，而這火的正常功能是充當生的產物和人類消費者的中介，因而它的造作產生這樣的結果：一個自然物同時地是**熱的和社會化的**：「和鹿不一樣，塔拉胡馬拉人(Tarahumara)不吃草，但他們在草和他們的動物食欲之間插入了一個複雜的文化循環，後者在於利用和照料家養動物。……也和草原狼不同，後者從剛死的動物身上撕下肉來生吃。塔拉胡馬拉人在肉和食欲之間插入一整個燒煮的文化系統。」(Zingg, 第82頁)這個透徹分析建基於對一個墨西哥部落的觀察。但是，如由下述事實所表明的，這種分析適用於許多其他群體：一個菲律賓部落用非常相似的語言表達了幾乎相同的概念。「哈努諾人(Hanunoo)認為，只有通過燒煮給人類消費作了準備的東西才是『真正的』食物。因此，必須生吃的成熟香蕉被看做為『小吃』。真正的食物，諸如尚未成熟的香蕉、塊根作物、穀類、黃瓜、西紅柿和洋葱都決不生吃。一餐**飯**必須包含熟食。事實上，提到飯時總是說：「pag?apuy，『點火』。」(Conklin, 第185頁)

我們應當把炊具的中介功能賦予象徵性燒煮用具：搔頭具、飲水管和叉作為主體與其身體的中介現在被「自然化」，即處於主體和自然界之間。它們的應用通常並不必要，但當這兩極或其中一極的潛在負荷增加太大，以致為了防止可能的短路而必須插入絕緣體時，它們的應用就變得不可或缺了。燒煮還以其獨特方式履行這種功能：當食物被燒煮時，肉不需要直接露置於太陽。剛分娩的女人和青春期姑娘通常都避免露置於太陽。

在印第安村莊裡，一個被閃電擊中的人，即一個同天火結合的人被用生食來治療。這種結合的狀態每每體現為這個人自我飽和的形式，他滿懷發生腐敗的恐懼，因此必須實行青春期或生育頭胎時應當做的事：齋戒、放血和吞服催吐藥。在西印度群島的卡里布語中，用來指

稱一個頭胎嬰兒的詞語的字面意思爲：「讓我禁食的東西」。甚至在今天，英屬宏都拉斯的卡里布「黑人」仍禁止孕婦在海中沐浴，因爲他們相信，她們會引起暴風雨。古代西印度群島卡里布人把給青春期或頭胎嬰兒生育時以及失去近親或殺死敵人時規定的齋戒或獨處期稱爲 juenemali，「退離露置」；而所以被露置，是因爲身體「熱量」過度而導致主體過分直接而又強烈地「易受傷害」，包括他人和外部世界的傷害。(Taylor, 第343～349頁) 從這個意義上說，問題在於防止溝通的過度。

　　人們會說，傳統的風俗在邏輯上不如原始風俗。後者始終沿同一條路線運作：女人和成年姑娘的「燒煮」適應於她們之同自己和同世界的關係需以應用「超文化的」炊具爲中介這個要求；而在歐洲，一方面未婚姊姊被安放在火爐上，另一方面又要脫掉鞋子，吃生食，而按我的解釋，這兩者被賦予了相反的意義。

　　首先應當指出，未婚姊姊所處情境是和年輕母親或青春期姑娘所處情境相對稱的，但相反。未婚姊姊所以要求中介，是因爲患於缺乏，而不是因爲過剩（她可能是這種過剩的暫時原因）。可以照搬我在解決同類困難時已用過的一種方法（參見以上第381～382頁），這樣，未婚姊姊屬於「腐爛的世界」，而年輕母親和青春期姑娘屬於「燒焦的世界」。在前一種情形裡，燒煮乃至生食提供了某種缺乏的東西：它們可以說推動她向上攀高一、二步。燒煮和生食對後一種情形產生相反的作用：通過調節或減緩她們的熱忱來糾正熱忱的過度。

　　這種解釋是可以接受的，但不完整，它涉及了內容，但忽視了形式。就後一方面而言，儀式表現爲一種「副語言」，可以兩種方式加以適用。儀式同時地或者交替地提供給人以一種手段，可以用它來修整一種實際的情境，或者標示和描述它。最常見的情形是，這兩種功能相疊合，或者表現同一個過程的兩個相互補的方面。但是，在巫術思維的統制趨於衰微的地方，當儀式呈現萎縮的特徵時，只有第二種功

能殘存著，而第一種歸於消失。回到逗鬧上來，如果以爲，甚至深植於民間下意識之中的喧鬧也在履行土著在蝕時賦予其的那種功能即嚇跑一個正在吞食的妖怪，而不管這妖怪是在社會層面還是宇宙層面上施暴，那將失諸輕率。在法國農村裡，逗鬧的喧囂沒有**實際的效用**（除了它產生使有罪之人蒙受羞辱的派生效果之外），但顯然它仍有其**意義**。它意味著一條鏈條的斷裂，也即一種社會不連續性的出現，而補償性的噪音連續性不可能實際地糾正這不連續性，因爲噪音在另一個層面上起作用，屬於另一種代碼。但是，噪音客觀地指示了這不連續性，並且似乎至少能夠隱喻地抗衡之。

對於剛才討論的風俗，情形也一樣，像產婦或青春期姑娘的燒烤一樣，安放在火爐上，可能也是一種象徵性的表示，旨在使一個未婚而保持束縛於自然和生的狀態的、也許甚至注定要腐敗的人成爲中介。但是，赤腳跳舞和提供生食，則主要是相對於低和地來意指這情境，而不是改變它。同樣，在新婚之夜前，象徵性地使新娘失去中介地位，就在於偷取她的同「中間」世界相聯繫的襪帶。

我們從下述事實可以感到放心，甚或下結論說：「這麼多艱辛沒有白費力，而是碩果纍纍。這事實是：含辛茹苦地從這許多各個迥異的、最初不可理解的神話中推演出來的這些解釋同一些普遍的相似性相締合，這些相似性可以在我們對語詞的應用（不管我們的母語怎樣）中直接感受到。我在以前已指出過，在法語中，以及無疑也在其他語言中，對語詞 cru（生）的形象化應用，即標示人身和物體間不存在正常文化中介（諸如馬鞍、襪子、衣服等等），直率地表達了兩組對立——自然和文化、生食和熟食——之間的隱含的等價關係。我們不是已經說過，那些因其行爲使婚姻偏離這文化所希望之目的而引起逗鬧的人是「腐敗的」嗎？當我們這樣使用這個詞時，我們很少想到它的字面意義。然而，這種意義也許更大程度上存在於這樣一個人的心目之中，

他暗地咒罵一個老嫗「sexe moisi」(霉爛的陰道)。不管怎樣，我們要
小心別顛倒形容語，從而在腐爛這個範疇之中重建迅速破壞和緩慢破
壞這個基本對立（這些神話借助這個對立來區分腐爛和燒焦這兩個範
疇）：

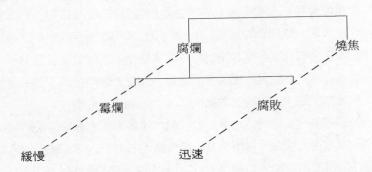

　　當作爲我們反思出發點的這些神話描述一個英雄渾身沾滿鳥糞和
寄生蟲，或變成惡臭的腐肉時，它們並沒有「粗魯地」用隱喩進行修
飾，而正像自動地來到我們的筆端的這個副詞所表明的，它們甚至在
我們這裡也一直在使用著。因爲，事實恰好相反：多虧這些神話我們
才發現，這隱喩乃建基於對一個領域和其他各個領域之間的邏輯關係
的直覺，它只是把前者重新結合在後者的總體之中，儘管反思致力於
把它們分離開來。一切隱喩都決不是附加於語言的裝飾品，而都是通
過暫時去除構成議論的無數提喩(synecdoque)之一來淨化語言，恢復
其原始本性。
　　因此，如果說神話和儀式表現出偏好應用誇張法，那麼這裡的問
題也不是人爲地應用修辭手法。它們之運用強調法，乃屬順理成章；
這直接表現了它們的性質，即隱藏著的邏輯結構的看得見的影子。當
神話思維把人類關係系統放進宇宙學背景（它似乎在一切方面都超越
這些關係，但如我們已證明的，當從整體來看時，它同它們同構，並

因而旣能包括它們，又能摹仿它們）之中時，神話思維在重複一種其
重要性無需強調的語言過程。

我們來考慮一切語言中都程度不等地存在的重疊(reduplication)
現象。它在兒童語言中更常見；(Jakobson, 第541～542頁)這無疑不是因
爲原始的、幻覺的性質，而是因爲，旣然它是一個基本過程，兒童一
旦開始說話就不可能避免它。此外，它對於語言行爲的出現的貢獻之
大，超越任何其他過程。

甚至在牙牙學語階段，也可以聽到音位(phonème)組/pa/。不過,/
pa/和/pa/pa/之間的差別並不僅僅在於重疊:/pa/是個噪音，/papa/
是個語詞。重疊表明說話者的意向；它賦予第二個音節的功能不同於
第一個音節單獨履行的功能，也不同於第一個音節的集合，即小兒產
生的同樣的音的潛在地無限長的系列/papapapapa……/所履行的功
能。因此，第二個/pa/不是第一個的重複，也不意指第一個。它是這
樣的符號：第一個/pa/像它一樣也是一個符號，並且，它們構成的對
偶處於能指而不是所指的範圍。

回顧了這一點，就會更加明白，根音節的重疊、三疊，有時甚至
四疊都主要可以在以擬聲爲基礎構成的語詞中觀察到。其理由是，在
其他語詞的情形裡，語詞對於它們所指稱的事物的任意性足可證明它
們的符號本性。另一方面，擬聲詞所以總是歧義的，是因爲它們旣然
建基於相似性上，所以就未淸楚地表明說話者在發這些音時，究竟是
想復現一種噪音，還是想表達一種意義。作爲重疊的結果，這第二個
成分誇示地強調意指的意向，而這意向在單一成分的情形裡是有疑問
的，如果它保持孤單無伴的話。/pan!/是個打斷意義的感嘆詞；但當對
一個孩子說：「je vais te faire panpan」(我將打你屁股)時，其中
panpan (打屁股)這個詞標示一系列行動，而也許其中沒有一個行動
伴帶所說出的噪音。因此，這裡又是第二個項作爲一個符號起作用，

即表明第一個項也是一個符號，而不是一個無謂的或僅僅模仿性的噪音。其他形式的強調也可以這樣解釋。這裡只舉一個例子。漫畫在於強調地利用一種視覺形象的特點，而這過程的誘因不是想復現模型的願望，而是想意指某個功能或某個形相的願望。

這樣，我們就可以明白，有些神話學家爲什麼會錯誤地認爲，每每成爲神話中問題的自然現象由於這個理由而構成神話所試圖解釋的本質東西。這個錯誤同另一些神話學家犯的另一個錯誤直接相呼應，他們反對前人(後者自己也反對別種類型解釋)，試圖把神話的意義歸結爲對人類境況的道德敎化的評論：解釋愛和死、快樂和痛苦，而不是月相和季節變遷。在這種情形裡，問題都在於沒有把握住神話的示差特徵，而這特徵正在於因一個層面被另外一個或多個層面倍增而產生的強調，並且這特徵像語言中一樣也用來意指意義。

我在以前一部著作 (L.-S.：5，第 11 章) 中注意到了神話層狀結構，這使我們得以把神話看做爲排列成行和列的意義矩陣，但無論怎樣讀神話，這矩陣中每個層面總是關涉另一個層面。同樣，每個意義矩陣也都關涉另一個矩陣，每個神話都關涉另一個神話。如果現在人們要問，這些相互意指的意義所關涉的終極所指是什麼——說到底，從總體來說，它們必定關涉某種東西，那麼，本書提示的唯一回答是：神話意指心智，而心智借助世界（心智本身是後者的一個組成部分）精心製作神話。因此，也許同時地，神話本身引起它們的心智產生，已銘刻在心智結構中的世界形象則由神話產生。

神話思維從到自然界中汲取原料著手，這情形一如語言，語言從自然聲音中選取音位，而牙牙學語給語言提供了實際上範圍無限廣的自然聲音。因爲，像語言一樣，神話思維也不可能對豐富至極的經驗材料不加區分地照單全收，統統利用，等量齊觀。這裡又得尊重這樣的事實：材料是意義的工具，而不是意義的對象。爲了使材料能發揮

作用，首先必須進行汰除：只保留其少數要素，它們應適用於表現對比，構成對立的對偶。

但是，像在語言中一樣，被排斥的那些要素並未因此而被消除。它們被那些已提升爲排頭兵的要素庇蔭起來，這些排頭兵總是以整個隊列作出反應，有時還叫某個兵走出隊列。換句話說，實際上無限多的全部要素都始終可以動用。每個隊列的內部秩序可以變動，它們包含的要素數目也可以通過合併或分裂其中有些要素加以改變。這一切之成爲可能，需要兩個條件：影響一個隊列的組織的內部變化伴隨以其他隊列中的相同類型變化；隊列的形成原則仍然得到遵從。實際上不可或缺的是：間隔較少的各個項應當組合起來。並還原到互易變項的狀態，以便每個軍團都能進行野戰，使它本身和其他軍團之間保持足夠大的距離。

因此，層面的多樣性表現爲神話思維爲從連續過渡到離散而必須付出的代價。神話思維必須按照下述原則來簡化和組織各個迥異的要素：各異的要素沒有一個可以在意義這個集體事業中獨自行動，都僅僅作爲對歸類於同一個小組中的其他要素的一種習慣的或偶爾的替代物行動。神話思維僅在自己能夠去復現自然的條件下才接受自然。在這樣做時，神話思維只選取自然賴以能意指自己的、因而適合於隱喻的那些形式性質。正是由於這個原故，想在神話中區分出特優的語義層面，將是徒勞的：要麼這樣處理過的神話流於陳詞濫調，要麼已經挑揀出來的那個層面讓人不可捉摸，於是又自動回到一個始終包含衆多層面的系統之中的應有地位上。只有在這時，才證明有理由借助能履行形象解釋功能的一個整體來對部分作這種解釋，因爲隱而不露的提喻首先抽取出這個部分，因爲神話的更有說服力的隱喻把意指的職責歸還給整體。

1962 年 6 月～1963 年 7 月

動物圖集

1 刺鼠

3 白鷺

2 角鷹

4 金剛鸚鵡

5 水猪

6 卷尾猴

7 鹿

8 蜘蛛猴

9 長吻浣熊

10 玉頸西猯

11 白唇西猯

12 三趾鴕鳥

13 食蟻獸

14 吼猴

15 鷸鴕

16 鼬鼠

17 鶉鷄

18 花豹

19 鷸鴕

20 臭鼬

21 鳳冠鳥

22 天竺鼠

23 三趾獺

24 鸚鵡

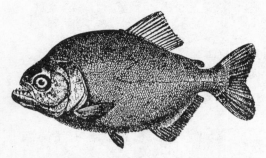

26 比拉魚

25 啄木鳥

27 豚鼠

28 美國山猫

29 鼠

30 水浣熊

31 叫鶴

32 負子袋鼠

33 貘

34 犰狳（小犰狳）

35 犰狳（多毛犰狳）

36 硬皮犰狳

37 大犰狳

38 龜

39 安鳥空鳥

40 兀鷹

附錄

神話索引

I. 按序號和主題

M₉　　Apinayé／阿皮納耶人：火的起源／第 **94～96**,101～108,181～193,
　　　198～205,225～251,273,330,345,371～373,390,405～413 頁等各處。

M₉ₐ　Apinayé／阿皮納耶人：火的起源／第 **96～97**,101～108,115 頁等各
　　　處。

M₁₀　Timbira　orientaux／東蒂姆比拉人：火的起源／第 **98**,101～108,
　　　181～193,199,330,345,371～373,306,405～413 頁等各處。

M₁₁　Timbira orientaux(groupe Kraho)／東蒂姆比拉人 (克拉霍群體)：
　　　火的起源／第 **99**,101～108,181～193,330,345,371～373,379,390,405
　　　～413 頁等各處。

M₁₂　Sherenté／謝倫特人：火的起源／第 **99～101**,101～108,181～193,
　　　255～259,278～279,286～287,331,345,371～373,390,405～413 頁等
　　　各處。

M₁₃　Guarani-Mbya／瓜拉尼—姆比亞人：惡魔沙里亞／第 **103**,149 頁。

M₁₄　Ofaié／奧帕耶人：花豹的妻子／第 **112～114**,123～124,169,269 頁。

M₁₅　Tenetehara／特內特哈拉人：野豬的起源／第 **115～117**,120,136～
　　　140 頁。

M₁₆　Mundurucu／蒙杜魯庫人：野豬的起源／第 78,**116～117**,121～132,
　　　136～140,175,270,339 頁。

M₁₇　Warrau／瓦勞人：野豬的起源／第 **117** 頁注②,138 頁。

M₁₈　Kayapo-Kubenkranken／卡耶波—庫本克蘭肯人：野豬的起源／第
　　　117～118,121～126,136～140,174～176 頁。

M₁₉　Cashinawa／卡希納瓦人：野豬的起源／第 123 注④，**139** 頁。

M₂₀　Bororo／博羅羅人：文化器物的起源／第 **126～127**,127～132,178,
　　　256～257 頁。

M₂₁　Bororo／博羅羅人：野豬的起源／第 123 頁注④，**128～129**,129～
　　　132 頁，142 頁注⑦,145 頁。

M₂₂　Matako／馬塔科人：花豹的起源／第 **134**,143～145 頁。

M_{39} Arawak de la Guyane／圭亞那的阿拉瓦克人：禁止的笑／第 **163** 頁。

M_{40} Kayapo-Gorotiré／卡耶波—戈羅蒂雷人：笑的起源／第 **163～164**, 168,178,181 頁。

M_{41} Guarayu／瓜拉尤人：禁止的笑／第 **164**,168 頁。

M_{42} Tacana／塔卡納人：禁止的笑／第 **164～165** 頁。

M_{43} Apinayé／阿皮納耶人：反對蝙蝠的戰爭／第 **165**,178 頁。

M_{44} Apinayé／阿皮納耶人：女人村／第 **165** 頁。

M_{45} Tereno／特雷諾人：語言的起源／第 **165**,178,182 頁。

M_{46} Bororo／博羅羅人：花豹的妻子／第 **166**,181,229 頁和 229 頁注⑬。

M_{47} Kalapalo／卡拉帕洛人：花豹的妻子／第 **166**,229 頁。

M_{48} Guyane／圭亞那人：禁止的笑／第 **167**,181 頁。

M_{49} Mundurucu／蒙杜魯庫人：蛇的妻子／第 **167**,181～184 頁。

M_{50} Toba-Pilaga／托巴—皮拉加人：蛇的妻子／第 **167～168**,181～184 頁。

M_{51} Tenetehara／特內特哈拉人：蛇的妻子／第 **168** 頁。

M_{52} Warrau／瓦勞人：蛇的妻子／第 **168** 頁。

M_{53} Tukuna／圖庫納人：花豹的女婿／第 115,**168～169**,181～184 頁。

M_{54} Tukuna／圖庫納人：火和栽培植物的起源／第 **170**,178,230,253 頁。

M_{55} Bororo／博羅羅人：火的起源／第 22,**170～172**,174～180,182,184, 193 頁，233 注頁⑭，270 頁，318 頁注⑱。

M_{56} Ofaié／奧帕耶人：火的起源／第 **172～174**,174～178 頁，258 頁注 ㉘。

M_{57} Kayapo-Kubenkranken／卡耶波—庫本克蘭肯人：祖母，兒童和花豹／第 **174**,175 頁。

M_{58} Mundurucu／蒙杜魯庫人：女人如何得到陰道／第 **175**,352 頁。

M_{59} Matako／馬塔科人：火的起源／第 **177** 頁注⑫。

M$_{85}$　Karaja／卡拉雅人：短暫人生(2)／第 **215**,216～218 頁。

M$_{86}$　Amazonie／亞馬遜人：短暫人生／第 **216**,216～218 頁。

M$_{86a}$　Amazonie／亞馬遜人：短暫人生／第 **216** 頁。

M$_{86b}$　Cashinawa／卡希納瓦人：短暫人生／第 **216** 頁。

M$_{87}$　Apinayé／阿皮納耶人：栽培植物的起源／第 **220～221**,225～250, 327～332,376,428 頁。

M$_{87a}$　Apinayé／阿皮納耶人：栽培植物的起源／第 **221**,239,327～332, 376,428 頁。

M$_{88}$　Timbira／蒂姆比拉人：栽培植物的起源／第 **221～222**,225～250, 328,331,376,428 頁。

M$_{89}$　Kraho／克拉霍人：栽培植物的起源／第 **222～223**,225～250,252, 327～332,367,376,428,429 頁。

M$_{90}$　Kayapo-Gorotiré／卡耶波—戈羅蒂雷人：栽培植物的起源／第 **233**,225～250,328～332,376,428 頁。

M$_{91}$　Kayapo-Kubenkranken／卡耶波—庫本克蘭肯人：栽培植物的起源 (1)／第 **223**,225～250,274,281,328～332,376,428 頁。。

M$_{92}$　Kayapo-Kubenkranken／卡耶波—庫本克蘭肯人：栽培植物的起源 (2)／第 **224**,225～250,328～332,376,428 頁。

M$_{93}$　Sherenté／謝倫特人：木星／第 **224～225**,225～250,274,376,378, 428 頁。

M$_{93a}$　Sherenté／謝倫特人：星的丈夫／第 216,**225** 頁。

M$_{94}$　Sherenté／謝倫特人：玉米的起源／第 **225**,225～250 頁。

M$_{95}$　Tukuna／圖庫納人：umari 樹的女兒／第 **183** 頁注⑬, **229**,231,240, 274,331～332 頁，419 頁注㉑。

M$_{95a}$　Urubu／烏拉布人：apu-i 樹的女兒／第 **240**, 240～241,331～332 頁。

M$_{96}$　Tupinamba／圖皮納姆巴人：負子袋鼠的起源／第 191,**230** 頁。

M_{115}　Vapidiana-Taruma／瓦皮廸亞納—塔魯馬人：生命樹／第 **246**,248, 350 頁。

M_{116}　Carib／卡里布人：栽培植物的起源／第 **247**,248,350,358 頁。

M_{117}　Tukuna／圖庫納人：蔓生植物的起源／第 **247**,358 頁。

M_{118}　Tupinamba／圖皮納姆巴人：栽培植物的起源／第 **250** 頁。

M_{119}　Kayua／卡尤亞人：花豹的眼睛／第 186 頁注⑮，**253**～254,270 頁。

M_{120}　Bororo／博羅羅人：破壞性的火／第 **257**,280,380 頁。

M_{120a}　Bakairi／巴凱里人：破壞性的火／第 **257** 頁。

M_{121}　Bororo／博羅羅人：被水毀滅的火(1)／第 145,**258** 頁,258 頁注㉘。

M_{122}　Bororo／博羅羅人：被水毀滅的火(2)／第 **258** 頁。

M_{123}　Cora／科拉人：火的起源／第 **258** 頁注㉘。

M_{124}　Sherenté／謝倫特人：阿薩雷的故事／第 **264**～265,265～313,314, 328～332,353～354,378 頁。

M_{124a}　Kaingang (rio Ivahy)／卡因岡人（里奧伊瓦希）：火的起源／第 **272** 頁注④。

M_{125}　Kayapo／卡耶波人：雨和暴風雨的起源／第 **274**～275,275～280, 304,324,356 頁。

$M_{125a,b}$　Gorotiré／戈羅蒂雷人：雨和暴風雨的起源／第 **275**,275～280,304 頁。

M_{126}　Arekuna／阿雷庫納人：英雄馬庫耐馬的故事／第 **183** 頁注⑬，277 頁注⑤。

M_{127}　Bororo／博羅羅人：細雨的起源／第 **281**,281～284 頁。

M_{128}　Bororo／博羅羅人：魚的起源／第 84,**283** 頁。

M_{129a}　Tukuna／圖庫納人：獵戶座(1)／第 **294** 頁。

M_{129b}　Tukuna／圖庫納人：獵戶座(2)／第 **294** 頁和 **294**～295 頁注⑫。

M_{130}　Kalina／卡利納人：后髮星座。／第 **305**～307,308 頁

M_{131a}　Matako／馬塔科人：昴星團的起源／第 **314** 頁。

M$_{149a}$ Arekuna／阿雷庫納人：盜蛙者／第 **345** 頁。

M$_{150}$ Mundurucu／蒙杜魯庫人：貘誘姦者／第 78,131,**347～348**,351 頁。

M$_{151}$ Tenetehara／特內特哈拉人：貘誘姦者／第 **348** 頁。

M$_{152}$ Kraho／克拉霍人：貘誘姦者／第 **348** 頁。

M$_{153}$ Kayapo-Kubenkranken／卡耶波—庫本克蘭肯人：貘誘姦者／第 **348** 頁。

M$_{154}$ Kayapo-Gorotiré／卡耶波—戈羅蒂雷人：貘誘姦者／第 **348** 頁。

M$_{155}$ Tupari／圖帕里人：貘誘姦者／第 **348** 頁。

M$_{156}$ Apinayé／阿皮納耶人：鱷魚誘姦者／第 **348** 頁。

M$_{157}$ Mundurucu／蒙杜魯庫人：農業的起源／第 **349**,349～351 頁。

M$_{158}$ Ofaié／奧帕耶人：雌貘誘姦者／第 **350**,351 頁。

M$_{159}$ Ofaié／奧帕耶人：貘誘姦者／第 **350** 頁。

M$_{160}$ Cashibo／卡希博人：人的創造／第 **352** 頁。

M$_{161}$ Kachúyana／卡丘耶納人：箭毒的起源／第 247,**357～358**,358～361,403,423～424 頁。

M$_{162}$ Carib／卡里布人：疾病和漁毒的起源／第 **364～365**,400～404 頁。

M$_{163}$ Gé centraux et orientaux／中部和東部熱依人：破壞性的火／第 270,**379～380**,381～382 頁。

M$_{164}$ Kraho／克拉霍人：長夜／第 **381** 頁。

M$_{165}$ Eskimo (détroit de Bering)／愛斯基摩人 (白令海峽)：太陽和月亮的起源／第 **385～386** 頁。

M$_{166}$ Ingalik／因加利克人：太陽和月亮的起源／第 **386** 頁。

M$_{167}$ Mono／莫諾人：太陽和月亮的起源／第 **386** 頁。

M$_{168}$ Eskimo／愛斯基摩人：太陽和月亮的起源／第 **386** 頁。

M$_{169}$ Chiriguano／希里瓜諾人：長夜／第 **388～389** 頁。

M$_{170}$ Tsimshian／欽西安人：納爾克人的故事／第 **391～392**,396,404 頁。

II. 按部落

Wapisiana.　Voir:　Vapidiana.／瓦皮西亞納人，見：瓦皮廸亞納人
　　$M_{99,115,144}$.

Warrau／瓦勞人　$M_{17,28,52}$.

Wyandot（Amérique du Nord)／溫達特人（北美洲）　M_{132}.

參考文獻

縮寫表

ARBAE	*Annual Report of the Bureau of American Ethnology.*
BBAE	*Bulletin of the Bureau of American Ethnology.*
Colb.	Colbacchini, A.
E.B.	Albiserti, C., e Venturelli, A.J.: *Enciclopédia Boróro, Campo Grande, 1962.*
HSAI	*Handbook of South American Indians.*
JAFL	*Journal of American Folklore.*
K.G.	Koch-Grünberg, Th.
L.-S.	Lévi-Strauss, C.
Nim.	Nimuendaju, C.
RIHGB	*Revista do Instituto Historico Geographico Brasileiro.*
RMDLP	*Revista del Museo de la Plata.*
RMP	*Revista do Museu Paulista.*
UCPAAE	*University of California Publications in American Archaeo-logy and Ethnology.*
V.G.	Van Gennep, A.

Abbeville, Claude d':

Histoire de la mission des pères Capucins en l'isle de Maragnan et terres circonvoisines, Paris, 1614.

Abreu, J. Capistrano de:

Rã-txa hu-ni-ru-i. A Lingua dos Caxinauas, Rio de Janeiro, 1914.

Ahlbrinck, W.

"Encyclopaedie der Karaïben", *Verhandelingen der Koninklijke Akademie van Wetenschappen te Amsterdam, afdeeling Letterkunde Nieuwe Reeks Deel 27, I,* 1931 (trad. française par Doude van Herwijnen, miméogr. Paris, 1956).

Albisetti, C.:

"Contribuições missionarias", *Publicações de Sociedade brasileira de antropologia e etnologia,* n°s2-3, Rio de Janeiro, 1948.

Cf. aussi: Colbacchini (3), et: E.B. (*Enciclopédia Bororo*).

Amorim, A. B. de:

"Lendas em Nheêngatu e em Portuguez", *RIHGB,* t. 100, vol. 154 (2*e* de 1926), Rio de Janeiro, 1928.

Andersen, J. C.:

Myths and Legends of the Polynesians, London, 1928.

Augustinos:

"Relación de idolatria en Huamachuco por los primeiros—", *Informaciones acerca de la Religión y Gobierno de los Incas* (Colección de libros y documentos referentes a la Historia del Peru, t. 11), Lima, 1918.

Baldus, H.:

(1) *Ensaios de Etnologia Brasileira,* São Paulo, 1937.

(2) *Lendas dos Indios do Brasil,* São Paulo, 1946.

(3)"Lendas dos indios Tereno", *RMP,* n.s., vol. 4, 1950.

(4) Ed.: *Die Jaguarzwillinge. Mythen und Heilbringersgeschichten Ursprungssagen und Märchen brasilianischer Indianer,* Kassel, 1958.

Banner, H.:

(1)"Mitos dos indios Kayapo", *Revista de Antropologia,* vo. 5, n° 1, São Paulo, 1957.

(2)"O Indio Kayapo em seu acampamento", *Boletim do Museu Paraense Emilio Goeldi,* n.s., n° 13, Belém, 1961.

Barbeau, M:

"Huron-Wyandot Traditional Narratives", *National Museum of Canada, Bull. No. 165, Anthropol. Series No. 47,* Ottawa, 1960.

Bastide, R.:

"La Nature humaine: le point de vue du sociologue et de l'-ethnologue", *La Nature humaine, actes du XIe Congrès des Sociétés de Philosophie de langue française* (Montpellier, 4-6 septembre 1961), Paris 1961.

Bates, H.W.:

The Naturalist on the River Amazon, London, 1892.

Baudelaire, Ch.:

"Richard Wagner et *Tannhäuser* à Paris", *Œuvres complètes,* éd. de la Pléiade, Paris, 1961.

Beaglehole, E. and P.:

"Ethnology of Puka-Puka", *B.P. Bishop Museum, Bull.* 150,

Honolulu, 1938.

Becher, H.:

"Algumas notas sôbre a religião et a mitologia dos Surára", *RMP*, n.s., vol 11, São Paulo, 1959.

Beckwith, M. W.:

"Mandan-Hidatsa Myths and Ceremonies", *Memoirs of the American Folk-Lore Society*, vol. 32, New York, 1938.

Benveniste, E.:

"Communication animale et langage humain", *Diogène*, 1, Paris, 1952.

Boas, F.

(1)"The Central Eskimo", 6*th ARBAE* (1884-1885), Washington, D.C., 1888.

(2)"Tsimshian Mythology", 31*st ARBAE* (1909-1910), Washington, D.C., 1916.

Borba, T.M.

Actualidade Indigena, Coritiba, 1908.

Botelho de Magalhães, A.:

Impressões da Commissão Rondon, Rio de Janeiro, s.d. [1921].

Boulez, P.:

Art. "Série", *Encyclopédie de la musique*, 3 vol., Paris, 1958-1961.

Brett, W.H.:

Legends and Myths of the Aboriginal Indians of British Guiana, London, s.d. [1880].

Bunzel, R. L.:

"Introduction to Zuñi Ceremonialism", 47*th ARBAE*

(1929-1930), Washington, D.C., 1932.

Butt, A.:

"Réalité et idéal dans la pratique chamanique", *L'Homme. Revue française d'anthropologie,* vol. 2, n° 3, 1962.

Cadogan, L.:

"Ayvu Rapita. Textos míticos de los Mbyá-Guarani del Guairá", *Antropologia no. 5, Boletim no. 227. Universidade de São Paulo,* 1959.

Campana, D. del:

"Contributo all'Etnografia dei Matacco", *Archivio per l'Antropologia e l'Etnologia,* vol. 43, fasc. 1-2, Firenze, 1913.

Cardus, J.:

Las misiones Franciscanas entre los infieles de Bolivia, Barcelona, 1886.

Carter, T. D.:

"The Opossum—Our only Pouched Mammal", *Natural History,* vol. 56, n° 4, New York, 1957.

Caspar, F.:

(1)"Some Sex Beliefs and Practices of the Tupari Indians (Western Brazil)", *RMP,* n.s., vol. 7, São Paulo, 1953.

(2)"Puberty Rites among the Tupari Indians" *RMP,* n.s., vol. 10, São Paulo, 1956-1958.

Cavalcanti, A.:

The Brasilian Language and its Agglutination, Rio de Janeiro, 1883.

Chapman, J. W.:

"Ten'a Texts and Tales from Anvik, Alaska", *Publ. of the*

Amer. Ethnol. Society, vol. 6, Leyden, 1941.

Chermont de Miranda, V. de:

"Estudos sobre o Nheêngatú", *Anais da Biblioteca Nacional,* vol. 54(1942), Rio de Janeiro, 1944.

Christian, F.W.:

The Caroline Islands, London, 1899.

Colbacchini, A.:

(1) *A Tribu dos Boróros,* Rio de Janeiro, 1919.

(2) *I Boróros Orientali"Orarimugudoge" del Matto Grosso, Brasile,* Contributi Scientifici delle Missioni Salesiane del Venerabile Don Bosco, (1), Torino, s.d. [1925] .

(3) Cf. titre suivant:

Colbacchini, A. et Albisetti, C.:

Os Boróros Orientais, São Paulo-Rio de Janeiro, 1942.

Coll, P.C. van:

"Contes et légendes des Indiens de Surinam", *Anthropos,* vol. 2 et 3, 1907-1908.

Conklin, H.C.:

The Relation of Hanunóo Culture to the Plant World, Doctoral Dissertation, Yale University 1954(microfilm).

Cornyn, J.H.:

"Ixcit Cheel", *The Maya Society Quarterly,* vol. I, n° 2, Baltimore, 1932.

Cory, H.:

"Jando, II", *Journal of the Royal Anthropological Institute,* vol. 78, n^{os}1-2(1948), London, 1951.

Coudreau, H.:

Voyage au Tapajoz, 1895-1896, Paris, 1897.

Coutinho de Oliveira, J.:

Lendas Amazonicas, Pará, 1916.

Couto de Magalhães, J.V.:

O Selvagem, Rio de Janeiro, 1876.

Crevaux, J.:

Voyages dans l'Amérique du Sud, Paris, 1883.

Crocker, W. H.:

"The Canela since Nimuendaju: A Preliminary Report on Cultural Change", *Anthropological Quarterly,* vol. 34, n° 2, Washington, D. C., 1961.

Cruz, M.:

(1)"Dos nomes entre os Bororos", *RIHGB,* vol. 175(1940). Rio de Janeiro 1941.

(2)"Mitologia borora", *Revista do Arquivo Municipal,* vol. 91, São Paulo, 1943.

Davila, F.:

"Relación de idolatrias en Huarochiri", *Informaciones acerca de la Religión y Gobierno de los Incas* (Colección de Libros y documentos referentes a la Historia del Peru, t. II), Lima, 1918.

Dieterlen, G. et Calame-Griaule, G.:

"L'Alimentation dogon", *Cahiers d'Études africaises,* n° 3, Paris, 1960.

Dietschy, H.:

"Das Häuptlingswesen bei den Karaja", *Mitteilungen aus dem Museum für Völkerkunde in Hamburg,* XXV, Hamburg, 1959.

Dorsey, G.A.:

"Traditions of the Skidi Pawness", *Memoirs of the American Folklore Society,* Boston-New York, 1904.

Dreyfus, S.:

Les Kayapo du Nord. Contribution à l'étude des Indiens Gé, Paris-la Haye, 1963.

Du Bois, C.:

"Wintu Ethnography", *UCPAAE,* vol. 36, n° 1, Berkeley, 1935.

Dumézil, G.:

"Déesses latines et mythes védiques", *Collection Latomus,* vol. XXV, Bruxelles, 1956.

Durkheim, E.:

Les Formes élémentaires de la vie religieuse, 2ᵉ éd., Paris, 1925.

E.B.:

Albisetti, C., e Venturelli, A. J., *Enciclopédia Bororo,* vol. I, Campo Grande, 1962.

Ehrenreich, P.:

"Beiträge zur Völkerkunde Brasiliens", *Veröffentlichungen aus dem Kgl. Museum für Völkerkunde,* t. II Berlin, 1891. Trad. portugaise par E. Schaden in: RMP, n.s., vol 2, 1948.

Elmendorf. W. W.:

"The Structure of Twana Culture", *Research Studies, Monographic Supplement no.* 2, Washington State University, Pullman, 1960.

Farabee, W.C.:

(1)"The Central Arawak", *Anthropological Publications of the*

University Museum, 9, Philadelphia, 1918.

(2)"Indian Tribes of Eastern Peru", *Papers of the Peabody Museum, Harvard University,* vol. 10, Cambridge, Mass., 1922.

(3)"The Central Caribs", *The University of Pennsylvania, The University Museum, Anthropological Publications,* vol. 10, Philadelphia, 1924.

Fenton, W. N.:

"The Iroquois Eagle Dance", *BBAE* 156, Washington, D.C., 1953.

Firth, R.:

We, The Tikopia, New York-Chicago, 1936.

Fortier-Beaulieu, P.:

(1) *Mariages et noces campagnardes,* Paris, 1937.

(2) *Enquête sur le charivari,* ms. déposé au Musée national des Arts et Traditions populaires.

Frachtenberg, L. J.:

"Alsea Texts and Myths", *BBAE* 67, Washington, D.C., 1920.

Franklin, A.:

La Vie privée d'autrefois. Les Repas, Paris, 1889.

Frazer, J. G.:

(1)"The Silent Widow", *Transactions of the Third International Congress for the History of Religions,* Oxford, 1908.

(2) *Totemism and Exogamy,* 4 vol., London, 1910.

(3) *Folk-Lore in the Old Testament,* 3 vol., London, 1919.

Freise, F. W.:

"Plantas Medicinaes Brasileiras", *Boletim de Agriculture,* vol. 34, São Paulo, 1933.

Frigout, A.:

　　Communication personnelle (déc. 1962).

Frikel, P.:

　　(1)"Kamani. Costumes e Preceitos dos Indios Kachúyana a respeito do curare", *RMP*, n.s., vol. 7, São Paulo, 1953.

　　(2)"Agricultura dos Indios Munduruku", *Boletim do Museu Paraense Emilio Goeidi*, n.s., *Antropologia*, nº 4, Belém, 1959.

Gayton, A. H. et Newman, S. S.:

　　"Yokuts and Western Mono Myths", *Anthropological Records*, 5, 1, Berkeley, 1940.

Gennep, A. van:

　　Manuel de Folklore français contemporain, 9 vol., Paris, 1946-1958.

Gillin, J.:

　　"The Barama River Caribs of British Guiana", *Papers of the Peabody Museum* ⋯⋯ vol. 14, nº 2, Cambridge, Mass., 1936.

Gilmore, R. M.:

　　"Fauna and Ethnozoology of South America", *in: HSAI*, vol. 6, BBAE 143, Washington, D.C., 1950.

Gimbutas, M.:

　　"Ancient Symbolism in Lithuanian Folk Art", *Memoirs of the American Folklore Society*, vol. 49, New York 1958.

Goeje, C. H. de:

　　"Philosophy, Initiation and Myths of the Indian of Guiana and Adjacent Countries", *Internationales Archiv für Ethnographie*, vol. 44, Leiden, 1943.

Grubb, W. Barbrooke:

An Unknown People in an Unknown Land, London, 1911.

Guallart, J. M.:

"Mitos y leyendas de los Aguarunas del alto Marañon", *Peru Indigena,* vol. 7, n°ˢ 16-17, Lima, 1958.

Gubernatis, A. de:

Zoological Mythology or the Legends of Animals, 2 vol., London, 1872.

Gumilla, J.:

Historia natural⋯ del Rio Orinoco, 2 vol., Barcelona, 1791.

Gusinde, M.:

(1) *Die Feuerland-Indianer,* 3 vol., Mödling bei Wien, 1931-1939.

(2) Compte-rendu de: Murphy, R.F., "Mundurucu Religion", *Anthropos,* vol. 55, fasc. 1-2, 1960.

Haile, Father B. and Wheelwright, M. C.:

Emergence Myth according to the Hanelthnayhe Upward-Reaching Rite, Navajo Religion Series, vol. 3, Santa Fé, N. M., 1949.

Hamilton Jr., W. J.:

"Success Story of the Opossum", *Natural History,* vol. 72, n° 2, New York, 1962.

Handy, E. S. Craighill:

"The Native Culture in the Marquesas", *B.P. Bishop Museum, Bull.* 9, Honolulu, 1923.

Handy, E. S. Craighill and Pukui, M. Kawena:

"The Polynesian Family System in Ka-'u, Hawai'i", *The Polynesian Society,* Wellington, N.Z., 1958.

Harrington, J. P.:

"The Ethnogeography of the Tewa Indians" 29*th ARBAE* (1907-1908), Washington, D.C., 1916.

Hartmann, C.:

"Traditional Belief concerning the Generation of the Opossum", *JAFL,* vol. 34, nº 133, 1921.

Hartt, Ch. F.:

Os Mitos Amazônicos da Tartaruga, tradução e notas de L. da Camara Cascudo, Recife, 1952.

Hastings, J. ed.:

Encyclopaedia of Religion and Ethics, 13 vol., New York, 1928.

Heizer, R. F.:

"Domestic Fuel in Primitive Society", *Journ. of the Royal Anthropol. Inst.,* vol. 93, pt. 2, 1963.

Henry, J.:

Jungle People. A Kaingáng tribe of the Highlands of Brazil, New York, 1941.

Hissink, K. und Hahn, A.:

Die Tacana, I. Erzählungsgut, Stuttgart, 1961.

Hoehne, F. C.:

Botanica e agricultura no Brasil (seculo 16), São Paulo, 1937.

Hoffmann-Krayer, E:

Handwörterbuch des deutschen Aberglaubens, vol. 9, Berlin, 1941.

Hohenthal, W.:

"Notes on the Shucurú Indians of···Pernambuco, Brazil",

RMP, n.s., vol 8, São Paulo, 1954.

Holmer, N. M. and Wassen, H.:

　　Mun-Igala or the Ways of Muu. A Medicins Song from the Cunas of Panama, Göteborg, 1947.

Hurault, J.:

　　"Les Indiens de la Guyane française", *Nieuwe West-Indische Gids* 42, The Hague, 1963.

Huxley, F.:

　　Affable Savages, London, 1956.

Ihering, R. von:

　　Dicionário dos animais do Brasil, São Paulo, 1940.

　　(N.-B.—Nous citons parfois d'après la première version de cet ouvrage, parue sous le *même titre dans le: Boletim de Agricultura,* São Paulo, 1931-1938.)

Im Thurn, E. F.:

　　Among the Indians of Guiana, London, 1883.

Jakobson, R.:

　　(1) *Selected Writings. I. Phonological Studies,* 'S-Gravenhage, 1962.

　　(2) *Essais de Linguistique générale,* Paris, 1963.

Karsten, R.:

　　(1)"Mitos de los Indios Jibaros(Shuara) del Oriente del Ecuador", *Boletin de la Sociedad ecuatoriana de estudios historicos americanos,* nº 6, Quito, 1919.

　　(2)"The Head-Hunters of Western Amazonas", *Societas Scientiarum Fennica. Commentationes Humanarum Litterarum,* t. 7, nº 1, Helsingfors, 1935.

Kempf, F. V.:

"Estudo sôbre a Mitologia dos Indios Mundurucus", *Arquivos do Museu Paranaense*, vol. 4, Curitiba, 1944-1945.

Koch-Grünberg, Th.:

(0) *Anfänge der Kunst im Urwald*, Berlin, 1905.

(1) *Von Roroima zum Orinoco. Zweites Band. Mythen und Legenden der Taulipang und Arekuna Indianer*, Berlin, 1916.

(2) *Zwei Jahre bei den Indianern Nordwest-Brasiliens*, n. ed.: Stuttgart, 1921.

(3) *Indianermärchen aus Südamerika*, Iena, 1921.

Kozak, V.:

"Ritual of a Bororo Funeral", *Natural History*, vol. 72, n° 1, New York, 1963.

Krause, F.:

In den Wildnissen Brasiliens, Leipzig, 1911.

Kruse, A.:

(1)"Mundurucú Moieties", *Primitive Man,"* vol. 8, 1934.

(2)"Erzählungen der Tapajoz-Mundurukú", *Anthropos*, t. 41-44, 1946-1949.

(3)"Karusakaybë, der Vater der Mundurukú", *Anthropos*, t. 46, 1951 et 47, 1952.

(4)"Pura, das Höchste Wesen der Arikéna", *Anthropos*, vol. 50, fasc. 1-3, 1955.

Lehmann-Nitsche, R.:

(1)"La Astronomia de Los Matacos", *RMDLP*, t. 27(3e série, t. 3), Buenos Aires, 1923.

(2)"La Astronomia de los Vilelas", *RMDLP*, t. 28(3e série, t.

4), Buenos Aires. 1924-1925.

(3)"La Constelación de la Osa Mayor", *RMDLP*, t. 28(3ᵉ série, t. 4), Buenos Aires,1924-1925.

(4)"La Astronomia de los Tobas", *RMDLP*, t. 27(3ᵉ série, t. 3), Buenos Aires, 1923.

(5)"La Astronomia de los Tobas(segunda parte)", *RMDLP*, t. 28(3ᵉ série, t. 4), Buenos Aires, 1924-1925.

Léry, Jean de:

Histoire d'un voyage faict en la terre du Brésil, éd. Gaffarel, 2 vol., Paris, 1880.

Lévi-Strauss, C.:

(0)"Contribution à l'étude de l'organisation sociale des Indiens Bororo", *Journal de la Société des Américanistes,* n.s.,t. XVIII, fasc. 2, Paris, 1936.

(1)"Tribes of the right bank of the Guaporé River", *in:HSAI, BBAE* 143, 7 vol. Washington, D.C., 1946-1959.

(2) *Les Structures élémentaires de la parenté,* Paris, 1949.

(3) *Tristes Tropiques,* Paris, 1955.

(4)"The Family", *in:* H. L. Shapiro, ed., *Man, Culture and Society,* New York, 1956.

(5) *Anthropologie structurale,* Paris, 1958.

(6)"La Geste d'Asdiwal", *École Pratique des Hautes Études, Section des Sciences religieuses,* Annuaire(1958-1959), Paris, 1958.

(7) *Leçon Inaugurale* faite le mardi 5 janvier 1960(Collège de France, chaire d'Anthropologie Sociale), Paris 1960.

(8) *Le Totémisme aujourd'hui,* Paris, 1962.

(9) *La Pensée sauvage,* Paris, 1962.

Limber, D. Nelson:

"The Pleiades", *Scientific American,* vol. 207, nº 5, 1962.

Lipkind, W.:

(1)"Caraja Cosmography", *JAFL,* vol. 53, 1940.

(2)"The Caraja", *in: HSAI, BBAE* 143, 7 vol., Washington. D. C., 1946-1959.

Lukesch, A.:

(1)"Über das Sterben bei den nördlichen Kayapó-Indianern", *Anthropos,* vol. 51, fasc. 5-6, 1956.

(2)"Bepkororôti, eine mythologische Gestalt der Gorotire-Indianer", *Wiener Völkerkundliche Mitteilungen,* vol. 7, Band 2, nº 1-4, Wien, 1959.

Maciel, M.:

Elementos de Zoologia geral e descriptiva de accordo com a fauna brasileira, Rio de Janeiro-Paris, 1923.

Magalhães, B. de:

"Vocabulario da lingua dos Bororos-Coroados do Estade de Mato-Grosso", *RIHGB,* t. 83(1918), Rio de Janeiro 1919.

Magalhães, A. A. Botelho de:

Impressões da Commissão Rondon, 5ᵉ éd., São Paulo, 1942.

Mahr, A. C.:

"Delaware Terms for Plants and Animals in the Eastern Ohio Country: A Study in Semantics", *Anthropological Linguistics,* vol. 4, nº 5, Bloomington, 1962.

Mayers, M.:

Pocomchi Texts, University of Oklahoma, Norman, 1958.

Métraux, A.:

(1) *La Religion des Tupinamba,* Paris, 1928.

(2)"Mitos y cuentos de los Indios Chiriguano", *RMDLP,,* t. 23, Buenos Aires, 1932.

(3)"Myths and Tales of the Matako Indians", *Ethnological Studies,* 9, Göteborg, 1939.

(4)"A Myth of the Chamacoco Indians and its Social Significance", *JAFL,* vol. 56, 1943.

(5)"Myths of the Toba and Pilagá Indians of the Gran Chaco", *Memoirs of the American Folklore Society,* vol. 40, Philadelphia, 1946.

(6)"The Botocudo", *in:HSAI, BBAE* 143, 7 vol., Washington, D.C., 1946-1959.

(7)"Ensayos de Mitologia comparada sudamericana", *America Indigena,* vol. 8, n° 1, Mexico, 1948.

(8)"Mythes et Contes des Indiens Cayapo (Groupe Kuben-Kran-Kegn)", *RMP,* n.s., vol 12, São Paulo, 1960.

Montoya, A Ruiz de:

Arte, vocabulario, tesoro y catacismo de la lengua Guarani (1640), Leipzig, 1876.

Mooney, J.:

"Myths of the Cherokee", *19th ARBAE,* Washington, D.C., 1898.

Murphy, R. F.:

(1)"Mundurucú Religion", *UCPAAE,* vol. 49, n° 1, Berkeley-Los Angeles, 1958.

(2) *Headhunter's Heritage,* Berkeley-Los Angeles, 1960.

Murphy, R.F. and Quain, B.:

　　"The Trumaí Indians of Central Brazil", *Monographs of the American Ethnological Society,* 24, New York 1955.

Nantes, Martin de:

　　Relation Succinte et Sincère, etc. Quimper, s.d. [1706] .

Nelson, E. W.:

　　"The Eskimo about Bering Strait", *18th ARBAE,* Washington D.C., 1899.

Nimuendaju, C.:

　　(1)"Die Sagen von der Erschaffung und Vernichtung der Welt als Grundlagen der Religion der Apapocúva-Guarani", *Zeitschrift für Ethnologie,* vol. 46, 1914.

　　(2)"Sagen der Tembé-Indianer", *Zeitschrift für Ethnologie,* vol. 47, 1915.

　　(3)"Bruchstücke aus Religion und Überlieferung der Šipaia-Indianer", *Anthropos,* vol. 14-15, 1919-1920 et 16-17, 1921-1922.

　　(4)"Os Indios Parintintin do rio Madeira", *Journal de la Société des Américanistes,* vol. 16, Paris, 1924.

　　(4 a)"Die Palikur-Indianer und ihre Nachbarn" *Göteborgs Kungel. Vetenskapsoch vitterhets-Samhalle Handligar* Fjarde Foljden, Band 31 nᵒ 2, 1926.

　　(5)"The Apinayé", *The Catholic University of America, Anthropological Series,* nᵒ 8, Washington, D.C., 1939.

　　(6)"The Šerente", *Publ. of the Frederick Webb Hodge Anniversary Publication Fund,* vol. 4, Los Angeles 1942.

　　(7)"Šerenté Tales", *JAFL,* vol. 57, 1944.

(8)"The Eastern Timbira", *UCPAAE,* vol. 41, Berkeley-Los Angeles, 1946.

(9)"Social Organization and Beliefs of the Botocudo of Eastern Brazil", *Southwestern Journal of Anthropology,* vol. 2, n° 1, 1946.

(10)"The Mura and Pirahã", *in: HSAI, BBAE* 143, 7 vol., Washington D.C., 1946-1959.

(11)"The Cawahib, Parintintin, and their Neighbors", *in: HSAI, BBAE* 143, 7 vol., Washington, D.C., 1946-1959.

(12)"The Tucuna", *in: HSAI, BBAE* 143, 7 vol., Washington, D.C., 1946-1959.

(13)"The Tukuna", *UCPAAE,* vol. 45, Berkeley-Los Angeles, 1952.

(14)"Apontamentos sôbre os Guarani", *trad. et notas de Egon Schaden. RMP,* n.s. vol. 8, São Paulo, 1954.

Sino, B. de:

Etnografia chiriguana, La paz, 1912.

Nordenskiöld, E.:

(1) *Indianerleben,* El Gran Chaco, Leipzig, 1912.

(2) *Indianer und Weisse in Nordostbolivien,* Stuttgart, 1922.

Ogilvie, J.:

"Creation Myths of the Wapisiana and Taruma, British Guiana", *Folk-Lore,* vol. 51, London, 1940.

Oliveira, C. E. de:

"Os Apinagé do Alto Tocantins", *Boletim do Museu Nacional,* vol. 6, n° 2, Rio de Janeiro, 1930.

Oliveira, J. F. de:

"The Cherente of Central Brazil", *Proceedings of the 18th Congress of Americanists,* London, 1912, Part II, London, 1913.

[Oliveira, de] Feliciano, J.:

"Os Cherentes", *Revista do Instituto Historico e Geographico de São Paulo,* São Paulo, 1918.

Orico, O.:

(1) *Mitos Amerindios,* 2ᵉ éd., São Paulo, 1930.

(2) *Vocabulario de Crendices Amazonicas,* São Paulo-Rio de Janeiro, 1937.

Osborn, H.:

"Textos Folkloricos Guarao II", *Antropologica,* 10, Caracas, 1960.

Osgood, C.:

"Ingalik Social Culture", *Yale University Publ. in Anthropology.* vol. 53, New Haven, 1958.

Ovide:

Les Métamorphoses.

Palavecino, E.:

"Takjuaj. Un personaje mitológico de los Mataco", *RMDLP.* n.s., nº 7, *Antro-pologia,* t. I. Buenos Aires, 1930-1941.

Parsons, E. C.:

(1)"Zuni Tales", *JAFL,* vol. 43, 1930.

(2) *Pueblo Indian Religion,* 2 vol., Chicago, 1939.

Pereira, Nunes:

Bahira e suas experiências, Edição popular, Manaus, 1945.

Pierini, F.:

"Mitologia de los Guarayos de Bolivia", *Anthropos,* vol. 5, 1910.

Piso, G. et Marcgravi de Liebstad, G.:

Historia naturalis Brasiliae, etc., Lugd. Bat. et Amsterdam, 1648.

Pitou, L. A.:

Voyage à Cayenne, dans les deux Amériques et chez les anthropophages, 2 vol., 2ᵉ éd., paris, 1807.

Plutarque:

"De Isis et d'Osiris", *Les Œuvres morales de—,* trad. Amyot, 2 vol., Paris, 1584.

Pompeu Sobrinho, Th.:

"Lendas Mehim", *Revista do Instituto do Ceará,* vol. 49, Fortaleza, 1935.

Porée-Maspero, E.:

Cérémonies privées des Cambodgiens, Pnom-Penh, 1958.

Preuss, K. Th.:

(1) *Religion und Mythologie der Uitoto,* 2 vol., Göttingen, 1921-1923.

(2) *Die Nayarit-Expedition. Textaufnahmen mit Beobachtungen unter mexikanischen Indianern,* 3 vol., Leipzig, 1912.

Quicherat, L.:

Thesaurus Poeticus Linguae Latinae, Paris, 1881.

Raynaud, G.:

Les Dieux, les héros et les hommes de l'ancien Guatemala, Paris, 1925.

Reichel-Dolmatoff, G.:

Los Kogi, 2 vol., Bogota, 1949-1950 et 1951.

Rhode, R.:

"Einige Notizen über den Indianerstamm der Terenos", *Zeit. d. Gesell. f. Erdkunde zu Berlin,* vol. 20, 1885, p. 404-410.

Ribeiro, D.:

(1)"Religião e Mitologia Kadiueú", *Serviço de Proteção aos Indios,* Publ. n° 106, Rio de Janeiro, 1950.

(2)"Noticia dos Ofaié-Chavante", *RMP,* n.s., vol. 5, São Paulo, 1951.

Ribeiro, D. et B. G.:

Arte plumaria dos indios Kaapor, Rio de Janeiro, 1957.

Rink, H.:

Tales and Traditions of the Eskimo, Edinburgh-London, 1875.

Rivet, P. et Rochereau, H. J.:

"Nociones sobre creencias usos y costumbres de los Catios Occidente de Antioquia", *Journal de la Société des Américanistes,* vol. 21, Paris, 1929.

Rochereau, H.J.:

"Los Tunebos. Grupo Unkasia", *Revista Colombiana de Antropologia,* vol. 10, Bogota, 1961.

Rodrigues, J. Barbosa:

"Poranduba Amazonense", *Anais da Biblioteca Nacional de Rio de Janeiro,* vol. 14, 1886-1887, fasc. 2, Rio de Janeiro, 1890.

Rondon, C. M. da Silva:

"Esbôço gramatical e vocabulário da lingua dos Indios Borôro." *Publ n° 77 da Comissão⋯ Rondon. Anexo 5, etnografia,,*

Rio de Janeiro, 1948.

Roth, W.E.:

(1)"An Inquiry into the Animism and Folklore of the Guiana Indians", *30th ARBAE* (1908-1909), Washington, D.C., 1915.

(2)"An Introductory Study of the Arts, Crafts, and Customs of the Guiana Indians", *38th ARBAE* (1916-1917), Washington, D.C., 1924.

Rouget, G.:

"Un Chromatisme africain", *L'Homme. Revue française d'-Anthropologie,* t. 1, n° 3, Paris, 1961.

Russell, F.:

"The Pima Indians", *26th ARBAE* (1904-1905), Washington, D.C., 1908.

Ryden, S.:

"Brazilian Anchor Axes", *Etnologiska Studier* 4, Göteborg, 1937.

Sahagun, B. de:

Florentine Codex. General History of the Things of New Spain. In 13 parts; transl. by A. J. O. Anderson and Ch. E. Dibble, Santa Fé, N.M., 1950-1963.

Saintyves, P.:

"Le Charivari de l'adultère et les courses à corps nus", *L'-Ethnographie,* Paris, 1935.

Sampaio, T.:

"Os Kraôs do Rio Preto no Estado da Bahia", *RIHGB,* vol. 75(1912), Rio de Janeiro, 1913.

Santa-Anna Nery, F. J. de:

Folk-lore brésilien, Paris, 1889.

Schaden, E.:

(1)"Fragmentos de mitologia Kayuá", *RMP,* n.s., vol. 1, São Paulo, 1947.

(2)"A Origem e a posse do fogo na mitologia Guarani", *Anais do 31 Congr. Intern. de Americanistas,* São Paulo, 1955.

(3) *A Mitologia Heróica de Tribos Indigenas do Brasil,* Rio de Janeiro, 1959.

Schomburgk, R.:

Travels in British Guiana 1840-1844. Transl and Edit. by W. E. Roth, 2 vol., Georgetown, 1922.

Schultz, H.:

"Lendas dos indios Krahó", *RMP,* n.s., vol. 4, São Paulo, 1950.

Seler, E.:

Gesammelte Abhandlungen zur Amerikanischen Sprach- und Altertumskunde, 5 vol., n. ed. Graz, 1961.

Simpson, G. G.:

"A Carib(Kamarakoto) Myth from Venezuela", *JAFL,* vol. 57, 1944.

Speck, F. G.:

"Catawba Texts", *Columbia University Contributions to Anthropology,* vol. 24, New York, 1934.

Spencer, R. F.:

"The North Alaskan Eskimo", *BBAE* 171, Washington, D.C., 1959.

Spencer, B. and Gillen, F.J.:

　　The Northern Tribes of Central Australia, London, 1904.

Spitzer, L.:

　　"Patterns of Thought and of Etymology. I. Nausea>of(>
　　Eng.) Noise", *Word, Journal of the Linguistic Circle of New
　　York,* vol. 1, n° 3, New York, 1945.

Steinen, K. von den.

　　(1)" 'Plejaden' und 'Jahr' bei Indianern des nordöstlischen
　　Südamerikas", *Globus,* vol. 65, 1894.

　　(2) *Entre os aborigenes do Brasil central,* São Paulo, 1940.

Stevenson, M. C.:

　　"The Zuñi Indians", *23rd ARBAE,* Washington, D.C., 1905.

Stone, D.:

　　"The Talamancan Tribes of Costa Rica", *Papers of the
　　Peabody Museum of Archaeol. and Ethnol., Harvard Univ.,*
　　vol. 43, n° 2, Cambridge, Mass., 1962.

Stradelli, E.:

　　"Vocabulario da lingua geral portuguez-nheêngatu e
　　nheêngatu-portuguez etc.", *RIHGB,* t. 104, vol. 158, Rio de
　　Janeiro, 1929.

Strömer, C. von:

　　"Die Sprache der Mundurukú". *Anthropos: Collection Inter-
　　nationale de Monographies Linguistiques,* 2, Wien, 1932.

Strong, W. D.:

　　"Aboriginal Society in Southern California", *UCPAAE,* vol.
　　26, 1926.

Swanton, J. R.:

　　"Myths and Tales of the Southeastern Indians", *BBAE* 88,

Washington, D.C., 1929.

Tastevin, C.:

(1) *La Langue Tapïhïya dite Tupï ou V'eẽngatu,* etc. (Schriften der Sprachenkommission, Kaiserliche Akademie der Wissenschaften, Band II), Vienne, 1910.

(2)"Nomes de plantas e animaes em lingua tupy", *RMP,* t. 13, São Paulo, 1922.

(3)"La légende de Bóyusú en Amazonie", *Revue d'Ethnographie et des Traditions Populaires,* 6ᵉ année, n° 22, Paris, 1925.

Taylor, D.:

"The Meaning of Dietary and Occupational Restrictions among the Island Carib", *American Anthropologist.,* n.s., vol. 52, n° 3, 1950.

Teschauer, P. C.:

"Mythen und aite Volkssagen aus Brasilien", *Anthropos,* vol. 1, 1906.

Thevet, A.:

La Cosmographie Universelle, 2 vol., Paris, 1575.

Tocantins, A. M. G.:

"Estudos sobre a tribu Munduruku", *Revista Trimensal do Instituto Historico, Geographico e Ethnographico do Brasil,* t. 40, parte primeira, Rio de Janeiro, 1877.

Valdez, J. Fernandez.:

Novo Diccionario Portuguez-Francez e Francez-Portuguez., 8ᵉ éd., Rio de Janeiro-Paris, 1928.

Vanzolini, P. E.:

"Notas sôbre a zoologia dos indios Canela", *RMP,* n.s., vol.

10, São, Paulo, 1956-1958.

Wagley, Ch.:

"World View of the Tapirapé Indians", *JAFL*, vol. 53, 1940.

Wagley, Ch. and Galvão, E.:

"The Tenetehara Indians of Brazil", *Columbia Univ. Contributions to Anthropology*, n° 35, New York, 1949.

Wallis, W. D. and R. S.:

The Micmac Indians of Canada, Ninneapolis, 1955.

Wassen, H.:

(1)"Cuentos de los Indios Chocós", *Journal de la Société des Américanistes*, vol. 25, Paris, 1933.

(2)"Mitos y Cuentos de los Indios Cunas", *Journal de la Société des Américanistes*, vol. 26, Paris, 1934.

(3)"Some Cuna Indian Animal Stories, with Original Texts", *Etnologiska Studier* 4, Göteborg, 1937.

(4)"De la Identificación de los Indios Paparos del Darien", *Hombre y Cultura*, t. 1, n° 1, Panamá, 1962.

Watson, J. B.:

"Cayuá Culture Change: A Study in Acculturation and Methodology", *Memoi no. 73 of the American Anthropological Association*, 1952.

Westermarck, E.:

The History of Human Marriage, 3 vol, New York, 1922.

Wilbert, J.:

"A Preliminary Glotto-chronology of Gé", *Anthropological Linguistics*, vol. 4, n° 2, Bloomington, 1962.

Wirth, D. M.:

(1)"A mitologia dos Vapidiana do Brasil", *Sociologia,* vol. 5, nº 3, São Paulo, 1943.

(2)"Lendas dos Indios Vapidiana", *RMP,* n.s., vol. 4, São Paulo, 1950.

Wissler, C. and Duvall, D. C.:

"Mythology of the Blackfoot Indians", *Anthropol. Papers of the Amer, Mus. of Nat. Hist.,* vol. II. New York, 1908.

Zerries, O.:

(1)"Sternbilder als Ausdruck jägerischer Geisteshaltung in Südamerika", *Paideuma,* Band 5, Heft 5, Bamberg, 1952.

(2)"The Bull-roarer among South American Indians", *RMP,* n. s., vol. 7, São Paulo, 1953.

(3)"Kürbisrassel und Kopfgeister in Südamerika", *Paideuma,* Band 5, Heft 6, Bamberg, 1953.

Zingg, M.:

"The Genuine and Spurious Values in Tarahumara Culture", *American Anthropologist,* n.s, vol. 44, nº 1, 1942.

近代思想圖書館系列⑪

神話學：生食和熟食

原　著──李維斯陀（Claude Lévi-Strauss）
譯　者──周昌忠
董事長──孫思照
發行人──孫思照
社　長──莊展信
出版者──時報文化出版企業股份有限公司
　　　　台北市108和平西路三段二四〇號四F
　　　　發行專線──（〇二）二三〇六──六八四二
　　　　讀者免費服務專線──〇八〇──二三一一七〇五
　　　　（如果您對本書品質與服務有任何不滿意的地方，請打這支電話。）
　　　　郵撥──〇一〇三八五四～〇時報出版公司
　　　　信箱──台北郵政七九～九九信箱
　　　　電子郵件信箱──ctpc@ms1.hinet.net
　　　　網址──http://publish.chinatimes.com.tw/

主編──廖立文
責任編輯──李濰美
校對──陳錦生
排版──凱立國際印刷股份有限公司
製版──成宏照相製版有限公司
印刷──華展彩色印刷有限公司
初版一刷──一九九二年十月十五日
初版四刷──一九九八年十一月五日
定價──新台幣五〇〇元

◎行政院新聞局局版北市業字第八〇號
版權所有　翻印必究
（缺頁或破損的書，請寄回更換）

國際中文版權／大蘋果股份有限公司
Copyright © 1964 by Librairie Plon.
Chinese language publishing rights arranged with Librairie Plon
through Big Apple Tuttle-Mori Agency, Inc.
Chinese language copyright © 1992 The China Times Publishing Company.

Printed in Taiwan
957-13-0521-9

國立中央圖書館出版品預行編目資料

+--+
| 神話學：生食和熟食 ／ 克洛德・李維斯陀原著 |
| ；周昌忠譯. -- 初版. -- 臺北市：時報文化 |
| ，1992[民81] |
| 面 ；　公分. -- (近代思想圖書館系列； |
| 11) |
| 譯自：le cru et le cuit |
| 參考書目:面 |
| 含索引 |
| ISBN 957-13-0521-9(平裝) |
| |
| 1. 南美 - 文化 |
| |
| |
| 756.3   81004928 |
+--+

88. 12. 16